Die großen Abenteurer des 19. Jahrhunderts
in Selbstzeugnissen

Henry M. Stanley, 1885.

HENRY MORTON STANLEY

Im Herzen Afrikas

Herausgegeben und kommentiert

von Dr. Kurt Benesch

PRISMA VERLAG

INHALT

VOM AUSGESTOSSENEN ZUM STARREPORTER

Sein Leben begann, als sei ihm nichts als dumpfes Elend bestimmt. Keiner hätte auch nur einen Penny auf eine noch so bescheidene künftige Karriere des kleinen John Rowlands gewettet, auch wenn er der Primus seiner Klasse in St. Asaph in Liverpool war und sogar dem Bischof als Musterbeispiel für die Qualität des Unterrichts vorgeführt wurde. Das alles zählte nicht, denn St. Asaph war ein Heim für elternlose Kinder, und auch alte, verkommene Landstreicher, Krüppel und Schwachsinnige wurden dort untergebracht. Wie hoch also sollte man den Wert dieser anstaltseigenen Schule schon veranschlagen?

John war freilich intelligent und lernbegierig, schon mit fünfzehn Jahren hätte sein Wissen ausgereicht, ein reguläres Studium zu beginnen. Aber er war das am 28. Januar 1841 geborene uneheliche Kind des Londoner Dienstmädchens Elisabeth Parr, die ihm zwar den Namen seines Vaters gegeben, sich aber ansonsten nicht weiter um ihn gekümmert hatte. Genaugenommen machte auch dieser John Rowlands keine Karriere, die machte ein ganz anderer. Einer, der seine vergangene unwürdige Existenz gewaltsam abstreifte, seinen Namen verwarf, seine Heimat verließ und einem ganz anderen Namen Weltberühmtheit verschaffte: Henry Morton Stanley.

Es begann damit, daß wegen einer geringfügigen Übeltat, deren Urheber nicht entdeckt werden konnte, die ganze Klasse bestraft werden sollte. Willig ließ einer nach dem anderen die Hose herunter, um die schmerzhaften 50 Stockhiebe des grausamen Lehrers entgegenzunehmen. Nur John Rowland weigerte sich. Er hatte die sinnlosen Quälereien des Mannes satt, und als dieser im blindwütigen Zorn nach einem Feuerhaken griff, um dem widerspenstigen Schüler eine ganz andere Lehre zu erteilen, wehrte er sich aus Leibeskräften. Er war erst fünfzehn, aber kräftig genug, und wenige Augenblicke später fand sich der Lehrer mit eingeschlagenen Zähnen und zerbrochener Nase auf dem Boden wieder.

Diese Tat, auch wenn sie ein Akt der Notwehr war, hätte den Jungen für Jahre hinter Schloß und Riegel gebracht, also gab es nur eines: Die Flucht. Er tauschte seine Anstaltskleidung gegen eine andere und brachte sich in den verschiedensten Berufen mühsam weiter. Aber selbst bei den elendesten Arbeiten, die ihm angeboten wurden, wurde früher oder später nach Dokumenten gefragt und woher er käme. Nicht einmal seine Verwandten gaben ihm länger Unterschlupf, und eines Tages verließ John Rowlands auf dem Segler „Windermere" seine Heimat und hungerte und schuftete sich durch sechs quälende Wochen für die Passage nach New Orleans.

Heuer gab es keine, die sollte nach den damaligen Usancen erst bei der Rückkehr im Heimathafen ausbezahlt werden. An eine Rückkehr dachte John aber ohnehin nicht, und so stand er wieder ohne einen Pfennig da, nichts im Magen, keine Arbeit und kein Dach über dem Kopf. Da geschah das Wunder: Ein Mr. Henry Morton Stanley verwendete sich für den halbverhungerten Jungen, dessen wache Intelligenz er gleich erkannte, bei seinem Freund, einem Geschäftsmann, und dieser gab dem Jungen die erste anständig bezahlte Arbeit seines Lebens.

John bewährte sich und sein Gönner, hocherfreut, daß er sich in dem Jungen nicht geirrt hatte, nahm sich seiner immer herzlicher an, sorgte für seine Weiterbildung, lud ihn in sein Haus ein und machte ihn mit seinen Freunden bekannt. Dann aber mußte er verreisen, und bald wurde auch noch seine Frau sehr krank. John, der sie Tag und Nacht hingebungsvoll pflegte, vernachlässigte darüber seine Arbeit und wurde nach einer heftigen Auseinandersetzung mit seinem Dienstgeber entlassen. Und als zu alledem Mrs. Stanley starb, wurde John vom Bruder seines Gönners auch aus dem Haus geworfen.

Aber noch hatte er eine Hoffnung: Mr. Stanley. Wochenlang fuhr er seinem Gönner nach. Erst nach St. Louis, und als er dort erfuhr, daß Mr. Stanley eben abgefahren war, wieder nach New Orleans zurück. Drei Jahrzehnte später beschrieb er das rührende Wiedersehen der beiden Männer, von denen der ältere wohl schon längst den Entschluß gefaßt hatte, den jüngeren zu adoptieren. Beschrieb die ergreifende Szene, da sein väterlicher Freund die Hände in ein Wasserbecken tauchte, das Kreuzzeichen auf die Stirn des Jungen machte und ihm seinen Namen, Henry Morton Stanley gab. Diese Feier, und überhaupt die Güte dieses neuen „Vaters" muß auf den

Jungen, der bisher nur die schlimmsten Seiten des Lebens kennengelernt hatte, einen überwältigenden Eindruck gemacht haben, und noch Jahre später weiß er von seiner Seligkeit, die ihn damals erfüllt hatte. Von seinem Versprechen, diesem Namen stets Ehre zu machen.

Zwei Jahre dauerte die „goldene Zeit", in der „Vater und Sohn" den Mississippi bereisten und der Junge in alle Belange des väterlichen Geschäfts eingeführt wurde, das er einmal übernehmen sollte. Um so größer der Schock, als Mr. Stanley sen. auf einer Geschäftsreise in Havanna starb. Wieder trat sein Bruder auf den Plan, machte die Firma und allen anderen Besitz zu Geld, der Adoptivsohn jedoch, dessen Adoption nicht offiziell war, bekam keinen Penny.

Wieder stand der junge Mann aus Denbigh bei Liverpool, dessen einziger Besitz sein neuer Name war, auf der Straße, und diesmal war es vielleicht noch schlimmer als die ersten Male, denn jetzt wußte er aus persönlicher Erfahrung, was ein wohlgeordnetes Leben im Dunstkreis von Menschen heißt, von denen man geliebt und geachtet wird. Jetzt kam auch noch dazu, daß – man schrieb das Jahr 1861 – der amerikanische Bürgerkrieg ausbrach. Der junge Henry Morton Stanley sah zwar nicht ein, warum er in einem Krieg, der ihn als Engländer gar nichts anging, Partei ergreifen und seinen Kopf riskieren sollte. Aber im fanatisierten Amerika jener Tage war Neutralität für einen jungen gesunden Mann eine Unmöglichkeit, und da er nun einmal im Süden lebte, zwang ihn die öffentliche Meinung in die Uniform der Südstaaten. In der blutigen Schlacht von Shilo im April 1862 wurde er verwundet und geriet in eine ungewöhnlich brutale Gefangenschaft, die er nur dank seiner kräftigen Konstitution überlebte. Um aus diesem Todescamp herauszukommen, ließ er sich von den Nordstaaten als Soldat anwerben, war aber doch so geschwächt, daß er nach kurzer Zeit wieder als untauglich entlassen wurde. Wieder bettelte er sich durch das Land, wieder fand er glücklicherweise einen Gönner, der ihn halbwegs gesund pflegte, wieder rappelte er sich auf und verdiente das bißchen Geld, das nötig war, um auf einem alten Segler nach Europa zurückzukehren.

Er hatte nach all den Leiden und entsetzlichen Erfahrungen Sehnsucht nach seiner Heimat – aber was ihn dort erwartete, war vielleicht noch schlimmer. Keiner wollte etwas von ihm wissen, für seine Mutter, für die ganze Verwandtschaft war er nach wie vor das schwarze Schaf, das am besten möglichst schnell wieder verschwand. Zutiefst verletzt bestieg er zum zweiten Mal ein Schiff in Liverpool. Wieder in Amerika versuchte er es diesmal mit der Seefahrt und kam von Westindien bis ins Mittelmeer. Nach allem, was man über ihn weiß, scheint sich damals in ihm eine Wandlung vollzogen zu haben. Der ewig Geschlagene begann zurückzuschlagen, der Zurückgesetzte setzte sich allmählich durch. Daß vieles von dem, was man ihm später öfter vorwarf, Hochmut, Rücksichtslosigkeit, Gleichgültigkeit gegenüber Leiden der anderen, ja Grausamkeit dazu nötig war, ist verständlich.

Als Schiffsschreiber auf einem Kriegsschiff – der Krieg zwischen Nord und Süd tobte noch immer – entdeckte er, daß er schreiben konnte. Daß er das, was er sah und erlebte – und das war wahrlich viel in diesen Jahren – anschaulich und spannend schildern konnte. Auch die Zeitungen entdeckten seine journalistische Begabung, und als der Krieg 1865 zu Ende war, zog Stanley als Berichterstatter mehrerer kleiner Blätter nach dem Westen, wo die großen Kämpfe gegen die Indianer tobten. Er scheute dabei weder Strapazen noch Gefahren, keine halsbrecherischen Ritte, keine abenteuerlichen Floßfahrten, und was er darüber berichtete, wurde von den Zeitungen willig gedruckt und auch immer besser bezahlt.

Aber nicht nur der Wilde Westen reizte ihn als Thema, schon 1866 fuhr er mit einem Freund, William Cook, in die Alte Welt. Die beiden Männer lernten Smyrna in Kleinasien kennen und das Heilige Land, die archäologischen Stätten und das wilde Anatolien. Sie fielen einer Räuberbande in die Hände und entkamen nur mit Mühe und Not, und Stanley schaffte es, was kaum einem anderen gelang, beim amerikanischen Konsulat in Istanbul einen Schadenersatz herauszuschlagen. Das war Lesefutter nach dem Geschmack des amerikanischen Publikums, und bald bemühte sich der angesehene „Missouri Democrat" um seine Mitarbeit und beauftragte ihn, die Expedition des Generals Hancock gegen die Comanchen und Kiowas zu begleiten. Stanley berichtete spannend und eindrucksvoll über die unlösbaren Probleme zwischen Weiß und Rot. Da drangen immer neue Trecks mit weißen Siedlern in den Lebensraum der roten Männer ein, viele heimatlos gewordene Bürgerkriegssoldaten waren unter ihnen und legten Kilometer um Kilometer die Schienen für ihre Feuerrösser. In der Prärie, in dem riesigen Indianerland war genug guter Boden für alle, sagten sie, und nahmen sich, was ihnen paßte, ohne zu fragen, ob es nicht der Weideboden für die Bisons war, die die Indianer jagten und von denen sie lebten. Natürlich wehrten sich die Rothäute verzweifelt gegen die Eindringlinge, die ihnen die Tiere abschossen und ihre Dörfer niederbrannten. Natürlich nahmen die Weißen, die so genau wußten, wie man Kornfelder anlegt und Eisenbahnen baut, das Recht dafür in Anspruch. Das Recht des „Vernünftigen" und des Stärkeren. Und die Indianer halfen ihnen noch dabei, indem sie sich gegeneinander aufhetzen ließen. So gelang es, sie in ihre Reservationen abzudrängen, in denen sie fortan, komfortabler vielleicht als bisher, aber nie wieder frei wie früher, leben sollten. Stanley empfand aufrichtige Hochachtung für die einstigen Herren der Prärie, aber als objektiver Beobachter mußte er sich auch die Frage stellen, ob es möglich war, für alle Zukunft einen halben Kontinent als Reservat für die wilden Bisons und deren Jäger brachliegen zu lassen.

Seine Artikel machten Furore, und auch James Gordon Bennett jun., der allmächtige Besitzer des „New York Herald", der größten Zeitung der Vereinigten Staaten, wurde aufmerksam. So bahnte sich eine Beziehung zwischen den beiden Männern an, die Stanleys ganze Zukunft bestimmen sollte.

Fürs erste fuhr der neugewonnene Starreporter des „New York Herald" nach Abessinien, um über die britische Befreiungsaktion der 60 Engländer zu berichten, die der Negus gefangen hielt. Auch hier bewährte er sich und wurde gleich weiter zur Eröffnung des Suezkanals, zu einem Aufstand in Kreta, in die Wirren des Spanischen Bürgerkrieges gesendet, wo er beinahe als Spion erschossen worden wäre. Er reiste nach Beirut und Baalbek und entzog sich nur mit Mühe, aber mit Erfolg, einer Liebesheirat mit einem wunderschönen sechzehnjährigen Griechenmädchen – denn das hätte Seßhaft-werden bedeutet. Stanley aber suchte Abenteuer, und er fand sie in Basra wie in Konstantinopel ebenso wie in Sofia oder Bukarest.

Während all dieser Reisen aber hatte er bereits den Auftrag der Aufträge in der Tasche, der ihn in kurzer Zeit zu einer Weltberühmtheit machen sollte. Dr. David Livingstone, der vielleicht größte Afrikaforscher seiner Zeit, der u. a. die Viktoria-Fälle entdeckt und als erster Weißer die Kalahari-Wüste durchquert hatte, war in der Wildnis Ostafrikas verschollen. Für Livingstone waren seine Forschungsreisen nicht Selbstzweck, er war besessen von der Idee, den von Dämonenängsten gequälten Schwarzen, die sich in Stammeskriegen zerfleischten und für die arabischen Sklavenjäger Freiwild waren, mit dem Christentum und den Segnungen der europäischen Zivilisation Frieden und ein besseres Leben zu bringen. Seine Güte und Menschenliebe waren es, die die Menschen besonders beeindruckten, und darum bangte jetzt ganz England um ihn. Diesen Dr. Livingstone sollte Stanley nun suchen.

Es war im Grunde ein wahnsinniges Unterfangen, inmitten der undurchforschten afrikanischen Wildnis einen einzigen Mann zu suchen, von dessen Aufenthaltsort es nur einige vage Anhaltspunkte gab. Aber Stanley wagte es, und er tat es mit der Unbefangenheit dessen, der nicht im Entferntesten ahnen konnte, welch ungeheure Schwierigkeiten und Strapazen ihm bevorstanden.

AUF DER SUCHE NACH LIVINGSTONE

EINLEITUNG

Am 16. Oktober 1869 war ich von den Kämpfen bei Valencia soeben in Madrid angekommen. Um 10 Uhr vormittags überreicht mir Jacopo, in Nr. – Calle de la Cruz, ein Telegramm, welches lautet: „Kommen Sie sofort nach Paris wegen wichtiger Geschäfte."

Das Telegramm ist von James Gordon Bennett jun., dem jungen Direktor des „New York Herald".

Schleunigst nehme ich meine Bilder von den Wänden meiner im zweiten Stock gelegenen Zimmer, packe meine Bücher und Andenken, meine hastig zusammengerafften teils halb gewaschenen, teils noch nicht getrockneten Kleider in meine Koffer, und nach ein paar Stunden eiliger und angestrengter Arbeit ist mein Gepäck geschnürt und nach Paris signiert.

Der Eilzug nach Hendaye verläßt Madrid um 3 Uhr nachmittags; ich habe also noch Zeit, meinen Freunden Lebewohl zu sagen. Einer derselben, Berichterstatter für verschiedene Londoner Zeitungen wohnt Nr. 6 Calle Goya im vierten Stock. Er hat mehrere Kinder, an denen ich ein warmes Interesse nehme. Der kleine Karl und Willy sind intime Freunde von mir; sie hören meine Abenteuer gern, und es war mir ein Vergnügen, mich mit ihnen zu unterhalten, jetzt aber muß ich ihnen Lebewohl sagen.

Dann habe ich noch Bekannte bei der nordamerikanischen Gesandtschaft, mit denen ich gern verkehre. Alles das ist jetzt plötzlich zu Ende.

„Ich hoffe, Sie werden uns schreiben, wir werden uns stets freuen, von Ihrem Wohlergehen zu hören."

Wie oft habe ich nicht während meines aufgeregten Lebens als unsteter Journalist die gleichen Worte gehört und wie oft habe ich denselben Schmerz beim Scheiden von ebenso lieben Freunden empfunden.

Aber ein Journalist wie ich muß das Schwerste ertragen lernen; wie ein Gladiator in der Arena muß er stets zum Kampf bereit sein; wenn er feige zurückweicht, ist er verloren. Der Gladiator muß sich dem auf seine Brust gezückten Schwert aussetzen; der reisende Journalist oder herumstreichende Korrespondent muß dem Befehl gehorchen, der ihn seinem Verhängnis entgegenschicken kann; zur Schlacht wie zum Bankett lautet er immer gleich: „Mache dich fertig und geh!"

Um 3 Uhr nachmittags war ich unterwegs, und da ich in Bayonne einige Stunden Aufenthalt hatte, kam ich in Paris erst in der folgenden Nacht an. Ich ging direkt ins Grand Hôtel und klopfte an Herrn Bennetts Türe.

„Herein!" rief eine Stimme.

Bei meinem Eintritt fand ich Herrn Bennett im Bett.

„Wer sind Sie?" fragte er.

„Mein Name ist Stanley", antwortete ich.

„Ach ja! Nehmen Sie Platz. Ich habe einen wichtigen Auftrag für Sie."

Nachdem er sich den Schlafrock umgeworfen, fragte mich Herr Bennett: „Wo glauben Sie, daß Livingstone sich aufhält?"

„Das weiß ich wirklich nicht."

„Glauben Sie, daß er am Leben ist?"

„Kann sein, kann aber auch nicht sein", antwortete ich.

„Ich glaube, er ist am Leben und man kann ihn finden, und ich will Sie ausschicken, um ihn aufzusuchen."

„Wie?" sagte ich, „Sie meinen wirklich, daß ich im Stande sei, Dr. Livingstone aufzufinden? Sie meinen, daß ich nach Zentralafrika gehen soll?"

„Jawohl, ich meine, daß Sie hingehen und ihn aufsuchen sollen, wo Sie ihn nur immer vermuten können, daß Sie dann alle Nachrichten, die Sie von ihm erhalten können, sammeln. Und vielleicht", fügte er in nachdenklichem Tone hinzu, „ist der alte Mann in Not. Nehmen Sie genug mit sich, um ihm beizustehen, wenn er dessen bedarf. Natürlich werden Sie nach eigenem Plane handeln und das tun, was Sie für das Beste halten, aber – *finden Sie Livingstone!*"

„Aber", sagte ich in Verwunderung über den kaltblütigen Befehl, mit dem man einen Menschen nach Zentralafrika schickte, um einen Mann aufzusuchen, den ich wie die meisten für tot hielt, „haben Sie ernstlich die große Ausgabe überlegt, der Sie sich für diese kleine Reise aussetzen?"

„Was wird es kosten?" fragte er kurz.

„Burtons und Spekes Reise nach Zentralafrika hat 3000 bis 5000 Pfd. St. gekostet, und ich denke, man kann die Reise nicht für weniger als 2500 Pfd. St. machen."

„Gut, da will ich Ihnen sagen, was zu tun ist. Erheben Sie zunächst 1000 Pfd., und wenn Sie dies verbraucht haben, trassieren Sie wieder über 1000 Pfd., und wenn diese verausgabt sind, abermals 1000 Pfd., und wenn Sie damit zu Rande sind, noch 1000 Pfd. usw., aber – *finden Sie Livingstone!*"

Erstaunt, aber nicht irre gemacht durch diesen Befehl – denn ich wußte, daß wenn Herr Bennett einmal zu etwas entschlossen, er nicht leicht von seinem Plane abging – meinte ich doch, da es ein solches Riesenunternehmen war, daß er noch nicht völlig die Gründe und Gegengründe bei sich erwogen habe, und sagte: „Ich habe gehört, daß, wenn Ihr Vater stirbt, Sie den ‚Herald' verkaufen und sich vom Geschäft zurückziehen wollen."

„Wer Ihnen das gesagt hat, hat Sie falsch berichtet, denn es gibt gar nicht Geld genug in New York, um den ‚New York Herald' zu kaufen. Mein Vater hat ihn zu einer großen Zeitung gemacht, aber ich gedenke ihn noch bedeutend zu vergrößern. Ich wünsche, daß er eine Zeitung in dem wahren Sinne des Wortes werde. Ich meine, daß er alles bringen soll, was die Welt interessiert, gleichviel was das kosten möge."

Ich erwiderte ihm: „Dann habe ich nichts weiter zu sagen. – Meinen Sie, daß ich direkt nach Afrika gehen soll, um Dr. Livingstone aufzusuchen?"

„Nein; ich wünsche, daß Sie sich zuerst zur Einweihung des Suezkanals begeben und dann den Nil hinaufgehen. Ich höre, daß sich Baker gerade nach Oberägypten begibt; suchen Sie alles über seine Expedition zu erfahren, was Sie können, und wenn Sie den Nil hinaufgehen, beschreiben Sie möglichst genau alles, was für Touristen von Interesse ist. Schreiben Sie einen Führer, einen recht praktischen, für Unterägypten, in dem Sie uns alles berichten, was es dort Sehenswertes gibt und wie man es zu sehen hat.

Dann können Sie auch nach Jerusalem gehen, Kapitän Warren soll dort eben einige interessante Entdeckungen machen. Besuchen Sie darauf Konstantinopel und berichten Sie über die zwischen dem Khedive und dem Sultan herrschenden Schwierigkeiten. Dann können sie ja wohl auch die Krim und die alten Schlachtfelder dort besuchen. Gehen Sie durch den Kaukasus ans Kaspische Meer, dort sollen die Russen eine Expedition gegen China ausrüsten. Von da können Sie durch Persien nach Indien gehen und uns einen interessanten Bericht aus Persepolis schreiben. Bagdad liegt dicht an Ihrem Wege nach Indien; wie wäre es, wenn Sie dort hingingen und uns etwas über die Euphrattal-Eisenbahn berichteten? Wenn Sie dann in Indien gewesen sind, können Sie sich nach Livingstone umschauen. Vermutlich werden Sie bis dahin gehört haben, daß er sich auf dem Rückwege nach Sansibar befindet, wenn nicht, so gehen Sie ins Innere und suchen Sie ihn dort. Wenn er am Leben ist, versuchen Sie es, von ihm soviel Nachrichten als möglich über seine Entdeckungen zu erlangen, und wenn er tot ist, bringen Sie alle möglichen Beweise für seinen Tod mit. Das ist alles. Gute Nacht, und Gott sei mit Ihnen!"

„Gute Nacht", sagte ich, „ich will alles tun, was in der Menschenmöglichkeit liegt, und Gott wird bei einer Aufgabe, wie sie mir gestellt ist, mit mir sein."

Ich wohnte mit dem jungen Edward King zusammen, der sich einen so großen Namen in Neuengland macht. Er war gerade der Mann, der sich gefreut haben würde, seiner Zeitung zu erzählen, was der junge Herr Bennett triebe und was für eine Aufgabe mir gestellt worden sei. Ich hätte gern meine Ansichten über die wahrscheinlichen Resultate meiner Reise mit ihm ausgetauscht, aber ich wagte das nicht. Obgleich schwer von meiner großen Aufgabe gedrückt, mußte ich mir doch das Ansehen geben, als ob ich nur zur Einweihung des Suezkanals ginge. Der junge King begleitete mich an den Marseiller Eilzug, und wir trennten uns auf dem Bahnhofe, er, um die Zeitungen in Bowles' Lesezimmer zu lesen, ich, um nach Zentralafrika und wer weiß wohin sonst noch zu gehen.

Ich brauche hier gar nicht aufzuzählen, was ich getan habe, ehe ich nach Zentralafrika ging: ich zog den Nil hinauf, sah den Oberingenieur der Bakerschen Expedition, Herrn Higginbotham, in Phylae und verhinderte ein Duell zwischen ihm und einem tollen jungen Franzosen, der sich mit Herrn Higginbotham auf Pistolen duellieren wollte, weil er die Zumutung übelnahm, für einen Ägypter gehalten zu werden, obgleich er ein Fes trug. Ich habe mich mit Kapitän Warren in Jerusalem unterhalten und bin dort mit einem Unteringenieur in eine der Gruben gefahren, um die Merkzeichen der tyrischen Arbeiter auf den Grundsteinen des Salomonischen Tempels zu besehen. Ich habe die Moscheen von Stambul in Gesellschaft des nordamerikanischen Ministerresidenten und Generalkonsuls besucht, ich bin über die Schlachtfelder der Krim gereist, Kinglakes berühmtes Werk in der Hand; ich habe mit der Witwe des Generals Liprandi in Odessa gespeist; ich habe in Trapezunt den arabischen Reisenden Palgrave und in Tiflis den Zivilgouverneur des Kaukasus, Baron Nikolai besucht; in Teheran bin ich mit dem russischen Gesandten zusammen gewesen, habe überall auf meiner Reise durch Persien die größte Gastfreundschaft von den Herren der Indoeuropäischen Telegraphengesellschaft erfahren, und habe nach dem Beispiel vieler berühmter Männer meinen Namen auf die Monumente von Persepolis eingeschrieben. Im Monat August 1870 kam ich in Indien an, am 12. Oktober fuhr ich auf der Barke „Polly" von Bombay nach Mauritius. Da die „Polly" ein langsames Schiff war, dauerte die Überfahrt 37 Tage. An Bord der Barke befand sich ein gewisser William Lawrence Farquhar aus Leith in Schottland als erster Steuermann. Er war ein ausgezeichneter Schiffer, und da ich meinte, daß er mir von Nutzen sein könnte, nahm ich ihn in Dienst unter der Bedingung, daß sein Sold von dem Tage angehen solle, wo wir von Sansibar nach Bagamoyo abreisen würden. Da ich keine Gelegenheit hatte, direkt nach Sansibar zu fahren, so ging ich zu Schiff nach den Seychellen. Drei oder vier Tage nach meiner Ankunft in Mahé, einer Insel der Seychellen, hatte ich das Glück, auf einem amerikanischen Walfischfahrer mit William Lawrence Farquhar und Selim, einem arabischen Christenknaben aus Jerusalem, der als Dolmetscher fungieren sollte, nach Sansibar zu segeln, in welchem Hafen wir am 26. Januar 1871 ankamen.

Soweit habe ich also meine Reisen nur oberflächlich berührt, weil sie den Leser nicht interessieren; sie haben mich durch viele Länder geführt, aber dieses Buch ist nur eine Beschreibung der Reise, auf welcher ich Livingstone, den großen Afrikareisenden, suchte. Sie ist, ich gestehe es zu, ein Ikarusflug des Journalismus, einige haben sie sogar für eine Donquichotiade erklärt; diese Bezeichnung kann ich jetzt aber von mir abweisen, wie der Leser zugeben wird, noch ehe er an das Ende des Buches kommt.

Ich habe mich des Wortes „Soldaten" in diesem Buche bedient. Die bewaffnete Begleitung, welche ein Reisender in Sold nimmt, damit sie ihn nach Ostafrika geleite, besteht aus freien Schwarzen, Eingeborenen aus Sansibar, oder befreiten Sklaven aus dem Innern, welche sich Askari nennen, ein indisches Wort, das in seiner Übersetzung „Soldaten" bedeutet. Sie sind wie Soldaten bewaffnet und ausgerüstet, obgleich sie sich auch als Dienstboten vermieten, aber es würde anmaßender von mir sein, sie Bediente zu nennen, als das Wort „Soldaten" dafür zu gebrauchen, und da ich mehr gewohnt gewesen bin, sie Soldaten, als meine Watuma Diener zu nennen, so konnte ich mir das nicht mehr abgewöhnen; deshalb habe ich den Ausdruck „Soldaten" stehen lassen, schicke jedoch dieses Wort der Entschuldigung voran.

Auch habe ich vielleicht das persönliche Fürwort der ersten Person singularis „ich" häufiger gebraucht, als die Bescheidenheit es eigentlich gestattet, aber man darf nicht vergessen, daß ich eine Erzählung meiner eigenen Abenteuer und Reisen schreibe und daß ich annehme, daß das größte Interesse bis zu dem Punkt, wo ich mit Livingstone zusammenkomme, sich an mich, meine Märsche, meine Schwierigkeiten, meine Gedanken und Eindrücke knüpft. Trotzdem folgt daraus, daß ich hin und wieder von *meiner* Expedition oder *meiner* Karawane spreche, noch keineswegs, daß ich mir dieses Recht anmaße, denn ich bemerke ausdrücklich, daß es die Expedition des „New York Herald" ist, daß ich nur den

Befehl über dieselbe von Herrn James Gordon Bennett, dem Besitzer des „New York Herald", erhalten habe und von diesem Herrn besoldet worden bin.

Noch eins: ich habe die erzählende Form für die Darstellung meiner Reise gewählt, weil sie ein größeres Interesse zu besitzen scheint als die Form des Tagebuches, und ich glaube, daß ich auf diese Weise den großen Fehler der Wiederholung vermeide, den man vielen Reisenden zum Vorwurf macht.

Nach diesen Auseinandersetzungen halte ich es nicht für nötig, noch irgend etwas in der Einleitung zu sagen, und beginne daher meine Erzählung.

London, 8, Duchess Street, Portland Place, Oktober 1872.

Henry M. Stanley.

SANSIBAR

Eine der fruchtbarsten Inseln des Indischen Ozeans ist Sansibar. Als ich Bombay verließ, um die Expedition des „New York Herald" in das unbekannte Herz Afrikas zu führen, war meine abstrakte Vorstellung von der Insel die, daß sie nicht viel besser als eine große Sandbank oder ein Stückchen vom Meer umgebener Sahara sei, in der sich ein paar mäßig große Oasen befänden und in der die Cholera, das Fieber und andere namenlose, aber schreckliche Krankheiten zu wüten pflegten. Ich glaubte, sie sei von unwissenden Schwarzen mit dicken Lippen bewohnt, deren Äußeres im allgemeinen mit Du Chaillus Gorillas zu vergleichen wäre und die von einem despotischen, griesgrämigen Araber beherrscht würden. Weshalb sich diese Karikatur in meiner Phantasie festgesetzt hatte, begreife ich nicht; ich hatte Bücher und Abhandlungen über Sansibar gelesen, die sich keineswegs ungünstig darüber äußerten; dennoch schwebte es meinem Gehirn als eine Insel vor, deren gänzliches Versinken im Meer der Welt nur nützlich sein könnte. Ich weiß es nicht bestimmt, aber ich glaube, ich habe diese Vorstellung ebenso wie so manche andere exzentrische Ansichten durch Kapitän Burtons „Lake Regions of Central-Africa" bekommen.

Sansibar

Dieses ganze Buch ist, wiewohl ausgezeichnet gewandt und wahr, doch in einem etwas galligen Ton geschrieben, und ich glaube, die Wirkung desselben auf mich bestand darin, daß ein Teil der Galle mir zu Kopf stieg, denn als ich es las, sah ich einen verderbenbringenden Strom, welcher mich nach der ewigen Fiebergegend Afrikas hintrieb, von wo, wie mir eine unheilverkündende Ahnung sagte, man nicht wieder zurückkehre. Wie man aber die beseligende Morgenröte begrüßt, die den schrecklichen Traum vertreibt, unter welchem man die ganze Nacht hindurch sich seufzend plagt, wie man sich über den Brief freut, der gute Nachrichten bringt, so wurde mir beim Anblick der grünen Ufer Sansibars zumute, welche mir zuriefen: „Hoffnung! Die Dinge sind selten so schlimm, wie man sie sich ausmalt."

Es war am frühen Morgen, als ich durch den Kanal segelte, welcher Sansibar von Afrika trennt. In dem Morgengrauen wurden die Höhen des Festlandes gleich langen Schatten sichtbar; die Insel lag uns in einer Entfernung von nur 7 km zur Linken und trat mit dem vorrückenden Tage aus den sie umhüllenden Nebeln allmählich hervor, bis sie endlich deutlich in Sicht war und so schön aussah wie das schönste Kleinod der Schöpfung. Sie schien niedrig, aber nicht flach zu sein, hin und wieder sah ich sanfte Höhen, die sich über den anmutigen Wipfeln der Kokosbäume erhoben, welche sich längs der Insel hinzogen. Auch wurden sie in angenehmer Weise durch Talsenkungen unterbrochen, welche andeuteten, wo diejenigen, die Schutz vor der heißen Sonne suchten, Kühlung finden könnten. Mit Ausnahme der schmalen Sandlinie, über die das saftgrüne Wasser in beständigem Gemurmel dahinrollte, schien die Insel ganz in Grün gehüllt. Auf dem herrlichen Spiegel der Meerenge befanden sich mehrere Daus (arabische Zweimaster), die rasch mit schwellenden Segeln der Bai von Sansibar zueilten oder dieselbe verließen. Über dem Horizont des Meeres erschienen nach Süden zu die nackten Masten einiger großen Schiffe und östlich von diesen eine dichte Masse weißer Häuser mit flachen Dächern. Dies war Sansibar, die Hauptstadt der Insel, welche sich bald als eine ziemlich große, dichtgebaute Stadt enthüllte, an der man alle charakteristischen Merkmale der arabischen Baukunst erkennen konnte. Über einigen der größten Häuser, welche sich an der Seeseite der Stadt hinzogen, flatterten das blutrote Banner des Sultans Seyid Bargasch und die Flaggen der amerikanischen, englischen, norddeutschen und französischen Konsulate. Im Hafen befanden sich dreizehn große Schiffe, vier Sansibarer Kriegsschiffe und ein englisches, die „Nymphe", zwei amerikanische, ein französisches, ein portugiesisches, zwei englische und zwei deutsche Kauffahrer . . .

Ein Tag in Sansibar brachte mir meine Unwissenheit in bezug auf das Volk und die Dinge Afrikas im allgemeinen zum Bewußtsein. Ich bildete mir ein, ich hätte Burton und Speke ziemlich gut durchgelesen und folglich die Bedeutung, Wichtigkeit und Größe der Aufgabe, die ich übernommen hatte, erfaßt. Aber meine auf Bücherweisheit gegründeten Schätzungen waren einfach lächerlich, die phantastischen Vorstellungen von den Reizen, die Afrika bietet, waren alsbald zerstreut, die Freuden, die ich vorausgesetzt hatte, verschwanden, und alle unreifen Vorstellungen nahmen eine bestimmte Gestalt an.

Ich spazierte durch die Stadt und verschaffte mir allgemeine Eindrücke. In dem reinlichen Stadtviertel sah ich krumme, enge Gassen, weißgetünchte Häuser, mit Mörtel gepflasterte Straßen. In dem Teil, den ich das Banianenviertel nennen will, erblickte ich auf jeder Seite sehr vertiefte Alkoven, vor denen rotbeturbante Banianen saßen, und im Hintergrunde dünne Baumwollstoffe, Kalikos, amerikanische und bedruckte Baumwollwaren und andere Gegenstände; auf den Fluren lagen Elfenbeinzähne dichtgedrängt; in dunklen Ecken Haufen von ungereinigter loser Baumwolle, Vorräte von Steingut, Nägeln, billigen Eisenwaren und Werkzeugen. Im Negerquartier rochen die Straßen sehr übel nach der gelben und schwarzen Bevölkerung, welche mit ihren Wollköpfen vor den Türen ihrer elenden Hütten schwatzend, lachend, feilschend und keifend saßen. Der Geruch war ein Gemisch von Häuten, Teer, Schmutz, vegetabilischem Abgang, Exkrementen usw. Ich sah Straßen, die von großen, solid aussehenden Häusern mit flachen Dächern begrenzt wurden, mit großen geschnitzten Türen und Messingklopfern, vor denen Sklaven mit übereinandergeschlagenen Beinen saßen und den Eingang zu den Häusern ihrer Herren bewachten; eine seichte Seebucht, auf der sich Daus, Nachen, Boote und ein paar vereinzelte Bugsierdampfer befanden, welche auf dem von der Ebbe zurückgelassenen Schlammeer seitlich übergeneigt dalagen. Ich sah einen Ort, der „Nasi-Moja" (der „Eine Kokosbaum") heißt, wohin sich die Europäer des Abends mit langsamen Schritten, fast wie Sterbende, begeben, um die liebliche Luft einzuatmen, die, wenn der Tag zur Neige und die rote Sonne im Westen untergeht, von der See ausströmt. Ich sah die Gräber von einigen verstorbenen Matrosen, welche ihr Leben nach der Ankunft in diesem Lande eingebüßt hatten. Ich sah das hohe Haus, worin Dr. Tozer, Missionsbischof von Zentralafrika, und seine Schule für kleine Afrikaner sich befindet, und noch viele andere Dinge, die sich so ineinanderwirrten, daß ich zu Bett gehen mußte, wenn ich im Stande bleiben wollte, die sich verschiebenden Bilder auseinanderzuhalten und das

Arabische vom Afrikanischen, dies vom Banianischen, dieses wieder vom Hindostanischen und letzteres endlich vom Europäischen zu scheiden.

Sansibar ist das Bagdad, das Isfahan oder Stambul, wie man will, von Ostafrika. Es ist der große Markt, welcher die Elfenbeinhändler aus dem Innern Afrikas anlockt. Dahin kommen das Kopalgummi, die Häute, die Orseille, das Bauholz und die schwarzen Sklaven Afrikas. Bagdad hat große Seidenbazars, Sansibar Elfenbeinmagazine; Bagdad hat einst mit Juwelen gehandelt, Sansibar handelt mit Kopalgummi. Stambul pflegte tscherkessische und georgische Sklaven einzuführen, Sansibar importiert schwarze Schöne aus Uhiju, Ugindo, Ugogo, Unjamwesi und den Galla-Ländern . . .

Für einen weißen Fremdling, der im Begriff steht, ins Innere von Afrika zu gehen, ist ein Spaziergang durch die Negerquartiere der Wanjamwesi und Wasuaheli höchst interessant; denn hier lernt man es erst, daß man zugeben muß, daß die Neger Menschen sind wie unsereins, obgleich von anderer Farbe; daß sie Leidenschaften und Vorurteile, Sympathien und Antipathien, Geschmacksrichtungen und Empfindungen haben wie alle andern Menschen. Je eher man diese Tatsache einsieht und sich nach ihr richtet, um so leichter wird einem die Reise unter den verschiedenen Stämmen des Innern werden; je schmiegsamer man von Natur ist, um so gedeihlicher werden die Reisen ausfallen.

Obwohl ich einige Zeit unter den Negern unserer Südstaaten gelebt hatte, so war meine Erziehung doch die eines Nordländers, und ich hatte in den Vereinigten Staaten Schwarze gesehen, die ich mit Stolz meine Freunde nannte. Auf diese Weise war ich darauf vorbereitet, einen jeden Schwarzen, der die Eigenschaften eines wirklichen Menschen oder überhaupt irgendwelche guten Eigenschaften besaß, als Freund, ja selbst als Bruder anzusehen und ihn ebenso zu achten, als ob er von meiner Farbe und Abstammung wäre. Weder seine Farbe noch irgendwelche Eigentümlichkeiten seiner Physiognomie sollten ihn meinerseits irgendwelcher Rechte berauben, die er als Mensch beanspruchen konnte. „Haben diese Leute, diese wilden Schwarzen aus dem heidnischen Afrika" – fragte ich mich – „die Eigenschaften, welche den Menschen seinen Mitmenschen liebenswürdig machen?" „Können diese Leute, diese Barbaren, Güte schätzen, und fühlen sie Abneigung wie ich?" – war die Frage, die ich mir im Geiste vorlegte, als ich durch ihre Quartiere ging und ihre Handlungsweise beobachtete. Brauche ich noch zu sagen, daß es mir sehr angenehm war, zu sehen, wie sie ebenso bereitwillig sich dem Einfluß der Leidenschaften, der Liebe und des Hasses, wie ich selbst, unterwarfen und daß die genaueste Beobachtung mir keinen bedeutenden Unterschied zwischen ihrer Natur und meiner eigenen offenbarte?

Die Neger der Insel bilden wohl zwei Drittel der ganzen Bevölkerung; sie sind die arbeitenden Klassen, ob sie Sklaven oder Freie sind. Die Sklaven verrichten die Arbeit auf den Plantagen, Landgütern und in den Gärten der Gutsbesitzer, oder dienen als Hamals oder Lastträger auf dem Lande sowie in der Stadt. Auf dem Lande sieht man sie mit sehr großen Lasten auf dem Kopfe so zufrieden und heiter wie möglich, nicht etwa, weil sie freundlich behandelt werden oder leichte Arbeit haben, sondern weil sie ihrer Natur nach heiter und leichten Herzens sind, weil sie weder Vergnügungen noch Hoffnungen haben, die sie nicht nach Belieben befriedigen können, und keinem Ehrgeiz frönen, dem sie nicht Genüge tun könnten, daher auch in ihren Hoffnungen nicht getäuscht worden sind.

In der Stadt hört man zu allen Stunden Negerhamals zu zweien, beim Transport von Säcken mit Gewürz, Warenkisten u. dgl. beschäftigt, vom Magazin zu der Wassertreppe und von dieser nach dem Ufer zu gehen und eine Art monotone Melodie singen, durch die sie sich gegenseitig aufmuntern und nach der sie marschieren, wenn sie sich barfüßig durch die Straßen bewegen. Man kann diese Leute in kurzer Zeit leicht als alte Bekannte an der Konsequenz erkennen, mit welcher sie ihre Melodien singen. Mehrmals des Tages habe ich dasselbe Paar unter den Fenstern des Konsulats vorbeigehen und immer dieselbe Melodie mit den gleichen Worten wiederholen hören. Mancher könnte diese Lieder wohl für albern halten, aber für mich hatten sie einen gewissen Reiz, und ich halte sie für vollständig zweckentsprechend.

Die Stadt Sansibar, auf dem südwestlichen Ufer der Insel gelegen, hat eine Bevölkerung von fast 100 000 Einwohnern; die ganze Insel schätze ich auf nicht mehr als 200 000, alle Rassen eingeschlossen.

Die größte Zahl fremder Schiffe, welche mit diesem Hafen Handel treiben, sind Amerikaner, hauptsächlich aus New York und Salem. Nach den Amerikanern kommen die Deutschen, dann die Franzosen und Engländer. Sie kommen mit amerikanischer Leinwand, Branntwein, Schießpulver, Musketen, Perlen, englischen Baumwollwaren, Messingdraht, Porzellanwaren und anderen Artikeln beladen, und verlassen den Hafen mit Elfenbein, Kopalgummi, Gewürznelken, Häuten, Muscheln, Sesam, Pfeffer und Kokosnußöl.

Der Wert der Exportartikel aus diesem Hafen wird auf 3 Millionen Dollars geschätzt und der der Einfuhr aus anderen Ländern auf $3\frac{1}{2}$ Millionen Dollars.

Die Europäer und Amerikaner, die in der Stadt Sansibar wohnen, sind entweder Regierungsbeamte oder unabhängige Kaufleute oder Agenten für ein paar große europäische und amerikanische Handlungshäuser. Das wichtigste Konsulat ist das britische. Als ich in Sansibar meine Expedition ins Innere von Afrika ausrüstete, war Dr. John Kirk britischer Konsul und Geschäftsträger daselbst. Ich war sehr begierig, diesen Herrn kennenzulernen, weil sein Name so oft mit dem des Dr. David Livingstone, den ich aufsuchen wollte, zusammen genannt worden ist. In fast allen Zeitungen wurde er als der frühere Begleiter von Dr. Livingstone bezeichnet. Nach den Artikeln und Briefen an die indische Regierung, die ich gelesen hatte, bildete ich mir ein, daß wenn ich überhaupt irgendwelche positive Kunde in bezug auf den Aufenthaltsort des Dr. Livingstone erhalten könnte, mir dieselbe von Dr. Kirk zukommen würde; daher erwartete ich die Ehre, von Kapitän Webb bei ihm eingeführt zu werden, mit nicht geringer Ungeduld.

Am zweiten Morgen nach meiner Ankunft in Sansibar gingen der amerikanische Konsul und ich, in Übereinstimmung mit der Etikette des Ortes, auf die Straße hinaus, und nach einigen Augenblicken stand ich vor diesem vielbesprochenen Manne. Kapitän Webb sagte zu einem Manne von dünner, hagerer Gestalt, der einfach gekleidet und etwas gebückt ging, schwarzhaarig, von schmalem Gesicht und eingefallenen Wangen war und einen Bart trug: „Herr Dr. Kirk, erlauben Sie mir, Ihnen Herrn Stanley, vom ,New York Herald' vorzustellen."

Ich glaubte zu bemerken, daß er in dem Augenblick seine Augenlider merklich erhob und dadurch den ganzen Umfang seiner Augen zeigte. Wenn ich einen solchen Blick beschreiben sollte, so würde ich ihn als ein Anstarren bezeichnen. Während der Unterhaltung, die sich über verschiedene Gegenstände verbreitete, sah ich sein Gesicht, welches ich aufmerksam beobachtete, sich nur einmal beleben und erregt werden, und zwar als er uns einige seiner Jagdgeschichten erzählte. Da der Gegenstand, der meinem Herzen am nächsten lag, nicht zur Sprache kam, nahm ich mir vor, ihn über Dr. Livingstone das nächstemal, wo ich ihn besuchte, auszufragen.

Am Dienstag abend haben Herr und Frau Dr. Kirk ihre Gesellschaftsabende, wie die Sansibarer wissen. Die Freuden eines solchen Abends werden von der zivilisierten Bevölkerung von Sansibar im allgemeinen ignoriert, aber die Repräsentanten der europäischen Kolonie besuchen sie trotzdem. An eben diesem Abend waren die reichsten Einwohnerklassen ziemlich stark vertreten.

Da wir Amerikaner zeitig ankamen, konnte ich bemerken, wie die andern Gäste die Unterhaltung anfingen, und war erstaunt zu hören, wie ein jeder derselben nach der ersten Begrüßung ängstlich den Konsul und seine Frau danach fragte, ob sie heute abend in Nasi-Moja gewesen wären, worauf sie verneinend antworteten, denn zufälligerweise hatten sie gerade an dem Abend ihren Erholungsspaziergang nicht bis zum klassischen Boden von Nasi-Moja ausgedehnt. „Oh", sagte jeder Gast im Tone freudig triumphierender Verwunderung, „ich glaubte, ich hätte sie dort nur nicht gesehen."

„Wo und was ist denn eigentlich Nasi-Moja?" fragte ich Kapitän Webb sofort. „Nasi-Moja", sagte dieser liebenswürdige Zyniker, „bedeutet ‚ein Kokosbaum' und ist eine beliebte Promenade unmittelbar hinter Ras Schangani (Sandy Point), wo man gegen Abend hingeht, um die frische Seeluft zu genießen. Es ist die gewöhnliche Form, wie man hier eine Unterhaltung anfängt, da wir jetzt gerade einen großen Mangel an Unterhaltungsstoff haben."

Kapitän Webb sprach die Wahrheit, wenn er sagte, daß großer Mangel an Unterhaltungsstoff wäre, und meine spätere Erfahrung lehrte mich, daß die guten Europäer von Sansibar, wenn ihnen anderer Unterhaltungsstoff fehlte, das kleinste bißchen Skandal benutzten, um ihre Abende angenehm und amüsant zu machen.

Die Erfrischungen, welche der britische Konsul nebst Frau ihren Gästen an ihren Empfangsabenden anboten, bestanden aus einer Art milden Weines und Zigarren, nicht weil sie nichts anderes zu Hause haben, etwa Tee oder ein paar Kuchen, sondern wohl nur weil es die Sitte eines sansibarisierten Europäers ist, dergleichen, mit etwas Soda- oder Selterswasser gemischt, als eine Art Reizmittel für das bißchen Klatsch zu sich zu nehmen, das gewöhnlich unter dem Einfluß des Weines sympathische und eifrige Zuhörer findet.

Es war wohl alles sehr schön, aber trotzdem hielt ich diesen Abend für einen der langweiligsten, die ich je erlebt hatte, bis Dr. Kirk aus Mitleid für die Langeweile, an der ich litt, mich beiseite rief, um mir eine schöne Elefantenflinte zu zeigen, welche ihm, wie er sagte, vom Gouverneur von Bombay geschenkt worden sei. Ich hörte nun Loblieder auf ihre tödliche Kraft und verderbenbringende Präzision und ließ mir einige Anekdoten von dem Leben im Schilfmoor, einige Jagdabenteuer und Erlebnisse auf seinen Reisen mit Livingstone erzählen. „Ach, jawohl, Herr Doktor", sagte ich nachlässig, „was Livingstone betrifft – wo, glauben Sie, ist der jetzt?"

„Ja", erwiderte er, „das ist sehr schwer zu sagen; er kann tot sein; wir wissen nichts Positives, worauf wir uns bestimmt verlassen könnten. Davon bin ich überzeugt, daß niemand etwas Bestimmtes von ihm seit mehr als zwei Jahren gehört hat. Dennoch glaube ich, daß er am Leben sein muß. Wir schicken ihm beständig irgend etwas zu. In Bagamoyo befindet sich eben eine kleine Expedition, die im Begriff steht aufzubrechen. Ich glaube wirklich, daß der alte Mann jetzt nach Hause kommen sollte; er wird alt, wie Sie wissen, und wenn er stirbt, so wird die Welt nichts von seinen Entdeckungen haben. Er schreibt weder Notizen noch Tagebücher, und nur sehr selten bringt er seine Beobachtungen zu Papier, sondern macht nur ein Zeichen oder einen Punkt oder etwas ähnliches auf eine Karte, was niemand als er selbst verstehen kann. Ja, wenn er am Leben ist, so sollte er unter allen Umständen heimkehren und einem jüngern Manne seine Stelle überlassen."

„Wie ist er im Umgange, Herr Doktor?" fragte ich mit lebhaftem Interesse an dieser Unterhaltung.

„Nun, ich glaube, daß es im ganzen sehr schwer ist, mit ihm zu verkehren. Ich habe persönlich zwar nie mit ihm Streit gehabt, aber ich habe ihn gegen andere Leute oft hitzig werden sehen, und wie ich glaube, ist das der hauptsächlichste Grund, weshalb er niemand gern um sich hat."

„Wie ich höre, ist er ein sehr bescheidener Mann, nicht wahr?" fragte ich.

„Nur er kennt den Wert seiner eigenen Entdeckungen besser als irgendein anderer. Er ist nicht gerade ein Engel", sagte er lachend.

„Nun gesetzt, ich begegnete ihm auf meinen Reisen; ich könnte doch möglicherweise mit ihm zusammentreffen, wenn er in der Richtung reist, die ich selbst nehme. Wie würde er sich gegen mich verhalten?"

„Um Ihnen die Wahrheit zu sagen", erwiderte er, „so glaube ich nicht, daß er es sehr gern sehen würde. Ich weiß, daß, wenn Livingstone in Erfahrung brächte, daß Burton oder Grant oder Baker oder einer von diesen Leuten ihn aufsuche, er es bald so einrichten würde, daß 150 km Sumpfboden sich zwischen ihnen befänden. Das glaube ich bestimmt, — auf mein Wort!" —

Dies war der Inhalt der Unterhaltung, die ich mit Dr. Kirk, dem früheren Genossen von Livingstone, führte, so genau, wie mein Tagebuch und mein Gedächtnis sie mir erinnerlich machen.

Brauche ich wohl zu sagen, daß diese Kunde von einem Herrn, der bekanntlich mit Dr. Livingstone genau bekannt war, eher mehr dazu beitrug, den Enthusiasmus für meine Sache zu dämpfen als ihn zu beleben? Ich fühlte mich sehr verstimmt und hätte gern mein Unternehmen aufgegeben; aber der Befehl lautete: „Gehen Sie und finden Sie Livingstone!"

AUSRÜSTUNG DER EXPEDITION

Einige der Fragen, die ich mir vorlegte, wenn ich mich nachts im Bett herumwälzte, lauteten: wieviel Geld ist nötig? wieviel Pagasi oder Lastträger? wieviel Soldaten? wieviel Tuch? wieviel Perlen? wieviel Draht? welche Sorten Zeug sind für die verschiedenen Stämme nötig? – Ich mochte mir diese Fragen noch so häufig stellen, so kam ich dem Punkt doch nicht näher, den ich zu erreichen wünschte. Ich beschrieb ganze Bücher Papier mit Schätzungen, mit Verzeichnissen von Material, mit Berechnungen der Kosten für hundert Mann pro Jahr, à so und so viel Meter verschiedener Zeugsorten; ich studierte Burton, Speke und Grant umsonst; zwar konnte ich ein gut Teil Geographie, Ethnologie und dergleichen, was zum Studium Innerafrikas gehört, aus ihnen lernen, aber ich fand in keinem Buche etwas in bezug auf die Ausrüstung einer Expedition, ehe man nach Afrika geht. Unwillig warf ich die Bücher von mir. Die Europäer in Sansibar wußten so wenig als möglich hierüber. Es gab nicht einen Weißen in Sansibar, der mir sagen konnte, wieviel Doti per Tag eine Truppe von 100 Mann für ihren Unterhalt auf der Reise bedurfte. Auch brauchten sie das in der Tat gar nicht zu wissen. Aber was sollte ich denn anfangen? Das war eine große Frage.

Ich beschloß als das Beste, einen arabischen Kaufmann aufzutreiben, der mit Elfenbein handelt oder der vor kurzem aus dem Innern angekommen war.

Scheich Haschid war ein Mann von Bedeutung und Reichtum in Sansibar. Er hatte selbst eine Anzahl Karawanen ins Innere gesandt und war infolgedessen mit verschiedenen hervorragenden Händlern bekannt, die in sein Haus kamen und sich mit ihm über ihre Abenteuer und Gewinne unterhielten. Auch war er der Besitzer des großen Hauses, das Kapitän Webb bewohnte, und lebte selbst auf der andern Seite der engen Straße, die sein Haus vom Konsulat trennte. Scheich Haschid war also vor allen andern der Mann, dessen Rat einzuholen war, und daher wurde er auch aufgefordert, mich im Konsulat zu besuchen.

Von diesem graubärtigen, ehrwürdig aussehenden Scheich habe ich über afrikanische Tauschwerte, die Art mit ihnen umzugehen, die Menge und Qualität der Stoffe, die ich brauchte, mehr Auskunft erhalten als aus einem dreimonatlichen Studium von Büchern über Zentralafrika. Auch von andern arabischen Kaufleuten, mit denen der alte Scheich mich bekannt machte, erhielt ich sehr wertvolle Andeutungen und Winke, welche mich schließlich in den Stand setzten, meine Expedition auszurüsten.

Der Leser darf nicht vergessen, daß ein Reisender nur das braucht, was für die Reise und Forschung nötig ist, und daß ein Überfluß an Gütern oder Mitteln ihm ebenso verderblich wird wie der Mangel an Vorräten. Gerade diese Frage der Qualität und Quantität ist es, welche der Reisende zuerst mit Vorsicht und Kritik klarstellen muß.

Meine Berater gaben mir zu verstehen, daß hundert Menschen mit 10 Doti oder 40 m Tuch täglich für ihre Nahrung auskommen; es war also das Richtige, 2000 Doti amerikanische Leinwand, 1000 Doti Kaniki und 650 Doti farbige Zeugsorten, wie z. B. Barsati, das in Unjamwesi beliebt ist, Sohari, das in Ugogo genommen wird, Ismahili, Tandschiri, Djoho, Schasch, Rehani, Djamdani oder Kunguru-Katsch, blau sowohl als rosa zu kaufen. Dies hielt man für völlig ausreichend für den Unterhalt von 100 Mann auf 12 Monate. Nach diesem Maßstabe würden also für zwei Jahre 4000 Doti, oder 16 000 m amerikanische Leinwand, 2000 Doti oder 8000 m Kaniki, 1300 Doti oder 5200 m verschiedene farbige Zeuge nötig sein. Dies war eine bestimmte und außerordentlich wertvolle Kunde für mich, und mit Ausnahme einiger Nachrichten über die Qualität der Leinwand, des Kaniki und der farbigen Zeuge hatte ich alles über diesen Punkt erfahren, was ich wünschte.

Die zweite wichtige Frage war: wieviel und welche Sorten von Perlen sind nötig? Perlen sollten unter einigen Stämmen des Innern die Stelle des Zeuges einnehmen. Der eine Stamm zieht weiße Perlen den schwarzen, braune den gelben, rote den grünen, grüne den weißen usw. vor. So nimmt man in Unjamwesi rote Perlen (Sami-Sami) mit Freuden, während man alle andern nicht annimmt. Schwarze Perlen (Bubu) sind Geld in Ugogo, bei allen andern Stämmen aber nichts wert; die Eierperlen (Sungomassi) gelten in Udjidji und Uguhha, werden aber in allen andern Ländern nicht angenommen. Die weißen Perlen (Merikani) haben Geltung in Ufipa und einigen Teilen von Usagara und Ugogo, werden aber in Useguhha und Ukonongo nicht geachtet. Daher mußte ich genau den Aufenthalt meiner Expedition in den verschiedenen Ländern erforschen und berechnen, damit ich genug von jeder Gattung hätte und doch einen zu großen Überschuß vermiede. Burton und Speke z. B. mußten einige hundert Fundo Perlen als wertlos wegwerfen.

Nimmt man z. B. an, daß von den verschiedenen Völkern Europas jedes seine eigenen Geldwerte hätte, ohne die Mittel zu besitzen, sie zu wechseln, und daß jemand Europa zu Fuß durchwandern wollte, so müßte er, ehe er die Reise anträte, im Stande sein zu berechnen, wieviel Tage er durch Frankreich zu reisen habe, wie viele durch Preußen, Österreich und

Rußland, und dann die Ausgabe, die er pro Tag zu machen hätte, feststellen. Wenn er seine Ausgaben auf einen Napoleondor pro Tag berechnete und seine Reise durch Frankreich 30 Tage in Anspruch nähme, so würde die Summe, die er für den Hin- und Rückweg brauchte, auf 60 Napoleons zu fixieren sein, und da Napoleons in Preußen, Österreich und Rußland keinen Kurs hätten, so würde es für ihn völlig unnütz sein, sich mit einer Ladung von mehreren tausend Napoleons in Gold zu beschweren.

Meine Besorgnisse wegen dieses Punktes waren sehr peinigend. Ich studierte die schweren Namen und Maße wiederholt durch, lernte die vielsilbigen Wörter auswendig und hoffte im Stande zu sein, allmählich zu einem Verständnis der Bezeichnungen zu gelangen. Ich wiederholte beständig im Geiste die Worte Mukunguru, Ghulabio, Sungomassi, Kadunduguru, Mutunda, Sami-Sami, Bubu, Merikani, Hafde, Lunghio-Rega und Lakhio, bis ich ganz außer mich geriet. Endlich jedoch kam ich zu dem Schluß, daß, wenn ich meine Bedürfnisse zu 50 Khete oder 5 Fundo per Tag auf zwei Jahre berechnete und wenn ich nur 11 verschiedene Sorten kaufte, ich mich für geborgen halten konnte. Ich machte also meine Einkäufe, und 22 Säcke der besten Arten wurden wohlverpackt in Kapitän Webbs Wohnung gebracht, so daß sie nach Bagamoyo transportiert werden konnten.

Nach den Perlen kam die Drahtfrage. Ich machte nach bedeutender Mühe die Entdeckung, daß die Nummern 5 und 6, die fast die Dicke von Telegraphendraht haben, als die besten für Handelszwecke gelten. Perlen vertreten in Afrika die Kupfermünzen, Zeuge das Silber, Draht gilt als Gold in den Ländern jenseits des Tanganyika. 10 Frasileh oder 350 Pfund Messingdraht hielt mein arabischer Ratgeber für völlig ausreichend.

Nachdem ich meine Einkäufe an Zeug, Perlen und Draht gemacht hatte, überblickte ich mit nicht geringem Stolz die stattlichen Ballen und Pakete, welche reihenweise in dem geräumigen Vorratsraum des Kapitäns Webb aufgehäuft lagen. Damit war aber meine Arbeit nicht zu Ende, sondern fing erst an. Noch waren Provisionen, Kochgeräte, Boote, Seile, Bindfaden, Zelte, Esel, Sattel, Packleinwand, Segeltuch, Teer, Nähnadeln, Handwerkszeug, Munition, Flinten, Reisegerät, Beile, Arzneimittel, Bettzeug, Geschenke für Häuptlinge, kurz tausenderlei einzukaufen. Die Feuerprobe, die ich beim Schachern und Feilschen mit hartherzigen Banianen, Hindu, Arabern und Mischlingen auszustehen hatte, war sehr angreifend. Ich kaufte z. B. 22 Esel in Sansibar, wofür mir 40–50 Dollars abgefordert wurden, was ich mit einem ungeheuern Aufwand an Argumenten, die einer bessern Sache würdig waren, 65ſ 15–20 herabdrücken mußte. Meine Erfahrungen mit den Eselhändlern wiederholten sich bei den Kleinkrämern: nicht ein Paket Stecknadeln war zu kaufen ohne ein Herabhandeln von 5%, was natürlich sehr viel Zeit und Geduld erforderte.

Nachdem ich die Esel zusammengebracht hatte, entdeckte ich, daß man in Sansibar keine Packsattel haben könne. Nun waren aber die Esel ohne Packsattel für mich ganz nutzlos. Ich erfand also einen Sattel, den ich und mein weißer Diener Farquhar einzig und allein aus Segeltuch, Stricken und Baumwolle fabrizieren mußten. Drei bis vier Frasileh Baumwolle und 10 Stück Segeltuch waren für die Sättel nötig. Ich selbst machte einen Mustersattel zur Probe, darauf wurde ein Esel gesattelt und ihm eine Last von 140 Pfund aufgepackt, und obgleich das Tier, eine wilde Bestie aus Unjamwesi, sich bäumte und wütend gebärdete, so blieb doch die ganze Last fest sitzen. Nach diesem Experiment ließ ich Farquhar noch 21 Sättel nach demselben Muster fabrizieren. Auch wurden wollene Polster angekauft, um die Tiere vor dem Wundwerden zu schützen; doch muß ich hier wohl erwähnen, daß die Idee zu dem Sattel, den ich fertigte, von dem Otagosattel hergenommen ist, den die englische Armee zu ihren Transporten in Abessinien benutzt hat.

John William Shaw, ein geborener Londoner, der bisher dritter Steuermann auf dem amerikanischen Schiff „Nevada" gewesen war, wandte sich an mich, um Beschäftigung zu erlangen. Obgleich seine Entlassung von der „Nevada" etwas verdächtig war, besaß er doch alle die Eigenschaften eines Menschen, wie ich ihn brauchte; er war vertraut mit der Nadel und verstand aus Segeltuch alles zu machen, war ein vorzüglicher Schiffer und willig, soweit seine Kunst reichte. Ich sah keinen Grund, seine Dienste abzuweisen, und nahm ihn daher an gegen ein Jahresgehalt von 300 Dollars als zweiten im Range nach William L. Farquhar.

Farquhar war ein ausgezeichneter Schiffer und vorzüglicher Rechner; er war kräftig, energisch und gescheit, aber leider ein starker Trinker. Während unseres Aufenthaltes in Sansibar war er jeden Tag benebelt, und das wüste, lasterhafte Leben, das er hier führte, wurde ihm, wie wir sehen werden, bald nachdem wir ins Innere kamen, verderblich.

Meine nächste Aufgabe bestand darin, eine zuverlässige Eskorte von 20 Mann für die Reise anzuwerben und mit Waffen und andern Dingen auszurüsten. Djohari, der erste Dragoman des amerikanischen Konsulats, sagte mir, er wisse, wo man einige von Spekes „Getreuen" auffinden könne. Es war mir schon vorher klar geworden, daß es am besten sein würde, wenn es mir gelänge, einige mit den Sitten der Weißen vertraute Leute in Dienst zu nehmen, welche andere veranlassen könnten, sich der

Expedition anzuschließen. Besonders hatte ich dabei an den Sidy Mbarak Mombay, gewöhnlich Bombay genannt, gedacht, der trotz seines „Holzkopfes" und seiner „plumpen Hände" als der „Getreuesten der Getreuen" galt.

Mit Hilfe des Dragomans Djohari nahm ich in der Zeit von ein paar Stunden Uledi, Kapitän Grants früheren Bedienten, Ulimengo, Baruti, Ambari, Mabruki (Muinji Mabruki, der stierköpfige Mabruki, Kapitän Burtons früheren unglücklichen Diener), also fünf von Spekes „Getreuen", in meine Dienste. Als ich sie fragte, ob sie bereit wären, abermals an der Expedition eines Weißen nach Udjidji teilzunehmen, erwiderten sie bereitwilligst, daß sie sehr gern mit einem Bruder von Speke reisen wollten. Der englische Konsul Dr. John Kirk, der zugegen war, sagte ihnen darauf, daß ich kein Bruder von Speke sei, sondern nur seine Sprache rede; aber auf diese Unterscheidung legten sie keinen Wert, und ich hörte, wie sie mit großer Freude ihre Bereitwilligkeit erklärten, überall mit mir hinzugehen und alles zu tun, was ich wünschte.

Mombay, wie sie ihn nannten, oder Bombay, unter welchem Namen wir Wasungu ihn kennen, war nach Pemba, einer Insel im Norden von Sansibar, gegangen. Uledi aber war der bestimmten Überzeugung, daß Mombay bei der Aussicht auf eine neue Expedition vor Freude Luftsprünge machen würde. Djohari erhielt daher den Auftrag, ihm nach Pemba zu schreiben und ihn von dem ihm bevorstehenden Glück zu benachrichtigen.

Am vierten Morgen nach Abgang des Briefes erschien der berühmte Bombay, dem die „Getreuen" von Speke ihrem Range gemäß folgten. Vergeblich sah ich nach dem Holzkopf und den Alligatorzähnen, von denen sein früherer Herr gesprochen hatte. Ich sah einen schlanken, kurzen Mann von etwa 50 Jahren, mit grauem Kopf, ungewöhnlich hoher, enger Stirn und großem Munde, der sehr unregelmäßige, weit auseinanderstehende Zähne zeigte. Eine häßliche Lücke an der obern vordern Zahnreihe Bombays war durch die geballte Faust des Kapitäns Speke in Uganda bewirkt, als diesem die Geduld riß und sofortige Bestrafung nötig erschien. Kapitän Speke hatte ihn offenbar durch Güte verwöhnt, was aus der Tatsache hervorgeht, daß Bombay die Frechheit hatte, ihn zu einem Boxkampf aufzufordern. Aber das fand ich erst einige Monate später heraus, als ich selbst genötigt war, ihn gründlich zu bestrafen. Bei seiner ersten Erscheinung war ich von Bombay, trotz seines rauhen Gesichts, seines großen Mundes, seiner kleinen Augen und seiner platten Nase, sehr eingenommen.

„Salaam aleikum!" waren die Worte, mit denen er mich begrüßte.

„Aleikum salaam!" antwortete ich mit allem Ernst, den ich aufbieten konnte. Dann benachrichtigte ich ihn, daß ich ihn zum Hauptmann meiner nach Udjidji gehenden Soldaten zu haben wünsche. Seine Antwort lautete, er sei bereit, allen meinen Befehlen nachzukommen, überall hinzugehen, wo ich ihn hinschicke, kurz ein Muster von einem Diener und ein gutes Beispiel für die Soldaten abzugeben. Er hoffe, ich werde ihn mit einer Uniform und einem guten Gewehr versehen, was ich ihm beides versprach. Als ich mich nach den übrigen „Getreuen", welche Speke nach Ägypten begleitet hatten, erkundigte, sagte man mir, daß davon nur sechs in Sansibar wären. Ferradji, Maktub, Sadik, Sunguru, Manju, Matadjari, Mkata und Almas wären tot, Uledi und Mtamani in Unjanjembe, Hassan sei nach Kilwa gegangen und Ferahan wäre wahrscheinlich in Udjidji.

Von den sechs „Getreuen", von welchen ein jeder noch seine Medaille für die Entdeckung der Nilquellen besaß, war einem, dem armen Mabruki, ein großes Mißgeschick widerfahren, von dem ich fürchtete, daß es ihn unfähig machen würde, nützlich und tätig zu sein.

Mabruki, der Stierköpfige, besaß nämlich ein Schamba (Haus mit Garten), auf das er sehr stolz war. Dicht neben ihm wohnte ein Nachbar in ähnlichen Verhältnissen, ein Soldat von Seid Madjid, mit dem der zanksüchtige Mabruki einen Zwist hatte, der damit endete, daß der Soldat zwei bis drei Kameraden dazu veranlaßte, ihm bei der Bestrafung des bösartigen Mabruki behilflich zu sein, und dies wurde in einer Weise ausgeführt, die nur von einem Afrikanergemüt ersonnen werden kann. Sie banden den unglücklichen Kerl an den Handgelenken an einen Baum, und nachdem sie ihre Rachgier dadurch befriedigt hatten, daß sie ihn marterten, ließen sie ihn in solcher Stellung zwei Tage hängen. Am Ende des zweiten Tages wurde er in einem höchst jammervollen Zustande durch Zufall aufgefunden; seine Hände waren zu einer furchtbaren Größe angeschwollen, und da die Venen der einen geplatzt waren, so konnte er sie nicht mehr gebrauchen. Es versteht sich von selbst, daß, als die Sache zu Seid Madjids Ohren kam, die Übeltäter schwer bestraft wurden. Dem Dr. Kirk, der den armen Kerl in Behandlung nahm, gelang es, die eine Hand einigermaßen wiederherzustellen, so daß sie so ziemlich ihre alte Gestalt wiedergewann, aber die andere ist arg verstümmelt und völlig unbrauchbar.

Trotz seiner verkrüppelten Hand, seiner Häßlichkeit und Eitelkeit und trotz des schlechten Zeugnisses, das Burton ihm ausstellte, nahm ich Mabruki in meine Dienste, weil er einer von Spekes Getreuen gewesen war; denn wenn er auch nur seine Zunge in meinen Diensten in Bewegung setzte, die Augen offen hatte und den Mund zur richtigen Zeit öffnete, so war ich überzeugt, daß er mir nützlich sein könne.

Bombay, meinem Eskortanführer, gelang es, noch 18 freie Männer als Askari (Soldaten) anzunehmen, Leute, von denen er wußte, daß sie nicht desertieren würden und für die er sich verantwortlich erklärte. Es waren lauter sehr stattliche Burschen und weit intelligenter in ihrem Aussehen, als ich jemals von afrikanischen Barbaren hätte glauben mögen. Sie stammten hauptsächlich aus Uhijau, einige aus Unjamwesi, andere aus Useguha und Ugindo. Als Sold wurden einem jeden von ihnen 36 Dollars für das Jahr ausgesetzt, oder 3 Dollars für den Monat; jeder Soldat sollte eine Feuerschloßmuskete, Pulverhorn, Kugeltasche, Messer, Beil und hinreichend viel Pulver und Kugeln für 200 Schüsse erhalten. Bombay bekam, aus Rücksicht auf seinen Rang und seine früheren treuen Dienste für Burton, Speke und Grant, 80 Dollars pro Jahr, wovon er die halbe Summe im voraus erhielt, einen guten gezogenen Vorderlader und außerdem eine Pistole, ein Messer und ein Beil. Die andern fünf „Getreuen", Ambari, Mabruki, Ulimengo, Baruti und Uledi, wurden zu 40 Dollars pro Jahr und mit der gehörigen Ausrüstung als Soldaten in Dienst genommen.

Da ich alle auf Ost- und Mittelafrika bezüglichen Reisebeschreibungen gründlich studiert hatte, so hatte ich einen einigermaßen deutlichen Begriff von den Schwierigkeiten, die sich mir beim Aufsuchen von Dr. Livingstone entgegenstellen würden. Diese soweit zu vermeiden, als Menschenwitz es vermag, war das beständige Ziel meiner Gedanken.

„Soll ich mich, wenn ich von Udjidji über die Wasser des Tanganyika-Sees aufs andere Ufer blicke, auf der Schwelle des Erfolges durch die Unverschämtheit eines Königs Kannena oder die Launen eines Hamed ben Sulaijam aufhalten lassen?" fragte ich mich. Um mich gegen solche Zufälligkeiten zu schützen, entschloß ich mich, meine eigenen Boote mitzunehmen. „Dann", dachte ich, „kann ich, wenn ich höre, daß Livingstone auf dem Tanganyika ist, meine Boote vom Stapel lassen und ihm folgen."

Ich kaufte mir also vom amerikanischen Konsul ein großes Boot für 80 Dollars, das imstande war, 20 Leute mit hinreichenden Vorräten und Waren für eine Seefahrt zu beherbergen, und ein kleineres von einem andern Amerikaner für 40 Dollars. Das letztere konnte bequem 6 Mann mit den dazugehörigen Vorräten aufnehmen.

Die Boote wollte ich aber nicht ganz mitführen, sondern die Bretter herausnehmen und bloß das Gerippe transportieren. Als Surrogat für die Bretter wollte ich jedes Boot mit einem Überzug von wohlgeteertem doppeltem Segeltuch versehen. Die Arbeit, diese Boote auseinanderzunehmen und von den Brettern zu befreien, fiel mir zu, und diese kleine Aufgabe beschäftigte mich ungefähr fünf Tage; auch packte ich sie für die Pagasi zusammen, so daß jede Last sorgfältig gewogen nicht mehr als 68 Pfund betrug.

John Shaw zeichnete sich in der Bearbeitung des Segeltuchs für die Boote aus; als die Überzüge fertig waren, paßten sie genau zu den Gerippen. Das Segeltuch dazu – und zwar 6 Stück englisches Hanfsegeltuch Nr. 3 – wurde mir von Ludha Damdji besorgt, der es sich aus dem Magazin des Sultans zu verschaffen wußte.

Ein unübersteigliches Hindernis für das rasche Fortkommen in Afrika ist der Mangel an Lastträgern, und da Eile ein Hauptzweck der unter meinem Befehl stehenden Expedition war, so war es meine Pflicht, diese Schwierigkeiten soviel als möglich zu verringern. Lastträger konnte ich mir zwar erst bei meiner Ankunft in Bagamoyo auf dem Festlande verschaffen, doch hatte ich mehr als 20 gute Esel in Bereitschaft und glaubte, daß ein für die Ziegenpfade Afrikas eingerichteter Karren nützlich sein könnte. Daher ließ ich einen Karren bauen, der 45 cm breit und 1½ m lang war, den ich mit zwei Vorderrädern eines leichten amerikanischen Wagens versah, hauptsächlich, um die schmalen Munitionskisten zu befördern. Ich meinte, wenn ein Esel eine Last von 4 Frasileh oder 140 Pfund nach Unjanjembe tragen könne, so müsse er imstande sein, 8 Frasileh auf einem solchen Karren fortzuziehen, eine Last, die der Tragkraft von vier starken Pagasi oder Lastträgern gleichkommen würde. Die spätern Ereignisse werden beweisen, wie meine Theorie sich in der Praxis bewährte.

Nachdem ich meine Einkäufe vollendet hatte und alles reihenweise geschichtet aufgehäuft sah, hier Kochgeräte, da Bündel von Stricken, Zelten, Sätteln, dort wieder Koffer und Kisten, die alles mögliche enthielten, gestehe ich, daß ich über meine eigene Kühnheit verlegen wurde. Da lagen wenigstens 6 Tonnen Material! „Wie wird es nur möglich sein", dachte ich, „diese ganze träge Masse durch die zwischen dem Meer und den großen Seen von Afrika befindliche Wildnis zu transportieren? Doch wirf nur alle deine Zweifel hinter dich, Mensch, und laß sie fahren! Jeder Tag hat genug an seinen eigenen Sorgen, ohne daß er noch die des nächsten hinzuzunehmen braucht."

Der Reisende, der einen See in der Mitte jenes weiten afrikanischen Kontinents vor sich hat, muß natürlich in ganz anderer Weise reisen, als er es von andern Ländern her gewöhnt ist. Er muß das mit sich nehmen, was ein Schiff braucht, wenn es auf eine lange Reise ausgeht. Er muß sich eine

Kiste mit Tee, einen kleinen Vorrat wohlverwahrter Leckerbissen, Arzneien, außerdem Flinten, Pulver, Kugeln mitnehmen, um nötigenfalls auch verschiedene Kämpfe gehörig bestehen zu können. Er muß Leute haben, die ihm diese mannigfachen Gegenstände transportieren, und da das Höchste, was ein einzelner Mann tragen kann, nur 70 Pfund ist, so braucht man, um 11 000 Pfund zu transportieren, gegen 160 Leute.

In Europa und im Orient, ja selbst in Arabien und Turkestan sind die Arten zu reisen im Vergleich mit denen von Afrika ganz ausgezeichnet. Überall nimmt man in jenen Ländern bares Geld, wodurch ein Reisender in den Stand gesetzt wird, seine Subsistenzmittel bei sich zu tragen. Ost- und Mittelafrika hingegen verlangt ein Halsband statt eines Cent, zwei Meter amerikanischer Leinwand statt eines halben Dollars oder eines Gulden, und ein Kitinki von dickem Messingdraht statt eines Goldstücks.

Der afrikanische Reisende kann sich weder Wagen noch Kamele, weder Pferde noch Maulesel mieten, die ihn ins Innere führen. Seine Transportmittel sind auf nackte Schwarze beschränkt, die wenigstens 15 Dollars pro Kopf für den Transport von 70 Pfund bis nach Unjanjembe verlangen.

Meine Vorgänger hatten es unter anderem versäumt, Leute, die nach Afrika gehen, mit einem Umstand von großer Wichtigkeit bekannt zu machen, daß nämlich kein Reisender daran denken sollte, sein Geld anders als in Gestalt von Goldmünzen nach Sansibar zu bringen. Mit Kreditbriefen, Zirkularanweisungen und derartigen zivilisierten Dingen kommt man, nach meiner Erfahrung, den Bewohnern von Sansibar noch um ein Jahrhundert zu früh.

Was für eine schwere Arbeit ist es aber für einen einzelnen, eine solche Expedition in Bewegung zu setzen! Wenn der Tag vorüber und ich in der Glühhitze einer unbarmherzigen Sonne von Laden zu Laden geeilt war, mich mit viel Ausdauer und Geduld für das Feilschen mit dem dunklen Hindu gerüstet, allen Mut und Witz zusammengenommen hatte, um den schurkischen Goanesen einzuschüchtern und dem listigen Banianen ein Paroli zu bieten; wenn ich den Tag über ganze Bände zusammengesprochen, Abschätzungen korrigiert, Rechnungen gemacht, die Ablieferung von gekauften Gegenständen überwacht und sie gemessen und gewogen hatte, um zu sehen, daß sie vollwichtig seien; wenn ich endlich die Aufsicht über Farquhar und Shaw geführt hatte, welche Eselssättel, Segel, Zelte, Boote für die Expedition machten – dann fühlte ich wohl, daß Körper und Geist der Ruhe bedurften. So mühte ich mich ohne Unterlaß einen ganzen Monat ab.

Nachdem ich Tratten auf Herrn James Gordon Bennett im Betrage von mehreren tausend Dollars für Zeuge, Perlen, Draht, Esel und tausend andere Bedürfnisse verhandelt, die weiße und schwarze Begleitung meiner Expedition besoldet, Kapitän Webb und seine Familie mehr als genug mit dem Lärm der Vorbereitung belästigt und sein Haus mit meinen Gütern angefüllt hatte, blieb mir nichts übrig, als formell von den Europäern Abschied zu nehmen und dem Sultan und den Herren, die mir beigestanden hatten, zu danken, ehe ich mich nach Bagamoyo einschiffte.

Am Tage vor meiner Abreise von Sansibar ging der amerikanische Konsul, im schwarzen Rock und mit einem außergewöhnlich schönen schwarzen Hut geschmückt, um im Staatsanzug zu erscheinen, mit mir in den Palast des Sultans. Der Fürst war sehr gütig gegen mich gewesen, er hatte mich mit einem arabischen Pferd beschenkt, mit Einführungsbriefen an seine Agenten und Hauptrepräsentanten im Innern versehen und sich mir in mancher andern Weise wohlgeneigt erwiesen.

Als ich eben den Befehl zur Abfahrt erteilen wollte, fehlten die beiden Weißen, Farquhar und Shaw. Nach eifriger Nachforschung fand man sie irgendwo in den Schenken, in Gesellschaft von etwa einem Dutzend guter Kameraden. Dort hielten sie Reden über die Größe der Kunst, Afrika zu erforschen, und suchten sich vermittelst des Branntweins die schrecklichen Vorahnungen abzuwehren, welche sich ihnen heimtückisch hin und wieder aufdrängten und ihnen warnend zurauten: es könne doch in den neuen Ländern, die sie kennen lernen sollten, trotz aller Romantik, mit der die Phantasie dieselben ausstatte, etwas stecken, was . . . nun was . . .

„Kerls, macht, daß ihr sofort in die Daus kommt! Das ist ein schlechter Anfang, nachdem ihr eure Kontrakte unterzeichnet habt", sagte ich, als ich sie in Gesellschaft von Bombay und 4 bis 5 Mann von der neuangeworbenen Eskorte zum Ufer wanken sah.

„Bitte, Herr, darf – darf – darf ich Sie wohl fragen, glauben Sie, daß ich ganz richtig gehandelt habe, als ich Ihnen versprach, Sie nach Afrika zu begleiten?" fragte Shaw in zögerndem und bewegtem Tone.

„Habt ihr nicht Vorauszahlung bekommen? Habt ihr nicht den Kontrakt unterzeichnet?" fragte ich, „und jetzt wollt ihr euch zurückziehen? Macht, daß ihr ins Bett kommt, rasch! Jetzt sind wir alle daran gebunden und müssen zusammen schwimmen oder untergehen, leben oder sterben. Keiner darf sich seiner Pflicht entziehen!"

Kurz vor 12 Uhr segelten wir ab. Die amerikanische Flagge, ein Geschenk der gütigen Frau Webb an die Expedition, wurde am Mast aufgehißt; der Konsul, seine Gattin und seine prächtigen Kinderchen Mary

Bombay und Mebruki

und Charley befanden sich auf dem Dache ihres Hauses und schwenkten das Sternenbanner sowie Hüte und Taschentücher mir und den Meinigen als Abschiedsgruß zu. – Glückliche und gute Menschen, möge euer Lebenslauf und der unserige vom Glück begünstigt sein und möge Gottes Segen auf uns allen ruhen!

AUFBRUCH NACH UDJIDJI

Am 21. März, gerade 73 Tage nach meiner Ankunft in Sansibar, verließ die fünfte Karawane unter meiner Anführung und mit der Parole „Vorwärts" die Stadt Bagamoyo auf unserer ersten Reise nach Westen. Als der Kirangosi die amerikanische Flagge aufrollte und sich an die Spitze der Karawane stellte, und Pagasi, Tiere, Soldaten und müßige Zuschauer sich in Reihen zum Marsche bereit gemacht hatten, sagten wir dem *dolce far niente* des zivilisierten Lebens, dem blauen Ozean, der uns den Weg in die Heimat eröffnete, den Hunderten von dunkelfarbigen Zuschauern, die sich versammelt hatten, um unsere Abreise mit wiederholten Musketensalven zu begrüßen, Lebewohl!

Unsere Karawane besteht aus 28 Pagasi mit Einschluß des Kirangosi oder Führers; aus 12 Soldaten unter Hauptmann Mbarak Bombay, welche 17 Esel und ihre Lasten zu beaufsichtigen haben; aus meinem jungen Dolmetscher Selim mit einem Esel und einem belasteten Karren; aus einem Koch und seinem Stellvertreter, der gleichzeitig Schneider und Gehilfe für alles ist und das graue Pferd führt; aus Shaw, dem ehemaligen Steuermann, der jetzt in einen Führer des Nachtrabs und Aufseher verwandelt ist und, mit einer nachenförmigen Kopfbedeckung und Wasserstiefeln versehen, auf einem guten Reitesel sitzt, und schließlich aus mir selbst, auf einem herrlichen kastanienbraunen Pferd reitend (dem Geschenk des Herrn Goodhue, eines seit langem in Sansibar lebenden Amerikaners), als „Bana Mkuba", der „große Herr", wie ich von meinen Leuten genannt wurde, als Leiter, Reporter, Denker und Führer der Expedition.

Der Marsch wurde schlimmer als Stanley in seinen düstersten Vorahnungen hätte befürchten können. Die erdrückende Hitze in der Savannengegend und dann der Schlammboden während der Regenzeit, dazu die Moskitoschwärme und die gefährliche Tsetse-Fliege erschöpften die Träger und die bewaffneten Askaris, die sich bald nur noch von Tag zu Tag mühsamer fortschleppen konnten. Ein Tragesel nach dem anderen blieb auf der Strecke, und den menschlichen Trägern mußten immer schwerere Lasten aufgebürdet werden. Unter Fieber, Malaria, unter Ruhr und eitrigen Geschwüren litten nicht nur die Schwarzen, auch die zwei weißen Begleiter Stanleys, die sich im übrigen als ziemlich unbrauchbar erwiesen. Farquhar bat eines Tages, zurückbleiben zu dürfen, und starb kurze Zeit später in einem Eingeborenendorf. Stanley selbst, von Malaria und Fieber geschüttelt, war der einzige, der es vermochte, unter Aufbietung all seiner Energie die Karawane zusammenzuhalten und ihrem Ziel entgegenzutreiben.

1. April. Heute hat die Expedition einen Verlust erlitten durch den Tod des grauen arabischen Pferdes, das mir Seyid Bargasch, der Sultan von Sansibar, geschenkt hatte. Gestern abend bemerkte ich, daß das Pferd leidend war. Da ich mich dessen erinnerte, was mir Dr. Kirk, der britische Konsul in Sansibar, so häufig versichert hatte, nämlich daß Pferde im Innern von Afrika wegen der Tsetsefliege nicht leben könnten, ließ ich es öffnen, um den Magen, von dem ich meinte, daß er krank sei, zu untersuchen. Außer vielem unverdautem Matama und Gras fanden sich 25 kurze, dicke, weiße Würmer vor, welche wie Blutegel in der Wandung des Magens steckten, während die Därme von zahlreichen langen weißen Würmern wimmelten. Ich bin überzeugt, daß weder Mensch noch Vieh mit einer solchen Masse schädlicher lebender Wesen im Innern lange existieren kann.

Damit der tote Kadaver das Tal nicht verpeste, ließ ich das Pferd ungefähr 20 m von der Lagerstätte tief in die Erde vergraben. Aus dieser kleinen Veranlassung machte der Dorfhäuptling Kingaru ungeheuern Lärm . . .

Das nun folgende Zwiegespräch, welches so stattfand, wie es hier aufgezeichnet ist, wird dazu beitragen, den Charakter der Leute zu kennzeichnen, mit denen ich ungefähr ein Jahr lang im Verkehr stehen sollte.

Weißer: „Sind Sie der große Häuptling von Kingaru?"
Kingaru: „Huh-uh. Ja."
Weißer: „Der große, große Häuptling?"
Kingaru: „Huh-uh. Ja."
Weißer: „Wieviel Soldaten habt Ihr?"
Kingaru: „Wieso?"
Weißer: „Wieviel Kriegsleute habt Ihr?"
Kingaru: „Gar keine."
Weißer: „Nun, ich dachte, Ihr würdet tausend Mann bei Euch haben, da Ihr einem so starken Weißen, der viel Gewehre und Soldaten hat, eine Strafe von 2 Doti für das Begraben eines toten Pferdes auferlegt."
Kingaru (etwas verwirrt): „Nein, ich habe keine Soldaten. Ich habe bloß ein paar junge Leute."
Weißer: „Warum kommt Ihr denn und macht uns diese Unruhe?"
Kingaru: „Ich habe es nicht getan, sondern meine Brüder, die mir sag-

ten: ‚Komm her, komm her, Kingaru, sieh, was der weiße Mann getan hat. Hat er nicht von deinem Grund und Boden Besitz ergriffen dadurch, daß er sein Pferd ohne deine Erlaubnis in deinem Erdreich begraben hat? Komm, geh hin und sieh, mit welchem Recht er das getan.' Daher bin ich hergekommen, um Euch zu fragen, wer Euch die Erlaubnis gegeben hat, meinen Boden als Begräbnisplatz zu benutzen."

Weißer: „Ich bedarf keines Menschen Erlaubnis, um das zu tun, was recht ist. Mein Pferd ist krepiert. Hätte ich es in Euerm Tal liegen lassen, um daselbst zu verfaulen und die Luft zu verpesten, so hätte Krankheit Euer Dorf heimgesucht, Euer Wasser wäre ungesund geworden und die Karawanen würden hier nicht anhalten, um Handel zu treiben, denn sie würden sagen: ‚Dies ist ein unglücklicher Ort, laßt uns fortziehen.' Aber genug davon; ich höre, Ihr wollt nicht, daß das Pferd in Euerm Boden beerdigt sei. Der Fehler, den ich begangen, läßt sich leicht wieder gutmachen. Im Augenblick sollen meine Soldaten es wieder ausgraben und den Boden so zudecken, wie er früher war, und das Pferd soll da liegen bleiben, wo es gestorben ist." (Bombay laut zurufend:) „Heda, Bombay, nimm Soldaten und Hacken, um mein Pferd aus der Erde herauszugraben. Schleppt es dahin, wo es gestorben ist, und macht alles bereit für unsern morgen früh stattfindenden Marsch."

Kingaru schreit nun mit bedeutend erhobener Stimme und vor Erregung wackelndem Kopfe: „Akuna, akuna, Bana! Nein, nein, Herr! Möge der weiße Mann nicht zornig werden. Das Pferd ist tot und liegt jetzt begraben. Mag es da liegen bleiben, weil es schon da ist, und laßt uns wieder gute Freunde sein."

Nachdem der Scheich von Kingaru auf diese Weise zur Vernunft gebracht war, boten wir einander ein freundschaftliches Quahary, und ich blieb allein, um über meinen Verlust nachzudenken. Kaum war eine halbe Stunde verstrichen – es war 9 Uhr abends geworden und das Lager schon halb im Schlummer –, als ich ein tiefes, von einem Tier herrührendes Gestöhne vernahm. Als ich mich danach erkundigte, welches Tier leidend sei, war ich erstaunt zu erfahren, daß es mein Brauner sei. Mit einer Stallaterne besuchte ich dasselbe und bemerkte, daß der Schmerz im Magen saß; aber ob dies von irgendeiner giftigen Pflanze, die es auf der Weide gefressen, oder von einer sonstigen Krankheit herrühre, konnte ich nicht ermitteln. Das Pferd gab reichliche Mengen einer dünnflüssigen Substanz von sich, die aber in ihrer Farbe nichts Eigentümliches hatte. Seine Schmerzen waren offenbar sehr groß, denn es stöhnte wahrhaft kläglich und sträubte sich heftig. Ich blieb die ganze Nacht auf in der

Hoffnung, daß es nur die vorübergehende Wirkung einer unbekannten schädlichen Pflanze sei; aber nach einem kurzen schweren Todeskampfe krepierte auch dieses Pferd am nächsten Morgen um 6 Uhr, genau 15 Stunden nach dem andern. Als wir den Magen öffneten, stellte sich heraus, daß der Tod durch das nach innen erfolgte Aufplatzen eines Krebsgeschwürs bedingt war, das den größten Teil der Magenwand ergriffen und sich 25–50 mm nach dem Mageneingang hinauf erstreckt hatte. Der Inhalt des Magens und der Gedärme war von dem gelben schleimigen Ausfluß des Geschwürs geradezu überschwemmt.

So hatte ich meine beiden Pferde verloren, und zwar innerhalb des kurzen Zeitraums von 15 Stunden. Bei meiner beschränkten Kenntnis der Veterinärkunde, welche zwar durch die vorliegenden positiven Beweise, die mir die Sektion der beiden Magen darbot, erweitert wurde, kann ich es kaum wagen, der Behauptung des Dr. Kirk zu widersprechen und etwa meinerseits behaupten zu wollen, daß Pferde doch imstande sind, Unjanjembe zu erreichen, und bequem durch diesen Teil Ostafrikas reisen können. Sollte ich aber in Zukunft jemals Gelegenheit haben, so würde ich nicht zaudern, mir vier Pferde mitzunehmen; doch würde ich bestimmt vor dem Kaufe mir alle Mühe geben, genau festzustellen, ob sie vollständig gesund und fehlerfrei sind, und den Reisenden, die ein gutes Pferd gern haben, möchte ich zurufen: „Versuchen Sie es weiter und lassen Sie sich nicht durch meine unglücklichen Erfahrungen entmutigen."

Der 1., 2. und 3. April gingen vorüber, und wir hörten und sahen nichts von der stets zurückbleibenden vierten Karawane. Mittlerweile vermehrte sich die Zahl unserer Unfälle. Außer dem Verlust der kostbaren Zeit infolge der Verkehrtheit des Führers der andern Karawane und dem Verlust meiner beiden Pferde benutzte ein mit Bootsgerätschaften beladener Pagasi die Gelegenheit und desertierte. Ferner wurde mein Dolmetscher Selim von einem heftigen Anfall von Wechselfieber befallen. Ihm folgte alsbald der Koch, dann der Hilfskoch und Schneider Abdul Kader; schließlich ehe der dritte Tag vorbei war, hatte Bombay Rheumatismus, Uledi (der frühere Diener Grants) Halsentzündung, Saidi den Fluß, Kingaru das Mukunguru, Chemesi, ein Pagasi, litt an Schwäche der Lenden, Fardjallah bekam ein Gallenfieber, und ehe die Nacht einbrach, hatte Makeviga Durchfall. So schien mein beabsichtigter Sturmlauf nach Unjanjembe und rasches Durchschreiten der furchtbaren Seegegend dazu bestimmt, ziemlich ähnlich wie der rasche Lauf auf Magdala zu endigen, den Dr. Austin, von der Londoner „Times", dem Sir Robert Napier in Abessinien so dringend anriet. Von einer Truppe von 25 Mann war einer desertiert, 10 befanden sich auf der Krankenliste, und es wurde somit die Vorahnung, daß die übel aussehende Umgebung von Kingaru uns Unglück bringen werde, zur vollen Wahrheit.

Am 4. April erschien Maganga und seine Leute, nachdem sie sich uns durch Musketenschüsse und Hornsignale, den in diesem Lande gewöhnlichen Zeichen der Annäherung einer Karawane, angemeldet hatten. Seine Kranken waren bedeutend besser, aber sie brauchten noch einen Tag Ruhe in Kingaru. Nachmittags kam er, um Angriffe auf meine Freigebigkeit zu machen, indem er mir Einzelheiten über die herzlosen Betrügereien erzählte, welche Sur Hadji Pallu gegen ihn verübt hätte; aber ich sagte ihm, ich könne, seit ich Bagamoyo verlassen, nicht mehr freigebig sein. Wir wären jetzt in einem Lande, wo das Tuch viel mehr wert sei; auch hätte ich nicht mehr Zeug, als ich für meinen und meiner Leute Unterhalt brauchte, und er und seine Karawane hätten mir mehr Geld und Mühe gekostet als die drei übrigen — was auch der Fall war. Mit dieser Entgegnung mußte er sich zufriedengeben; aber ich löste wieder seine Zweifel über die Geldangelegenheit, indem ich ihm versprach, daß er, wenn er rasch mit seiner Karawane nach Unjanjembe weiterzöge, keine Ursache haben solle, sich zu beklagen.

Am 5. April hatten wir die Genugtuung, die vierte Karawane vor uns her verschwinden zu sehen mit dem erwünschten Versprechen, daß wir sie diesseits von Simbamwenni gewiß nicht wieder erblicken sollten, wenn wir auch noch so rasch folgten.

Am folgenden Morgen schlug ich, um meine Leute aus ihrer krankhaften Stumpfheit aufzurütteln, einen ermunternden Alarm mit einem eisernen Kochlöffel auf einer Zinnpfanne, wodurch ich anzeigte, daß wir im Begriff standen, ein Sofari zu unternehmen. Nach der außerordentlichen Heiterkeit zu urteilen, mit der meinem Aufruf entsprochen wurde, hatte dies eine sehr gute Wirkung. Schon vor Sonnenaufgang waren wir in der Lage aufbrechen zu können. Nach unserm Abzug stürzten die Dorfbewohner von Kingaru mit der Schnelligkeit von Habichten heraus, um sich Lumpen oder Abfälle, die wir zurückgelassen hatten, zu sammeln.

Der lange Marsch von 20 km nach Imbiki bewies, daß unser verlängerter Aufenthalt in Kingaru meine Soldaten und Pagasi völlig demoralisiert hatte. Nur wenige von ihnen hatten Kraft genug, um Imbiki vor der Nacht zu erreichen. Die andern, welche bei den beladenen Eseln waren, erschienen erst am nächsten Morgen in einem bejammernswerten Zustande des Geistes und Körpers. Chemesi — der Pagasi mit den schwachen Lenden — war weggelaufen und hatte zwei Ziegen, das Zelt für die Waren und die

ganze persönliche Habe von Uledi, welche aus seinem Besuchs-Disch-
dascheh, einem langen Hemde nach arabischem Schnitt, 10 Pfund Perlen
und einigen feinen Zeugen bestand, mitgenommen. Uledi hatte ihm dies in
einem Anfall von Großmut anvertraut, während er die Last des Pagasi,
nämlich 70 Pfund Bubuperlen, getragen hatte. Diese Veruntreuung durfte
nicht unbeachtet bleiben, auch konnte man Chamesi nicht heimkehren
lassen, ohne daß ein Versuch gemacht wurde, ihn zu fassen. Daher wurden Uledi und Feradji ausgeschickt, um ihn zu verfolgen, während wir in
Imbiki blieben, um den heruntergekommenen Soldaten und Tieren Zeit
zur Erholung zu geben.

Am 8. setzten wir unsere Reise fort und kamen in Msuwa an. Dieser
Marsch wird als der angreifendste von allen in der Erinnerung unserer
Karawane lebendig bleiben, obwohl die Entfernung nur 16 km betrug. Er
führte fortwährend durch Dschungeldickicht, nur unterbrochen von drei
dazwischenliegenden Waldwiesen von beschränkten Dimensionen, die
uns drei Atmungspausen in der gräßlichen Reisearbeit durch das Dickicht
gewährten. Der Geruch, der den wilden Pflanzen desselben entströmte,
war so durchdringend, so stechend scharf, und das aus den verwesten
Pflanzenstoffen entstehende Miasma so stark, daß ich jeden Augenblick
erwartete, ich und meine Leute würden in akuten Fieberanfällen hinstür-
zen. Glücklicherweise gesellte sich jedoch dieses Unglück nicht noch zu
dem Übelstande, daß wir die häufig fallenden Pakete auf- und abzuladen
hatten. Es zeigte sich, daß sieben Soldaten für die Besorgung von 15 beladenen Eseln auf einer Reise durch die Dschungel entschieden zu wenig
waren; denn wenn der Pfad nur 30 cm breit ist und von einer von Dornen
und Schlinggewächsen starrenden Mauer zu beiden Seiten eingeengt
wird, wenn vorspringende Äste quer über ihn laufen, sowie Bündel von
starren Zweigen, spitz wie Nägel alles aufhalten, was mehr als 1 m 20 cm
hoch ist, so kann man vernünftigerweise annehmen, daß Esel von gleicher
Größe mit einer Last, welche von einem Ballen zum andern ebenfalls 1 m
20 cm mißt, Unglück haben mußten. Solches Unglück ereignete sich häufig und zwang uns alle paar Minuten, die Sachen wieder in Ordnung zu
bringen. Dies hatten wir so oft zu tun, daß die Leute ganz unmutig wurden und man ihnen scharf zureden mußte, damit sie sich an die Arbeit
machten. Als ich Msuwa erreichte, war niemand bei mir und den zehn
Eseln, die ich trieb, als Mabruki der Kleine, welcher, obwohl gewöhnlich
etwas dumm, wie ein Mann bei seiner Arbeit blieb. Bombay und Uledi
waren weit hinten mit den abgemattetsten Eseln. Shaw hatte den Karren
zu besorgen und machte sehr trübe Erfahrungen dabei; wie er mir sagte,

hatte er ein ganzes Wörterbuch stürmischer Schimpfreden, wie sie den Matrosen bekannt sind, verbraucht und noch ein neues, selbst extemporiertes erschöpft. Er kam nicht vor 2 Uhr am nächsten Morgen an und war vollständig abgetrieben. Ich zweifle wirklich, daß der frömmste Geistliche es hätte vermeiden können, über seine eigene Torheit, hierher zu kommen, zu fluchen, wenn er unter solchen Umständen, mit so häufig wiederkehrenden Störungen, und einer solchen Sisyphusarbeit ausgesetzt, durch diese Dschungel hätte reisen müssen. Wie habe ich mich doch auf diesem schweren Marsche nach meiner früheren bequemen Lebensweise, nach der angenehmen Ruhe in meinem behaglichen Lehnstuhl in Madrid gesehnt! Wer zuerst vom Reisen behauptet hat, daß es bloß für Narren paradiesisch sein könne, muß sicherlich durch die Erlebnisse eines ähnlichen Tages zu diesem Ausspruch veranlaßt worden sein.

Die Schönen von Kisemo, welche riesige Posteriora haben, sind durch ihre Liebhaberei für Schmuck von Messingdraht, der sich in Spiralen um ihre Hand- und Fußgelenke windet, sowie durch die verschiedenartigen Frisuren ihrer mit dicken Haaren besetzten Köpfe bekannt. Dagegen beweisen ihre armen Gebieter, die sich mit schmutzigen zerrissenen Fetzen und gespaltenen Ohren begnügen müssen, welch ausgedehnte Herrschaft Asmodeus über diese Erdensphäre ausübt; denn es muß eine unglückliche Zeit gewesen sein, wo die schwer belagerten Ehemänner ihren drängenden Gemahlinnen schließlich nachgaben. Außer diesen Messingverzierungen an den Extremitäten und den verschiedenen Frisuren tragen die Weiber von Kisemo häufig lange Halsbänder, welche in den verschiedenartigsten Farben an ihrem schwarzen Körper herabfallen.

Es gibt ein belebtes Bild, wenn ein solches Frauenzimmer von der bereits erwähnten gewaltigen körperlichen Entwicklung, in vollem Staat, bei der notwendigen Hausarbeit ist und für sich und die Familie Korn mahlt. Der Mahlapparat besteht aus zwei Teilen, einer dicken ungefähr 1 m 80 cm langen Stange aus hartem Holze, die als Stößel dient, und einem geräumigen hölzernen Mörser von 90 cm Höhe.

Als Shaw dabei war, sein Zelt aufzuschlagen, war er genötigt, einen kleinen flachen Stein wegzurücken, um einen Pflock in den Boden treiben zu können. Als der Dorfhäuptling dies sah, stürzte derselbe sofort atemlos auf ihn zu, legte den Stein wieder an seine Stelle und stellte sich dann in nachdrücklicher Weise, welche die große Bedeutung anzeigte, die dem Stein und seiner Lage beigelegt wurde, auf denselben. Als Bombay bemerkte, daß Shaw in stummer Verwunderung über diese Handlungs-

Frau beim Kornmahlen

weise stehen blieb, erbot er sich, den Häuptling zu fragen, was das zu
bedeuten habe. Der Scheich antwortete feierlich mit einem Finger nach
unten weisend: „Usanga!" Darauf bat ich ihn dringend, mir zu zeigen,
was unter dem Steine eigentlich wäre. Mit einer ganz rührenden Liebenswürdigkeit willfahrte er meinen Bitten, und meine Neugier wurde durch
den Anblick eines geschnitzten Stäbchens befriedigt, das ein Insekt fest
an den Boden heftete, welches einem jungen Frauenzimmer im Dorf einen
Abortus verursacht haben sollte.

Während des Nachmittags kehrten Uledi und Feradji, die dem weggelaufenen Chamesi nachgeschickt worden waren, mit diesem und allen fehlenden Gegenständen zurück. Dem Chamesi waren bald nachdem er den
Weg verlassen und sich in das Dickicht gestürzt hatte, wo er sich im
Geiste über seine Beute freute, einige plündernde Waschensi begegnet, die
Nachzüglern fast immer auflauern; sie hatten ihn ohne Umschweife in den
Wald in ihr Dorf geschleppt und an einen Baum gebunden, um ihn zu
töten. Chamesi hatte, wie er uns sagte, sie gefragt, warum sie ihn anbän-
den, worauf sie ihm antworteten, sie ständen im Begriff, ihn zu töten, weil
er ein Mgwana sei, und diese pflegten sie sofort nach der Gefangennahme

zu töten. Diesen Debatten über Chamesis Schicksal machten jedoch Uledi und Feradji, welche bald darauf gut bewaffnet an den Ort kamen, ein Ende, indem sie ihn als einen aus dem Lager des Musungu weggelaufenen Pagasi, sowie alle Gegenstände, die er zur Zeit seiner Gefangennahme bei sich hatte, für sich in Anspruch nahmen. Die Räuber machten ihnen auch das Recht auf den Pagasi, die Ziege, das Zelt und alle andern Wertsachen, die bei jenem gefunden worden, gar nicht streitig, sondern meinten nur, sie verdienten eine Belohnung dafür, daß sie ihn gefangengenommen. Da dieses Verlangen als gerechtfertigt anerkannt wurde, wurde ihnen eine Belohnung von zwei Doti und einem Fundo oder zehn Schnüren Perlen gewährt.

Es war unmöglich, Chamesi seine Desertion und den Raubversuch zu verzeihen, ohne daß er erst bestraft worden wäre. In Bagamoyo hatte er, ehe er in meinen Dienst genommen wurde, einen Vorschuß von 5 Dollars verlangt und erhalten, und die Last von Bubuperlen, die er zu tragen gehabt, war nicht schwerer als jede andere Pagasilast; es gab also gar keine Entschuldigung für seine Desertion. Um jedoch bei seiner Bestrafung keine Unklugheit zu begehen, ließ ich acht Pagasi und vier Soldaten als Richter zusammentreten und bat sie, darüber zu entscheiden, was zu geschehen habe. Ihr einmütiger Urteilsspruch lautete dahin, daß er eines unter den Wanjamwesischen Pagasi sonst unbekannten Verbrechens schuldig sei, und da dasselbe geeignet sei, den letzteren einen schlechten Ruf zu verschaffen, so verurteilten sie ihn dazu, mit des „großen Herrn" Eselspeitsche geprügelt zu werden. Darauf ließ ich ihn binden und in Erwägung, daß infolge seiner Handlungsweise die Pagasi an ihrem guten Ruf, die Soldaten an der Wertschätzung ihres Herrn als ausreichende Wachen Schaden erlitten hatten und Shaw von mir dafür getadelt worden war, daß er nicht besser nach den Nachzüglern gesehen, erteilte ich den Befehl, daß jeder Pagasi und Soldat sowie Shaw ihn mit je einem Hieb bestrafen sollten. Dies wurde auch unter des armen Chamesi lautem Wehklagen ausgeführt.

Ehe die Nacht anbrach, kam eine kleine Karawane von Wangwana an, die mir einen langen Brief von dem liebenswürdigen amerikanischen Konsul in Sansibar sowie eine Reihe neuer Zeitungsnummern des „New York Herald", die bis zum 4. Februar reichten, brachte. Unter andern erfreulichen Nachrichten, wie z. B. den Verhandlungen des Kongresses und der New Yorker gesetzgebenden Versammlung oder Berichten über schreckliche in Amerika begangene Verbrechen, die ich darin las, befand sich auch eine Schilderung des zweiten Levers des Präsidenten Grant, in welchem Herr Jenkins mit studiertem Wortschwall die Toiletten der Damen beschrieb, die bei diesem bemerkenswerten Empfange zugegen waren. Da las ich denn, wie eine lavendelfarbene Straußfeder unter den lieblichen grauen Locken von Frau X. gewogt; wie Diamanten der großartigen Toilette von Frau N., dieser imposanten Erscheinung, die Krone aufgesetzt; wie Frau Z. einen mit Rüschen von scharlachrotem Atlas besetzten Überwurf getragen; wie Frau V. aus ihren Diamanten ein Lichtmeer habe strahlen lassen, wenn sie in ihrem herrlichen purpurnen Atlasgewande dahingerauscht sei; wie sich der Präsident mit seiner tiefen männlichen Stimme und seinem forschenden grauen Augenpaar bei Gelegenheit seines zweiten Levers für das souveräne Volk aufgeopfert habe; und noch mehr derartige Schmeicheleien.

Als ich von dieser erquicklichen Lektüre aufsah, erblickte ich in meiner Zelttüre die schwarzhäutigen Leiber von Kisemos Töchtern in dichten Scharen, die sich vergeblich abgemüht hatten, das Geheimnis zu durchdringen, das in diesen enormen Papierbogen lag, in die ich mich so lange Zeit vertieft hatte. So plötzlich und gewaltig war der Gegensatz zwischen dem, was mein Freund Jenkins beschrieben, und diesem so außerordentlich realistischen Anblicke, der sich meinen leibhaftigen Augen darbot, daß es einer starken Anstrengung des Geistes und Gedächtnisses bedurfte, um es mir klar zu machen, wie solche großartig gekleidete Damen aussehen und wo eigentlich der Unterschied liege zwischen einer „blonden Schönheit und einer Masse goldig schimmernden Haares und Augen, deren Glanz mit dem der Diamanten wetteifert", und einem dieser runden, dreizehn- bis vierzehnjährigen, eben heranreifenden schwarzen Mädchen, die mit ihrem Hahnenkamm wolligen Haupthaares, ihren üppig entwickelten, nur von ein wenig alter Leinwand verhüllten Körperformen, ihren drei Pfund schweren Messingdrahtzieraten an Kopf und Fuß und massenhaften Perlenschnüren um den Hals, in der natürlichen Pracht und Schönheit der Nacktheit zahlreich meinem Lever beiwohnten. Aber freilich, es gibt einen großen Unterschied zwischen meinem Hof und dem des Präsidenten, nämlich den, daß letzterer einen so tüchtigen Mann wie Jenkins zum Reporter hat!

NACH UGOGO

Als wir am Morgen des 24. April im Begriff waren Simbo zu verlassen, widerfuhr uns ein Unfall, der mir viele Tage lang Besorgnisse einflößte. Bunder Salaam nämlich, ein Eingeborener von Malabar, der als Koch bei mir fungierte, wurde dabei abgefaßt, wie er zum fünftenmal die Rationen meines Tisches bestahl. Sein Verbündeter und Busenfreund Abdul Kader, der Unterkoch und Schneider, und der Araber Selim waren die Angeber und Zeugen; nach unparteiischer Untersuchung und da ihm schon viermal verziehen worden war, bekam Shaw den Befehl, dem Malabaresen ein Dutzend Hiebe zu applizieren. Er bekam seine Prügel, ohne sich die Kleider ausziehen zu müssen; die Züchtigung war daher nicht sehr schwer, sondern stand im richtigen Verhältnis zu seinem Vergehen; die strengste Maßregel aber bestand darin, daß er mitsamt seinem Esel und seinen Sachen aus dem Lager ausgestoßen wurde mit der Erklärung, daß ich einen so unverbesserlichen Dieb nicht dulden könne. Ich hatte nicht gemeint, daß er wirklich vertrieben werden und der Gnade und Barmherzigkeit jedes gierigen Mschensi, der ihn zufällig träfe, ausgesetzt werden solle, sondern glaubte, daß ein Schrecken ihm zur Besserung seiner üblen Neigungen heilsam sein würde. Der Koch aber nahm die Sache ernsthaft, und sobald seine Hände frei waren, stürzte er aus dem Lager in die Berge, ohne auf Hut, Esel oder sonstiges Eigentum Rücksicht zu nehmen. Umsonst brauchten Bombay und Abdul Kader ihre Lungen, um den Flüchtling zurückzurufen; Bunder Salaam wollte durchaus nicht zurückkehren; da wir aber meinten, daß er es doch vielleicht tun könne, ließ ich seinen Esel nebst der Habe an einen Baum in der Nähe des Lagers binden, während wir unsern Marsch fortsetzten.

Die lange weite Ebene, die von den Höhen zwischen Simbo und dem Ungerengeri sichtbar war, lag jetzt vor uns und prägte sich unserm Gedächtnis in trauriger Weise als das Makata-Tal ein. Der erste Marsch von Simbo mit dem Endziel Rehenneko am Fuß der Usagara-Berge war sechs Meilen lang. Das Tal beginnt mit breitem wellenförmigem Terrain, auf dem junge Bambuswaldungen, die dicht am Strome entlang wachsen, Zwergfächerpalmen, stattliche Palmyra- und Mgungu-Bäume stehen. Dieses Terrain wird bald von wasserhaltigen Gräben unterbrochen, die dichte Felder von Zuckerrohr und breithalmigem Grase ernähren, und auf diesen Landstrich folgen weite, mit hohem Grase bewachsene Savannen, auf denen hin und wieder ein vereinzelter Baum die Eintönigkeit der Landschaft angenehm unterbricht. Das Makata-Tal ist eine Wildnis, die auf ihrer ganzen Ausdehnung nur ein Waseguhadorf enthält. Daher gibt es viel Wild in den Waldgruppen und Kudus, Hartebeests, Antilopen und Zebras lassen sich im Morgengrauen erblicken, wenn sie in die offenen Savannen auf die Weide gehen. Zur Nachtzeit schleicht hier die Hyäne herum und geht mit scheußlichem Geheul auf schlafende Beute aus, sei es nun Mensch oder Tier.

Der schlammige Kot der Savanne machte das Marschieren zu einer schweren Arbeit, und er klebte so zäh an den Füßen, daß Mannschaft und Tiere sehr darunter litten. Ein Marsch von 16 km nahm 10 Stunden in Anspruch; daher waren wir genötigt, unser Lager mitten in der Wildnis aufzuschlagen und ein neues Chambi zu bauen, eine Maßregel, die später von einem halben Dutzend anderer Karawanen nachgemacht wurde . . .

Am nächsten Morgen war die von den Anstrengungen des letzten Tages vollständig ermattete Karawane genötigt, halt zu machen. Bombay wurde nach den verlorenen Sachen, Kingaru, Mabruki der Große und der Kleine bis Simbamwenni nach dem fehlenden Koch ausgeschickt, und diese

Shaw und Farquhar

49

erhielten den Auftrag, wenn sie mit ihm zurückkehrten, für 3 Doti Korn mitzubringen, die uns als Lebensunterhalt in der Wildnis dienen sollten.

Drei Tage gingen vorüber, und wir waren noch im Lager, um mit größtmöglicher Geduld die Rückkehr der Soldaten, die nach dem albernen Hindu ausgesandt waren, zu erwarten. Mittlerweile wurden die Provisionen sehr knapp; Wild war nicht zu bekommen, da die Vögel sehr scheu waren. Eine zweitägige Jagd verschaffte uns nur zwei Töpfe voll Vögel, nämlich Waldhühner, Wachteln und Tauben. Ohne Erfolg kehrte Bombay von seinem Streifzug nach unserer fehlenden Habe zurück und fiel dadurch sehr in Ungnade.

Am vierten Tage schickte ich Shaw mit zwei andern Soldaten aus, um zu sehen, was aus Kingaru und den beiden Mabrukis geworden sei. Gegen Abend kehrte er, ganz erschöpft von einem wütenden Anfall des Mukunguru oder Wechselfiebers, heim, brachte aber die fehlenden Soldaten mit sich, welche nun selbst über ihre Schicksale berichten konnten.

Ihr Bericht lautete in kurzem folgendermaßen: als sie unser Lager verlassen hatten, waren sie rasch nach Simbo marschiert und hatten diesen Ort um 10 Uhr morgens erreicht. Nachdem sie dort die Umgegend unsers letzten Chambi nach Spuren des Bunder Salaam, seines Esels und Eigentums durchsucht, aber nichts gefunden hatten, beschlossen sie sofort, direkt an die Ungerengeribrücke weiter zu gehen und sich dort bei den Besitzern derselben nach den Reisenden zu erkundigen, die nach der Abreise des Musungu den Fluß passiert wären. An der Brücke hörten sie, daß ein weißer Esel, wie man ihn bei dem Musungu gesehen, über den Fluß nach Simbamwenni gegangen wäre; einen Hindu in Kisungukleidern hingegen hatten sie nicht gesehen. Meine drei schwarzen Polizisten wurden durch diese Nachricht zu größerer Schnelligkeit angespornt, da sie nicht daran zweifelten, daß der Koch von den Waschensi ermordet worden sei, welche den mit der Habe des Kochs beladenen Esel mit sich fortgeführt hatten. In kurzer Zeit kamen sie in Simbamwenni an und teilten den erstaunten, an dem westlichen Tore der Stadt befindlichen Kriegern atemlos die Nachricht mit, daß zwei Waschensi, die mit einem weißen Esel an ihrer Stadt vorübergezogen sein müßten, einen Mann in Kisungukleidern, der zu dem Musungu gehöre, ermordet hätten. Die Leute von Simbamwenni führten meine Boten zur Sultanin, der sie ihre Geschichte erzählten. Diese fragte die Turmwächter, ob sie zwei Waschensi mit dem weißen Esel gesehen hätten. Die Frage wurde bejaht, worauf sie sofort 20 ihrer Musketiere nach Muhalleh schickte, um sie zu verfolgen. Diese kehrten vor Nacht zurück und brachten die beiden Waschensi und den

Esel mit den ganzen Habseligkeiten des Kochs zurück. Sofort ließ sich die Sultanin, die offenbar ihres Vaters Energie sowohl als seine Gier nach Reichtümern besaß, meine Boten, die beiden Waschensi und den Esel mitsamt dem Eigentum des Kochs vorführen. Die beiden Waschensi wurden ausgefragt, wie sie in den Besitz des Esels und einer solchen Menge von Perlen gekommen wären, worauf sie erwiderten, sie hätten den Esel an einen Baum gebunden aufgefunden und die Güter auf der Erde daneben liegend. Da sie keinen Besitzer oder Berechtigten in der Nachbarschaft gesehen, hätten sie geglaubt, ein Recht darauf zu besitzen, und es daher mit sich genommen. Hierauf wurden meine Soldaten gefragt, ob sie den Esel und die Habseligkeiten wiedererkennten, welche Frage sie ohne Zögern bejahten. Ferner teilten sie Ihrer Hoheit mit, daß sie nicht nur nach dem Esel und den Gütern, sondern auch nach dem Besitzer ausgeschickt seien, welcher aus seines Herrn Dienst desertiert sei, und daß sie zu wissen wünschten, was die Waschensi mit dem Hindu angefangen hätten. Ihre Hoheit wollte gleichfalls gern wissen, was die Waschensi mit dem Hindu getan, und um ihnen das Geständnis zu entlocken, beschuldigte sie dieselben direkt, ihn ermordet zu haben, und wollte nur wissen, was sie mit dem Körper gemacht hatten. Die Waschensi erklärten mit großem Eifer, daß sie die Wahrheit gesagt hätten und daß sie nie einen Menschen, wie er hier beschrieben worden, gesehen hätten; auch seien sie bereit, falls die Sultanin es wünschte, ihre Behauptungen zu beschwören. Ihre Hoheit wollte jedoch nicht, daß die Leute etwas beschwören, was sie (die Hoheit) in ihrem Herzen für eine Lüge hielt, aber wohl wolle sie jene in Ketten legen lassen und unter Bedeckung einer Karawane an Seyid Bargasch schicken, der schon wissen werde, was er mit ihnen anfangen solle. Hierauf wandte sie sich an meine Soldaten und fragte dieselben, warum der Musungu den Tribut, nach dem sie ihre Hauptleute ausgeschickt, nicht bezahlt habe. Die Soldaten waren außer Stande, eine Antwort hierauf zu geben, da sie über die Angelegenheiten ihres Herrn nichts wußten. Getreu dem Charakter ihres räuberischen Vaters, benachrichtigte nun die Erbin von Kisabengo meine zitternden Leute, daß, da der Musungu den Tribut nicht bezahlt habe, sie ihn sich jetzt selbst nehmen werde. Sie werde ihre Gewehre sowie die des Kochs und das auf dem Esel gefundene Tuch samt den Perlen für sich behalten, die dem Hindu persönlich gehörigen Kleider aber ihren Häuptlingen geben. Sie (meine Leute) dagegen sollten in Ketten gelegt werden, bis der Musungu selbst zurückkäme, um sie mit Gewalt zu befreien. Ihre Drohungen wurden auch wirklich ausgeführt. 16 Stunden lang befanden sich meine Soldaten auf dem

Marktplatz in Ketten, dem Spott des servilen Pöbels ausgesetzt. Zufälligerweise aber kam am nächsten Tage Scheich Thani, den ich in Kingaru getroffen hatte und dem ich seit der Zeit um fünf Tage vorausgeeilt war, in Simbamwenni an, sah auf seinem Wege in der Stadt, wo er sich Vorräte für seine Reise durch die Makata-Wildnis kaufen wollte, meine Leute in Ketten und erkannte sie sofort als in meinen Diensten stehend. Nachdem er ihre Geschichte angehört hatte, begab sich der gutherzige Scheich zur Sultanin und teilte ihr mit, daß sie ein großes Unrecht begehe, und zwar eins, das nur mit Blutvergießen endigen könne. „Der Musungu ist stark", sagte er, „sehr stark; er hat zwei Flinten, welche vierzigmal ohne anzuhalten schießen und mit ihren Kugeln auf eine Entfernung von einer halben Stunde treffen, sowie mehrere andere, die mit Sprengkugeln geladen werden, welche einen Mann in Stücke zerreißen. Er könnte auf die Spitze jenes Berges gehen und jeden Einwohner in der Stadt töten, ehe ein einziger Ihrer Soldaten hinaufkommen könnte. Der Weg hierher wird dann abgesperrt werden, Seyid Bargasch wird gegen Ihr Land marschieren, die Wadoe und Wakami werden kommen und an dem, was noch übrigbleibt, Rache nehmen, und der Ort, den Ihr Vater so stark gemacht hat, wird die Waseguha nicht mehr kennen. Lassen Sie die Soldaten des Musungu frei; geben Sie ihnen Nahrungsmittel und Korn für den Musungu; erstatten Sie ihm die Gewehre wieder und lassen Sie sie gehen, denn der weiße Mann kann sich schon jetzt auf dem Wege hierher befinden."

Dieser übertriebene Bericht über meine Macht und das schreckliche vom Araber entworfene Bild brachten insofern eine gute Wirkung hervor, als Kingaru und die Mabrukis sofort aus ihrem Gewahrsam entlassen und mit Nahrungsmitteln, die für unsere Karawane auf vier Tage ausreichten, versehen wurden. Auch bekamen sie ein Gewehr zurück nebst Zubehör, Kugeln und Pulvervorrat, sowie den Esel des Kochs, eine Brille, ein in malabarischer Sprache gedrucktes Buch und einen alten Hut, der dem gehörte, den wir jetzt alle für tot hielten. Bis Simbo sorgte der Scheich für die Soldaten, und in seinem Lager, wo sie sich reichlich an Reis und geklärter Butter (Ghee) erfreuten, fand sie Shaw, dem ebenso wie seinen Gefährten dieselbe freigebige Gastfreundschaft zuteil wurde.

Mit großem Erstaunen hörte ich diese lange Geschichte an; meine Brust hob sich bestürmt von verschiedenen widerstreitenden, durch dieselbe hervorgerufenen Empfindungen; es war dies alles so ganz anders, als ich vorausgesetzt hatte. Erstens glaubte ich, der Koch werde aufgefunden werden, und hatte durchaus keine Ahnung davon, daß ein grauses Geschick ihm zugestoßen sei; ferner bereute ich es, ihn bestraft zu haben, und gelobte mir im Geiste, nie wieder ein Mitglied meiner Karawane, wenn es mich auch noch so sehr beraubt habe, fortzujagen, damit es nicht von solch grausamen Mördern getötet werden könne. Zweitens war ich über das Gebaren der Amazone Simbamwenni höchst erstaunt, denn es war ganz gegen alle Gewohnheit, von einem und demselben Eigentümer zweimal Tribut zu fordern, und hätte sich dies doch anders verhalten, so ließen ihr ja die vier Tage, die ich an dem Ufer des Ungerengeri lagerte, hinreichend viel Zeit, den Irrtum, den ich durch meine Weigerung, Tribut zu bezahlen, begangen hatte, wieder gutzumachen; und ich hätte doch bestimmt die Sicherheit meiner Karawane nicht gefährdet, wenn ihre Abgesandten ihr Verlangen wiederholt hätten. Auf dieses Gefühl folgte große Entrüstung über den an meinen Gewehren verübten gemeinsamen Raub, welcher mich dazu hätte veranlassen können, wenn ich näher an Simbamwenni gewesen wäre, an den Vorstädten der Stadt Rache zu nehmen; der Aufenthalt von vier Tagen jedoch, den die Aufsuchung des Kochs veranlaßte, hatte meinen Zorn so sehr abgekühlt, daß ich dafür ganz dankbar wurde, daß mich kein größeres Mißgeschick befallen hatte. Drittens verursachte die wohlmeinende Übertreibung des Scheich Thani und die jammervollen Erzählungen der drei Soldaten viel Heiterkeit. Am selben Abend noch schrieb ich einen vollständigen Bericht über diesen Vorfall, der durch die erste nach Osten ziehende Karawane dem amerikanischen Konsul überbracht werden sollte, damit Seyid Bargasch die Geschichte von dem unerklärlichen Verschwinden des Kochs von beiden Seiten erfahre.

Dankbaren Herzens verließen wir unser Lager, wo wir so viel Angst und Ärger ausgestanden hatten, ohne des wütenden Regens zu achten, der, nachdem er uns die ganze Nacht über durchnäßt, unter andern Umständen unsern Eifer für den Marsch einigermaßen gedämpft haben würde. Der Weg führte die erste Meile lang über ein rötliches Erdreich und wurde durch sanfte Abhänge nach Osten und Westen trockengelegt; als wir aber den Schutz lieblicher Wälder, an deren östlichem Rande wir so lange aufgehalten worden waren, verlassen hatten, kamen wir auf eine der Savannen, deren Boden zur Regenzeit so weich wie Kot und klebrig wie dicker Mörtel ist. Hier drohte uns das Schicksal des berühmten Reisenden in Arkansas, der so tief in einen der zahlreichen Sümpfe jenes Landes hineingesunken war, daß man von ihm nichts mehr als einen hohen schmalen Zylinderhut erblicken konnte.

Shaw war krank, und daher fiel die Pflicht, die vor Ermüdung strauchelnde Karawane weiterzuführen, ganz und gar mir zu. Die Wanjamwesi-Esel blieben wie festgewurzelt in dem Sumpf stecken. Sobald ich einen derselben durch Prügel aus seiner eigensinnig behaupteten Stellung herausgepeitscht hatte, fiel ein anderer sofort nieder und verursachte mir eine Sisyphusarbeit, die unter dem tobenden Regen zum Verrücktwerden war, da ich nur die Hilfe von Leuten wie Bombay und Uledi hatte, welche selbst um ihrer heilen Haut willen dem Sturm und Schmutz nicht Trotz bieten wollten. Zwei Stunden solcher schwerer Arbeit gehörten dazu, um meine Karawane über eine 2¹/₂ km breite Savanne fortzubringen, und kaum war ich damit fertig und hatte mir zur Beendigung derselben Glück gewünscht, als ich durch einen tiefen Graben aufgehalten wurde, der mit Regenwasser von den überschwemmten Savannen angefüllt zu einem bedeutenden brusttiefen Bach geworden war, der rasch dem Makata zufloß. Da mußten denn die Esel abgeladen, durch ein reißendes Wasser geführt und auf der andern Seite wieder beladen werden, eine Operation, welche eine ganze Stunde in Anspruch nahm.

Der 1. Mai fand uns, wie wir uns durch Schlamm und Wasser des Makata mit einer Karawane durchschlugen, welche körperlich von den Anstrengungen krank war, die das Übersetzen über so viele Flüsse und das Waten durch Sümpfe verursacht hatten. Shaw litt noch immer an seinem ersten Mukunguru, das ihn uns in einer neuen und nicht gerade der

Der Makata-Sumpf

angenehmsten Weise zeigte. Außerdem daß er sich gewisser Bedürfnisse, die für die Expedition durchaus nicht angenehm waren, innerhalb des Bereichs unserer Gehörorgane entledigte, nahm er allmählich den Charakter eines chronischen Hypochonders an, der zu allen Zeiten unliebsam, dem Mtongi einer afrikanischen Expedition, die mit Morasten, Regen und einer erkrankten Karawane zu kämpfen hat, geradezu hassenswert erscheint. Saidi, ein Soldat, war bedenklich an den Pocken erkrankt; die Kitschumatschuma, „kleinen Eisen", hatten Bombay quer über die Brust gefaßt und machten ihn zum unbrauchbarsten der Dienstunfähigen. Mabruk Salim, ein kräftig gebauter Jüngling, folgte dem Beispiel des Bombay und legte sich auf den Moorboden, simulierte Erbrechen und beteuerte, daß er vollständig unfähig sei, dem Makata-Moor Trotz zu bieten; aber kräftige Hiebe mit einer geflochtenen Lederpeitsche über seine nackten Schultern vertrieben die scheinbare Übelkeit aus seinem Magen. Abdul Kader, der Hinduschneider und Abenteurer, der schwächste aller Sterblichen, litt immer an Mangel an Force, wie er sich auf französisch ausdrückte, war stets abgeneigt zu arbeiten, hilflos, stellte sich krank, hatte aber fortwährend Hunger. „O Gott!", war der Schrei meiner ermatteten Seele, „wenn alle Männer meiner Expedition wie dieser wären, so wäre ich genötigt zurückzukehren, würde das aber nicht tun, ohne vorher summarische Rache an allen zu nehmen." An diesem Tage erprobte ich die vorzüglichen Eigenschaften einer guten Peitsche, und Abdul Kader (möchte er die Geschichte nur seiner ganzen Sippschaft erzählen) wird bestimmt nie wieder einen Weißen nach Afrika begleiten. Salomo war wohl teils durch göttliche Eingebung, teils durch Beobachtung weise, ich wurde es durch Erfahrung und bin gezwungen zu bemerken, daß, wenn Schlamm und Nässe die physische Energie der Träger untergraben hatten, eine Hundepeitsche ihrem Rücken sehr gut bekam und sie zu einer gesunden, bisweilen sogar übermäßigen Tätigkeit wieder befähigte.

50 km lang zog sich von unserm Lager aus die Makata-Ebene, ein ausgedehnter Sumpf, dahin. Das Wasser stand daselbst durchschnittlich 30 cm hoch; an manchen Orten gerieten wir aber auch in Löcher von 1 und selbst 1½ m Tiefe hinein. Pitsch-Patsch, Pitsch-Patsch waren die einzigen Töne, welche wir vom Anfang unsers Marsches an hörten, bis wir die Bomas fanden, welche die einzigen trockenen Flecken längs der Marschlinie einnahmen. Diese Art Arbeit dauerte zwei Tage, bis wir des Rudewa-Flusses ansichtig wurden, eines zweiten mächtigen Stromes, dessen Ufer von rauschendem Regenwasser überfloß. Als wir über einen Arm des Rudewa gesetzt und aus dem feuchten Schilfgras, das dicht an seinem

westlichen Ufer wuchs, herausgekommen waren, zeigte sich uns eine enorme Wasserfläche, aus welcher Gruppen von Grasbüscheln und das Laub einzelner zerstreuter Bäume hervorschaute, und die in einer Entfernung von 16 oder 20 km von dem östlichen Rande des Usagara-Gebirges begrenzt wurde. Auf dem 9 km langen Marsch von dem Arm des Rudewa erreichten wir den Höhepunkt aller Unannehmlichkeiten und Plakkereien. Als ich und die Wangwana mit den beladenen Eseln erschienen, sahen wir die Pagasi auf einem Hügel zusammenkauern. Als wir sie fragten, ob dieser Hügel das Lager wäre, sagten sie: „Nein". Warum macht ihr denn hier halt? „Ach, viel Wasser." Der eine zog eine Linie quer über seine Lende, um die Tiefe des Wassers anzugeben, der andere eine quer über die Brust, der dritte quer über den Hals, der vierte hielt gar die Hand weit über seinen Kopf, wodurch er sagen wollte, daß wir würden schwimmen müssen. 15 km durch ein Schilfmoor schwimmen, das war unmöglich. Es war übrigens auch unmöglich, daß so verschiedene Berichte alle richtig sein sollten. Daher gebot ich den Wangwana, ohne Zögern mit ihren Tieren weiterzugehen. Nachdem wir drei Stunden lang durch über 1 m tiefes Wasser gespritzt waren, erreichten wir das trockene Land und hatten den Makata-Sumpf hinter uns, aber nicht ohne daß der Morast mit seinen Schrecken einen dauernden Eindruck auf unsere Gemüter hinterlassen hätte. Keiner von uns konnte diese Strapazen vergessen oder den Ekel gegen das Reisen, den es fast erzeugte. Später hatten wir uns dieser Partie noch lebhafter zu erinnern und es zu bedauern, daß wir die Reise während der Masikazeit unternommen hatten, da die Tiere von jetzt an fast täglich zu zweien und dreien krepierten, bis nur fünf kränkliche, ganz heruntergekommene übrigblieben, da die Wangwanasoldaten und Pagasi von unzähligen Krankheiten heimgesucht wurden und ich schließlich selbst gezwungen war, mich wegen eines Ruhranfalles, der mich an den Rand des Grabes brachte, ins Bett zu legen. Ich habe wohl mehr gelitten, als nötig gewesen wäre, wenn ich die richtige Medizin genommen hätte; aber mein zu großes Vertrauen in die zusammengesetzte Arznei, welche man „Collis Brown's Chlorodyne" nennt, verzögerte die Heilung, welche schließlich durch einen vernünftigen Gebrauch von Doverschem Pulver bewirkt wurde. In keinem einzigen Fall von Diarrhöe oder akuter Ruhr hat dieser „Chlorodyne", über das man so viel gesprochen und geschrieben, irgendwie die Wirkung gehabt, den Anfall zu verringern, obwohl ich drei Flaschen davon verbraucht habe. Der Ruhr, welche wir uns durch den Übergang über den Makata zugezogen, fielen nun zwei Individuen zum Opfer, und zwar ein Pagasi und mein armes Hündchen Omar, das mich von Indien her begleitet hatte.

Als sie am 23. Juni endlich die Stadt Tabora erreichten, ein Zentrum des Elfenbein- und Sklavenhandels, von wo aus die Araber ihre Jagden auf Menschen und Tiere organisierten, erfuhren sie, daß der gefürchtete Mirambo die Gegend zwischen Tabora und ihrem Ziel Udjidji fest in seiner Hand hatte. Mirambo war ein Räuber, der durch die Wälder zog, Dörfer und arabische Karawanen überfiel und die gefangenen Sklaven auf eigene Rechnung direkt an die Abnehmer verkaufte. Wenn Stanley weiter wollte, mußte er einen Umweg von 600 km machen oder sich mit den arabischen Sklavenhändlern gegen Mirambo verbünden. Er tat letzteres, aber nach anfänglichen Erfolgen gewann Mirambo die Oberhand, und Tabora wurde niedergebrannt. Stanley, der durch einen heftigen Malariaanfall, einen der 23, die ihn während dieser Operation heimsuchten, schwer gehandikapt war, und von den Arabern überdies schmählich im Stich gelassen wurde, mußte letztlich doch in Gewaltmärschen von 22 Tagen nach Norden ausweichen. Von den 192 Mann, die vor 7 Monaten Sansibar verlassen hatten, waren noch 21 übrig, teils tot, teils davongelaufen, aber zum Glück konnte Stanley 54 neue Träger anwerben, die mit ihm weiter nach Westen zogen.

Angriff auf Mirambo

Folgende Unterredung fand zwischen mir und einem Mgogohändler statt:

„Wer hat nach eurem Glauben euere Eltern erschaffen?"

„Das hat Mulungu getan, Weißer!"

„Gut. Wer hat denn dich erschaffen?"

„Wenn Gott meinen Vater erschaffen, so hat er auch mich erschaffen, nicht wahr?"

„Sehr wohl. Wo meinst du wohl, daß dein Vater jetzt hingegangen ist, da er tot ist?"

„Die Toten sterben", sagte er feierlich, „sie sind nicht mehr. Der Sultan stirbt, dann wird er zu Nichts, dann ist er nicht besser als ein toter Hund; er ist zu Ende, seine Worte sind zu Ende; es gibt keine Worte mehr von ihm. Es ist wahr", sagte er, da er ein Lächeln auf meinem Gesicht erblickte, „der Sultan wird zu Nichts. Wer etwas anderes sagt, ist ein Lügner. Das steht fest!"

„Er ist aber doch ein sehr großer Mann, nicht wahr?"

„Nur solange er lebt; nach dem Tode fährt er in die Grube, und da kann man von ihm nicht mehr sagen als von einem andern."

„Wie begrabt ihr einen Mgogo?"

„Man bindet ihm die Beine zusammen, den rechten Arm an den Körper und legt den linken unter den Kopf. Dann rollt man ihn auf seine linke Seite ins Grab. Das Zeug, das er während seines Lebens getragen, wird über ihn ausgebreitet. Darauf legen wir Erde auf ihn und Dornbüsche darüber, damit die Fisi (Hyänen) nicht an ihn heran können. Ein Weib wird auf ihre rechte Seite in ein vom Manne gesondertes Grab gelegt."

„Was macht ihr mit dem Sultan, wenn er gestorben ist?"

„Wir begraben ihn auch. Nur wird er in der Mitte des Dorfes begraben, und wir bauen ein Haus über ihn. Jedesmal, wenn ein Ochse geschlachtet wird, so geschieht das vor seinem Grabe. Wenn der alte Sultan stirbt, so verlangt der neue einen Ochsen und schlachtet ihn vor jenem Grabe unter Anrufung von Mulungu als Zeugen, daß er der legitime Sultan sei. Dann verteilt er das Fleisch in seines Vaters Namen."

„Wer folgt dem Sultan? Etwa der älteste Sohn?"

„Ja, wenn er einen Sohn hat. Wenn er aber kinderlos ist, so folgt der ihm an Rang zunächststehende große Häuptling. Der Msagira ist der Nächste nach dem Sultan; sein Geschäft besteht darin, die Beschwerden anzuhören und dem Sultan vorzutragen. Auch übt er die Gerechtigkeit im Namen des letzteren, empfängt das Honga, bringt es dem Mtemi (Sultan), stellt es vor ihn hin und behält so viel davon, als der Sultan nicht für sich beansprucht. Die Häuptlinge heißen Manja-Para und der Msagira ist der oberste Manja-Para."

„Wie heiraten die Wagogo?"

„Sie kaufen sich ihre Frauen."

„Was kostet ein Weib?"

„Ein sehr armer Mann kann seine Frau schon für ein paar Ziegen von ihrem Vater kaufen."

„Wieviel muß der Sultan dafür zahlen?"

„Er hat ungefähr 100 Ziegen oder ebenso viel Kühe, Schafe und Ziegen an den Vater seiner Braut zu zahlen. Natürlich ist der Vater ein Häuptling; der Sultan würde sich kein gemeines Weib kaufen. Des Vaters Einwilligung muß erlangt und ihm dann das Vieh übergeben werden. Viele Tage gehören dazu, um die Unterhandlungen hierüber zu beendigen. Die ganze Familie und alle Freunde der Braut müssen sich darüber besprechen, ehe sie ihres Vaters Haus verläßt."

„Was geschieht im Falle eines Mordes dem Manne, der einen andern getötet hat?"

„Der Mörder muß 50 Kühe bezahlen. Ist er zu arm, um zu bezahlen, so gibt der Sultan den Verwandten des Ermordeten das Recht, ihn zu töten. Wenn sie ihn fangen, so binden sie ihn an einen Baum und werfen Speere

Gruppe von Wanjamwesi

59

nach ihm, und zwar zuerst immer einen auf einmal; dann springen sie auf ihn zu, schneiden ihm den Kopf ab und später die Arme und Gliedmaßen und streuen dieselben im Lande umher."

„Wie bestraft ihr einen Dieb?"

„Wenn man ihn beim Stehlen ertappt, so wird er sofort totgemacht, und man spricht weiter nicht davon. Ist es nicht ein Dieb?"

„Aber im Falle, daß ihr nicht wüßtet, wer der Dieb ist?"

„Wenn uns jemand vorgeführt wird, der des Diebstahls bezichtigt ist, töten wir ein Huhn. Sind die Eingeweide desselben weiß, so ist er unschuldig, sind sie aber gelb, so ist er schuldig."

„Glaubt ihr an Zauberei?"

„Das versteht sich von selbst, und wir bestrafen den Mann mit dem Tode, der Vieh verzaubert oder den Regenfall hindert." –

NACH MRERA IN UKONONGO

20. September. „Nun, Herr Shaw, ich warte auf Sie. Steigen Sie auf Ihren Esel, wenn Sie nicht zu Fuß gehen können."

„Bitte, Herr Stanley, ich fürchte, ich kann nicht mitgehen."

„Wieso?"

„Ich weiß es nicht; ich fühle mich aber sehr schwach!"

„Das bin ich auch. Wie Sie wissen, hat mich das Fieber erst spät gestern abend verlassen. Ziehen Sie sich doch nicht vor diesen Arabern zurück. Bedenken Sie, daß Sie ein Weißer sind. Hier Selim, Mabruki, Bombay, helft Herrn Shaw auf seinen Esel und geht neben ihm."

„O Bana, Bana, nehmen Sie ihn nicht mit! Sehen Sie denn nicht, daß er krank ist?" sagten die Araber.

„Ihr bleibt mir davon! Nichts kann mich daran hindern, ihn mitzunehmen. Er soll mit. Bombay! Vorwärts!" –

So war der Rest meiner Gesellschaft auf den Weg gebracht. Das bis vor kurzem noch so geschäftige Tembe hatte ein ödes, verlassenes Aussehen gewonnen. Ich wandte mich gegen die Araber, lüftete meinen Hut und sagte noch einmal Lebewohl. Dann kehrte auch ich mich in Begleitung meiner vier jungen Flintenträger Selim, Kalulu, Madjwara und Belali gen Süden.

Ehe wir 5 km gegangen waren, erhob der wilde Unjamwesi-Esel, der vom schlauen Mabruki von hinten gekitzelt wurde, die Hinterbeine, und John Shaw, der nie ein guter Reiter gewesen, lag der Länge lang in der Nähe eines Dornbusches auf dem Boden. Er schrie auf und wir liefen alle hin, um ihm zu helfen.

„Was gibt's, mein lieber Freund?" fragte ich, „haben Sie Schaden genommen?"

„O mein Gott, mein Gott! Lassen Sie mich doch umkehren, Herr Stanley!"

„Etwa, weil Sie von einem Esel heruntergefallen sind? Fassen Sie nur Mut. Es würde mir sehr leidtun, wenn ich sagen müßte, daß Sie zurückgeblieben. In vier bis fünf Tagen werden Sie selbst über dieses kleine Mißgeschick lachen. Fast alle Menschen fühlen sich etwas weichherzig, wenn sie einen angenehmen Ort verlassen. Steigen Sie nur wieder auf Ihren Esel, alter Freund! Entschließen Sie sich doch mitzugehen! Dann geht's auch."

Noch einmal halfen wir ihm hinauf; trotzdem überlegte ich mir aber die

Kwihara

ganze Zeit, ob es nicht viel besser sei, den Menschen zurückzuschicken, als ihn wider seinen Willen fast mit Gewalt mehrere hundert Meilen, die zwischen mir und Udjidji liegen mußten, mitzuschleppen. Wenn er nun unterwegs stirbt? Vielleicht ist er wirklich krank? Nein, das ist er nicht, er stellt sich bloß so. Ich gestehe aber, ich hätte ihn auf der Stelle zurückgeschickt, wenn ich nicht der Überzeugung gewesen wäre, dafür von den Arabern ausgelacht zu werden.

Nach einem halbstündigen Marsch wurde die Situation belebter. Shaw fing an sich zu amüsieren. Bombay hatte unsern Zank vergessen und versicherte, wenn ich durch Mirambos Land ziehen könne, so würde ich auch den Tanganyika erreichen. Dasselbe glaubt Mabruki-Speke. Selim freute sich, Unjanjembe zu verlassen, wo er soviel vom Fieber gelitten, und in dem kühnen Aussehen der Hügel, die sich über schöne Täler erhoben, lag etwas, das auch mich belebte und zu meiner Reise ermutigte . . .

Fast unmittelbar vor unserm Lager verlor Shaw bei seinem Versuch, vom Esel zu steigen, die Steigbügel und fiel aufs Gesicht zur Erde. Dieses kleine Zwischenspiel des Herrn Shaw kam mir jetzt zu häufig vor; daher befahl ich den Leuten, als sie hinstürzten, um ihm aufzuhelfen, ihn liegen zu lassen. Der dumme Mensch blieb faktisch in der heißen Sonne eine ganze Stunde lang auf dem Boden liegen, und als ich ihn gelassen fragte, ob er sich da nicht etwas ungemütlich fühle, setzte er sich auf und weinte wie ein Kind.

„Wünschen Sie umzukehren, Herr Shaw?"

„Ich bitte darum. Ich glaube nicht, daß ich weiter mitgehen kann; und wenn Sie so gut sein wollen, so wünsche ich sehr umzukehren."

„Gut, Herr Shaw, ich bin zu dem Schluß gelangt, daß es für Sie am besten ist, zurückzukehren. Meine Geduld ist zu Ende. Ich habe es treulich versucht, Ihnen über das kleinliche Elend, dem Sie sich so ganz hingeben, hinwegzuhelfen. Sie leiden einfach an Hypochondrie und bilden sich nur ein, krank zu sein, und offenbar kann Sie nichts von dieser Überzeugung abbringen. Hören Sie auf meine Worte: nach Unjanjembe zurückkehren, heißt sterben. Sollten Sie in Kwihara krank werden, wer versteht es wohl, Sie dort mit Arznei zu behandeln? Nehmen wir an, daß Sie delirieren, wie kann einer meiner Soldaten wissen, was Ihnen fehlt oder was Ihnen gut sein würde. Noch einmal wiederhole ich es, wenn Sie zurückkehren, so sterben Sie."

„Ach mein Gott! ich wünschte, ich hätte es nie gewagt herzukommen. Ich dachte mir das Leben in Afrika so ganz anders, als es ist. Ich will doch lieber heimkehren, wenn Sie es mir gestatten."

Am nächsten Tage hielten wir und trafen Einrichtungen, um Shaw nach Kwihara zurückzutransportieren. Ich ließ eine starke Tragbahre anfertigen und mietete vier kräftige Pagasi in Kigandu für seinen Transport, ließ Brot backen, eine Kanne mit kaltem Tee füllen und für seinen Lebensunterhalt unterwegs ein Ziegenviertel braten.

Den Abend vor unserer Trennung verbrachten wir gemeinschaftlich. Shaw spielte einige Melodien auf einem Akkordeon, das ich für ihn in Sansibar gekauft hatte; es war zwar nur ein elendes Ding für 10 Dollars, doch kamen mir die heimatlichen Klänge, die er dem Instrument entlockte, an jenem Abend wie himmlische Melodien vor. Das letzte Lied, das er spielte, ehe wir uns zurückzogen, war: *„Home, sweet home!"* und es schien mir, daß wir, ehe es zu Ende war, weicher gegeneinander gestimmt waren . . .

Am Montag, dem 2. Oktober, zogen wir durch den Wald und die Ebene, welche sich von dem Siwani nach Manjara erstreckt. Das kostete 6¹/₂ Stunden. Die Hitze war furchtbar drückend; doch wuchsen die Mtundu- und Miombo-Bäume hier in Zwischenräumen, die gerade ausreichten, um jedem Baum sein freies Wachstum zu gestatten, während ihr Laub sich zu einem Dache verband, das angenehmen Schatten warf. Der Pfad war frei und bequem, der zusammengestampfte, feste, rote Boden bot keine Hindernisse dar. Nur litten wir sehr von den Angriffen der Tsetse- oder Panga(Schwert)-Fliege, die hier schwärmte. Wir wußten, daß wir uns einem ausgedehnten Aufenthaltsort von Wild näherten, und paßten beständig auf, was für Gattungen diese Wälder wohl bewohnten.

Als wir im Tempo von ungefähr $4^3/_4$ km in der Stunde weiterzogen, bemerkte ich, wie die Karawane vom Wege abbog und 50 Schritt jenseits eines auf demselben befindlichen Gegenstandes, der die Aufmerksamkeit der Leute auf sich gezogen, wieder auf denselben zurückkehrte. Als ich so weit gekommen war, fand ich, daß es der Leichnam eines Mannes sei, der als ein Opfer der furchtbaren Geißel Afrikas, der Pocken, gestorben war. Er gehörte zu der Räuber- oder Guerillabande Osetos, die in dem Dienste des Mkasiwa von Unjanjembe steht und diese Wälder nach den Guerillas Mirambos durchsuchte. Sie waren aus Ukonongo von einem Raubzuge, den sie gegen den Sultan von Mbogo geführt hatten, zurückgekehrt und hatten ihren Kameraden am Wege liegen lassen, wo er gestorben war. Er war ungefähr einen Tag tot.

Beiläufig bemerkt, ereignete es sich häufig, daß wir ein Skelett oder einen Schädel auf dem Wege fanden. Fast jeden Tag sahen wir einen, manchmal zwei dieser Überbleibsel toter, vergessener Menschen.

Bald danach kamen wir aus dem Walde und traten in eine Mbuga oder Ebene, in der wir eine Menge Giraffen erblickten, deren lange Hälse man über einen Busch, an dem sie gefressen hatten, emporragen sah. Dieser Anblick wurde mit einem Freudenschrei begrüßt, denn jetzt wußten wir, daß wir in ein Land jagdbarer Tiere gekommen waren und daß wir in der Nähe des Flusses Giombe, wo wir halten wollten, viele dieser Tiere sehen würden.

Ein Marsch von drei Stunden über diese heiße Ebene brachte uns an die bebauten Felder von Manjara. Vor der Dorfpforte verbot man uns hineinzutreten, da das ganze Land sich im Kriegszustande befinde und es nötig sei, sehr vorsichtig beim Einlaß irgendeiner Truppe zu sein, damit die Dorfbewohner nicht dadurch kompromittiert würden. Man wies uns jedoch nach einem rechts vom Dorfe, in der Nähe einiger klarer Wasserpfühle belegenen Chambi, wo wir ungefähr ein halbes Dutzend zugrunde gerichtete Hütten erblickten, die für ermüdete Menschen sehr ungemütlich aussahen.

Nachdem wir unser Lager errichtet hatten, gab ich dem Kirangosi einiges Zeug, um uns Nahrungsmittel für den Durchzug der vor uns liegenden Wüste, die 215 km oder neun Märsche lang sein sollte, im Dorfe zu kaufen. Man sagte ihm, daß der Mtemi seinen Leuten aufs strengste verboten hätte, Korn zu verkaufen.

Lager unter einer Riesen-Sykomore

Das war offenbar ein Fall, in dem nur etwas Diplomatie uns helfen konnte, denn es hätte uns mehrere Tage aufgehalten, wenn wir genötigt gewesen wären, Leute nach Kikuru zurückzuschicken, um uns Proviant zu holen. Ich öffnete also meinen Ballen der besseren Warensorten, suchte zwei hübsche Tücher aus und schickte Bombay mit ihnen an den Sultan mit dem Freundschaftsgruß des weißen Mannes. Der Sultan schlug es verdrießlich aus und befahl ihm, zum Weißen zurückzukehren und ihm zu sagen, er möge ihn nicht weiter belästigen. Alles Bitten blieb umsonst, er wollte nicht einlenken, und die Leute waren genötigt, in sehr schlechter Laune und hungrig zu Bett zu gehen. Hier fielen mir die Worte Ndjaras, eines Sklavenhändlers und Schmarotzers des großen Scheich ben Nasib, ein: „O Herr, Sie werden es erfahren, daß Sie dem Volk nicht gewachsen sein werden, und werden zurückkehren müssen. Die Wamanjara sind schlecht, die Wakonongo sind sehr schlecht, die Wasavira sind die allerschlechtesten. Sie sind zu einer schlechten Zeit in dieses Land gekommen. Überall herrscht Krieg." Und wirklich, wenn man nach dem Inhalt der Unterhaltungen schließen durfte, die um unsere Lagerfeuer geführt wurden, so schien dies nur zu richtig zu sein. Es war alle Aussicht dazu vorhanden, daß meine Leute alle zusammen ausreißen würden. Ich suchte jedoch sie zu ermutigen und sagte ihnen, ich werde ihnen morgen Nahrungsmittel verschaffen.

Am nächsten Morgen wurde der Ballen der besten Zeuge noch einmal aufgemacht und vier gute Tücher nebst 2 Doti Merikani ausgewählt und Bombay damit samt Grüßen und höflichen Redensarten abgesandt. Es war nötig, sehr höflich gegen einen so verdrießlichen Mann zu sein, der zu mächtig war, als daß man sich hätte ihn zum Feinde machen dürfen. Was wäre aus uns geworden, wenn er sich entschloß, das Beispiel des gefürchteten Mirambo, des Königs von Ujoweh, nachzuahmen! Die Wirkung meiner großartigen Freigebigkeit ließ sich jedoch bald in der Masse von Vorräten sehen, die ins Lager gebracht wurden. Ehe eine Stunde vorüber war, kamen Kisten voll Choroko, Bohnen, Reis, Matama oder Dourra und Mais, die ein Dutzend Dorfbewohner auf dem Kopfe uns zutrugen, und bald darauf kam der Mtemi selbst mit einem Gefolge von etwa 30 Musketieren und 20 Speerträgern, um sich den ersten Weißen, der je hier erblickt worden, anzusehen. Hinter diesen Kriegern kam ein großartiges Geschenk, das an Wert dem, das er erhalten, gleichkam und aus mehrern großen Kürbissen voll Honig, Hühnern, Ziegen und hinreichend viel Wicken und Bohnen bestand, um meine Leute auf vier Tage zu verproviantieren.

Ich ging dem Häuptling bis an die Tür meines Lagers entgegen, verbeugte mich tief und lud ihn ein in mein Zelt, das ich für seinen Empfang eingerichtet hatte so gut als es die Umstände erlaubten. Mein persischer Teppich und die Bärenhaut lagen ausgebreitet, und ein großes Stück funkelnagelneues Scharlachzeug bedeckte meine Kitanda oder Bettstelle.

Ich forderte den Häuptling und seine Hauptleute auf, Platz zu nehmen. Der Blick befriedigten Erstaunens, den sie auf mich, mein Gesicht, meine Kleider und Gewehre warfen, ist kaum zu beschreiben. Sie sahen mich einige Sekunden sehr genau an, dann blickten sie auf sich selbst und brachen in ein unbezwingliches Gelächter aus, wobei sie mit ihren Fingern wiederholt Schnippchen schlugen. Sie sprachen die Kinjamwesi-Sprache, und mein Dolmetscher Maganga mußte den Häuptling von der großen Freude benachrichtigen, die ich bei seinem Anblick empfand. Nach einer kurzen Zeit, in der wir Komplimente wechselten und um die Wette übereinander lachten, wünschte der Häuptling, daß ich ihm meine Flinten zeige. Der „Sechzehnschießer", das gezogene Winchestergewehr, rief tausenderlei schmeichelhafte Bemerkungen des aufgeregten Mannes hervor, und die kleinen tödlichen Revolver, deren schöne Arbeit die Leute für

Mamanjara nimmt Medizin

übermenschlich ansahen, machten sie so beredt und entzückt, daß ich gern zu etwas anderm griff. Die doppelläufigen Gewehre, die mit schweren Pulverladungen abgefeuert wurden, veranlaßten sie scheinbar beunruhigt aufzuspringen und sich darauf in konvulsivischem Gelächter wieder zu setzen. Sowie die Begeisterung meiner Gäste zunahm, griffen sie sich gegenseitig an die Zeigefinger, schraubten und zogen an diesen herum, so daß ich fürchtete, sie würden sich dieselben verrenken. Nachdem ich ihnen den Unterschied zwischen Weißen und Arabern auseinandergesetzt, zog ich meinen Medizinkasten hervor, der ihnen wieder wegen der sinnreichen und hübschen Anordnung der Flaschen begeisterte Seufzer entlockte. Der Häuptling fragte, was sie zu bedeuten hätten.

„Dowa", antwortete ich bedeutungsvoll, ein Wort, welches mit Medizin übersetzt werden kann.

„Oh, oh", murmelten sie voll Bewunderung. Es gelang mir sehr bald, ihre unbedingte Bewunderung zu gewinnen, und es war ihnen ganz klar, daß ich den ausgezeichnetsten Arabern, die sie gesehen, bedeutend überlegen sei. „Dowa, Dowa", sagten sie.

„Hier", meinte ich und entkorkte eine Flasche mit medizinischem Branntwein, „ist das Kisungu Pombe (das Bier des Weißen). Nehmt einmal einen Löffel davon und versucht es!" Mit diesen Worten überreichte ich es ihnen.

„Hacht, hacht, o hacht. Was? Ach, was für starkes Bier haben die Weißen. O, wie mein Hals brennt!"

„Ja, es ist aber gut", sagte ich, „schon ein klein wenig davon bewirkt es, daß die Leute sich stark und gut fühlen; zu viel davon macht sie dagegen schlecht und läßt sie sterben."

„Geben Sie mir etwas davon", sagte einer der Häuptlinge, dem die andern der Reihe nach folgten.

Darauf holte ich eine Flasche konzentrierten Ammoniak, von dem ich ihnen erklärte, daß er gut gegen Schlangenbisse und Kopfschmerzen sei. Sofort klagte der Sultan über Kopfschmerzen und wünschte etwas davon zu haben. Indem ich ihm befahl, seine Augen zu schließen, entkorkte ich plötzlich die Flasche und hielt sie Seiner Majestät unter die Nase. Der Effekt war magisch, denn er fiel rückwärts um, als ob er angeschossen sei, und die Verzerrungen seiner Gesichtszüge lassen sich nicht beschreiben. Seine Häuptlinge brüllten vor Lachen, klatschten die Hände zusammen, kniffen einander, schlugen Schnippchen mit ihren Fingern und betrugen sich sonst noch höchst lächerlich. Ich glaube bestimmt, daß, wenn eine solche Szene auf irgendeiner Bühne aufgeführt würde, die Wirkung auf das Publikum sofort wahrzunehmen wäre, indem dasselbe sich an meiner Stelle fast toll gelacht haben würde. Schließlich erholte sich der Sultan; große Tränen rollten ihm die Wangen herab, seine Gesichtszüge bebten vor Lachen und er sprach langsam das Wort „Kali", d. h. heiße, starke, rasche, brennende Medizin. Er wünschte nichts mehr davon; die andern Häuptlinge aber drängten sich danach, ein wenig daran zu riechen, und verfielen, sobald sie das getan, in unbezwingliches Gelächter. Der ganze Morgen verging mit dieser Staatsvisite, von der alle Beteiligten außerordentlich befriedigt waren.

„Ach", sagte der Sultan beim Weggehen, „diese Weißen wissen alles, mit ihnen verglichen sind die Araber gar nichts!"

DR. LIVINGSTONE, WIE ICH VERMUTE?

3. November. Um 10 Uhr vormittags erschien aus der Richtung von Udjidji eine Karawane von 80 Waguha, einem Stamme, der einen Landstrich auf der südwestlichen Seite des Sees bewohnt. Wir erkundigten uns nach Neuigkeiten und erfuhren, daß ein Weißer gerade aus Manjuema in Udjidji angekommen sei. Diese Nachricht setzte uns alle in Erstaunen.

„Ein Weißer?" fragten wir.

„Ja, ein Weißer", lautete die Antwort.

„Wie ist er angezogen?"

„Wie der Herr", erwiderten sie auf mich deutend.

„Ist er jung oder alt?"

„Er ist alt; hat weißes Haar auf dem Gesicht und ist krank."

„Von wo ist er hergekommen?"

„Aus einem weit hinter Uguha liegenden, Manjuema genannten Lande."

„Wirklich? Und hält er sich jetzt in Udjidji auf?"

„Ja, wir haben ihn vor ungefähr acht Tagen gesehen."

„Glaubt ihr, daß er dort bleiben wird, bis wir ankommen?"

„Sigue" (das wissen wir nicht).

„Ist er schon in Udjidji gewesen?"

„Ja, er hat es vor langer Zeit verlassen."

Hurrah, das ist Livingstone! Das muß er sein! Es kann kein anderer sein; aber doch, vielleicht ist es doch ein anderer, irgend jemand von der Westküste, oder vielleicht Baker! Nein, Baker hat kein weißes Haar auf dem Gesicht. Aber jetzt müssen wir rasch marschieren, damit er nicht hört, daß wir im Anzuge sind, und wegläuft.

Ich hielt eine Anrede an meine Leute, fragte sie, ob sie bereit seien, ohne jeden Aufenthalt nach Udjidji zu marschieren, und versprach dabei einem jeden von ihnen, wenn sie auf meine Wünsche eingingen, 2 Doti zu geben. Alle bejahten die Frage und waren fast ebenso erfreut wie ich selbst. Ich aber war geradezu toll vor Freude und ungemein begierig darauf, die brennende Frage zu lösen: „Ist dies Dr. David Livingstone?" Gott gebe mir Geduld, ich wünschte aber doch, es gäbe in diesem Lande eine Eisenbahn oder wenigstens Pferde; denn mit einem Pferd könnte ich Udjidji in ungefähr zwölf Stunden erreichen.

Wir brachen sofort von den Ufern des Malagarasi auf, von zwei Führern begleitet, die uns Usenge, der alte Fährmann, verschafft hatte, der sich jetzt, nachdem wir hinüber waren, sehr liebenswürdig gegen uns erwies.

Freitag, 10 November. Der 236. Tag seit Bagamoyo und der 51. seit Unjanjembe. Allgemeine Richtung nach Udjidji, West zu Süd. Marschzeit sechs Stunden.

Es ist ein herrlicher, beseligender Morgen. Die Luft ist frisch und kühl. Der Himmel lächelt liebevoll auf die Erde und ihre Kinder. Die dichten Wälder sind von herrlichem grünen Laub gekrönt; das Wasser des Mkuti rauscht unter dem Smaragdschatten, den seine bewachsenen Ufer darbieten, und scheint uns durch sein beständiges Rauschen zum Wettlauf nach Udjidji aufzufordern . . .

Wir halten an einem kleinen Bach, dann steigen wir den langen Abhang einer nackten Hügelkette hinauf, die allerletzte der unzähligen, die wir überschritten haben. Diese allein hindert uns daran, den See in seiner ganzen gewaltigen Ausdehnung zu überblicken. Wir kommen auf dem Gipfel an, überschreiten denselben bis an seinen westlichen Rand und – halt ein, Leser! – der Hafen von Udjidji liegt in Palmen gehüllt nur 500 Schritt von uns entfernt. In diesem großen Augenblick denken wir nicht mehr an die unzähligen Meilen, die wir marschiert, die zahllosen Berge, die wir erklettert, die vielen Wälder, die wir durchwandert haben; die Erinnerung an die Dickichte und Dschungel, die uns belästigt, die heißen Salzebenen, die uns die Füße verbrannt, die glühende Sonne, die uns versengt hat, an alle Gefahren und Beschwerden, die jetzt glücklich hinter uns liegen, ist verschwunden! Endlich ist die große Stunde da! Unsere Träume, Hoffnungen und Ahnungen sind jetzt erfüllt! Unsere Herzen und Empfindungen liegen in den Augen, wie wir in die Palmen spähen und es versuchen zu erraten, in welcher Hütte, in welchem Hause der weiße Mann mit dem grauen Bart, von dem man uns am Malagarasi berichtet, wohl wohnen mag.

„Entfaltet die Fahne und ladet die Gewehre!"

„Ai Wallah, ai Wallah, Bana!" erwidern die Leute eifrig.

„Eins, zwei, drei – Feuer!"

Eine Gewehrsalve von fast fünfzig Flinten dröhnt wie ein Salutschuß von einer Artilleriebatterie. Wir werden die Wirkung derselben auf das friedlich aussehende Dorf da unten sofort sehen.

„Jetzt, Kirangosi, halte die Fahne des Weißen hoch und laß die Sansibarer Flagge vor dem Nachtrab herwehen. Und ihr, Leute, haltet euch dicht aneinander und feuert weiter, bis wir auf dem Marktplatz oder vor dem Hause des Weißen stehen. Ihr habt mir oft gesagt, daß ihr die Fische des Tanganyika riechen könnt; ich kann es jetzt auch. Hier gibt es Fische und Bier und eine lange Rast für euch. Marsch!"

Ehe wir 100 Schritt weiter gegangen waren, hatten unsere Schüsse den gewünschten Erfolg. Wir hatten Udjidji benachrichtigt, daß eine Karawane im Anzug sei, und man sah die Leute zu Hunderten uns entgegenströmen. Der bloße Anblick der Fahnen ließ jedermann wissen, daß wir eine Karawane seien, doch erregte die von dem riesigen Asmani – der das Gesicht heute zu einem beständigen Lächeln verzog – hochgetragene amerikanische Flagge zuerst allgemeines Erstaunen. Viele der Leute aber, die sich jetzt uns näherten, erinnerten sich der Flagge, denn sie hatten sie über dem amerikanischen Konsulat und vom Mast so manchen Schiffes im Hafen von Sansibar wehen sehen und begrüßten uns alsbald mit den Rufen: „Bindera Kisungu!" Die Flagge eines Weißen! „Bindera merikani!" Die amerikanische Flagge!

Dann umgaben sie uns, die Wadjidji, Wanjamwesi, Wangwana, Warundi, Waguha, Wamanjema und Araber und machten uns fast taub mit ihrem Geschrei „Jambo, jambo, bana! jambo, bana!" da jeder einzelne meiner Leute in dieser Weise begrüßt wurde.

Noch befinden wir uns etwa 300 Schritt vom Dorfe Udjidji, und mich umgibt eine dichte Menge. Plötzlich höre ich eine Stimme zu meiner Rechten in englischer Sprache mir zurufen:

„Guten Morgen, mein Herr!"

Erstaunt darüber, diese Begrüßung inmitten einer solchen Menge Schwarzer zu hören, kehre ich mich rasch um, um den Mann zu betrachten, und erblicke ihn an meiner Seite mit ganz schwarzem, aber belebtem, frohem Gesicht, in einem langen weißen Hemd, einen Turban von amerikanischer Leinwand um das wollige Haupt gewunden, und frage ihn: „Ach wer sind Sie denn?"

„Ich bin Susi, der Diener von Dr. Livingstone", sagte er lachend und eine glänzende Reihe Zähne zeigend.

„Was? Ist Dr. Livingstone hier?"

„Jawohl!"

„In diesem Dorfe?"

„Jawohl!"

„Ganz bestimmt?"

„Ganz bestimmt. Ich habe ihn ja eben verlassen."

„Guten Morgen, mein Herr!" ließ sich eine andere Stimme vernehmen.

„Hallo", sagte ich, „ist das noch einer?"

„Ja, mein Herr."

„Wie heißen Sie denn?"

„Mein Name ist Djumah."

„Wie, Sie sind Djumah, der Freund von Wekotani?"

„Jawohl."

„Und ist der Doktor gesund?"

„Nein. Er ist nicht sehr wohl!"

„Wo ist er so lange gewesen?"

„In Manjema."

„Nun, Susi, laufen Sie, um es dem Doktor mitzuteilen, daß ich komme."

„Jawohl, Herr!" Und wie ein Toller schnellte er davon.

Jetzt waren wir 200 Schritt von dem Dorfe entfernt. Die Menge wurde dichter und versperrte und fast den Weg. Fahnen und Flaggen waren aufgehißt, Araber und Wangwana drängten sich durch die Eingeborenen, um uns zu begrüßen, denn nach ihrer Ansicht gehörten wir zu ihnen. Alle waren in höchstem Grade erstaunt und fragten: „Wie kommt ihr von Unjanjembe?"

Bald kam Susi zurückgelaufen und fragte mich nach meinem Namen. Er hatte dem Doktor gesagt, daß ich im Anzuge sei, dieser aber war zu sehr erstaunt, um es zu glauben, und als er ihn nach meinem Namen fragte, war Susi in Verlegenheit geraten.

Während Susis Abwesenheit war dem Doktor jedoch die Nachricht zugekommen, daß es wirklich ein Weißer sei, dessen Flinten abgefeuert und dessen Fahnen zu sehen waren, und die großen arabischen Magnaten von Udjidji, Mohammed ben Sali, Said ben Madjid, Abid ben Suliman, Mohammed ben Gharib und andere hatten sich vor des Doktors Haus versammelt und dieser war aus seiner Veranda getreten, um die Sache zu besprechen und meine Ankunft zu erwarten.

Mittlerweile hatte die Spitze der Expedition halt gemacht; der Kirangosi war aus den Reihen ausgetreten, hielt seine Flagge hoch, und Selim sagte mir: „Ich sehe den Doktor. Ach, was das für ein alter Mann ist! Er hat einen ganz weißen Bart." Und ich – was hätte ich nicht darum gegeben, einen Augenblick allein in der Wildnis sein zu können, um meiner Freude ungesehen in irgendeinem tollen Streiche Luft zu machen, um nur die Erregung, deren ich kaum Herr werden konnte, zu beschwichtigen. Rasch klopft mir das Herz; doch darf ich meine Empfindungen nicht durch einen Gesichtsausdruck verraten, welcher der Würde Abbruch tun könnte, die ein Weißer unter solchen außergewöhnlichen Umständen an den Tag legen muß.

Ich tat also, was ich für das Würdigste hielt, stieß die Menge zurück und schritt, von hinten hervorkommend, durch eine lebendige Allee von

Menschen, bis ich an den von Arabern gebildeten Halbkreis gelangte, an dem vorn der Weiße mit dem grauen Bart stand. Als ich langsam auf ihn zutrat, bemerkte ich, daß er blaß und ermüdet aussah und einen grauen Bart hatte, eine bläuliche Mütze mit verschossenem goldenen Bande, eine Weste mit roten Ärmeln und ein paar graue Hosen trug. Ich wäre gern auf ihn zugelaufen; nur war ich in Gegenwart eines solchen Pöbelhaufens zu feig dazu. Ich wäre ihm gern um den Hals gefallen; nur wußte ich nicht, wie er, als Engländer, mich aufnehmen würde. Ich tat also, was Feigheit und falscher Stolz mir als das Beste anrieten, schritt bedächtig auf ihn zu, nahm meinen Hut ab und sagte:

„Dr. Livingstone, wie ich vermute."

„Ja", sagte er mit freundlichem Lächeln, die Mütze leicht lüftend.

Ich setze meinen Hut wieder auf den Kopf, er seine Mütze, wir reichen uns herzlich die Hand und ich sage laut:

„Ich danke Gott, Herr Doktor, daß es mir gestattet ist, Sie zu sehen."

Er erwiderte: „Und ich bin dankbar, daß ich Sie hier begrüßen kann."

Hierauf wende ich mich zu den Arabern, nehme als Antwort auf ihren Begrüßungs-Chorus von Jambos meine Kopfbedeckung ab, und der Doktor stellt sie mir mit Namen vor. Dann kehren Livingstone und ich, die Menge und die Männer, die meine Gefahren mit mir geteilt haben, völlig vergessend, zu seinem Tembe. Er weist auf die Veranda oder vielmehr den Lehmaltan unter dem breiten überhängenden Dach hin und zeigt auf seinen eigenen Sitzplatz, dessen Konstruktion ihm, wie ich sehe, sein Alter und die Kenntnis des Lebens in Afrika gegeben hat und der aus einer Strohmatte mit einem darübergelegten Ziegenfell und noch einem andern Fell besteht, das an die Mauer genagelt ist, um seinen Rücken vor der Berührung mit dem kalten Lehm zu bewahren. Ich protestierte dagegen, seinen Sitz einzunehmen, der ihm so sehr viel mehr ziemt als mir, der Doktor aber gibt nicht nach, und ich muß ihn einnehmen.

Wir, der Doktor und ich, sitzen mit dem Rücken gegen die Wand. Die Araber setzen sich zur Linken. Mehr als tausend Eingeborene befinden sich vor uns und erfüllen dicht den ganzen Platz. Sie befriedigen ihre Neugierde und unterhalten sich über die Tatsache, daß zwei Weiße in Udjidji zusammentreffen, der eine eben von Manjuema im Westen, der andere von Unjanjembe im Osten kommend.

Die Unterhaltung beginnt. Um was sie sich dreht, habe ich, offen gestanden, vergessen. Ach, wir richteten Fragen aneinander, wie folgende:

„Wie sind Sie hierhergekommen?" und „Wo sind Sie die ganze lange

Zusammentreffen mit Dr. Livingstone.

Zeit über gewesen? Die Welt hat sie für tot gehalten." Ja, so fing die Unterhaltung an; was der Doktor mir aber erzählt und was ich ihm gesagt, kann ich nicht genau wiedergeben, denn ich war damit beschäftigt, ihn anzublicken und den wunderbaren Mann, an dessen Seite ich jetzt in Zentralafrika saß, zu studieren. Jedes Haar seines Hauptes und Bartes, jede Runzel seines Gesichts, seine hagern Züge und etwas abgespanntes Aussehen brachte mir die Kunde, nach der ich mich immerwährend gesehnt, seitdem ich die Worte gehört: „Nehmen Sie, was Sie brauchen, aber – finden Sie Livingstone." Was ich da sah, war für mich eine Kunde von höchstem Interesse und ungeschminkte Wahrheit . . .

„Vermutlich wissen Sie schon, daß der Suezkanal zur Tatsache geworden, daß er eröffnet ist und jetzt ein regelmäßiger Handel zwischen Europa und Indien durch denselben getrieben wird?"

„Ich habe von seiner Eröffnung nichts gehört. Das ist etwas Großartiges. Nun, was noch?"

Bald darauf befand ich mich in einer Rolle einer Jahreschronik ihm gegenüber. Ich brauchte nichts zu übertreiben oder ihm Sensationsnachrichten zu geben. Die Welt hatte in den letzten Jahren viel gesehen und erfahren. Die Pacific-Eisenbahn war vollendet worden; Grant war Präsident der Vereinigten Staaten geworden; Ägypten war von Gelehrten überflutet worden; die Revolution von Kreta war beendet; eine Revolution hatte Isabella vom spanischen Throne getrieben und einen Regenten an ihre Stelle gesetzt; General Prim war ermordet; Castelar hatte Europa mit seinen Fortschrittsideen über die Freiheit des Kultus elektrisiert; Preußen hatte Dänemark gedemütigt und Schleswig-Holstein annektiert und seine Armeen befanden sich jetzt um Paris. Der „Schicksalsmann" war ein Gefangener in Wilhelmshöhe, die Königin der Mode und Kaiserin der Franzosen befand sich auf der Flucht, und das im Purpur geborene Kind hatte auf immer die für sein Haupt bestimmte Kaiserkrone verloren. Die Napoleonische Dynastie war durch die Preußen, Bismarck und Moltke, vernichtet und das stolze Kaisertum Frankreich in den Staub getreten.

Wozu hätte man diese Tatsachen noch zu übertreiben brauchen? Welch große Menge Nachrichten war das für jemand, der aus den Tiefen der Urwälder von Manema herauskam! Der Widerschein des glänzenden Lichtes der Zivilisation strahlte auf Livingstone, als er sich verwundert eins der alleraufregendsten Blätter der Geschichte erzählen ließ. Wie schwanden die kleinen Taten der Barbaren vor diesen dahin. Wer konnte wissen, von welch neuen Sorgen und Unruhen Europa eben jetzt heimgesucht werde, wo wir, seine beiden vereinsamten Kinder, die Geschichte der letzten Ruhmestaten und Leiden desselben besprachen. Würdiger hätte sie wohl ein lyrischer Demodocus erzählt, doch spielte in Ermangelung des Dichters der Zeitungskorrespondent seine Rolle so gut und wahr als möglich.

Kurz nachdem die Araber fort waren, wurde uns von Said ben Madjid eine Schüssel heißer Fleischpasteten, von Mohammed ben Sali ein gewürztes Huhn, sowie von Muini Kheri eine Schüssel gekochtes Ziegenfleisch mit Reis zugeschickt. So kamen Geschenke von Nahrungsmitteln der Reihe nach an, und wir machten uns ebenso rasch, wie sie gebracht wurden, an dieselben. Ich hatte eine gesunde, kräftige Verdauung, und die Bewegung, die ich mir gemacht, hatte sie in guten Stand gesetzt; doch auch Livingstone, der sich darüber beklagt hatte, er habe keinen Appetit, sein Magen weise alles außer einer Tasse Tee ab, aß wie ein kräftiger, hungriger Mann, und als er die Pfannkuchen mit mir um die Wette verzehrte, wiederholte er immer: „Sie haben mir neues Leben gebracht!"

„Wahrhaftig!" sagte ich, „ich habe etwas vergessen. Rasch, Selim, bringe uns die Flasche, du weißt welche, und die silbernen Becher. Diese Flasche habe ich bloß für diesen Fall mitgebracht, von dem ich hoffte, daß er eintreten werde, obgleich mir meine Hoffnung so eitel erschienen ist."

Selim wußte die Flasche Sellery-Champagner zu finden und kehrte bald damit zurück. Ich gab dem Doktor einen silbernen Becher, gefüllt mit dem erheiternden Weine, und sagte, indem ich etwas davon in meinen Becher goß: „Herr Dr. Livingstone, auf Ihr Wohl!"

„Auf das Ihrige!" antwortete er, und der Champagner, den ich für dieses glückliche Zusammentreffen aufbewahrte, wurde mit herzlichsten gegenseitigen Segenswünschen ausgetrunken.

Wir plauderten und plauderten weiter; den ganzen Nachmittag wurden uns allerlei Speisen zugetragen. Jedesmal, wenn neue kamen, aßen wir weiter, bis ich vollständig gesättigt und auch Livingstone genötigt war einzugestehen, daß er ebenfalls genügend habe. Dabei befand sich Halimah, Livingstones Köchin, in einem Zustande großer Aufregung. Sie hatte nämlich den Kopf wiederholt zur Küche herausgesteckt, um sich zu überzeugen, daß wirklich zwei Weiße dort auf der Veranda säßen, wo sonst gewöhnlich nur einer sich befand, der nichts essen wollte oder konnte. Sie hatte gefürchtet, ihr Herr wisse ihre Kochkunst nicht genügend zu schätzen, war aber jetzt über die ungeheure Menge verzehrter Speisen sehr verwundert und zugleich entzückt. Wir hörten, wie sie mit großer Zungenfertigkeit die erstaunte Menge, die vor der Küche hielt, mit ihren Neuigkeiten erbaute. Die gute treue Seele! Während wir ihr lautes

Geschwätz mit anhörten, berichtete der Doktor über ihre treuen Dienste und die furchtbare Angst, die sie an den Tag gelegt, als unsere Flinten zuerst die Ankunft eines zweiten Weißen in Udjidji ankündigten. Er erzählte mir, wie sie im Zustande höchster Aufregung aus der Küche zu ihm und dann wieder auf den freien Platz gelaufen sei, die verschiedensten Fragen aufwerfend; wie sie über die spärliche Einrichtung ihrer Speisekammer, ihre dürftigen Vorräte in Verzweiflung geraten und besorgt gewesen sei, ihre Armut durch glänzendes Auftreten zu verdecken und den Weißen durch eine Art Barmekidenfest zu begrüßen. „Ist er denn nicht einer der Unsern?" sagte sie. „Bringt er uns nicht viel Tuch und Perlen? Sprecht mir nur nicht von den Arabern! Wie kann man Araber mit Weißen vergleichen?"

Wir, Livingstone und ich, unterhielten uns über gar vieles, namentlich über seine unmittelbaren Sorgen und die Enttäuschung, die er bei seiner Ankunft in Udjidji erlebt, als man ihm mitteilte, daß alle seine Waren verkauft und er dadurch zum armen Manne geworden sei. Es waren nur noch etwa zwanzig Stück Tuch von dem ganzen Vorrat übrig, den er dem Trunkenbold Scherif, dem Halbblutschneider, welchem der britische Konsul die Güter anvertraut, in Verwahrung gegeben hatte. Außerdem war er von einem Ruhranfall heimgesucht worden und befand sich in einem beklagenswerten Zustand. Er war noch keineswegs hergestellt, obgleich er heute gut gegessen hatte und sich schon kräftiger und besser zu fühlen begann.

Auch dieser für mich so glückliche Tag neigte sich schließlich, wie alle andern, seinem Ende zu. Wir saßen mit unsern Gesichtern gen Osten gewandt, wie Livingstone es tagelang vor meiner Ankunft getan, und beobachteten die dunklen Schatten, welche über dem Palmenhain jenseits des Dorfes und dem Wall von Bergen, den wir an jenem Tage überstiegen, daherzogen und diese jetzt rasch in der Dunkelheit verschwinden ließen. Wir lauschten mit dankbarem Herzen gegen den großen Geber alles Glücks und Segens dem lauten Donner der Wasser des Tanganyika und dem Chor der Nachtinsekten. So vergingen die Stunden, und wir saßen noch immer mit den merkwürdigen Ereignissen des Tages beschäftigt, als es mir einfiel, daß der Reisende seine Briefe noch nicht gelesen habe.

„Herr Doktor", sagte ich, „Sie würden wohl besser daran tun, Ihre Briefe zu lesen. Ich will Sie nicht länger aufhalten." „Ja", erwiderte er, „es wird spät, und ich will meine Briefe lesen. Gute Nacht! Gott segne Sie!"

„Gute Nacht, mein teurer Herr Doktor, und lassen Sie mich hoffen, daß die Nachrichten, welche Sie bekommen, Ihnen recht erwünscht sein mögen." Und jetzt, teurer Leser, nachdem ich dir in kurzem berichtet, „wie ich Livingstone fand", sage ich auch dir „Gute Nacht"!

MIT LIVINGSTONE IN UDJIDJI

Ich kleidete mich rasch an mit der Absicht, dem Tanganyika entlang zu wandeln, ehe der Doktor aufgestanden sei, öffnete die Tür, die schrecklich in ihren Angeln knarrte, und spazierte auf die Veranda.

„Ah, Herr Doktor, Sie sind schon auf? Ich hoffe, Sie haben gut geschlafen."

„Guten Morgen, Herr Stanley. Es freut mich, Sie zu sehen; hoffentlich haben Sie gut geschlafen. Ich war gestern noch spät mit dem Lesen meiner Briefe beschäftigt. Sie haben mir gute und schlechte Nachrichten gebracht. Nehmen Sie aber doch Platz." Er machte mir an seiner Seite Platz. „Ja! Viele meiner Freunde sind tot. Meinen ältesten Sohn, d. h. meinen Sohn Thomas, hat ein schweres Unglück betroffen. Mein zweiter Sohn Oswald studiert auf der Universität Medizin, und es geht ihm gut, wie ich höre. Meine älteste Tochter Agnes hat sich in einer Jacht mit ‚Sir Paraffine' Young und seiner Familie amüsiert. Sir Roderick ist auch wohl und drückt die Hoffnung aus, mich bald wiederzusehen. Sie haben mir einen ganzen Sack Briefe mitgebracht."

Unser Haus in Udjidji

Der Mann war also durchaus kein Gespenst, und die Szenen des gestrigen Tages gehörten nicht der Traumwelt an. Ich blickte ihn aufmerksam an, denn dadurch versicherte ich mich, daß er nicht fortgelaufen sei, was ich auf dem ganzen Wege nach Udjidji beständig fürchtete.

„Nun, Herr Doktor", sagte ich, „Sie wundern sich wohl, warum ich hierhergekommen bin?"

„Freilich", sagte er, „habe ich mich darüber gewundert. Ich glaubte zuerst, Sie seien ein Abgesandter der französischen Regierung an Stelle des Lieutenants Le Saint, der einige Meilen jenseits Gondokoro verstorben ist. Ich hörte, Sie hätten Boote, viele Leute und Vorräte bei sich, und glaubte wirklich, Sie seien ein französischer Offizier, bis ich die amerikanische Flagge erblickte, und, um Ihnen die Wahrheit zu sagen, es freut mich eigentlich, daß es so ist, denn ich hätte mich mit jenem auf Französisch nicht unterhalten können, und wenn er nicht Englisch verstand, so hätten wir ein schönes Paar Weißer in Udjidji abgegeben. Gestern wollte ich Sie nicht danach fragen, weil es mich eigentlich nichts anging."

„Ja", sagte ich lachend, „um Ihretwillen freut es mich, daß ich ein Amerikaner und kein Franzose bin und daß wir einander vollständig ohne Dolmetscher verstehen können. Ich sehe, die Araber wundern sich, daß Sie, ein Engländer, und ich, ein Amerikaner, uns gegenseitig verstehen. Wir müssen uns hüten, ihnen mitzuteilen, daß die Engländer und Amerikaner sich bekämpft haben, daß es noch Alabama-Forderungen gibt und daß wir Leute wie die Fenier in Amerika haben, die Sie hassen. Doch im Ernst, Herr Doktor, erschrecken Sie nicht, wenn ich Ihnen sage, daß ich gekommen bin, um Sie zu suchen."

„Um mich zu suchen?"

„Jawohl."

„Wieso?"

„Nun, Sie haben doch wohl vom ‚New York Herald' gehört?"

„O gewiß. Wer hätte von dieser Zeitung nicht gehört!"

„Nun, Herr James Gordon Bennett, der Sohn von Herrn James Gordon Bennett, des Besitzers des ‚Herald', hat ohne seines Vaters Wissen und Genehmigung mich beauftragt, Sie aufzusuchen, mir so viele Nachrichten, als Sie mir über Ihre Entdeckungen geben wollen, von Ihnen zu verschaffen und Sie möglichst mit Mitteln zu unterstützen."

„Wie? Der junge Herr Bennett hat Sie beauftragt, mir nachzureisen, mich aufzusuchen und mir zu helfen! – Dann ist es freilich kein Wunder, daß Sie Herrn Bennett gestern abend so sehr gelobt haben."

„Ja, ich kenne ihn und bin stolz darauf, sagen zu können, daß er durchaus so ist, wie ich ihn geschildert habe, nämlich ein eifriger, großmütiger, aufrichtiger Mann."

„Nun, ich bin ihm in der Tat sehr zu Dank verpflichtet, und es macht mich stolz, wenn ich daran denke, daß ihr Amerikaner so viel auf mich haltet. Sie sind gerade zur rechten Zeit angekommen, denn ich fing schon an zu glauben, ich müsse die Araber anbetteln. Selbst diesen fehlt es an Zeug; auch gibt es nur wenig Perlen in Udjidji. Dieser Kerl, der Scherif, hat mich vollständig ausgeplündert. Ich wünschte, ich könnte Herrn Bennett in passenden Worten meinen Dank ausdrücken; sollte mir das aber nicht gelingen, so bitte ich Sie, halten Sie mich darum nicht für weniger dankbar."

„Und jetzt, Herr Doktor, da wir diese kleine Angelegenheit abgemacht haben, soll uns Feradji das Frühstück bringen, wenn Sie nichts dagegen haben."

„Sie haben mir Appetit gebracht", sagte er. „Halimah ist meine Köchin, aber sie kennt nicht einmal den Unterschied zwischen Tee und Kaffee."

Der Koch Feradji war wie gewöhnlich mit trefflichem Tee und einem Gericht dampfender Kuchen, welche der Doktor „Dampers" nannte, zur Hand. Ich habe mir nie viel aus dieser Art Pfannkuchen gemacht, für Livingstone waren sie aber erwünscht, da er durch die harte Kost in Lunda fast alle Zähne verloren hatte. Dort war er genötigt gewesen, von grünen Maisähren zu leben. Es gab nämlich in jenem Distrikt kein Fleisch, und die Anstrengung, an den Kornähren zu nagen, hatte ihm sämtliche Zähne gelockert. Ich meinerseits zog die harten virginischen, aus Korn gebackenen „Scones" vor, die meiner Ansicht nach das schmackhafteste Brot abgeben, das man in Zentralafrika haben kann.

Livingstone sagte, er habe mich schon für einen sehr üppigen reichen Mann gehalten, als er meine große Badewanne erblickte, die mir einer meiner Leute nachtrug; heute aber halte er mich für noch üppiger, als meine Gabeln, Messer, Schüsseln und Tassen, silberne Löffel und silberne Teekanne herrlich glänzend auf dem reichen persischen Teppich ausgebreitet wurden und ich, wie er sah, durch meine gelben und schwarzen Merkure gut bedient wurde.

Das war der Anfang meines Lebens in Udjidji. Ich hatte Livingstone vor meiner Ankunft nicht persönlich gekannt; früher war er mir nur ein Gegenstand, ein großer Artikel für eine Tageszeitung, wie die meisten Dinge, an welchen das nach Neuigkeiten gierige Publikum Freude hat. Ich hatte Schlachtfelder besucht; Revolutionen, Bürgerkriege, Aufstände,

Emeuten und Metzeleien mit angesehen; ich hatte nahe bei dem verurteilten Mörder gestanden, um über seine letzten Kämpfe und Seufzer Bericht zu erstatten; niemals aber war es meine Aufgabe gewesen, über irgend etwas Bericht zu erstatten, das mich so sehr bewegt hätte wie die großen Leiden, Entbehrungen und Widerwärtigkeiten dieses Mannes, die ich jetzt in ihrem ganzen Umfange erfuhr. Ich fing wahrhaftig an einzusehen, daß „die Götter oben die Angelegenheiten der Menschen mit gerechten Augen überwachen", und die Hand einer alles beherrschenden gütigen Vorsehung zu erkennen.

Das Folgende sind Tatsachen, die wohl überlegt sein wollen. Ich hatte an einem Tage des Oktober 1869 den Auftrag bekommen, Livingstone aufzusuchen. Herr Bennett hatte das Geld bereit liegen und ich war reisefertig. Doch möge der Leser wohl darauf achten, daß ich nicht sofort meine Expedition antrat. Ich hatte noch viele Aufgaben zu erfüllen und viele tausend Meilen zu reisen, ehe ich dazu kam. Gesetzt nun, ich wäre von Paris direkt nach Sansibar gegangen, so hätte ich mich 7–8 Monate nach meiner Ankunft daselbst zwar in Udjidji befunden, Livingstone wäre aber dort nicht aufgefunden worden; denn er war damals an dem Lualaba und ich hätte ihm durch die Urwälder von Manjema, auf unwegsamen Pfaden und längs des krummen Laufs des Lualaba Hunderte von Meilen folgen müssen. Die Zeit, die ich dazu brauchte, um den Nil hinauf, nach Jerusalem, Konstantinopel, Süd-Rußland, dem Kaukasus und Persien zu reisen, benutzte Livingstone zu fruchtbaren Entdeckungen im Westen des Tanganyika. Man bedenke ferner, daß ich in der letzten Hälfte des Juni in Unjanjembe ankam und daselbst 3 Monate lang durch einen Krieg aufgehalten, ein unzufriedenes, ungeduldiges, ärgerliches Leben führte. Während ich mich aber so abärgerte und durch eine Reihe von Zufälligkeiten aufgehalten wurde, war Livingstone in demselben Monat gezwungen, nach Udjidji zurückzukehren. Er brauchte die Zeit vom Juni bis zum Oktober, um nach Udjidji zu gelangen. Und im September befreite ich mich von der Knechtschaft, in welche mich der Zufall gebracht hatte, und eilte südlich nach Ukonongo, dann westlich nach Kawendi, darauf nördlich nach Uvinsa und schließlich wieder westlich nach Udjidji, wo ich ungefähr 3 Wochen nach Linvingstone ankam, um ihn hier unter der Veranda seines Hauses ruhend und sehnsüchtig nach Osten blickend zu finden, nach der Weltgegend, wo ich herkam. Wäre ich direkt von Paris abgegangen, um ihn aufzusuchen, so hätte ich ihn vielleicht nicht aufgefunden, und dasselbe hätte leicht der Fall sein können, wenn ich imstande gewesen wäre, direkt von Unjanjembe nach Udjidji zu ziehen.

Unter den Palmen von Udjidji kamen und gingen die Tage friedlich und glücklich. Mein Gefährte nahm an Gesundheit und guter Laune zu. Ihm war das Leben wiedergegeben, die schwindende Lebenskraft wiederhergestellt worden; der Enthusiasmus für seine Aufgabe erreichte allmählich wieder die Höhe, die ihn zu dem Wunsche zwang, wieder imstande zu sein, etwas zu leisten. Was konnte er aber mit 5 Menschen und 15–20 Stück Zeug tun?

„Haben Sie das nördliche Ende des Tanganyika gesehen?" fragte ich ihn eines Tages.

„Nein. Ich habe es versucht dahin zu gehen, doch taten die Wadjidji alles Mögliche, um mich auszuziehen, wie sie es mit Burton und Speke getan, und ich hatte nicht viel Zeug. Wäre ich an das Ende des Tanganyika gegangen, so hätte ich nicht nach Manjema ziehen können, und das mittlere Wassersystem ist das wichtigste, und das ist der Lualaba. Dem gegenüber ist die Frage, ob es eine Verbindung zwischen dem Tanganyika und dem Albert-Njansa gibt, höchst unbedeutend. Das große Flußsystem ist der Fluß, welcher vom 11. Grad südlicher Breite abfließt, den ich 7 Grad nach Norden hin verfolgt habe. Der Tschambesi, wie er an seinem südlichen Ende heißt, entwässert einen großen Landstrich, der südlich von der südlichsten Quelle des Tanganyika liegt; deshalb muß er der wichtigste sein. Ich habe nicht den geringsten Zweifel, daß dieser See der obere Tanganyika, und der Albert-Njansa Bakers der untere Tanganyika ist, welche durch einen Fluß verbunden werden, der vom obern in den untern läuft. Das ist meine Meinung, welche sich auf arabische Berichte und einen Versuch gründet, den ich mit Wasserpflanzen über seinen Verlauf angestellt habe. Doch habe ich eigentlich nicht viel darüber nachgedacht."

„Nun, wenn ich an Ihrer Stelle wäre, Herr Doktor, so würde ich, ehe ich Udjidji verließe, das untersuchen und die Zweifel über diesen Gegenstand lösen für den Fall, daß Sie, nachdem Sie hier fortgezogen, nicht wieder auf demselben Wege zurückkehren. Die Geographische Gesellschaft legt viel Gewicht auf diese vermeintliche Verbindung und erklärt, Sie wären der einzige Mann, der die Frage lösen kann. Wenn ich Ihnen dabei von Nutzen sein kann, so haben Sie über mich zu befehlen. Obgleich ich nicht als Forscher nach Afrika gekommen, so bin ich doch in bezug hierauf ziemlich wißbegierig und würde Sie sehr gern begleiten. Ich habe ungefähr zwanzig Leute bei mir, die zu rudern verstehen; auch haben wir hinreichend viel Gewehre, Zeuge und Perlen. Wenn wir also von den Arabern ein Boot bekommen können, so läßt sich die Sache leicht machen."

„O ja, wir können ein Kanu von Said ben Madjid bekommen. Dieser

Mann ist sehr freundlich gegen mich gewesen, und wenn es einen arabischen Gentleman gibt, so ist er es."

„Dann ist es also abgemacht, daß wir gehen?"

„Ja! Ich bin dazu bereit, sobald Sie es sind."

„Ich stehe zu Ihren Befehlen. Hören Sie denn nicht, daß meine Leute Sie den ‚großen Herrn' und mich den ‚kleinen Herrn' nennen? Es würde sich doch nicht schicken, daß der kleine Herr befiehlt."

Jetzt fing ich an, Livingstone zu kennen. Ich behaupte, daß niemand in seiner Gesellschaft sein kann, ohne ihn vollständig zu ergründen, denn es ist kein Falsch in ihm, und wie er äußerlich erscheint, so ist auch sein Inneres beschaffen. Ich hoffe, daß ich in meiner Skizze seines Charakters und seiner Entdeckungen niemand beleidige; denn ich gebe einfach meine Meinung über den Mann, wie ich ihn gesehen und erkannt habe, nicht wie er sich selbst darstellt oder wie man ihn mir geschildert hat. Ich habe vom 10. November 1871 bis zum 14. März 1872 mit ihm zusammen gelebt, sein Leben im Lager und auf dem Marsche beobachtet, und empfinde für ihn unbedingte Bewunderung. Das Lager ist der beste Ort, um die Schwächen eines Menschen an den Tag zu bringen, denn hier entwickelt er bestimmt, wenn er launig oder querköpfig ist, seine Sonderbarkeiten und schwachen Seiten. Ich halte es jedoch für möglich, daß Livingstone die Gesellschaft eines nicht passenden Genossen lästig geworden wäre. Ich weiß wenigstens, daß mir das sehr leicht widerfahren kann, wenn jemand einen so schroffen Charakter hat, daß es unmöglich ist, mit ihm zu reisen. Ich habe Leute gesehen, in deren Gesellschaft ich mich so geknechtet fühlte, daß es eine Pflicht der Selbstachtung war, mich sobald wie möglich von ihnen zu befreien, wo ich es empfand, daß wir durchaus nicht zueinander paßten und daß meine Natur sich der ihrigen nie assimilieren könnte. Livingstones Charakter hingegen ist so, daß ich ihn verehren muß. Er hat meine ganze Begeisterung und nichts als die aufrichtige Bewunderung hervorgerufen.

Dr. Livingstone ist ungefähr 60 Jahre alt, erschien jedoch, nachdem er völlig wiederhergestellt war, mehr wie ein Mann, der sein fünfzigstes Jahr noch nicht überschritten hat. Sein Haar ist noch von bräunlicher Farbe, hier und da jedoch an den Schläfen mit etwas Grau gemischt. Backen- und Schnurrbart sind sehr grau; die Augen nußbraun und außerordentlich klar; er sieht so scharf wie ein Habicht. Nur die Zähne zeigen die Schwäche des Alters an, denn die harte Kost in Lunda hat in ihren Reihen Verheerungen angerichtet. Seine Gestalt, die bald etwas an Korpulenz gewann, ist ein wenig mehr als mittelgroß und etwas gekrümmt. Wenn er geht, hat er einen festen, aber schweren Tritt, der dem eines überange-strengten oder ermüdeten Mannes gleicht.

Gewöhnlich trägt er eine Matrosenmütze mit großem rundem Schirm, an dem man ihn in ganz Afrika wiedererkannt hat. Seine Kleidung zeigte, als ich ihn zuerst sah, Spuren von Flickereien und Ausbesserungen, war aber pedantisch reinlich.

Man hatte mich zu dem Glauben verleitet, daß Livingstone einen men-schenfeindlichen, griesgrämigen Charakter habe. Einige haben behaup-tet, er sei geschwätzig; andere, er sei geistig gestört und ganz anders geworden als der David Livingstone, den man als Missionar verehrt habe; er zeichne nur Notizen und Bemerkungen auf, die kein anderer als er selbst lesen könne; und ehe ich nach Zentralafrika kam, hieß es, er sei mit einer afrikanischen Prinzessin verheiratet.

Alle diese Behauptungen muß ich entschieden in Abrede stellen. Ich gebe zu, daß er kein Engel ist, doch nähert er sich einem solchen Wesen so sehr, als die Natur eines lebenden Menschen es gestattet. Nie habe ich eine Spur von Menschenfeindlichkeit oder Hypochondrie an ihm bemerkt, und was die Geschwätzigkeit betrifft, so ist Dr. Livingstone gerade das Gegenteil; er ist im höchsten Grade reserviert, und demjenigen, welcher behauptet, Dr. Livingstone habe sich verändert, kann ich nur erwidern, daß er ihn nie gekannt hat, denn es ist notrisch, daß Livingstone einen Fonds von ruhigem Humor besitzt, den er zu jeder Zeit in Gesellschaft von Freunden an den Tag legt. Auch muß ich mir die Freiheit nehmen, den Herrn zu berichtigen, der mir gesagt, Livingstone schreibe sich weder Notizen noch Beobachtungen auf. Das große Tagebuch, das ich seiner Tochter mitbrachte, ist voll von Bemerkungen und enthält nicht weniger als zwanzig Bogen voll Beobachtungen, die er bloß während seiner letzten Reise nach Manjema gemacht hat. In der Mitte des Buches ist ein Bogen nach dem andern, eine Spalte nach der andern sorgfältig nur mit Zahlen beschrieben. Auch enthält ein großer Brief, den ich von ihm zur Beförde-rung an Sir Thomas MacLear erhalten habe, nichts als Beobachtungen. Während der vier Monate, die ich mit ihm zusammen war, habe ich es jeden Abend gesehen, wie er sorgfältig Aufzeichnungen machte. Ein gro-ßer Blechkasten, den er mit sich führt, enthält zahllose Notizbücher, deren Inhalt, wie ich glaube, noch einmal an das Tageslicht kommen wird. Auch seine Karten bekunden viel Sorgfalt und Fleiß. Was das Gerücht über seine afrikanische Heirat betrifft, so ist es überflüssig, mehr darüber zu sagen, als daß es unwahr ist, da es ganz unter der Würde eines Gentleman ist, so etwas in Verbindung mit dem Namen Livingstone auch nur anzu-deuten.

Man kann jeden Zug in Dr. Livingstones Charakter sorgfältig analysieren, und es wird kein Mensch daran etwas auszusetzen finden. Er ist, wie ich weiß, empfindlich, doch ist das mancher Mann von gewissem Geist und edlem Charakter. Namentlich ist er darüber empfindlich, wenn man an ihm zweifelt oder kritisiert. Wer bezweifelt ihn aber auch? Das tun nur stubenhockende Geographen, nicht aber die angestrengt tätigen Reisenden, die zu Hunderten auf der Liste der Königlichen Geographischen Gesellschaft stehen. Ich habe nicht gefunden, daß ein Richard Burton oder Winwood Reade ihn kritisieren, und es kann einem Manne, der soviel Mühe und Fleiß daran gewandt hat, nicht angenehm sein, wenn seine Karten und Beobachtungen nach den Launen unverantwortlicher Leute abgeändert werden. Livingstone kann in seinen Schlüssen in bezug auf manche Dinge im Irrtum sein, doch kann ihn ein Geograph, der zu Hause bleibt, nur korrigieren, wenn er Daten von Leuten erhalten hat, welche dieselbe Gegend erforscht haben. Weder Francis Galton noch Dr. Beke können durch gelehrte Überzeugungen die Nichtexistenz des Tanganyika-Sees beweisen, denn vier Reisende haben ihn gesehen und darüber Bericht erstattet. Weder Francis Galton noch Dr. Beke können dem Oberst Grant beweisen, daß ein Strom wie der Victoria-Nil nicht existiert. Und doch, wieviel hat der Oberst Grant von diesem Fluß, diesem Strom gesehen? Noch keine fünfzig Meilen. Da er ihn aber nach Norden und Nordwesten hat fließen sehen, glaubte er aufrichtig und ehrlich, daß er derselbe Fluß ist, den er an Gondokoro hat vorbeifließen sehen. So ist auch Livingstone der Meinung, nachdem er den Tschambesi, Luapula und Lualaba über sieben Breitengrade verfolgt und ihn immer noch nach Norden hat fließen sehen, auch von den Eingeborenen gehört hat, daß ein großer See sich nördlich von dem Punkt befindet, auf dem er auf seinem gewaltigen Marsche nach Norden halt machte, als er dem Lauf des mächtigen Lualaba folgte – daß dieser Lualaba nichts anderes als der Nil ist. Hat er denn nicht ein Recht dazu, sich dadurch gekränkt zu fühlen, daß stubenhokkende Geographen eine große, über drei Breitengrade sich erstreckende Gebirgskette hinzeichnen, nur um durch diese schwarze, düster aussehende Linie zu beweisen, „daß er die Zeit über mit dem Kopfe gegen eine Steinmauer gerannt sei"? Livingstone versteht es trotz all seiner Kenntnis des geheimnisvollen Afrika noch nicht, ein Gebirge zu fabrizieren; er ist zu einfach, um es zu unternehmen, das Aussehen der Natur nach einer beliebigen Methode, die nur gemütlich zu Hause bleibenden Geographen bekannt ist, umzuwandeln.

Ich habe viele liebenswürdige Züge an Livingstone gefunden. Seine

Sanftmut verläßt ihn niemals; ebenso wenig wie sein hoffnungsvolles Wesen. Weder aufreibende Sorgen noch Beunruhigungen des Geistes, noch lange Trennung von Haus und Familie kann ihn zum Klagen bringen. Er glaubt, alles wird schließlich doch gut, denn er hat einen festen Glauben an die Güte der Vorsehung. Den strengen Vorschriften der Pflicht allein hat er Heimat und Bequemlichkeit, Vergnügungen und Genüsse des zivilisierten Lebens geopfert und hat mit dem Heldenmut des Spartaners, der Unbeugsamkeit des Römers, der ausdauernden Entschlossenheit des Angelsachsen niemals seine Aufgabe hintangesetzt, wenn sich auch sein Herz nach Hause sehnt, sondern er will seinen Obliegenheiten nachkommen, bis er *Finis* unter sein Werk setzen kann.

Livingstone hat eine liebenswürdige Ungezwungenheit, die ich zu würdigen verstand. Sooft er zu lachen anfing, war dies so ansteckend, daß ich es ihm nachtun mußte. Es war ein unwillkürlich wirkendes echtes Lachen, das den ganzen Menschen vom Kopf bis zur Zehe erschütterte. Wenn er eine Geschichte erzählte, so geschah dies in einer Weise, daß man von der Wahrheit derselben überzeugt wurde. Dabei war sein Gesicht von der überraschenden Komik der Geschichte so verklärt, daß ich bestimmt wußte, sie sei erzählens- und hörenswert.

Am zweiten Tage nach meiner Ankunft in Udjidji fragte ich Livingstone, ob er sich nicht bisweilen danach sehne, seine Heimat wiederzusehen und sich nach sechsjährigen Forschungen etwas auszuruhen. Die Antwort, die er mir darauf gab, kennzeichnet den ganzen Mann. Er sagte nämlich:

„Sehr gern würde ich nach Hause gehen und meine Kinder noch einmal sehen; ich kann es aber nicht über mich gewinnen, die Aufgabe, die mir gesetzt, jetzt im Stiche zu lassen, wo sie fast vollendet ist. Es gehören nur noch sechs bis sieben Monate dazu, um die wirkliche Quelle, die ich entdeckt habe, in Zusammenhang zu bringen mit dem Petherickschen Arm des Weißen Nils oder mit Sir Samuel Bakers Albert-Njansa, welches der See ist, den die Eingeborenen ‚Tschowambe‘ nennen. Warum sollte ich nach Hause gehen, ehe meine Aufgabe beendet ist, um wieder zurückkehren zu müssen und dann erst etwas zu leisten, was ich jetzt gut zustande bringen kann?“

„Und warum“, fragte ich, „sind Sie so weit zurückgekehrt, ohne die Aufgabe, von der Sie sagen, daß sie geleistet werden müsse, zu beendigen?“

„Einfach, weil ich dazu gezwungen war. Meine Leute wollten nicht einen Schritt weiter gehen. Sie empörten sich und beschlossen heimlich, wenn ich darauf bestände, fortzulaufen, Unruhen im Lande zu erregen, und nachdem sie das zustande gebracht, mich im Stich zu lassen. In diesem Falle wäre ich ermordet worden. Es war gefährlich, vorwärts zu gehen. Ich hatte 1000 km der Wasserscheide erforscht und die hauptsächlichsten Flüsse, die ihr Wasser in das Zentral-Wassersystem ergießen, untersucht; als ich aber die letzten 150 km untersuchen wollte, verloren meine Leute den Mut und machten sich daran, meine Absicht in jeder möglichen Weise zu vereiteln. Jetzt, wo ich 1100 km zurückgelegt habe, um mir neue Vorräte und eine neue Begleitung zu verschaffen, finde ich mich selbst von den Mitteln entblößt, um nur ein paar Wochen zu leben, und bin krank an Geist und Körper.“

Fahrt auf dem Tanganyika-See

Diese Mittel hatte Stanley mitgebracht, und auch seine Medikamente machten den kranken Doktor wieder vollständig gesund. Gemeinsam machten sie in Kanus eine Rundreise bis zum Nordende des Tanganyika-Sees, wo bisher noch kein Europäer gewesen war. Aber der Fluß, den sie dort fanden, floß nicht aus dem See heraus nach Norden, wie Livingstone gehofft hatte, sondern in umgekehrter Richtung nach Süden und in den See hinein.

Livingstone hatte es gehofft, weil er eine Verbindung des Sees mit der weiter nördlich liegenden Seenkette, dem Kiwu-See, dem Albert-Edward-See und dem Albert-See erhofft hatte, von dem ja letztlich der Nil abfloß. Die Quellen des Nils waren ja in jenen Jahrzehnten das Thema Nr. 1 aller Geographen, Forscher und Abenteurer. Schon die alten Griechen und Römer hatten den Ursprung des Nils gesucht, eine von Nero ausgerichtete Expedition gelangte auf dem Weißen Nil bis zum heutigen See No, und im zweiten Jahrhundert n. Chr. wußte Ptolemäus bereits, daß der Blaue Nil, der rechte Hauptarm des Flusses, dem Tana-See und daß der Weiße Nil den sogenannten Nilseen, u. a. dem Viktoria-, dem Albert- und dem Albert-Edward-See entspringt. Dieses Wissen geriet wieder in Vergessenheit, und so sehr, daß Ende des 18. Jahrhunderts der Schotte Bruce als Entdecker des Blauen Nils gefeiert wurde. Um die Quellen des Weißen Nils aufzufinden, gingen seit dem Jahre 1839 zahlreiche Expeditionen ins Innere Afrikas, bis 1863 die Engländer Speke und Grant die großen Nilseen entdeckten, die als Ursprung des Stromes angesehen wurden. Welche Flüsse diese Seen speisten, wußte allerdings noch niemand.

Auch Livingstone, der ursprünglich als Missionar nach Afrika gekommen war und seit 1849 mehrere große Reisen ins Innnere Afrikas gemacht, u. a. den Sambesi erforscht und die Victoria-Fälle entdeckt hatte, war mit auf der Suche nach dem Ursprung des Nils. Darum die Enttäuschung des alten Mannes, am Nordende des Tanganyika-Sees, der dem Lauf des Flüßchens nach als Wasserreservoir des Nils nun ausfiel. Livingstone hatte allerdings etwa 300 km weiter westlich einen großen Fluß entdeckt, den die Eingeborenen Lualaba nannten. Er zog parallel zum Tanganyika-See nach Norden, und Livingstone hielt ihn zuerst für einen möglichen Quellfluß des Nils, bis er auf Grund von Messungen feststellen mußte, daß der Lualaba die gleiche Seehöhe von etwa 600 m hatte, die ein früherer Forscher, Samuel Baker, 1000 km weiter nördlich, am Nil gemessen hatte. Und ohne Gefälle kann kein Fluß fließen.

Die beiden Männer wurden zu Freunden, und erst unter Livingstones Einfluß kam Stanley, wie er später schrieb, zu einem tieferen Verständnis seines christlichen Glaubens. Er hätte den väterlichen Freund liebend gern an die Ostküste, nach England mitgenommen – und nicht nur, um für seinen Auftraggeber Bennett und die Öffentlichkeit ein lebendes Beweisstück für den Erfolg seiner Expedition mitzubringen. Aber Livingstone wollte nicht zurück. Er war fast 60 Jahre alt und spürte, daß er nicht mehr viel Zeit hatte. Er wollte den Lualaba noch einmal sehen. Vielleicht brachte er es fertig, festzustellen, in welcher Richtung sein Strom verlief und ob er später in den Kongo oder in den Niger einmünden würde.

Schweren Herzens trennte sich Stanley von seinem väterlichen Freund. Er wußte, daß er ihn nie wieder sehen würde, und marschierte in Gewaltmärschen nach Bagamoyo zurück, wo er am 18. Februar 1872 eintraf.

STANLEYS TRIUMPHZUG

2. August 1872. Ein Triumphator mit Namen Henry Morton Stanley geht in Marseille von Bord. Seit einem ersten langen telegraphischen Bericht aus Suez nach New York, der 20 Stunden gedauert und den Herausgeber des „New York Herald" Unsummen gekostet haben soll, kennt ganz Amerika und Europa den Namen des heldenhaften Reporters, der Livingstone aufgefunden und gerettet hat. Tausende Franzosen jubeln ihm im Hafen zu, und seine Fahrt nach Paris wird zu einem Triumphzug ohnegleichen. Was wurde da nicht alles gefragt, und was mußte er alles beantworten! Und welcher Unfug wurde dann oft von seinen teils begeisterten, teils neidischen, teils skeptischen Reporterkollegen geschrieben! Waren die Fakten nicht abenteuerlich genug? Offensichtlich nicht. Da machte einer aus dem armen Stanley einen illegitimen Verwandten des polnischen Königshauses – Stanley sei nämlich nichts anderes als eine Ableitung von Stanislaus und solle derart seine edle Herkunft andeuten. Der Held vom „New York Herald" wurde verwöhnt, gefeiert, von Salon zu Salon gereicht, wie der Pariser Vertreter der New Yorker Zeitung berichtete, und für Wochen hatte die Presse kaum ein anderes Thema als ihn.

Bald allerdings kamen die ersten Neider zu Wort. Nicht Stanley sei als Retter Livingstones zu feiern, hieß es da unter anderem, genau das Gegenteil sei der Fall gewesen. Stanley wäre elend zugrunde gegangen, wäre ihm der erfahrene Livingstone nicht beigestanden. Andere stellten hohntriefend die Frage, ob Stanley überhaupt je den Tanganyika-See gesehen hätte. Sogar Livingstones Briefe und Schriften, die Stanley mitgebracht hatte, wurden als Fälschungen bezeichnet. Einer der erbittertsten Gegner war der Präsident der englischen königlichen geographischen Gesellschaft, der berühmte Entzifferer der altpersischen und babylonischen Keilschrift, Sir Henry Rawlinson, der später allerdings seine Vorwürfe wieder zurückzog und sich entschuldigte.

Freilich war Stanley selbst nicht ganz schuldlos an der Campagne gegen ihn, die besonders aus England kam. Er hatte in seinem Triumphgefühl allzuviel und allzu unvorsichtig geredet, den britischen Konsul in Sansibar angegriffen, der nichts zur Rettung von Livingstone getan habe, und ähnliches mehr, bis sein Chef Bennett ihn kurzerhand telegraphisch zur Ordnung rief: „Stop talking!"

Es war ein Glück, daß Sachverständige die Echtheit der mitgebrachten Dokumente bestätigten, auch Livingstones dezidierte Aussage, daß er am Ende seiner Kräfte war, als Stanley mit ihm zusammentraf. Nun wendete sich das Blatt wieder, und es gab Auszeichnungen von allen Seiten. Königin Victoria ließ ihm durch ihren Außenminister eine goldene Tabaksdose mit einer ehrenden Widmung überreichen, und als er sich bei der folgenden Audienz seinem Charakter gemäß wieder einmal danebenbenahm, trug sie das mit Humor und Verständnis für den außergewöhnlichen Mann.

Im allgemeinen aber wurde Stanley durch seinen so rasch gewonnenen Ruhm und den ganzen Rummel um seine Person verunsichert. Auf Angriffe, selbst auf harmlose Fragen, reagierte er immer verwirrter und verteidigte sich äußerst ungeschickt. Der bestbezahlte Reporter der Welt konnte in den Kreisen, in denen er jetzt verkehrte, seine niedrige Herkunft, die er verzweifelt zu verbergen suchte und von der dennoch da und dort ein Stückchen geoffenbart wurde, nicht vergessen.

In Amerika, in das er 1872 wieder fuhr, war es etwas besser. Hier nahm man ihn jubelnd als Sohn des Landes auf, riß seine Bücher dem Verleger aus den Händen, bastelte sogar Theaterstücke aus seinen afrikanischen Abenteuern, die mit großem Erfolg über die Bühnen gingen. Aber selbst hier kam der Neid zum Vorschein, grub seine Vergangenheit aus, verdrehte die Geschichte seiner Adoption als mißglückten Versuch, in den Besitz einer Millionenerbschaft zu gelangen. Auch Morde an Türken auf seiner Anatolienreise wurden ihm angelastet – und daß er auf seinen Gewaltmärschen durch Ostafrika mit seinen Untergebenen rücksichtsvoll verfahren war, konnte ihm der beste Freund nicht nachsagen. Selbst wenn er einen solchen besessen haben sollte. Schließlich waren auf dieser Expedition nach dem einen Livingstone 20 seiner Soldaten und Lastträger elend zugrunde gegangen. Aber so geschickt er sonst war, wenn es darum ging, Verhandlungen zu führen, Vorteile für sich und seine Ziele herauszuschinden – wenn er sich zu verteidigen suchte, machte er alles nur noch schlimmer.

Bennett erkannte schließlich, daß es das beste war, seinen Starreporter aus den Salons und Vortragssälen abzuziehen und ihm neue Aufgaben zu stellen. Stanley fügte sich. Ohne große Begeisterung reiste er nach Spanien, um über den Carlistenkrieg zu berichten – dann aber ging es wieder nach Afrika. Der Anlaß war ein im höchsten Maße unerfreulicher. Da gab es den König Kufi Karikari und sein Aschanti-Volk, das bewundernd zusah, wenn der König das britische Weltreich herausforderte, und aus der Hirnschale des ermordeten Obersten Sir Charles McCarthy zu trinken beliebte. Diese fortgesetzte Herausforderung konnte das Weltreich auf die Dauer nicht dulden, und so wurde eine Strafexpedition unter Generalmajor Sir Garnet J. Wolseley in Marsch gesetzt. Stanley begleitete ihn, und bald konnte das Publikum sich an den spannenden Berichten im „New York Herald" begeistern. Diesmal gab es nicht nur schwierige Märsche durch Sümpfe, kaum durchdringliche Wälder und ein mörderisches feucht-heißes Klima, diesmal begegnete Stanley auch allen Dämonen Afrikas, die der Aschantikönig durch grausige Menschenopfer sich gewogen machen wollte — wenn auch vergeblich. Da gab es blutige Kämpfe und große Verluste auf beiden Seiten. Da gab es aber auch — worüber Stanley keine Zeile schrieb, Sir Wolseley berichtete später darüber — einen todesmutigen Zivilisten Stanley, der immer in der ersten Linie der Infanterie stand, und auch im Hagel von gegnerischen Pfeilen und Speeren nicht zu ängstigen war. Kaltblütig lud er seine Flinte und schoß und traf, und war vielen Soldaten, wie der General staunend schrieb, ein leuchtendes Beispiel. Obwohl er als Zivilist gar nicht das Recht hatte, mitzukämpfen.

Als die Briten die Hauptstadt Kumasi erobert hatten, war Stanley wieder nur noch Reporter, und seine Leser teilten seinen Abscheu über die Hunderte halbverwester Leichen, die bis zuletzt den wenig hilfreichen Dämonen geopfert worden waren. Über die grauenhafte Knochenpyramide auf dem Hauptplatz, die, wie Stanley errechnete, etwa 120 000 Schädel enthielt.

Als er in England an Land ging, in Gedanken noch ganz bei seinen Artikeln für die Zeitung, erfuhr er die erschütternde Nachricht: „Livingstone ist tot." Er war am 1. Mai 1873 in einem Dorf am Bangweolo-See gestorben, und zwei seiner getreuesten Diener hatten den ausgedörrten Leichnam auf einem Marsch von 8 Monaten nach Sansibar getragen, von wo dieser per Schiff nach London gebracht wurde. Livingstone hatte sein Ziel, den Verlauf des Lualabas weiter zu erforschen, nicht erreicht. Derjenige aber, der das prunkvolle Schauspiel des Staatsbegräbnisses mitgestaltete, indem er feierlich neben dem Sarg einherschritt, wußte jetzt genau um sein Ziel: Er wollte wieder nach Afrika gehen. Aber nicht als Abenteurer wie bisher, sondern als ernsthafter Forscher wie jener, dessen sterbliche Überreste in der Westminster-Abtei zur ewigen Ruhe bestattet wurden. Er wollte den Lualaba-Fluß suchen und ihm folgen, so lange folgen, bis er wußte, wohin dieser seine Wasser trug.

Fürs erste gelang ihm ein kaum leichteres Unterfangen: Er überredete den Chef des britischen „Daily Telegraph", Lord Burnham, und seinen eigenen amerikanischen Boß, gemeinsam eine wissenschaftliche Expedition ins Innere Afrikas zu finanzieren.

Wieder war der Ausgangspunkt Sansibar, wo Stanley am 21. September 1871 eintraf. Aber diesmal kam kein Anfänger, sondern ein erfahrener Afrikamann. Schon die drei Männer, die er sich aus England mitgebracht hatte, sollten sich bestens bewähren, und auch die „Lady Alice", ein in fünf Teile zerlegbares Boot, das nach seinen Angaben erbaut worden war und fast bis zur Kongomündung aushalten sollte, bewiesen, daß er wußte, worum es ging. Dennoch sollte es wieder ungeheure Schwierigkeiten geben, und daß die erste sich schon in Bagamoyo zeigte, scheint fast wie ein Symbol für das ganze Unternehmen, dessen Erfolg immer wieder auf des Messers Schneide stand.

Die „Lady Alice" in ihren fünf Teilen

LANDUNG IN BAGAMOYO

Nach unserer Landung in Bagamoyo am Morgen des 13. zogen wir vorwärts, um das alte Haus wieder einzunehmen, wo ich während meiner Vorbereitungen zur ersten Expedition so lange verweilt hatte. Die Waren wurden in Magazine gebracht, die Hunde an Ketten, die Reitesel an Spannseile gelegt, die Gewehre in dem Vorratshause ordentlich aufgestellt und das zerlegbare Boot dicht daneben unter ein Dach gebracht, und zwar auf Walzen, um es vor Beschädigungen durch die weißen Ameisen zu bewahren, eine Vorsichtsmaßregel, welche wir, wie ich kaum zu sagen brauche, auf unserer ganzen Reise zu beobachten hatten.

Aber schon nach drei Stunden war ganz Bagamoyo in Gärung. „Der weiße Mann hat alle Räuber, Raufbolde und Mörder Sansibars hergebracht, um die Stadt in Besitz zu nehmen." Ein solches Gerücht durchlief in wilder Hast alle Straßen, Gassen, Höfe und Bazars. Männer mit blutroten Gesichtern, wilden blutgierigen Augen, beschmutzten, zerknitterten und zerrissenen Kleidern taumelten an unser ordentlich eingerichtetes und fast stilles Quartier heran und schrien nach Flinten und nach Munition. Araber mit gezogenen Schwertern und sehnige Belutschen mit Luntenschloßflinten und zum Anzünden bereit gehaltenem Zunder kamen unter Drohungen heran und hinter ihnen drein eine buntgemischte Menge von aufgeregten Männern, während im Hintergrunde ein Pöbelhaufen toller Weiber und boshafter Kinder siedete und kochte.

„Worüber führt ihr Klage?" fragte ich, kaum wissend, wie ich es anfangen sollte, diese ungestüme Masse leidenschaftlich erregter Wesen zu beruhigen.

„Klage!" hallte es wider. „Worüber führt ihr Klage?" „Klage genug. Die Stadt ist in Aufruhr. Euere Leute stehlen, morden, rauben Waren aus den Vorratshäusern, brechen Teller entzwei, schlachten unsere Hühner, greifen jedermann an, zücken ihre Messer gegen unsere Frauen, nachdem sie sie mißhandelt haben, und drohen, die Stadt anzuzünden und ihre Bevölkerung auszurotten. Wahrlich Klage genug! Was habt Ihr im Sinn, indem Ihr dieses wilde Gesindel aus Sansibar herüberführt?" Solche Worte stieß, vor Zorn tobend, ein Araber aus, der unter den Magnaten Bagamoyos einiges Ansehen zu genießen schien.

„O Himmel, mein Freund, das ist ja eine sehr ärgerliche Sache, ganz entsetzlich! Bitte, setz dich nieder und sei ruhig. Setz dich hier an meine Seite und laß uns diese Sache wie weise Männer besprechen", sagte ich in besänftigendem Tone zu diesem enfant terrible, denn er erschien mir seinen Gesichtszügen, seinem Anzug und seinem Benehmen nach wirklich geradeso wie das Bild, das ich mir als ein junger Mensch ohne Erfahrung, aber mit um so stärkerer Phantasie von der „fleischgewordenen Geisel Afrikas" entworfen haben würde, und mit seinen nackten, sehnigen Armen, seinem hochgeschwungenen Schwert und seinen wilden, schwarzen Augen sah er grimmig genug aus und schien mir mein unschuldiges Haupt sofort abschlagen zu wollen.

Stillschweigen trat nun ein, denn der Araber leistete nach einem kurzen Nicken meiner Aufforderung Folge und setzte sich. „Wir stehen im Begriff, ein Schauri – eine Beratung – anzustellen." „Still da! Schweigt!" „Leere Worte!" „Schauri!" „Worte – höret zu!" „Sklaven!" „Horchet hin, ihr Araber!" „Du Belutsch da, zügele deine Zunge!" usw. Solche Rufe tönten mit seltsamer Mischung der verschiedenartigsten Stimmklänge, Stillschweigen gebietend oder erflehend.

Der Araber wurde nun ersucht, den Sprecher zu machen und, wenn er sie kennen sollte, die Wangwana, welche der Erregung einer so erstaunlichen Verwirrung schuldig wären, zu bezeichnen. In unwilligem Tone, aber mit beredtem Redefluß trug er nunmehr seine spezielle Klage vor. Ein Mann Namens Mustafa war betrunken in seinen Laden gekommen und hatte ihn wie einen gemeinen Troßbuben mißhandelt, und nachdem er darauf ein Stück Baumwollzeug weggerafft, war er mit demselben fortgelaufen; als er aber verfolgt und ergriffen wurde, hatte er ein Messer herausgezogen und war im Begriff gewesen, ihm einen Stich beizubringen, als einer seiner Freunde noch zur rechten Zeit den Bösewicht mit einem Knittel niedergeschlagen und so sein Leben gerettet hatte. Durch die Aussagen mehrerer Zeugen wurden die Klagepunkte bestätigt, und Mustafa wurde deshalb arretiert und, nachdem ihm sein Messer weggenommen worden war, in ein finsteres Loch gesteckt, um in der Einsamkeit über sein Verbrechen nachzudenken. Mit lautem Beifall wurde dieser Urteilsspruch begrüßt.

„Wer hat sonst noch zu klagen?"

Über ein Dutzend Leute beiderlei Geschlechts kamen mit mannigfachen Beschwerden auf mich losgestürzt, und es schien, als wenn die Ruhe gar nicht wiederhergestellt werden könnte, aber durch meine Drohung, die Bursa (Zusammenkunft) rein aus Verzweiflung zu verlassen, wurde endlich Ruhe geschafft. Es ist unnötig, die verschiedenen gegen meine Leute vorgebrachten Beschuldigungen hier einzeln aufzuzählen oder die Art und Weise, wie sie überführt wurden, zu beschreiben, aber nach drei Stunden herrschte wieder Frieden in Bagamoyo, und mehr als 20 der Wangwana waren in den verschiedenen Kammern des Hauses in Sicherheit gebracht und eingesperrt und ein Dutzend ihrer Kameraden war mit ihrer Bewachung beauftragt.

Um die Wiederholung dieses schrecklichen Auftritts zu verhüten, sandte ich einen Boten mit einem höflichen Gesuch an den Befehlshaber der Stadt, den Scheich Mansur ben Suleiman, er möge doch alle in meinen Diensten stehenden Wangwana, die sich Ungesetzlichkeiten zuschulden kommen ließen, verhaften und so, wie das Recht es verlangt, bestrafen.

Am 21. September 1874 brach Stanley zu seiner größten und gefährlichsten Reise auf, die erst knappe drei Jahre später am Atlantik zu Ende sein sollte. Sein erstes Ziel war der Victoria-See, der noch weitgehend unerforscht war. Dazwischen mehr als 1000 km Hunger und Durst und Erschöpfung, Tauschgeschäfte mit Eingeborenenstämmen um Lebensmittel. Dazwischen Fieber und die Malaria und das Rheuma, die qualvolle Zeit des Regens, der in die Kleider und Zelte eindrang und die Menschen wochenlang nicht trocken werden ließ. Dazwischen der Tod des getreuen Edward Pocock und immer wieder flüchtende, rebellierende Träger, die Angriffe feindlicher Stämme und die verschwiegene Abscheu vor den arabischen Sklavenhändlern, deren jammervollen Karawanen sie immer wieder begegnen. Denn Stanley durfte nichts sagen, er war von ihrem Wohlwollen abhängig. Sie hätten ihn auch gar nicht verstanden, sie betrieben ihr Geschäft wie jedes andere, und wie es schon ihre Väter und Vorväter betrieben hatten. Die heidnischen Neger hatten ihrer Ansicht nach keine Seele und konnten also wie Tiere behandelt werden. Oder noch schlimmer.

Am 27. Februar 1875, nach 103 Tagen eines für innerafrikanische Verhältnisse erstaunlich schnellen Marsches sahen sie jubelnd die glitzernde Fläche des größten Sees von Afrika. Dort, in Kagesi, ließ Stanley den Großteil seiner Mannschaft zurück und begann mit elf Mann an Bord der „Lady Alice" die Erforschung des riesigen Gewässers. Sie fuhren in westlicher Richtung, umkreuzten jede Insel, ruderten in jede Bucht, und Stanley zeichnete alles auf. Gefahren durch Krokodile und Nilpferde, durch Stürme und feindliche Stämme, die die Expedition immer wieder in ihren Kanus angriffen, wurden erfolgreich abgewehrt, und nach wenigen Wochen kamen sie in das Einflußgebiet des mächtigsten innerafrikanischen Herrschers, des Kabaka von Uganda, des großen Mtesa. Er residierte im Augenblick in einem Jagdlager bei Usavara, in der Gegend des heutigen Entebbe, und schon etliche Tagereisen vor Stanleys Ankunft kam ein Würdenträger ihm entgegengefahren, um ihn zu begrüßen, ihn herzlichst an den Hof des großen Kaisers einzuladen und der „Lady Alice" mit seinen Kanus, deren Zahl von Tag zu Tag größer wurde, ein festliches Geleit zu geben.

Mtesa war bisher nur von zwei Weißen besucht worden, von Speke und seinem Begleiter Grant, und was die beiden von den unmenschlichen Grausamkeiten des Herrschers berichteten, der seine Untertanen reihenweise abschlachtete, wie es ihm gefiel, und seine Füße in den aufgeschlitzten Körpern junger Frauen wärmte, war nicht gerade einladend. Aber Stanley wagte den Besuch, holte seine besten Kleider samt Orden aus dem Koffer und war äußerst überrascht.

MTESA, DER KAISER VON UGANDA

Der Hauptgrund für meine Bewunderung lag wahrscheinlich in der Überraschung, mit welcher ich den Herrscher, welchen Speke als Knabe gesehen hatte und der von ihm auf ungefähr 200 Seiten seines Buches als ein
eitler, närrischer, launischer und halsstarriger Jüngling und als ein blutgieriger Despot geschildert wurde, jetzt als einen Mann vor mir sah, der
ruhig und gesetzt in seinem Wesen war und in seinen Fragen und Bemerkungen mehr Intelligenz zeigte, als ich irgendwo in Afrika zu finden
erwartet hatte. Daß ich ihn so gut gekleidet, als den Mittelpunkt eines
ebenfalls gut gekleideten und intelligenten Hofes sah, daß er die höchste
Gewalt über eine weit ausgedehnte Gegend erlangt hatte, in welche
fremde Kapitalisten und Soldaten aus Kairo und Sansibar um seines über-
legenen Kopfes willen in Scharen hineinströmten, daß seine Untertanen
von ihm mit Achtung sprachen und seine Gäste, soweit ich dies aus mancherlei Umständen schließen konnte, ihn verehrten, alles dies genügte
schon, um mich ein günstiges Urteil über ihn fällen zu lassen. Auch andere Umstände boten sich noch dar, welche nicht wenig dazu beitrugen,
auf mich einen günstigen Eindruck hervorzubringen: es war dies seine in

Empfang durch die Leibgarde des Kaisers Mtesa in Usavara

den mir übersandten Geschenken an Mundvorrat bewiesene königliche Freigebigkeit, seine in dem Tone der Aufrichtigkeit mir angetragenen und erwiesenen andern Höflichkeiten, sein ganzes Benehmen gegen mich, indem er als eine gütige, freundliche Seele erschien, welche nach der Würde eines Mannes trachtet, der an einer weitgehenden Achtung für sich und seine Stellung festhält, ohne bei den Leuten in seiner Umgebung, welche auch ihre Bedürfnisse, ihre Hoffnungen und ihre Selbstachtung haben, anzustoßen oder sie mutwillig zu beleidigen. Ich weiß recht wohl, daß es negerscheue Menschen gibt, welche dieses Betragen Mtesas seiner natürlichen Anlage zur Doppelzüngigkeit zuschreiben dürften. Er ist ohne Zweifel ein Mann, der große natürliche Talente besitzt, aber er zeigt auch bisweilen das launische Wesen, die mutwillige Ausgelassenheit, und daneben die freimütigen, fröhlichen und übermütigen Stimmungen eines Jünglings. Ich will auch zugeben, daß Mtesa weltklug und verschlagen sein kann, wie dies in der Tat spätere Seiten zeigen werden; er besitzt aber zugleich in seinem Benehmen die nicht einstudierte Unbefangenheit eines Kindes. Ich bemerkte bald, daß er ein in hohem Grade gewandter Mann und im Besitz von Herrscherfähigkeiten war, aber seine Gewandtheit und Befähigung hatte nicht das manierierte Wesen der Euopäer.

Ob ich von Mtesa dupiert wurde oder nicht, wird man aus den Kapiteln über Uganda ersehen. Mittlerweile erschien er mir als ein großherziger Fürst und ein freimütiger und intelligenter Mann, und zwar als ein solcher, dessen Charakter wegen seiner ungewöhnlichen Spannkraft und äußerst merkwürdigen Originalität des Studiums wohl wert war, endlich als einer, der nach meinem Urteil dazu angeleitet werden konnte, höhern Zwecken zu dienen als solchen, zu denen er selbst berufen und herangebildet zu sein glaubte. Ich kam seiner freundschaftlichen Annäherung mit der aufrichtigen Herzlichkeit entgegen; die Audienz schloß bei Sonnenuntergang mit denselben Zeremonien wie bei meiner feierlichen Einführung, und ließ Mtesa und mich selbst gegenseitig befriedigt und über unsere neue Bekanntschaft erfreut zurück.

Eine Beschreibung der Persönlichkeit Mtesas wurde am dritten Abend nach meinem ihm abgestatteten Besuche niedergeschrieben; ich zitiere daraus folgendes:

7. April. – Von Person ist Mtesa hochgewachsen – er mißt wahrscheinlich 6 Fuß 1 Zoll (1,85 m) – und schlank. Er hat sehr intelligente und angenehme Gesichtszüge, die mich an einige unter den Gesichtern der großen Steinbilder in Theben und der Statuen im Museum zu Kairo erinnern. Er hat dieselbe Fülle der Lippen, aber ihre Dicke wird durch den

allgemeinen Ausdruck einer mit Würde gemischten Liebenswürdigkeit
gemildert, welcher sich über sein Antlitz breitet, und durch die großen,
glänzenden, wie zwei Flammen unruhig lodernden Augen, welche demselben eine wunderbare Schönheit verleihen und für die Rasse, von welcher er, wie ich glaube, abstammt, typisch sind. Seine Farbe ist ein dunkles Rotbraun und dabei die Oberfläche seiner Haut von merkwürdiger
Glätte. Wenn er nicht in der Ratsversammlung beschäftigt ist, so legt er
frei und ungeniert das Benehmen ab, das ihn charakterisiert, wenn er auf
dem Throne sitzt, und läßt seiner Laune die Zügel schießen, indem er gern
in ein herzliches Gelächter ausbricht. Er scheint sich für die genaue
Besprechung der Sitten und Gebräuche an europäischen Höfen zu interessieren und mit besonderer Vorliebe von den Wundern der Zivilisation
erzählen zu hören. Es ist sein Ehrgeiz, soviel als dies in seiner Macht
steht, die Manieren und die Verfahrungsweise der Weißen nachzuahmen.
Wenn ihm über irgend etwas eine Belehrung erteilt worden ist, so über-
nimmt er selbst die Mühe, dieselbe für seine Frauen und Häuptlinge zu
übersetzen, obgleich viele der letztern die Kisuaheli-Sprache ebenso gut
verstehen wie er selbst.

An diesem Tage trug ich den Bericht über ein interessantes Ereignis, das
am Morgen vorfiel, in mein Tagebuch ein. Mtesa kam ungefähr um 7 Uhr
morgens aus seinem Quartier hervor, begleitet von einem ganzen Heer von
Wächtern, Pagen, Standartenträgern, Pfeifern, Trommlern, Häuptlingen,
eingeborenen Gästen, Bittstellern, usw., sowie ungefähr 200 Frauen
seines Haushalts, und als er bei meinem Hofe vorüberzog, sandte er einen
seiner Sklaven mit der Bitte ab, daß ich vor ihm erscheinen möchte. Während er weiter zog, verwandte ich einige Sorgfalt auf meine Toilette und
suchte mein Äußeres so präsentabel zu gestalten, wie mir mein Felleisen
irgend gestattete, und dann folgte ich, begleitet von zweien meiner Boots-
leute als Flintenträgern, dem Hofe nach dem See. Mtesa hatte auf einem
eisernen Schemel Platz genommen, im Mittelpunkte einer großen Gruppe
ihn bewundernder Frauen, welche in dem Augenblick, wo ich erschien,
ungefähr 200 Paare glänzendfeuchter Augen in konvergierenden Sehlinien
mir zuwandten, worüber der Herrscher lachte.

„Du siehst, Stamlih", sagte er, „wie dich meine Frauen ansehen; sie
haben erwartet, dich von einer Frau deiner eigenen Farbe begleitet zu
sehen. Doch ich bin nicht eifersüchtig – komm und setze dich nieder."

Gleich darauf flüsterte Mtesa einem Pagen einen Befehl ins Ohr. Dieser
sprang davon, seinen Auftrag zu erfüllen, und seiner Aufforderung entsprechend schossen plötzlich vor unsern Blicken aus der Biegung in der

Murchison-Bai westlich von Usavara 40 prächtige Kanus hervor, alle ockerbraun angestrichen, was, wie ich bemerkte, die allgemeine Lieblingsfarbe war. En passant möchte ich eigentlich wissen, ob sie diese Farbe wegen der Vorstellung, daß sie der dunkeln Bronzefarbe ihrer eigenen Körper ähnelt, so bewundern, denn die Waganda von reiner Rasse sind keineswegs schwarz. Die Frauen und Häuptlinge des Mtesa, welche doch die vollkommensten Normalexemplare der Waganda liefern mögen, zeigen fast alle ein bronzefarbenes oder dunkelrötliches Braun mit einer eigentümlich glatten und weichen Haut, welche bei der Berührung deshalb noch zarter und samtartiger sich anfühlt, weil sie sich mit Butter einzureiben pflegen. Einige der Frauen waren, wie ich bemerkte, von einer sehr hellen rotgoldenen Farbe, die sich bei einer oder der andern sogar dem Weiß näherte. Die Kleidung der Eingeborenen – ihr Nationalanzug –, welche bei der Mehrzahl derer, die nicht in unmittelbarer Beziehung zum Hofe standen, von der rechten Schulter herabhing, war auch von hellbrauner Farbe. Als ich die braune Haut, die braune Kleidung und die braunen Kanus sah, schloß ich daraus, daß Braun die Nationalfarbe sein müsse.

Diese 40 Kanus, welche jetzt auf dem ruhigen graugrünen Gewässer der Murchison-Bai heranfuhren, enthielten zusammengenommen ungefähr 1200 Mann. Der Kapitän jedes Kanus war mit einem weißen Baumwollhemd bekleidet und trug eine Kopfbedeckung von Zeug, das nach Art eines Turbans zierlich und nett zusammengelegt war, während der Admiral über seinem Hemde eine reich mit Goldvorstößen verzierte karmesinrote Jacke und auf seinem Kopfe den roten sansibarischen Fes trug. Als der Kapitän bei uns vorüberfuhr, ergriff er Schild und Speer und führte uns alle die defensiven und offensiven Evolutionen eines Seekampfes vor, und zwar mit dem prahlerischen Selbstgefühl eines stolzen Matadore, der sich an den Kampfrichter wendet, damit er seine Heldentaten anstaune. Der Admiral erntete den größten Beifall, denn er war der Hektor der Flotte, und seine Bewegungen waren, obgleich nicht eben anmutig, jedenfalls durch ihre Heftigkeit und Maßlosigkeit bemerkenswert. Als diese Flottenrevue vorüber war, befahl Mtesa einem der Kapitäne der Kanus, den Versuch zu machen, ob er ein Krokodil oder ein Flußpferd auffinden könne. Nach 15 Minuten kehrte derselbe zurück, um zu berichten, daß in einer Entfernung von ungefähr 200 m ein junges Krokodil auf einem Felsen schlafe. „Nun, Stamlih", sagte Mtesa, „zeige meinen Frauen, wie die Weißen schießen können." Alle Söhne Japhets bei dieser Gelegenheit zu repräsentieren, das setzte mich einer großen Verantwortlichkeit aus, aber es freut mich, berichten zu können, daß ich – mochte ich es nun dem gnädigen Einfluß irgendeiner unsichtbaren Gottheit, welche über die Interessen der Japhetiden wacht, oder einem bloßen glücklichen Zufall zu verdanken haben – den Kopf des jungen Krokodils aus einer Schußweite von 100 m mit einer sechslötigen Kugel beinahe von seinem Körper trennte, ein Probeschuß, welcher als ein entscheidender Beweis für die Annahme, daß alle Weißen ausgezeichnete Schützen sind, aufgefaßt wurde.

Im Laufe des Nachmittags vergnügten wir uns mit Scheibenschießen, wobei ein Unfall sich ereignete, der leicht recht schlimme Folgen hätte nach sich ziehen können. Eine doppelläufige Holland-Büchse (Nr. 8) zersprang beim zweiten Schuß in den Händen Mtesas, aber glücklicherweise ohne ihn oder den Pagen, auf dessen Schulter er sie aufgelegt hatte, zu verletzen. Allgemeine Bestürzung trat auf eine kurze Zeit ein, bis ich, als ich sah, daß man den Vorfall als ein böses Omen auffassen zu wollen im Begriff war, die Büchse untersuchte und dem Mtesa einen alten Sprung im Laufe zeigte, der, wie sein gesunder Menschenverstand jetzt einsah, das Zerspringen herbeigeführt hatte. Das Gewehr war ein sehr altes und hatte offenbar schon seit langer Zeit viel Dienste leisten müssen.

Mtesa, der Kaiser von Uganda

Am 10. April brach der Hof sein Jagdlager in Usavara an der Murchison-Bai ab und siedelte nach der Hauptstadt über, wohin nachzufolgen ich dringend eingeladen wurde. Mtesa, von ungefähr 200 Musketieren und den Wakungu-Großen und ihren bewaffneten Anhängern eskortiert, reiste schnell; da ich mich aber verpflichtet fühlte, vorerst noch mein Boot vor den Einwirkungen der heißen Sonne in Sicherheit zu bringen, so erreichte ich die Hauptstadt erst um 1 Uhr nachmittags.

Die Landstraße war für die Jagdpartie Sr. kaiserlichen Majestät hergerichtet worden und führte in einer Breite von $2^1/2$ m durch Dschungel, Gärten, Wald und Feld. Man erfreute sich hier der Aussicht auf schöne Landschaften, auf wellenförmiges Hügelland und den friedlichen See, auf riesige Tamarinden- und Gummibäume, auf weit ausgedehnte Bananenhaine und Pflanzungen der Feigenart, aus deren Rinde der volkstümliche Anzug, das Mbugu, verfertigt wird. Die eigentümlichen kuppelähnlichen Hütten, an denen stets der Anbau einer kleinen Vorhalle versucht war, lagen tief in dichten Lauben von Pisangbäumen vergraben, welche die Luft mit dem Wohlgeruche ihrer mürben, köstlichen Früchte erfüllten.

Die Straße wand sich zu den Gipfeln grüner Hügel empor, welche herrliche Aussichten beherrschten, und dann wieder hinab in die verborgenen innersten Winkel der Waldeinsamkeit, in stille Täler und von Bäumen überwölbte Schluchten. Bäche des klarsten Wassers murmelten in dichten, tiefgelegenen Talsohlen, der Murchison-Bai zueilend. Das Laubwerk zeigte ein glänzendes, von den unfehlbar eintretenden Regengüssen der Äquatorialgegend erfrischtes Grün; der Himmel strahlte im tiefsten Blau, aber die Hitze, obgleich groß, war doch durch die von den Bergen wehenden Winde, häufig auch durch das die Straße beschattende dichte Laubwerk gemildert.

Wir waren noch nicht drei Stunden von Usavara marschiert, als wir die Hauptstadt erblickten, den Gipfel eines glatt abgerundeten Berges krönend, eine gewaltige Masse großer kegelförmiger Grashütten, aus deren Mittelpunkt sich ein geräumiger, hoher, scheunenähnlicher Bau erhob. Man sagte uns, das große Gebäude sei der Palast! Der Berg heiße Rubaga; die Gruppe von Hütten sei die kaiserliche Hauptstadt!

Von jeder Seite der hohen, die Grashütten auf dem Rubaga-Berge einschließenden Rohrumzäunung gingen strahlenförmig sehr stattliche Zugänge aus, die ihrer Breite nach wahre Kaiserwege waren. Nachdem wir am Fuße des Berges angekommen und auf einem Knüppeldamm über einen breiten schlammigen Morast gegangen waren, gelangten wir zu einem dieser Zugänge hinauf, dessen Damm aus einem rötlichen, stark mit alluvialem Blutsteingeröll vermischten Lehm bestand. Er hatte im Lichten eine Breite von 30 m chaussierten Bodens und führte mit allmählicher Steigung zu der kreisförmigen Straße, welche einen Ring um den Berg außerhalb der Palasteinhegung bildete. Nachdem wir auf der kuppelähnlichen Höhe angelangt, sahen wir, daß wir auf der hintern Allee hinaufgekommen waren. Den besten Anblick über diese Hauptstadt mit ihren großartigen Entfernungen gewann man von der Bursah des Palastes aus, indem man die Blicke auf die breite Heerstraße an der Front richtete, zu deren beiden Seiten, soweit sich dies wegen der Schatten der Bursah feststellen ließ, wie Wakungu ihre Höfe und Häuser hatten, welche in üppigen Bananen- und Feigengärten wie in Lauben lagen. So wie die Einhegung der Palasthöfe und Häuser, hatte jeder Zugang an seinen Seiten Zäune von hohem Matete (Wasserrohr), das in gleichförmigen Reihen sehr dicht und zierlich nebeneinander gepflanzt war. Die von einer Hauptallee zur andern führenden Nebengassen waren krumm und schmal.

Während ich dastand und diese Aussicht bewunderte, kam ein Page heran und meldete mir kniend, er sei vom Kaiser abgesandt worden, um mir mein Haus zu zeigen. Ich folgte ihm und wurde innerhalb einer an einer Ecke des eingehegten Quadrats zwischen zwei Alleen liegenden Parzelle in eine Lokalität geführt, welche ich ganz passend eine „Gartenvilla" zu Uganda nennen könnte. Mein in der Mitte eines etwa 30 m im Quadrat umfassenden Pisanggartens stehendes Haus war 6 m lang, von zeltähnlicher Gestalt, mit einer kleinen Vorhalle oder einer Dachrinne, die wie eine Haube über die Tür vorsprang. Es war in zwei Zimmer eingeteilt. Nur etwa 9 m von diesem Hause entfernt standen drei kuppelähnliche Hütten für die Bootsmannschaft und die Küche, und in einer Ecke des Gartens war ein Raum für unsere Ochsen und Ziegen mit einem Gitter eingefriedigt. Wenn nicht mein fernes Lager in Usukuma fortwährend meine Gedanken beschäftigt und mich öfters mit Angst und Besorgnis erfüllt hätte, so hätte ich ja hier alles besessen, was nur irgend nötig war, um mir einen monatelangen Aufenthalt an Mtesas Hofe sehr angenehm zu machen, und für den Augenblick war ich so stolz auf meine winzige Villa, wie es nur ein Londoner Kaufmann auf sein Landhaus sein kann.

Im Laufe des Nachmittags wurde ich in den Palast eingeladen. Eine Anzahl Personen in braunen Roben oder weißen Anzügen, einige mit weißen Ziegenfellen über ihren braunen Roben, andere mit turbanähnlich über ihren Kopf zusammengeschlungenen Seilen, was, wie ich hörte und später genauer erklären werde, unterscheidende Abzeichen des Ranges waren, standen auch im Begriff, zur Bursah emporzusteigen. Wir gingen durch einen Hof nach dem andern, bis wir endlich auf dem ebenen Gipfel vor der großen aus Rohr und Stroh erbauten Behausung standen, welcher die Waganda in sehr schmeichelhafter Weise den Namen Kibuga oder Palast beilegen. Wenigstens durch ihre Ausdehnung machten alle Räumlichkeiten allerdings einen höfischen Eindruck, und die von jedem Punkte aus sich öffnende Aussicht war der kaiserlichen Augen des afrikanischen Monarchen würdig.

Nach allen Seiten breitete sich in großartigen Wellenlinien ein üppiges Land im Sonnenglanze aus, von Fruchtbarkeit strotzend und im Grün des Frühsommers prangend, dabei abgekühlt durch die sanften, von dem großen äquatorialen Süßwassersee herüberwehenden Winde. Isolierte Bergkegel, denen von Kubaga ähnlich, oder quadratische tafelförmige Massen stiegen aus der wunderschönen Landschaft empor, um, wie Mysterien, die beobachtenden Blicke des wißbegierigen Fremden auf sich zu ziehen, und Dörfer und Bananenhaine von noch frischerem Grün, die bis in weite Fernen auf dem Kamme der schwellenden Bergrücken standen, verkündeten, daß Mtesa ein Land besaß, das wohl wert sei, geliebt zu werden. Dunkle Schlangenlinien bezeichneten die Windungen tiefer, dicht mit Bäumen bewachsener Schluchten, und rasenbedeckte Flächen der wie von sanftem Wogenschlag bewegten Talgründe und Abhänge markierten die Weideplätze; breitete Bodensenkungen ließen kultivierte Gärten und Getreidefelder vermuten, während wir an dem fernen Rande des Horizonts die Schönheit und die Reize des Landes in bläulichem Nebel verschwinden sahen.

Es liegt eine ganz eigentümliche Zauberkraft in dieser Gegend. Das Land würde seiner herrlichen und höchst mannigfachen Prospekte wegen selbst dann unsere Liebe gewinnen, wenn es eine Wildnis voller Schrecken wäre; aber es verdankt einen großen Teil der Macht, die es auf unsere Phantasie ausübt, dem in uns erweckten Bewußtsein, daß es von einem uns ebenfalls in eigentümlicher Weise bezaubernden Volke bewohnt wird. „Wie kommt es", fragt man, „daß dieser barbarische Monarch, ohne Erziehung und voll Aberglauben, sich auf dieser Höhe anbaut?" Gewiß nicht des Schutzes und der Sicherheit wegen, denn er hat den unebenen Boden planiert und breite Heerstraßen gebahnt, damit man sich seinem Palaste bequem nähern könne, und eine einzige Fackel würde hinreichen, um all seine Umzäunungen der Erde gleichzumachen. Kümmert er sich denn also um die Reize der Aussicht? Hat er auch ein Auge für die Schönheit der Natur?

Wenn dieser Monarch ein ebensolcher Barbar wäre wie andere afrikanische Häuptlinge, denen ich zwischen Sansibar und dem Napoleon-Kanal begegnet bin, so würde er ein Talbecken aufgesucht haben oder den Abhang irgendeines Bergrückens oder eine Örtlichkeit an den Seegestaden, wo seine Rinder am besten grasen könnten, und dort würde er seine Rasenhütten errichtet haben. Aber dieser Mann baut sich auf einem Berge an, damit er nach außen schauen und einen weiten, kaiserlichen Umblick über sein Land gewinnen kann. Er liebt den weiten Raum; sein Haus ist ein afrikanischer Palast, geräumig und hoch; große, reinliche Höfe umgeben denselben; er hat geräumige Wohnungen für seinen Harem und weite Höfe um denselben; er hat geräumige Quartiere für seine Leibwachen, und ausgedehnte Höfe umgeben dieselben; ein Rohrgehege umzieht alles, und jenseits dieses Geheges läuft wieder eine sehr breite Straße um die Einzäunungen des Palastes. Seine Untertanen, groß und klein, ahmen ihm nach, soviel in ihren Kräften steht. Sie sind gut gekleidet, und Unverschämtheit und Unbescheidenheit sind Verbrechen in seinem Lande. Und doch bin ich noch in Afrika, und erst noch gestern sah ich nackte Männer und nackte Weiber, oder hätte sie doch sehen können! So mag es denn kommen, daß ein solcher Monarch und ein solches Volk mich ebenso wie ihr Land bezaubern. Die menschlichen Figuren in der Landschaft haben in der Tat für mich ebenso viel Interesse wie die anmutige Landschaft selbst.

Die Trommeln wirbelten. Mtesa hatte sich auf seinem Throne niedergelassen, und wir eilten, unsere Sitze einzunehmen.

Die überraschende Wandlung im Wesen Mtesas war durch einen mohammedanischen Missionar erfolgt, und das brachte Stanley, der sich mit dem Kaiser recht gut verstand, auf die Idee, diesen zum Christentum zu bekehren. Unser Abenteurer und Journalist, der sich bereits zum halben Wissenschaftler gemausert hatte, war auch als Missionar erfolgreich. Wenn er seine Aufgabe auch ein wenig unorthodox betrieb – auf die Frage, was in der Bibel über die Könige gesagt werde, fügte er kühn ein 11. Gebot hinzu: „Du sollst Deinen Herrn lieben und ihm jederzeit gehorchen, denn er ist von Gott gesandt" –, so war gerade das der letzte Anstoß für des Kaisers Vorhaben, sein ganzes Land christlich zu machen. Kurze Zeit später trafen bereits die ersten Missionare ein, und der Kaiser, sein Hofstaat und viele seiner Untertanen ließen sich taufen. Solange Mtesa lebte, wurde eifrig der christliche Glaube verbreitet, und im Land herrschte Frieden.

Auf der Rückfahrt zum Standlager in Kagesi wurden sie auf der Insel Bumbireh von Hunderten Kriegern des Nachts umstellt, die die kleine Gruppe mit Speeren und Pfeilen bedrohte. Zur Gegenwehr war es zu spät, nur noch List konnte helfen.

Baraka hielt seine innern Handflächen nach außen, indem er mit mild-heiterm Tone fragte: „Was fällt euch denn ein, meine Freunde? Fürchtet ihr leere Hände und lächelnde Leute, wie wir sind? Wir sind Freunde, wir sind als Freunde gekommen, uns Eßwaren zu kaufen, zwei oder drei Bananen, ein wenig Getreide oder Kartoffeln oder Muhogo (Maniok), und wenn ihr es uns erlaubt, so werden wir als Freunde wieder abfahren."

Unser Benehmen war von großer Wirkung. Der Aufruhr und Lärm schien wirklich abnehmen zu wollen, als einige fünfzig neue Ankömmlinge die noch glimmende Wut wieder entflammten. Wieder wurden Massen von Speeren zum Schleudern gehoben und geschwungen, wieder wurden knorrige Keulen hoch in der Luft herumgewirbelt, wieder die Bogen

Empfang auf der Insel Bumbireh im Victoria-Njansa

gespannt, und im nächsten Augenblick konnten die Pfeile mit Widerhaken auf uns zufliegen. Safeni erhielt einen Stoß, infolgedessen er taumelte, der kleine Kirango einen Schlag auf den Kopf mit einem Speerschaft, Saramba schrie laut auf, als eine Keule auf seinen Rücken niederfiel.

Ich selbst sprang nun auf, die beiden Revolver in der linken Hand haltend, um Vorstellungen zu machen. Ich wandte mich an einen ältern Wilden, welcher die Volksmasse von zu weitgehenden Roheiten abzuhalten schien. Ich zeigte ihm Perlen, Zeug und Draht und rief ihm Mtesas und ihres Königs Antari Namen zu.

Der Anblick der Haufen von Perlen und Zeug, welche ich vor ihnen hinlegte, erweckte indessen die bedächtiger erwägenden Leidenschaften der Selbstsucht und Gier in ihren Herzen. Sie fingen an zu überlegen, der Versuch eines allgemeinen Gemetzels würde gewiß den Verlust einiger aus ihrer Schar nach sich ziehen; und Flinten könnten selbst von sterbenden Feinden noch ergriffen und mit tödlicher Wirkung gehandhabt werden, und wer weiß, was das für kleine Eisendinger in der Hand des Weißen sind? schienen sie sich selbst zu fragen. Mochte aber nun der Ältere denken was er wollte, jedenfalls antwortete er mir dadurch, daß er Unwillen erheuchelte, seinen Stock aufhob und die teuflische Bande zu seiner Rechten und Linken hinwegtrieb. Andere aus der Masse hervorragende Männer standen jetzt dem Ältern bei, welcher, wie wir später erfuhren, Schekka, der König von Bumbireh, war.

Nachdem also Schekka sich auf solche Weise beeifert hatte, etwas Ruhe herzustellen, winkte er einem halben Dutzend Männer zu und ging mit ihnen etwas hinter die Masse zurück. Es sollte das einem freien und unabhängigen Afrikaner so teure „Schauri" gehalten werden. Die Hälfte des Haufens folgte dem Könige und seinen Räten, während die andere Hälfte zurückblieb, um ihre ungestümen Reden und Scheltworte gegen uns loszulassen und uns fortwährend mit Keulen oder mit Speeren zu bedrohen. Einige verwegene Schufte stellten sich um das Hinterteil des Bootes auf und beschimpften mich mit höchst abscheulichen Gesten; einer von ihnen zauste mich sogar an den Haaren, indem er wohl denken mochte, daß ich eine Perücke trüge. Ich rächte mich dadurch, daß ich seine Hand ergriff und sie plötzlich zurückbiegend verrenkte, so daß er vor Schmerz heulte. Seine Kameraden schwenkten ihre Lanzen, aber ich blickte sie lächelnd an, denn jeder Gedanke an Selbsterhaltung war mir jetzt fast entschwunden.

Der Schluß der Tragödie war nun sicherlich gekommen. Nur einen kurzen Moment einer schrecklichen Seelenangst hatte ich durchlebt, indem ich darüber nachdachte, wie unhold der Tod in einer solchen Gestalt erscheint, wie die war, in welcher er mich jetzt bedrohte. Was werden wohl meine Leute denken, während sie ängstlich auf ihren niemals wiederkehrenden Herrn warten? Was werden Pocock und Barker sagen, wenn sie von dem tragischen Ereignis in Bumbireh hören! Und meine Freunde in Amerika und Europa! „Doch weg mit solchen Gedanken! Es ist nur ein kurzer peinlicher Moment, und was können dann die wilden Hunde weiter tun! Es ist ein Trost, daß es, mag kommen, was da will, kurz, scharf, plötzlich sein wird – wenige letzte Atemzüge, und dann das Schweigen des Todes – auf ewig!" Und darauf war ich bereit zum Kampfe und zum Tode.

„Nun, meine schwarzen Freunde, macht es so schlimm als möglich, alles was ihr wollt; ich bin bereit."

Ein Bote vom Könige und seinem Rate kommt jetzt an und winkt Safeni heran. Ich sagte zu diesem: „Safeni, nimm deinen Witz zusammen!" „So Gott will, Meister!" erwiderte er.

Safeni zog fast den ganzen Menschenhaufen hinter sich her, denn die Neugierde ist bei den Afrikanern eine starke Leidenschaft. Ich sah, wie er sich in Positur setzte. Safeni war ein geborener Diplomat. Seine Hände bewegten sich auf und nieder, nach außen und nach innen; eine herzliche Freimütigkeit lag schon von Natur auf seinem Gesicht; seine Gesten waren anmutig; der Mann war ein für Gnade und Gerechtigkeit plädierender Redner.

Safeni kehrte mit strahlendem Gesicht zurück. „Es ist alles in Ordnung, Meister, wir haben nichts mehr zu fürchten. Sie sagen, wir müßten bis morgen hier bleiben."

„Werden sie uns Nahrungsmittel verkaufen?"

„Ja, sobald sie ihr Schauri zu Ende gebracht haben."

Während Safeni noch sprach, stürzten sechs Männer heran und ergriffen die Ruder.

Obgleich Safeni bisher politisch verfahren war, verlor er nun doch die Geduld und suchte sie daran zu hindern. Sie erhoben ihre Keulen, um ihn niederzuschlagen. Ich rief ihm zu: „Laß sie gehen, Safeni."

Ein lautes Freudengeschrei begrüßte die Wegnahme der Ruder. Ich gewann nun die Überzeugung, daß dieser eine unbedeutendere Akt zu größern führen würde; denn die Menschen sind ja in der ganzen Welt dieselben. Setze einen Bettler auf ein Pferd, und er wird zum Teufel reiten; gib einem Sklaven einen Zoll, und er wird eine Elle nehmen; wenn man sich einmal unterwirft, so muß man darauf gefaßt sein, sich öfter unterwerfen zu müssen.

Das Schauri nahm seinen Fortgang. Ein zweiter Bote kam und verlangte 5 Stück Zeug und 5 Fundo Halsbänder. Sie wurden ihm ausgeliefert; da es aber jetzt beinahe Mittag war und die Wilden die Gewißheit hatten, daß wir nicht entfliehen könnten, so zogen sie sich in ihr nächstes Dorf zurück, um sich mit Wein und Speise zu erquicken.

Nachdem die Krieger weggegangen waren, kamen einige Weiber, um uns anzugaffen. Wir sprachen sie freundlich an, und als Vergeltung dafür gaben sie uns die tröstliche Versicherung, daß wir getötet werden sollten; doch sagten sie, daß wir unser Leben retten könnten, wenn wir Schekka dazu bringen könnten, Blutsbrüderschaft mit einem von uns zu schließen oder mit ihm Honig zu essen. Wenn dies fehlschlüge, so bliebe uns nur Flucht oder Tod. Wir dankten ihnen, wollten aber die Sache abwarten.

Um 3 Uhr nachmittags hörten wir mehrere Trommeln schlagen. Dem Safeni wurde gesagt, daß er, wenn sich die Eingeborenen wieder versammelt hätten, sich bestreben möchte, Schekka durch Geschenke dazu zu bewegen, daß er mit ihm die Zeremonie des Blutsbrüderschaftschließens durchmachte.

Eine lange Linie von Eingeborenen in vollständigem Kriegerkostüm erschien jetzt auf dem Kamm der Terrasse, auf welcher der Bananenhain und das Dorf Kadjurri stand. Ihre Gesichter waren mit schwarzen und weißen Farbstoffen beschmiert. Fast alle trugen die eigentümlichen Schilde von Usongora. Ihre Handlungen und Gebärden waren derartig, daß der größte Schwachkopf an ihnen die Anzeichen beabsichtigter Feindseligkeiten sofort erkennen mußte.

Selbst Safeni und Baraka waren in Erstaunen gesetzt, und ihre ersten Worte waren: „Triff deine Vorbereitungen, Meister; das ist wirklich eine ernste Not."

„Denkt nicht an mich", erwiderte ich, „ich bin schon seit drei Stunden auf alles gefaßt gewesen. Seid ihr alle kampfbereit, sind eure Flinten und Revolver geladen und eure Ohren diesmal für meine Befehle offen?"

„Wir sind es", antworteten sie alle in festem Tone.

„Habt keine Furcht, seid ganz kaltblütig. Während sie sich noch sammeln, wollen wir es mit dem von den Weibern angeratenen Schritte versuchen. Geh du, Safeni, unbefangen lächelnd zu Schekka auf den Gipfel jenes Hügels hinauf und biete ihm diese 3 Fundo Perlen an und bitte ihn, mit dir Blut auszutauschen."

Safeni schickte sich bereitwilligst an, diese Botschaft auszurichten, denn er lief keine ernstliche Gefahr, da wir uns in einer Entfernung von höchstens 150 m befanden und die Streitmacht der Feinde noch nicht kampfbereit war. Zehn Minuten lang unterhielt er sich mit ihnen, während die Trommeln fortwährend geschlagen wurden und Massen von Männern, die sich zum Kriege ihre Haut gefärbt hatten, die Kriegerschar Schekkas vermehrten. Einige von ihnen unterhielten uns durch drastische Vorstellungen der Art und Weise ihres Speerfechtens, andere wirbelten ihre Keulen herum wie betrunkene Irländer auf einem Jahrmarkt zu Donnybrook. Ihre Gebärden waren wild, ihre Stimmen gellend und heftig, sie erhitzten sich selbst zu einer fieberhaften Kampfeswut.

Safeni kehrte zurück. Schekka hatte das Unterpfand des Friedens ausgeschlagen. Die Eingeborenen zählten jetzt über 300 Mann.

Alsbald kamen fünfzig verwegene Kerle mit einem gellenden Geschrei auf uns herabgestürzt. Ohne Zögerung eilten sie geradeswegs auf unser Boot los, und in zischendem Tone uns etwas zurufend, ergriffen sie unsere Kiganda-Trommel. Es war eine unbedeutende Sache; wir leisteten keinen Widerstand; immerhin benahm uns die Art und Weise, wie sie gestohlen wurde, jede Täuschung so vollkommen, daß jetzt keine Hoffnung auf Frieden mehr übrigbleiben konnte. Lautes Beifallsgeschrei belohnte diese Heldentat.

Danach kamen zwei Männer auf uns zu und fingen an, einige Kühe wegzutreiben, welche zwischen uns und den Kriegern auf dem Hügel weideten. Safeni fragte den einen von ihnen, warum sie das täten.

„Weil wir eben im Begriff stehen, den Kampf zu beginnen, und wenn ihr Männer seid, so möget ihr auch anfangen, euch vorzubereiten", sagte er höhnisch.

„Danke, mein kühner Freund", murmelte ich für mich, „das sind die wahrsten Worte, die wir heute gehört haben."

Die zwei Männer zogen sich nach dem Hügel zurück. „Hier, Safeni", sagte ich, „nimm diese beiden schönen roten Tücher in die Hand, geh langsam eine Strecke zu ihnen hinauf, und in dem Augenblick, wo du meine Stimme hörst, laufe zu uns zurück; und ihr, meine Jungen, merkt scharf auf, denn jetzt gilt's Leben oder Tod! Stellt euch an beiden Seiten des Bootes auf, legt eure Hände, wie absichtslos, aber mit festem Griff an dasselbe, und wenn ich euch den Befehl zurufe, so stoßt es mit der Kraft von hundert Männern den Hügel hinunter in das Wasser. Seid ihr alle bereit und glaubt ihr, daß ihr es tun könnt? Sonst könnten wir ebensogut da, wo wir sind, den Kampf beginnen."

„Ja, Inschallah Meister", schrien sie einmütig.

„Geh, Safeni!"

Ich wartete, bis er etwa 100 Schritt weit gegangen war und bis ich sah, daß er genau meinen Instruktionen nachkam.

„Stoßt vorwärts, meine Jungen, stoßt, es gilt das Leben!"

Die Mannschaft beugte die Köpfe nieder und strengte die Arme an; das Boot fing an sich zu bewegen, und unter mir entstand ein ziehendes, knirschendes Geräusch. Ich ergriff meine doppelläufige Elefantenflinte und schrie: „Safeni! Safeni! zurück!"

Die Eingeborenen hatten scharfe Augen. Sie sahen das Boot sich bewegen, und wie von einem Willen beseelt, jagten sie den Hügel herab, ein ganz fürchterliches Geschrei ausstoßend.

Mein Boot war inzwischen bis an den Rand des Wassers vorgerückt. „Schiebt es in den See, meine Freunde, kümmert euch nicht um das Wasser!" – und von allen Hindernissen befreit, schoß es mit freiem Schwung in sein heimisches Element.

Safeni stand einen Augenblick am Wasserrande mit den Tüchern in der Hand. Der Vorderste des Haufens der Wilden war ungefähr 40 Schritte von ihm entfernt. Er erhob seinen Speer und stellte sich zum Wurfe zurecht.

„Spring ins Wasser, Freund, mit dem Kopf voran!" rief ich ihm zu.

Der balancierte Speer war im Begriff abzufliegen, und ein zweiter Mann dicht dahinter bereitete sich zu einem tödlichen Wurfe vor, als ich meine Flinte erhob und die Kugel durch ihn und den zweiten jagte. Die Bogenschützen machten halt und spannten ihre Bogen. Ich sandte zwei Ladungen Entenschrot mit schrecklicher Wirkung mitten unter sie. Die Eingeborenen zogen sich von dem Strande, auf welchem das Boot eben noch gelegen hatte, zurück.

Nachdem ich dem Angriff der Wilden Einhalt getan hatte, half ich einem meiner Leute in das Boot und befahl ihm, den andern die Hand zu reichen, während ich meine großen Flinten, die Eingeborenen fortwährend im Auge behaltend, wieder lud. Es lief eine ungefähr 100 m lange Landspitze in den See, welche der Bucht Schutz gewährte. Einige der Eingeborenen stürmten dorthin, aber dieser exponierte Punkt lag vollständig innerhalb der Schußweite meiner Flinten, und sie wurden zum Rückzug genötigt.

Die Mannschaft ergriff ihre Büchsen, ich befahl ihr aber, sie für jetzt unbenutzt zu lassen und die Bodenbretter aus dem Boot zu reißen und sie als Ruder zu gebrauchen; denn es rückten jetzt zwei Flußpferde mit offenen Mäulern gegen uns vor, und nachdem wir der wilden Bande an der Küste wahrlich nur mit knapper Not entkommen waren, schien es, als ob wir nebst unserm Boot nun noch im Wasser zermalmt werden sollten. Eins der Flußpferde ließ ich bis auf 10 m herankommen, zielte dann zwischen seine Augen und durchbohrte seinen Schädel mit einer sechslötigen Kugel, und auch das zweite erhielt eine solche Wunde, daß wir nicht weiter von ihm belästigt wurden.

Mittlerweile waren die geprellten Wilden, voll Wut, ihre Beute entwischen zu sehen, nach einer kurzen Beratung an den Strand geeilt, um zwei Kanus zu bemannen, welche in der Nordwestecke der Bucht auf das Trockene gezogen waren. Zweimal schoß ich Männer nieder bei ihren Versuchen, das Boot flottzumachen; aber die Wilden waren beharrlich, stießen die Boote endlich ins Wasser und verfolgten uns ganz wacker. Zugleich sahen wir zwei andere Kanus von der östlichen Seite der Insel her an der Küste herabkommen.

Da an ein Entkommen nicht zu denken war, so blieben wir, nachdem wir aus der Bucht herausgefahren waren, ruhig auf unserer Stelle und warteten auf sie.

Meine Elefantenflinte wurde unter diesen Umständen mit explodierenden Kugeln geladen. Vier Schüsse töteten fünf Mann und brachten zwei der Kanus zum Sinken. Die beiden andern zogen sich zurück, um ihre Freunde aus dem Wasser zu retten. Sie machten keine weitern Angriffsversuche mehr, aber einige von den Leuten an der Küste hatten es doch ermöglicht, die Landspitze zu erreichen, und als wir unsere Ruder wieder ergriffen, hörten wir eine Stimme schreien: „Geht und sterbt in dem Njansa!" Wir sahen auch noch, wie sie ihre Pfeile abschossen, welche aber ohne Schaden anzurichten einige Meter hinter uns ins Wasser fielen. Wir waren gerettet!

Es war 5 Uhr nachmittags. Wir hatten nur vier Bananen im Boot und waren 12 hungrige Menschen. Wenn wir einen kräftigen und günstigen Wind bekamen, so hätte ein Tag und eine Nacht hingereicht, um uns die Rückkehr in unser Lager möglich zu machen; wenn uns aber der Wind entgegen war, so hätte die Reise noch einen Monat lang dauern können. Wohin sollten wir uns aber nach den in Makongo, auf der Alice-Insel und in Bumbireh gemachten Erfahrungen wenden, um Nahrungsmittel zu erhalten? Wasser hatten wir im Überfluß, es hätte genügt, um den Durst aller Heere der Welt ein Jahrhundert lang zu löschen; aber Speise? Wohin sollten wir fahren, um sie zu erlangen?

Eine frische Brise kam von der Insel her. Wir zogen das Sturmsegel auf, in der Hoffnung, daß der Wind für einen südöstlichen Kurs günstig bleiben würde. Aber um 7 Uhr abends trat eine absolute Windstille ein. Wir nahmen unsere improvisierten Ruder — jene dünnen, schwachen Bodendielen — wieder zur Hand. Unsere Fahrgeschwindigkeit betrug ungefähr 1¹/₅ km in der Stunde!

Die ganze Nacht hindurch mühten wir uns ab, uns gegenseitig aufzumuntern und zu trösten. Am Morgen war aber nicht ein Fleck Landes zu sehen; alles ringsum nur eine schrankenlose Kreisfläche grauen Wassers.

Um 9 Uhr vormittags erhob sich eine günstige Bö und trieb uns ungefähr 12 km nach Süden; um 10.30 Uhr wurde es wieder ruhig, wir ruderten aber noch immer unaufhörlich fort. Bei einbrechender Nacht waren wir ungefähr 11 km von einer südlich von uns gelegenen Insel entfernt, und wir machten riesige Anstrengungen, um sie zu erreichen; aber es erhob sich ein heftiger Wind aus Südwesten, gegen welchen anzukämpfen nutzlos war. Die Mannschaft war ermüdet und erschlafft, nachdem sie 25 Stunden ohne Nahrung gerudert hatte.

Wir überließen uns den Wellen, dem Regen, der in Strömen niedergoß, und dem uns forttreibenden Sturm. Auf und nieder stiegen wir auf den großen Wogen, wurden von einer Seite zur andern geschleudert, rundherum geschwenkt, in dunkle Wasserfurchen getaucht und im Flugwasser gebadet. Wir schöpften dann das Boot aus und setzten uns wieder nieder. Um Mitternacht ließ der Sturm nach, und der aufgehende Mond warf sein zauberhaftes Licht über die Oberfläche des Sees, mit seinen in langen Linien sich hebenden Wogen, die noch immer hohe mit weißlichem Schaum bedeckte Kämme zeigten. Noch immer stiegen wir bald auf die Wogenberge empor, bald tauchten wir zwischen ihnen nieder. Der Mond schien nun hell auf das Boot und seine elenden Insassen, indem er die sich niederduckenden Gestalten matter und verzweifelter Geschöpfe, denen sich bisweilen tiefe, mein Herz zerreißende Seufzer entrangen, geisterhaft beleuchtete. „Fasset Mut, meine Jungen, grübelt nicht nach über den Fluch der Leute von Bumbireh; die Flüche schlechter Menschen verwandeln sich bisweilen in Segnungen", sagte ich, um sie zu ermutigen. Eins der Querhölzer wurde zerschnitten, wir machten Feuer, und durch einige Tassen von dem Kaffee, den ich vom Oberst Linant bei Mtesa erhalten hatte, fühlten wir uns einigermaßen erfrischt. Danach schliefen sie alle, vollständig ermattet, ein, ich aber wachte, mit meinen Gedanken beschäftigt.

Der Morgen kam, der Morgen des 30. April, und obgleich meine Leute seit dem 27., 10 Uhr vormittags, nur vier Bananen unter sich geteilt und außerdem bloß je eine Tasse Kaffee getrunken hatten, rafften sie sich doch 68 Stunden später, als ich sie dringend bat, ihre Ruder wieder zu ergreifen, damit wir eine höchstens 20 km südlich von uns gelegene Insel erreichen möchten, wieder auf und folgten meiner Aufforderung mit einem so männlichen Betragen, daß sie meine Bewunderung erregten. Leider konnten sie nur mit heroischem Willen, aber mit wenig Kraft entsprechen.

STANLEY ALS FELDHERR EINES KAISERS

Stanleys nächstes Ziel war der Albert-See im Norden Ugandas, aber dazu brauchte er seine gesamte Mannschaft, auch wenn der Kaiser ihm jede Hilfe versprochen hatte. Diesmal war die Reise von Kagesi nach Norden äußerst verlustreich, denn die 30 Kanus, die Stanley sich von einem Nachbarstamm mietete, waren schwerfällig und morsch. Als sie am 15. August bei Mtesa wieder eintrafen, hatte dieser ein besonderes Geschenk für sie: Die von den Bumbireh geraubten Ruder, die einem seiner Würdenträger als Kuriosität angeboten worden waren. Quasi als Gegenleistung sollte Stanley mit ihm in den Krieg ziehen, den der Kaiser gegen seine Erzfeinde, die Wavuma zu führen beabsichtigte, und da Stanley die benötigten 1000 Krieger für seine Expedition zum Albert-See ohnehin nicht vor Beendigung des Kriegszuges bekommen konnte, zog er mit. Diesmal konnte er sich auch als Feldherr eines Kaisers bewähren.

Am 14. September entschied sich der Kaiser von Uganda, den Wavuma, welche täglich frecher und prahlerischer wurden, eine Schlacht zu liefern. Am Morgen brachen Mtesas Befehlen gemäß 40 Waganda-Kanus aus dem Gestade vor unserm Lager hervor und fuhren nach der Nakaranga-Spitze, wo sie sich vor dem Dammwege, das Hinterteil Ingira und den Bug der Nakaranga-Spitze zukehrend, in Schlachtlinie aufstellten.

Dem Kaiser Mtesa folgten ungefähr drei Viertel seiner Armee, als er sich nach der Landspitze begab, um die Schlacht mit anzusehen, und mit ihm gingen die großen Kriegstrommeln, ungefähr 50, und Pfeifer, ungefähr 100 an der Zahl, ferner sehr viele Männer, welche mit Kieselsteinen gefüllte Kürbisse schüttelten, sowie die öffentlichen Ausrufer des Hofes; auch wahnwitzige, das Unglück abwendende Zauberer ermangelten nicht einen schrecklichen Lärm zu machen und den Sieg zu feiern.

An dem die Aussicht auf die Wasserstraße eröffnenden Bergabhange war auch eine sehr geräumige Hütte aufgebaut worden, und in diese zog sich Mtesa mit seinen Lieblingsfrauen zurück. Als der Kaiser Platz genommen hatte, kamen die „Baalspropheten" oder die Priester und Priesterinnen der Musimu oder der Zauberei, mehr als 100 an der Zahl, heran und überreichten ihm die Zaubermittel eines nach dem andern mit sehr langweiligen Zeremonien. Auf alle geruhte Mtesa mit seinem kaiserlichen Zeigefinger hinzuweisen.

Der Hauptpriester war ein sehr phantastisch gekleideter Tollhäusler. Um die schrecklichen Musimu oder bösen Geister zu besänftigen und geneigt zu machen, ist es gebräuchlich, vor dem Beginn einer Schlacht alle die wirksamen Zaubertränke oder Zaubermittel Ugandas vor den Monarchen zu bringen, damit er sie mit seinem Zeigefinger berühren oder wenigstens auf sie hinweisen möge. Sie bestehen aus toten Eidechsen, Holzstückchen, Haut, Nägeln von Leichen, Tierklauen und Vogelschnäbeln, die in abgeschmackter Weise mit einem geheimnisvollen Gemengsel von Kräutern und Blättern zusammengestellt und sorgfältig in verschiedene, mit buntfarbigen Perlen verzierte Gefäße eingeschlossen sind.

Während der Schlacht singen die Zauberer und Zauberinnen ihre Beschwörungsformeln ab und heben ihre Zaubermittel vor dem Feinde hoch empor, während die Träger der Kürbisklappern einen abscheulichen Lärm machen, der auf die Gehörnerven aller Menschen mit Ausnahme eines Zentralafrikaners höchst abspannend wirkt.

Mtesa und seine Armee hatten sich vollständig zum Kriege bemalt; und die vornehmsten Krieger trugen prächtige Leopardenfelle auf ihren Rükken, aber vor allen errangen die Wasoga durch den Glanz ihres Anzuges und ihre reichgeschmückte Ausrüstung den ersten Preis.

Der Befehlshaber Ankori und seine Offiziere waren wunderschön geputzt. Schneeweiße Straußfedern schmückten ihren Kopf, und Löwen- oder Leopardenfelle bedeckten ihren Rücken, während ihre Lenden mit schneeweißen, langhaarigen Affen- und Ziegenfellen umgürtet waren; selbst die Stäbe ihrer Lanzen waren mit Redern und Ringen von weißem Affenfell verziert.

Es wurde uns reichliche Zeit gewährt, alles dies zu beobachten und uns mit dem, was ein sehr aufregendes Schauspiel zu werden versprach, lebhaft zu beschäftigen und außerordentlich zu vergnügen, bevor alle Aufmerksamkeit auf die Schlacht gelenkt und von ihr absorbiert wurde. Die Zuschauer saßen auf dem Abhange des Nakaranga-Berges vom Wasserrande bis zum Gipfel hinauf, in zahllosen Reihen übereinander, Tausende über Tausende, gegen alles Unheil und jede Gefahr gesichert.

Nachdem die Kanus in eine Linie sich gereiht hatten, bewegten sie sich mit dem Hinterteil voran langsam auf Ingira zu. Die Wavuma blieben keine untätigen Zuschauer dieses Manövers, aber bis jetzt hatten sich ihre Krieger noch nicht eingeschifft. Sie waren eifrig dabei, sich zu sammeln, während die zur Verteidigung der Insel selbst Ausgewählten, mit den Weibern und Kindern, verschiedene Tausende an der Zahl, sich auf den Abhängen des gegenüberliegenden Berges auf der Insel Ingira niederließen. Die Binsen und das Unkraut, das sich am Wasserrande hinzog, war zu hoch und stand zu dicht, um die Zahl der Kriegskanus des Feindes genau schätzen zu können, aber man sah die braunangestrichenen, langen und emporgekrümmten Vorderteile sehr vieler aus dem lebhaften Grün der Bananenpflanzungen hervortauchen oder auf dem ansteigenden Rande der Insel jenseit ihres schilfbedeckten Randes bereits geordnet.

Die Waganda waren indes, ihre Schlachtlinie regelmäßig festhaltend, nahe genug an die Insel herangefahren, um mit ihren „Brown Beß"-Flinten eine Wirkung erzielen zu können, und sie begannen nun in einer stetigen und bedachtsamen Weise ihr Feuer zu eröffnen. Nach einer Weile gelang es ihnen auch, dem Feind einigen Schaden zuzufügen und ihn zur Aktion aufzureizen. Auf ein von ihren Anführern gegebenes Zeichen schossen aus dem Schilf und den Binsen die Kanus der Wavuma hervor, und laut gellendes Kriegsgeschrei ausstoßend, trieben die Ruderer die Kanus, 194 an der Zahl, mit außerordentlicher Schnelligkeit von allen Seiten vorwärts gegen die Schlachtlinie der Waganda, welche sich jetzt langsam nach dem Dammwege zurückzuziehen anfingen.

Auf dem äußersten Ende dieses Weges war eine Schar von hundert Musketieren mit vier kleinen Boothaubitzen unter dem Befehl des Katekiro und des Mtesaschen Faktotums Tori vereinigt.

Das wütende Vorrücken der Wavuma veranlaßte die Waganda bald zu einer Beschleunigung ihrer Bewegungen, und als sie an den Dammweg herankamen, teilten sie ihre Linie und boten, mit Ungestüm an beiden Seiten des Weges hinrudernd, dem Katekiro und Tori die günstigste Gelegenheit, an den Verfolgern ihre Mütchen zu kühlen. Da es aber den Kanonieren an Geschicklichkeit, den Musketieren an Kaltblütigkeit mangelte, so wurde den Wavuma nur sehr wenig Schaden zugefügt, aber das Knattern der Gewehre und das Schwirren der Blei- und Eisengeschosse hielt sie dennoch vom weitern Vordringen ab und veranlaßte sie sogar zum Rückzug, der mich an erschrockene Krokodile erinnerte, welche um ihre Beute betrogen sind. Dies war die ganze Schlacht, aber so kurz sie auch war, hatte sie mir doch einen genügenden Beweis dafür geliefert, daß Mtesa nicht imstande sein würde, die von einem so entschlossenen Feinde besetzte und verteidigte Insel Ingira einzunehmen. Nach einer Weile zog sich Mtesa vom Kampfplatz zurück, die Armee kehrte in ihre Quartiere, die Kanus der Waganda fuhren zu ihrem Sammelplatz zurück, sich dabei so dicht als möglich an der Küste von Nakaranga haltend und die Wavuma als Herren der Lage zurücklassend.

Während des Nachmittags hielt Mtesa einen großen Empfang, und als alle versammelt waren, sprach er sich in seiner öffentlichen Anrede dahin aus, daß in wenigen Tagen eine zweite Schlacht geliefert werden solle; da er aber sehr wichtige Nachrichten erhalten habe, so beabsichtige er noch ein wenig zu warten, um sich erst von ihrer Wahrheit zu vergewissern.

Die Arbeiten am Dammwege rückten unterdes nur langsam vor. Das lange Harren ward mir sehr lästig, aber meine Zeit wurde doch nützlich verwendet, hauptsächlich auf dem König Mtesa und seinen vornehmsten Häuptlingen erteilten Unterricht, dann aber auch auf die Einsammlung von allerhand Notizen und Informationen, die mir das Verständnis der verwickelten politischen Verhältnisse des Reiches ermöglichen könnten.

Am 18. September wurde in früher Morgendämmerung den Häuptlingen plötzlich der Befehl erteilt, sich zur Schlacht bereit zu halten. Die erste Kunde, die ich davon erhielt, ging von den gewaltig großen Kriegstrommeln aus, welche sowohl die Seeleute als auch die Krieger zum Kampfe aufriefen.

Aber zuerst wurde eine Bursah oder Ratsversammlung abgehalten. Obgleich ich eigentlich recht neugierig war, durfte ich mir doch nicht den Schein geben, als ob ich mich allzusehr für den Krieg interessierte. Sabadu, der als wachhabender Offizier anwesend sein mußte, würde mir später sicherlich über alles, was vorfiel, genau berichten.

In der Nacht überbrachte mir denn auch der geschwätzige Sabadu, auf dessen vortreffliches Gedächtnis ich mich, wie ich aus Erfahrung wußte, verlassen konnte, einen treuen Bericht über alle Vorgänge; ich schalte denselben gleich hier im Interesse meiner Erzählung ein und halte es für das Beste, ihn dem Leser genauso zu geben, wie ihn Sabadu in Worte faßte:

„Ach Herr! Du hast einen großartigen Anblick versäumt. Ich habe Mtesa niemals so gesehen, wie er heute war. Oh, es war entsetzlich! Seine Augen waren so groß wie meine Fäuste. Sie sprangen aus den Augenhöhlen heraus und glühten wie Feuer. Wie haben da die Häuptlinge gezittert und gebebt! Sie waren wie die Kinder, welche winselnd und schreiend um Verzeihung bitten. Er sagte zu ihnen: ‚Worin bin ich denn ungütig gegen euch gewesen, daß ihr nicht für mich kämpfen wollt; denn meine Sklaven, welche nach Usogo gesandt worden waren, sind mit der Nachricht zurückgekehrt, es sei dort keine Seele mehr, die sich nicht entweder mit mir oder bereits mit den Wavuma vereinigt hätte? Wer hat euch jene Kleider, jene Flinten gegeben, die ihr tragt? Bin ich es nicht gewesen? Hat denn mein Vater Suna seinen Häuptlingen so schöne Dinge gegeben, wie ich sie gebe? Nein; und doch fochten sie für ihn, und die Kühnsten unter ihnen würden nicht gewagt haben, ihm zur Flucht zu raten, wie ihr dies getan habt. Bin ich nicht Kabaka? Ist dies nicht ebenso gut Uganda, wie meine Hauptstadt? Habe ich nicht mein Heer hier? Und du, Katekiro, warst du nicht ein Bauer, ehe ich dich kleidete und dich zum Häuptling von Uddu erhob? Und du, Tschambarango, wer hat dich zum Häuptling gemacht? Und du, Mkwenda, und du, Sekebobo, und ihr, Kimbugwe, Kitunsi, Kaima, Kangau, Kagu, sagt, ist es nicht Mtesa gewesen, der euch zu Häuptlingen gemacht hat? Waret ihr etwa Prinzen, daß ihr kamet, um zu Häuptlingen gemacht zu werden, oder waret ihr Bauern, welche zu Häuptlingen zu machen mir beliebte? Aha! Ich werde heute sehen, wer nicht kämpfen will; ich will heute sehen, wer es wagt, vor den Wavuma davonzulaufen. Bei dem Grabe meines Vaters! Ich will den Mann über einem schwachen Feuer langsam verbrennen, welcher davonläuft oder seinen Rücken wendet, und der Bauer, welcher sich heute auszeichnet, soll den Genuß von seinem Lande haben. Gebt nun acht auf euch selbst, ihr Häuptlinge! Ich werde mich heute niedersetzen und jedem Feigling auflauern, und den Feigling will ich verbrennen. Ich schwöre es!' Augenblicklich fiel der Katekiro mit seinem Antlitz auf den Erdboden und rieb sein Gesicht an demselben und rief: ‚Kabaka (Kaiser), schicke mich heute in den Kampf, habe acht auf meine Flagge, und wenn ich den Wavuma meinen Rücken zukehre, so ergreife mich und laß mich verbrennen oder in kleine Stücke schneiden.' Dem Beispiele des Katekiro folgten die andern Heerführer, und sie schworen alle, tapfer wie Helden zu kämpfen.''

Ungefähr um 1/29 Uhr vormittags, als ich auf der Landspitze Nakaranga stand, näherte sich Trommelwirbel, und ich erkannte daraus, daß die Ratsversammlung zu Ende war und daß die Schlacht bald beginnen würde. Mtesa konnte, nach seinen Blicken zu urteilen, für alles eher gelten als für einen Christen. Flammen der Wut schossen aus seinen Augen, und Pagen, Weiber, Häuptlinge, seine ganze Umgebung schienen von Angst und Scheu ergriffen. Ich hatte damals noch keine Kenntnis von den Vorgängen in der eben abgehaltenen Versammlung; als ich aber die Abwesenheit Tschambarangos und verschiedener der großen Wakungu oder Generale bemerkte, glaubte ich sicher annehmen zu können, daß um Mtesa kurz vorher eine Szene gespielt haben müsse.

Gleich darauf ertönten andere Trommeln von der Wasserseite her, und die schönen Kanus von Uganda erschienen vor meinen Blicken. Die gesamte, 230 Fahrzeuge zählende Kriegsflotte schwamm – ein großartiger Anblick – auf den ruhigen, grauen Gewässern des Kanals.

Die Schlachtlinie wurde, wie ich bemerkte, von Tschambarango gebildet, der die aus 50 Kanus bestehende rechte Flanke befehligte; Sambusi,
Mukavia, Tschikwata und Saruti, alles Unterbefehlshaber, standen mit
100 Kanus unter dem Kommando des kaiserlichen Haushofmeisters Kauta
und ordneten sich zur Bildung des Zentrums; die linke Flanke befehligte
der tapfere Mkwenda, der 80 Kanus bei sich hatte. Tori hatte das Kommando über eine Schar Musketiere und war mit seinen vier Haubitzen auf
dem Dammwege postiert, der mittlerweile von der Küste aus eine Länge
von über 180 m erhalten hatte.

Auf die oben angegebene Weise bewegte sich nun die ungefähr 16 000
Mann enthaltende Flotte zum Angriff auf Ingira vorwärts. Das Zentrum,
das von den Flanken verteidigt wurde, welche die hintersten Kanus der
Wavuma bedrohen sollten, wenn sich dieselben nahe an den Dammweg
heranwagen würden, ging nun mit fester Entschlossenheit vor bis auf
etwa 25 m von Ingira und überschüttete die Schleuderer mit einem sehr
mörderischen Kugelregen. Trotzdem hielten diese, in der Meinung, daß
die Waganda die Insel sofort erstürmen wollten, in ihrer exponierten Stellung tapfer Stand und zeigten sich zum Kampfe entschlossen. Sie waren
aber doch nicht imstande, diese ihre mutige Haltung lange zu bewahren.
Mkwenda bewegte sich dann von der Linken heran und griff mit seinen

Eine der großen Seeschlachten zwischen den Waganda und den Wavuma, im Kanal zwischen
der Insel Ingira und dem Cap Nakaranga

Musketieren die Wavuma auf der Rechten an, suchte ihre Kanus auszuspüren und setzte ihnen überhaupt von dieser Seite mit ganz besonderm Ungestüm zu.

Als die Wavuma den Kampf sich einer Krisis nähern sahen, so bemannten sie, nicht gewillt, sich in zahmer Mutlosigkeit abschlachten zu lassen, ihre Kanus, und wie in der ersten Schlacht schossen 196 plötzlich aus den Binsen am Ufer Ingiras unter laut gellendem Kriegsgeschrei hervor; die Linien der Waganda wichen darauf bis zur Mitte des Kanals zurück, wo sie aber kaltblütig und tapfer Stellung behaupteten. Als sich das Zentrum der Ugandalinie vor dem Dammwege nach beiden Seiten hin teilte und den hitzig anstürmenden Feind sichtbar werden ließ, zielte Tori mit seinen Haubitzen und feuerte auf eine Gruppe von ungefähr 20 Kanus, von denen er mehr als die Hälfte ganz und gar zerschmetterte. Er lud dann schnell wieder und schoß mehrere $7^{1}/_{2}$ cm lange Eisenbolzen mit schrecklicher Wirkung unter sie. Dieses kaltblütige tapfere Benehmen der Waganda bewog die Wavuma, sich wieder nach ihrer Insel zurückzuziehen, und wir sahen aus vielen Kanus Tote und Verwundete heraustragen. Die Waganda wurden aber nach dem Nakaranga-Ufer zusammengerufen, um die Beglückwünschungen des Kaisers und den Beifall der ungeheuern Menschenmenge entgegenzunehmen. Mtesa ging bis zum Rand des Wassers hinunter, um seine Zufriedenheit mit ihrem tapfern Verhalten auszudrükken.

„Geht noch einmal auf sie los", sagte er, „und zeigt ihnen, was fechten heißt!" Nochmals wurde die Schlachtlinie gebildet, und nochmals stürzten die Wavuma aus ihren Verstecken im Rohr und Schilf mit der Schnelligkeit hungriger Haifische hervor, wobei das Wasser unter den hastigen Schlägen ihrer Ruder aufschäumte und ihr gellendes Geschrei die Lüfte durchdrang. Es war eine der belebtesten und aufregendsten Szenen, denen ich je als Zuschauer beigewohnt habe; aber infolge des Schreckens vor dem Feuertode, welchen ihr gefürchteter Monarch ihnen angedroht hatte, zeichneten sich die Waganda durch ihre kaltblütige und methodische Tapferkeit aus, die Wavuma aber, wie bei der frühern Affäre, durch Unerschrockenheit und den Mut der Verzweiflung.

Zum drittenmal wurden die Waganda in die Schlacht getrieben, und zum drittenmal stürzte der unbezwingliche und verwegene Feind auf sie los, um in einer Schlacht getötet oder doch schwer verwundet zu werden, in der er nicht die geringste Chance hatte, Schlag um Schlag zurückzugeben, denn er lief dabei stets Gefahr, durch das Geschütz und die Musketen, welche auf dem Damm aufgestellt waren, weggefetzt zu werden.

Eine dritte Schlacht wurde wenige Tage später zwischen 178 Wavuma- und 122 Waganda-Kanus geliefert. Wenn die Waganda das feurige und stürmische Wesen ihrer Feinde besessen hätten, so würden sie an diesem Tage den Krieg zur Entscheidung gebracht haben, denn die Wavuma waren recht entmutigt.

Nach dem gewöhnlichen Verzuge durch die dem Kampf vorhergehenden Warnungen und Ermahnungen entspann sich am nächsten Tage eine vierte Schlacht zwischen 214 Kanus der Waganda und 203 der Wavuma. Es trat deutlich hervor, daß letztere den Sieg errangen, denn sie jagten die Waganda vor sich her, bis sie kaum noch 40 m vom Nakaranga-Kap entfernt waren. Nur die Musketiere und die Haubitzen auf dem Dammwege, welche in so großer Nähe viele ihrer Leute hinrafften, vertrieben sie wieder von ihrer Beute. Die Waganda machten an diesem Tage keinen zweiten Angriffsversuch, denn sie waren nach der entschiedenen Niederlage, die sie erlitten, entmutigt, und ihre Linien hatten sich aufgelöst.

Die Flotte der Waganda kehrte zu ihrem Sammelplatze zurück, während ihnen die höhnenden und spöttischen Zurufe der unerschrockenen Wavuma in die Ohren klangen. Als ich nach der Ursache des Unglücks forschte, erfuhr ich, daß Mtesas Pulvervorräte fast erschöpft seien und daß jede Flinte kaum mehr als je einen Schuß abgeben könne. Diese Tatsache beunruhigte ihn und veranlaßte ihn zugleich, mich zu bitten, daß ich ihm mein im Lager zu Dumo aufbewahrtes Schießpulver leihen möchte. Ich schlug dies in einem so entschiedenen Tone ab, daß er das Gesuch nicht wiederholte.

Wir schrieben jetzt den 5. Oktober, und ich hatte mein Lager am 12. August verlassen. Es war notwendig, daß ich mich irgendwie an dem Kriege beteiligte und ihn zu beendigen suchte. Dennoch wußte ich kaum, wie ich wohl wirksam eingreifen könnte, um für alle Parteien vorteilhafte Resultate zu erzielen. Denn obgleich meine eigenen Interessen und die Wohlfahrt der Expedition in den Erfolg der Waganda mitverwickelt und dabei gewissermaßen auf das Spiel gesetzt waren, und obgleich ich mich der Partei Mtesas angeschlossen hatte, so hatten doch die Wavuma durch ihre stolze Verwegenheit und ihren Heldenmut meine vollsten Sympathien erweckt. Ich lenkte daher alle meine Gedanken mit äußerster Energie auf die Lösung des Problems, wie ich wohl keinen verletzen und doch alle befriedigen könne.

Es war klar, daß die Wavuma ihre Rechte nicht aufgeben würden, ohne daß dabei noch entsetzlich viel Blut vergossen würde; es leuchtete aber gleicherweise ein, daß Mtesa sie nicht ohne irgendeine Entschädigung oder Genugtuung aus den Händen lassen, daß er mich in meinen Erforschungsplänen nicht unterstützen würde, wenn ich ihm nicht in irgendeiner Weise zu einem befriedigenden Ende des Kampfes verhelfen würde.

Endlich ersann ich einen Plan, von dem ich mir Erfolg versprach; aber ehe ich denselben zur Ausführung bringen konnte, ereignete sich ein Zwischenfall, der mich zu einer unmittelbaren Intervention aufforderte.

Es war Mtesa mit Hilfe seiner Spione gelungen, einen der vornehmsten Häuptlinge der Wavuma gefangenzunehmen, und seine Wakungu und die angesehensten Fremden waren eingeladen worden, der Hinrichtung dieses Anführers beizuwohnen.

Als ich auf dem dazu bestimmten Platze ankam, war schon eine große Masse von Reisigbündeln angehäuft, um ihn zu verbrennen. Mtesa glaubte durch diese Art der Bestrafung den Wavuma einen gewaltigen Schrecken einjagen zu können.

Mtesa war in sehr heiterer Stimmung, als ich in die Versammlung trat; er vermochte nicht das Frohlocken zu verbergen, das er bei der schrecklichen Rache empfand, die er für die Ermordung seines Lieblingspagen Webba und seiner Friedensgesandtschaft zu nehmen im Begriff stand.

„Nun, Stamlih", sagte er, „wenn der Häuptling an den Schandpfahl gebunden ist" — es war ein ungefähr 60 Jahre alter Mann —, „dann sollst du sehen, wie ein Häuptling von Uvuma stirbt. Er soll gleich verbrannt werden. Und die Wavuma werden erbeben, wenn sie von der Art seines Todes hören."

„Ach, Mtesa", sagte ich, „haben Sie die Worte des guten Buches, aus dem ich Ihnen so oft vorgelesen habe, vergessen? ‚Wenn dein Bruder dich beleidigt, so sollst du ihm oftmals vergeben.' ‚Liebet euere Feinde.' ‚Tut Gutes denen, die euch hassen.' ‚Du sollst deinen Nächsten lieben wie dich selbst.' ‚Vergib uns unsere Schuld, wie wir vergeben unsern Schuldigern.'"

„Aber dieser Mann ist in Uvuma geboren, und die Wavuma führen Krieg mit uns. Hast du Webba vergessen?"

„Nein, ich gedenke gar wohl des armen kleinen Webba. Ich sah ihn sterben und war tief betrübt."

„Soll denn dieser Mann nicht sterben, Stamlih? Soll ich nicht Blut für Webba haben, Stamlih?"

„Nein."

„Aber ich werde es haben, Stamlih. Ich will diesen Mann zu Asche verbrennen. Ich will jeden Feind verbrennen, den ich fange. Ich will Blut haben, Blut! Das Blut aller Feinde in Uvuma."

„Nein, Mtesa, kein Blut mehr! Es ist Zeit, den Krieg zu beendigen."

„Was sagst du!" rief Mtesa mit einem Wutausbruch, wie Sabadu so drastisch geschildert hatte. „Ich will jede lebende Seele in Uvuma töten, jeden Pisangbaum will ich niederhauen und jeden Mann, jedes Weib und Kind auf seiner Insel verbrennen. Beim Grabe meines Vaters, das will ich!"

„Nein, Mtesa, Sie müssen von dieser wilden, heidnischen Richtung Ihrer Gedanken durchaus ablassen. Nur ein Heide träumt immer von Blut und spricht von Blutvergießen, wie Sie es tun. Es ist nur der Heidenknabe Mtesa, der jetzt spricht. Es ist nicht der *Mann* Mtesa, den ich vor mir sah und zu meinem Freunde machte. Es ist nicht ‚Mtesa der Gute', den, wie Sie selbst sagten, sein Volk liebt. Es ist nicht Mtesa der Christ, es ist ein Wilder. Bah! Ich weiß nun genug von Ihnen, ich habe Sie jetzt kennengelernt."

„Stamlih! Stamlih! Warte noch kurze Zeit, und du wirst Weiteres sehen. Worauf wartet ihr denn noch?" fragte er, sich plötzlich zu den Henkern wendend, welche auf jeden seiner Blicke achtgaben.

Augenblicklich wurde der arme Mann gefesselt; aber plötzlich aufstehend, sagte ich zu Mtesa: „Vernehmen Sie nur noch ein Wort. Der weiße Mann spricht nur einmal. Hören Sie auf mich, zum letzten Mal. Sie erinnern sich der Geschichte des Kintu, die Sie mir erst neulich erzählt haben. Er verließ das Land Uganda, weil es nach Blut roch. So wie Kintu Uganda in uralten Zeiten verließ, so werde ich es verlassen, um nie dahin zurückzukehren. Heute blickt Kintu auf Sie aus dem Geisterreiche herab, und so wie er Ma'anda wegen der Ermordung seines treuen Dieners Vorwürfe machte, so macht er Ihnen heute durch mich Vorwürfe. Ja, lassen Sie jenen armen alten Mann töten, und ich werde Sie heute noch verlassen, wenn Sie mich nicht noch dazu töten, und von Sansibar bis Kairo werde ich jedem Araber, dem ich begegne, erzählen, was für ein blutgieriges Tier Sie sind, und durch alle Länder der Weißen werde ich es mit lauter Stimme verkünden, welch eine gottlose Handlung ich Mtesa verrichten sah, und wie er neulich fortlaufen wollte, weil er eine alberne alte Frau sagen hörte, daß die Wasoga gegen ihn zu Felde zögen. Wie muß Ihr großer Ahn, der alte Kamanja, in dem Geisterreiche geweint haben, als er hörte, daß Mtesa im Begriff war wegzulaufen. Wie muß der löwenherzige Suna geseufzt haben, als er Mtesa vor Schrecken zittern sah, wie ein altes Weib einen bösen Traum gehabt hatte! Leben Sie wohl, Mtesa, Sie mögen den Mvuma-Häuptling töten, aber ich gehe fort und werde es nicht sehen."

Mtesas Antlitz war mir wie ein Porträt erschienen, in dem die Leidenschaften viehischer Wut und blutgieriger Mordsucht auf das treueste hervortraten; aber bei der Erwähnung Sunas und Kamanjas fingen Tränen an aus seinen Augen hervorzuquellen, und bald rollten sie in großen Tropfen an seinen Wangen herab, und er schluchzte laut wie ein Kind, während die Häuptlinge und Henker in unheimlicher Stille und mit düstern Blicken umherstanden. Der Kanonier Tori und der Haushofmeister Kanta sprangen indessen auf, wickelten ihren Kopfputz auseinander und wischten Mtesa dienstbeflissen das Gesicht ab. Der launische und eigensinnige Mann murmelte aber, während ich mich von dem Platze entfernte, hörbar:

„Sprach nicht Stamlih von dem Geisterreiche und sagte er nicht, daß Suna auf mich böse sei? Oh, es ist nur zu wahr, zu wahr, was er spricht! O Vater, vergib mir, vergib mir!" Danach stürzte er, wie man mir berichtete, plötzlich aus der Versammlung weg.

Eine Stunde später wurde ich durch einen Pagen zu ihm gerufen und Mtesa sagte:

„Stamlih soll nicht sagen, daß Mtesa ein schlechter Mensch ist, denn er hat dem Mvuma-Häuptling vergeben und wird ihm kein Haar krümmen. Wird Stamlih nun sagen, daß Mtesa gut ist? Und glaubt er, daß Suna sich nun freut?"

„Mtesa ist sehr gut", sagte ich und drückte ihm warm und herzlich die Hand. „Haben Sie Geduld, und alles wird noch gutgehen und Suna muß sich freuen, wenn er sieht, daß Mtesa gegen seine Gäste so freundlich ist. Ich habe Ihnen etwas zu sagen. Ich habe über Ihre hiesige Unruhe und Beschwerde nachgedacht, und ich möchte gern diesen Krieg zu Ihrem Besten ohne weitere Last und Sorge beendigen. Ich will einen Bau ausführen, der die Wavuma in Schrecken setzen und sie zum Frieden geneigt machen soll, aber Sie müssen mir eine Menge Leute geben, um mir dabei zu helfen, und in drei Tagen soll alles fertig sein. Mittlerweile lassen Sie den Wavuma von dem Dammwege aus zurufen, daß Ihnen ein Hilfsmittel zur Verfügung stehe, das so schrecklich sei, daß es dem Kriege auf einmal ein Ende machen werde."

„Nimm soviel du willst, tu alles, wozu du Lust hast; ich will dir Sekebobo und alle seine Leute geben."

Am nächsten Morgen brachte Sekebobo ungefähr 2000 Mann vor mein Quartier und bat mich, ihm meinen Willen kundzutun. Ich sagte ihm, er möge 1000 Mann beauftragen, lange, $2^1/_2$ cm starke Stäbe zu schneiden, ferner 300 Mann, $7^1/_2$ cm dicke und 2 m lange Stangen zu schneiden und 100, um gerade gewachsene lange, 10 cm dicke Bäume zu fällen, endlich 100, um alle diese Bäume abzuschälen und aus der Rinde Seile zu verfertigen. Ich wünschte ferner, daß er selbst und 500 Mann mir auf dem Strande Hilfe leisten möchten. Der Anführer teilte seinen Untergebenen meine Befehle mit und trieb sie zur Eile an, da dies des Kaisers Gebot sei. Er selbst begleitete mich zu der Kanuflotte.

Ich wählte drei von den am stärksten gebauten Kanus aus, jedes 21 m lang und 2 m breit, und nachdem ich eine schiefe Bodenfläche dicht am Wasserrande dazu hatte zurechtmachen lassen, ließ ich sie parallel zueinander und mit Zwischenräumen von je 1¹/₅ m hinaufziehen. Mit Hilfe dieser drei Kanus begann ich nun den Bau einer schwimmenden Plattform, indem ich die langen Bäume quer über die Kanus legte und sie fest an die Querbalken anbinden ließ, und sobald die 2 m hohen Stangen kamen, ließ ich sie sofort in aufrechter Stellung an die Querbalken der äußern Kanus festbinden, und als die 2¹/₂ cm starken Stäbe kamen, wurden diese zwischen die aufrechten Stangen eingeflochten, so daß der ganze Bau, als er fertig war, einer rechteckigen Palissadenverschanzung von 21 m Länge und 9 m Breite ähnlich sah, in welche die Speere der Feinde nicht eindringen konnten.

Schon am Nachmittage des zweiten Tages war diese kleine schwimmende Festung vollendet, und Mtesa kam mit seinen Häuptlingen zum Strande herunter, um sie vom Stapel laufen und zu einer Versuchsfahrt abschiffen zu sehen. Als die Häuptlinge sie sahen, fingen sie an zu kritisieren, sagten, sie würde untersinken, und teilten ihre Befürchtungen Mtesa mit, welcher ihnen halb und halb Glauben schenkte. Aber die Frauen des Kaisers sagten zu ihm: „Laßt das nur Stamlihs Sorge sein; er würde nicht ein solches Ding zusammenbauen, wenn er nicht wüßte, daß es schwimmen könnte."

Als ich den Befehl erhielt, den ganzen Bau vom Stapel zu lassen, wählte ich 60 Ruderer und 150 Musketiere von der Leibwache aus, die sich in der Nähe aufstellen mußten, um sich, sobald er flottgemacht sein würde, einzuschiffen. Zugleich wies ich Tori und einen meiner besten Ruderer an, die Fahrt desselben zu überwachen, und befahl ihnen, das Tor der Verschanzung, sobald sie vom Lande abstoßen würden, zu schließen. Ungefähr 1000 Mann wurden dann damit beschäftigt, den ganzen Bau vom Stapel zu lassen, und gar bald schwamm er auf dem Wasser, und als die Ruderer und die Besatzung, im ganzen 214 Mann, sich auf demselben befanden, so wurde es allen klar, daß er von den Wogen des Sees leicht und sicher getragen wurde —

Bewund'rung zollten alle der Erfindung,
Wie wünschte jeder, daß er sie erdacht!
So leicht erschien das Werk, einmal vollbracht,
Das, nicht erfunden, jüngst noch für unmöglich
Die meisten hielten —

und ein aus der Armee tausendstimmig ertönender Beifallsruf belohnte den Erfinder.

Mehrere lange blaue Kaniki und weiße und rote Zeuge wurden über den seltsamen Bau aufgezogen, welcher, wenn er rings fest verschlossen war, sich ganz von selbst auf geheimnisvolle Weise fortzubewegen und innerhalb seiner totenstillen undurchdringlichen Wände irgend etwas Schreckliches zu verbergen schien, wohl geeignet, in den Gemütern unwissender Wilder Angst zu erwecken.

Um 8 Uhr am Morgen des 13. Oktober war die Armee auf der Nakaranga-Spitze mit ungewöhnlicher Schaustellung ihrer Streitkräfte versammelt, und es wurde von der äußersten Spitze des Dammweges aus quer über den Kanal laut verkündet, daß sich ein Gegenstand des Schreckens nahen werde, der sie in Atome zersplittern werde, wenn sie sich nicht sofort entschlössen, Frieden zu schließen und die Machtvollkommenheit Mtesas anzuerkennen. Wie ich glaube, erklärten sie auch, daß alle die Musimu und Zaubermittel Ugandas sich darin befänden, denn ich hörte etwas über Musimu und Uganda sagen. Der alte Mvuma-Häuptling wurde auch an einem recht auffälligen Orte aufgestellt und dazu veranlaßt, sie zur Annahme der von Mtesa angebotenen Bedingungen aufzufordern, nämlich einer allgemeinen Amnestie, vorausgesetzt, daß sie in aller Form ihre Unterwerfung erklärten. Nach dieser mit feierlichem Ernst vorgetragenen Ankündigung erschien das mysteriöse Bauwerk, während die Trommeln entsetzlich wirbelten und eine Menge Hörner einen betäubenden Lärm machten.

Es war für mich aus mannigfachen Gründen ein Augenblick voll Spannung und banger Erwartung. Mit gleichmäßiger, sicherer Bewegung näherte sich das an sich gegen die wütendsten Angriffe speerwerfender Feinde gedeckte schwimmende Fort der Spitze des Dammweges und steuerte dann geradesweges auf die Insel Ingira los, bis es in einer Entfernung von nicht ganz 50 m anhielt.

„Sagt", rief eine Stentorstimme aus dem Innern, wo sonst Totenstille herrschte, „sagt, was wollt ihr tun? Wollt ihr Frieden schließen und euch dem Mtesa unterwerfen, oder sollen wir die ganze Insel in die Luft sprengen? Entschließt euch schnell und antwortet!"

Während einiger Augenblicke fand eine Beratung unter den von Furcht ergriffenen Wavuma statt. Es war dringend notwendig, daß sie sich sofort entschieden. Das schwimmende Bauwerk war gewaltig groß und gänzlich verschieden von allem, was sie bisher auf den Wassern des Sees gesehen hatten. Kein Mensch war zu erblicken, und doch sprach eine Stimme deutlich und laut. War es ein Geist, war es vielleicht der Wasimu des ganzen Landes Uganda, der den Gebeten ihres Feindes ein geneigteres Ohr geliehen hatte als denen der Wavuma? Es konnte ja irgendein teuflisches, entsetzliches Wesen enthalten, etwas den bösen Geistern Ähnliches, die ihre Phantasie in den Stunden der Traurigkeit und Melancholie angerufen hatte. Es lag eine so kecke Zuversicht in seinen noch dazu unerklärlichen Bewegungen, die überall hin Schrecken verbreitete.

„Sprecht!" wiederholte die ernste Stimme, „wir können nicht länger warten."

Uns von einer schweren Sorge befreiend, antwortete unverzüglich ein Mann, offenbar ein Häuptling: „Es ist genug: Mtesa soll zufriedengestellt werden. Wir wollen noch heute den Tribut einsammeln und wollen zu Mtesa kommen. Kehre zurück, o Geist, der Krieg ist zu Ende!" Darauf begann der geheimnisvolle Bau sich feierlich nach der kleinen Bucht zurückzubewegen, wo er verfertigt worden war, und die Viertelmillion wilder menschlicher Wesen, welche dieser außergewöhnlichen Szene zugeschaut hatte, stieß ein Freudengeschrei aus, das den Himmel zu zerspalten schien, und Ingiras steile Höhen warfen den an sie anprallenden Schall nach Nakaranga zurück.

Drei Stunden darauf kam ein Kanu von der Insel Ingira, das 50 Männer, darunter einige Häuptlinge, trug. Sie brachten mehrere Elefantenzähne und zwei junge Mädchen, die Töchter der beiden vornehmsten Häuptlinge von Uvuma, mit. Dies war der Tribut. Das Elfenbein wurde dem Haushofmeister zur Aufbewahrung übergeben und die jungen Mädchen in den Harem Mtesas aufgenommen, in dessen Geheimnisse einzudringen bei Todesstrafe verboten ist. Der alte Mvuma-Häuptling wurde an seinen Stamm ausgeliefert, und so wurde der langwierige Krieg am Abend des 13. Oktobers 1875 beendigt.

Lautes Freudengeschrei verkündigte von beiden Seiten, daß alle Parteien in gleicher Weise befriedigt waren. An demselben Nachmittag wurde die Flotte von Uganda, welche mittlerweile auf 275 Kanus reduziert worden war, von 20 Wavuma-Kanus bis nach Djindja geleitet, und nachdem sie fort war und die Namagongo-Spitze umfahren hatte, wodurch sie ihren frühern Feind von aller Furcht vor Verräterei befreite, unterhielten uns die

Das schwimmende Fort auf Ingira lossteuernd

Wavuma mit einer friedlichen Darlegung und Entfaltung ihrer Geschicklichkeit und boten uns die Gelegenheit, sie uns schärfer anzusehen, als uns
dies früher im Pulverdampfmöglich gewesen war.

Am 15. Oktober standen wir schon um 3 Uhr früh auf. Der fürchterliche
Lärm des „Djodjussu", des großen Riesen unter den Kriegstrommeln,
weckte uns auf. Sofort begannen wir einzupacken, aber kaum hatte ich
mich angekleidet, als meine Leute zu mir hereinstürzten und mir
zuschrien, daß das ungeheuere Lager an hundert verschiedenen Stellen
angezündet sei. Ich lief aus meiner Hütte hinaus und war erstaunt zu
sehen, daß die Flammen die Grashütten so schnell verzehrten, daß wir,
wenn wir uns nicht schon reisefertig gemacht hätten, in den unserigen
lebendig verbrannt wären. Schnell meine Pistolen ergreifend, befahl ich
den Wangwana, die Waren auf die Schultern zu nehmen und mir rasch zu
folgen, wenn ihnen ihr Leben lieb sei.

Die große Straße von Mtesas Quartieren nach der Nakaranga-Spitze
wurde, obwohl 30 m breit, doch durch die darüber hinleckenden Wogen
des wütenden Feuermeeres ungangbar gemacht. Es blieb nur ein Weg
offen, welcher am Abhange des Nakaranga-Berges hinauf und durch das
Lager der Wasoga führte. Wir waren aber keineswegs die einzigen, welche
auf diesem Wege entkommen wollten, denn ungefähr 60 000 menschliche
Wesen hatten denselben Pfad aufgesucht und waren fast zu einer festen
Masse eingekeilt, so groß war die Gefahr und zugleich die ängstliche
Hast, mit der alles aus dem unten wütenden Feuermeere zu entrinnen
suchte.

Es war eine großartige, aber wahrlich auch schreckliche Szene, und indem ich auf sie herabblickte, kam mir der Gedanke, daß die Waganda jetzt für die getöteten Wavuma mit ihren eigenen Händen an sich selbst Rache übten, denn unter einer Viertelmillion menschlicher Wesen müssen sich doch viele Kranke und deshalb zur schleunigen Flucht Unfähige befunden haben. Wie viele unverständige Weiber und Kinder, welche die Geistesgegenwart verloren, müssen außer jenen Kranken umgekommen sein, und wie viele mögen auch beim Vorwärtsstürzen einer so ungeheuern, aus dem brennenden Lager fliehenden Menschenmenge niedergetreten worden sein! Die weit herumzüngelnden, alles erreichenden Flammen, welche gefräßig das trockene, zunderähnliche Material der Hütten verschlangen und durch einen heftigen, vom See her wehenden Wind angefacht wurden, benahmen mir mit ihrem Gluthauch den Atem, und mehrmals hatte ich ein Gefühl, als wenn ich bis ins innerste Lebensmark ausgedörrt würde; aber mit niedergebeugten Köpfen stürmten wir blindlings vorwärts, keinem andern Führer folgend als dem Instinkt der Selbsterhaltung.

Sobald ein passender Augenblick mir dies erlaubte, schaute ich mich um nach den Nachzüglern meiner Reisegesellschaft und hielt sie durch strenge Befehle zusammen; aber drei oder vier waren schon nahe daran, erschöpft liegen zu bleiben, ehe wir kühlere Luft einatmeten und uns zu unserer glücklichen Rettung beglückwünschen konnten.

Aufgebracht über ein so mörderisches Verfahren – denn ich legte in meinen Gedanken Mtesa diese verbrecherische Torheit zur Last – ließ ich meine Mannschaft weit von der Route der Waganda-Armee entfernt marschieren, und obgleich mich Mtesa wiederholt und dringend auffordern ließ, mich seinen Begleitern anzuschließen, lehnte ich dies doch ab, solange er mir noch nicht erklärt hätte, weshalb er den Befehl zur Anzündung des Lagers erteilt habe, ehe er seinen Leuten und mir selbst, seinem Gaste, dies rechtzeitig angezeigt habe. Sein Bote sprach ihn aber sogleich von einer so groben Sorglosigkeit frei und teilte mir mit, daß Mtesa verschiedene Personen habe verhaften lassen, die wegen der Anzündung des Lagers in Verdacht ständen, und daß er selbst manchen Verlust an verbrannten Waren und Weibern habe erleiden müssen. Erfreut, daß nicht Mtesa der Urheber der Katastrophe sei, übersandte ich ihm darauf meine Salaams und gab ihm das Versprechen, daß ich in Ugungu, auf der Uganda gehörenden Seite der Ripon-Fälle, wieder mit ihm zusammentreffen wollte. Dies geschah auch am 18. Oktober.

MIRAMBO, EIN AFRIKANISCHER GENTLEMAN

Die Expedition zum Albert-See war nur ein halber Erfolg. Die Hilfstruppen Mtesas waren das Marschieren nicht gewohnt und weigerten sich, schließlich doch ans Ziel gelangt, ihm zu helfen, die Kanus über das steile Ufer in den See hinabzulassen. Sie wollten nichts als zurück. Viel später stellte sich zu Stanleys Beschämung auch heraus, daß dies gar nicht der Albert-See war. Dafür hatte er einen neuen, den später Albert-Edward-See genannten, entdeckt.

Ohne die Ugander, nur mit seinen eigenen Leuten, wandte er sich dann nach Süden zum Tanganyika-See, den er noch einmal, wieder mit 11 Mann, in der „Lady Alice" umfuhr, darauf ging es weiter nach Westen, dem Lualaba entgegen, den Stanley fortan Livingstone nennen wollte. Ein Name, der sich aber nicht durchzusetzen vermochte. Zuvor aber gab es noch eine merkwürdige Begegnung.

Mabruki sagte: „Wir haben Mirambo gesehen. Er ist angekommen. Wir haben uns auch die Ruga-Ruga angesehen, und es sind ihrer viele, und alle sind mit Gumeh-Gumeh bewaffnet. Ungefähr hundert sind mit karmesinrotem Zeug und weißen Hemden bekleidet, wie unsere Wangwana. Mirambo ist kein alter Mann."

Katschetsche berichtete: „Mirambo ist nicht alt, er ist jung; ich muß älter sein als er. Er ist ein sehr hübscher Mann und gut gekleidet, ganz wie ein Araber. Er hat den Turban, das Fes und den Zeugrock eines Arabers und trägt einen Säbel. Er trägt auch Pantoffeln, und seine Unterkleider sind sehr weiß. Ich möchte behaupten, daß er ungefähr anderthalbtausend Mann bei sich hat, und sie sind alle mit Musketen oder mit Doppelflinten bewaffnet. Mirambo hatte drei junge Männer bei sich, die ihm seine Flinten tragen. Mirambo ist wahrhaftig ein großer Mann!"

Unterdes hörte man die Weiber, welche vor dem größten König in Unjamwesi eine große Achtung hegten, noch immer in langgezogenen und hellen Tönen ihre gellenden Lu-lu-lus schreien.

Gleich darauf kam Manwa Sera, der erste Hauptmann der Wangwana, in meine Hütte, um mir drei junge Männer vorzustellen – Ruga-Ruga (Banditen), wie wir sie bisher nannten, jetzt aber nicht länger nennen durften, um bei ihnen nicht anzustoßen. Sie waren ganz hübsch in feine rote und blaue Zeugröcke und schneeweiße Hemden gekleidet und hatten große Turbans um ihre Köpfe gewunden. Dies waren Vertrauenspersonen von Mirambo und Hauptleute seiner Leibwache.

Die Amazonen des Kaisers Mtesa

„Mirambo entsendet seine Salaams an den Weißen", sagte der Vornehmste unter ihnen. „Er hofft, daß der Weiße freundlich gegen ihn gesinnt ist und die Vorurteile der Araber nicht teilt und etwa Mirambo für einen schlechten Menschen hält. Wenn es dem weißen Mann angenehm ist, wird er Worte des Friedens an Mirambo senden?"

„Sagt Mirambo", erwiderte ich, „daß ich begierig bin, ihn zu sehen, und sehr gern einem so großen Manne die Hand schütteln möchte, und da ich mit Mtesa, Rumanika und allen Königen längs der Straße von Usoga bis Unjamwese vertraute Freundschaft geschlossen habe, so soll es mich freuen, auch mit Mirambo den Freundschaftsbund zu schließen. Sagt ihm, ich hoffte, daß er kommen und mich sobald als möglich besuchen würde."

Am nächsten Tage schickte Mirambo einen Ruga-Ruga, ich wollte sagen einen patriotischen Freund, um seine Ankunft zu melden, und erschien mit ungefähr 20 der ersten Personen seines Gefolges.

Ich schüttelte ihm mit Feuer die Hand, was ihm ein Lächeln entlockte, indem er sagte: „Der Weiße drückt die Hand wie ein guter Freund."

Seine Persönlichkeit nahm mich ganz für ihn ein, denn er war seiner äußern Erscheinung nach ein vollkommener afrikanischer „Gentleman" und ganz verschieden von dem Bilde, das ich mir in meiner Phantasie von dem schrecklichen Banditen entworfen hatte, der seine berüchtigten

Schläge an eingeborene Häuptlinge und an Araber mit derselben Schnelligkeit ausgeteilt hatte, wie einst Friedrich der Große, als den preußischen König die Feinde rings umgaben.

Ich trug am 22. April 1876 die folgenden Notizen in mein Tagebuch ein:

Dieser Tag wird mir stets bemerkenswert sein wegen des Besuches des berüchtigten Mirambo. Er war geradezu das Gegenteil von allen den Vorstellungen, welche ich mir von dem furchtbaren Häuptling und dem Manne, den ich früher „schrecklicher Bandit" genannt, gebildet hatte.

Er ist ein Mann von ungefähr 5 Fuß 11 Zoll (1,8 m) Höhe, ungefähr 35 Jahre alt, ohne ein Lot überflüssigen Fleisches. Ein schöner Mann mit regelmäßigen Gesichtszügen, milder Stimme, sanfter Sprache, mit einem Benehmen, das man fast sanft- und demütig nennen könnte, dabei großmütig und freigebig. Sein Charakter zeigte sich so verschieden von dem, wie ich ihn mir in meinen Gedanken zurechtgelegt hatte, daß auf einige Zeit der Verdacht in meinem Geiste aufstieg, daß man mich täuschen wolle; es traten aber Araber an mich heran, welche mir bezeugten, daß dieser ruhig aussehende Mann wirklich Mirambo sei. Ich hatte erwartet, etwas von dem Mtesa-Typus zu sehen, einen Mann, dessen Äußeres seine Lebensführung und seinen Rang verkündigen würde; aber dieser anspruchslose Mann mit seinen milden Augen, mit seinem stillen, in keiner Weise auffälligen, fast demütigen Äußern und einem ruhigen, alle Gesten vermeidenden Wesen bot dem Auge durchaus nichts von dem napoleonischen Genie dar, das er bereits fünf Jahre lang im Herzen von Unjamwesi, die Araber und ihren Handel schädigend und die Elfenbeinpreise verdoppelnd, entfaltet hat. Ich sagte „durchaus nichts", aber ich muß doch seine Augen ausnehmen, welche den ruhigen, aber zugleich fesselten und sichern Blick eines Herrn und Meisters hatten.

Während der Unterredung, welche ich mit ihm hatte, sagte er unter anderm, daß er Knaben und Jünglinge als Begleiter auf seinen Kriegszügen vorzöge; er nähme nie Leute mittlern oder höhern Alters, da sie sicherlich durch Weiber und Kinder gestört und vom Dienst abgezogen würden und nicht halb so gut kämpften wie junge Burschen, welche auf jedes seiner Worte lauschten. Er sagte: „Sie haben schärfere Augen, und ihre jungen Glieder befähigen sie, sich mit der Leichtigkeit von Schlangen und der Geschwindigkeit von Zebras zu bewegen, und wenige Worte genügen, um ihnen den Mut von Löwen einzuflößen. In allen meinen Kriegen mit den Arabern hat eine Armee von Jünglingen, von unbärtigen Knaben, mir den Sieg verliehen. 15 meiner jungen Leute fielen an *einem* Tage, weil ich sagte, ich müsse ein gewisses rotes Tuch haben, das als eine Herausforderung hingeworfen worden war. Nein, nein, gebt mir Jünglinge für den Krieg, für die offene Feldschlacht, und Männner für die Palisadenverschanzungen des Dorfes."

„Was veranlaßte Sie zu Ihrem Kriege mit den Arabern, Mirambo?"

„Es gab vielerlei Veranlassung dazu. Die Araber wurden dickköpfig, und man konnte mit ihnen gar nicht mehr reden. Mkasiwa von Unjanjembe verlor auch ganz und gar den Kopf und glaubte, ich wäre sein Vasall, was ich doch nicht war. Mein Vater war König von Ujoweh und ich bin sein Sohn. Welches Recht haben Mkasiwa oder die Araber, zu sagen, was ich tun oder lassen soll? Aber der Krieg ist nun vorüber – die Araber wissen, was ich tun kann, und auch Mkasiwa weiß es. Wir wollen gar nicht mehr fechten, aber wir wollen sehen, wer die besten Handelsgeschäfte machen kann und wer der größte Schlaukopf ist. Jeder Araber oder weiße Mann, der Lust haben sollte, durch mein Land zu reisen, ist willkommen. Ich will ihm Speise und Trank und ein Haus geben, und niemand soll ihm etwas zuleide tun."

Mirambo zog sich zurück, und am Abend machte ich ihm mit zehn der stattlichsten Wangwana meinen Gegenbesuch. Ich traf ihn, von seinen Häuptlingen umgeben, in einem glockenförmigen Zelte von 6 m Höhe und 7^1/$_2$ m Durchmesser.

Manwa Sera wurde ersucht, unser Freundschaftsband zu befestigen, indem er die Zeremonie des Blutbrüderschaftsschließens zwischen Mirambo und mir vornahm. Nachdem er uns einander gegenüber auf einen Strohteppich hatte niedersetzen lassen, machte er in unsere rechten Beine einen kleinen Einschnitt, aus dem er Blut entnahm, und indem er dies unter uns austauschte, rief er laut aus:

„Wenn einer von euch beiden diese jetzt zwischen euch geschlossene Brüderschaft bricht, so möge der Löwe ihn verschlingen, die Schlange ihn vergiften, möge Bitterkeit in seiner Nahrung sein, mögen seine Freunde ihn verlassen, möge seine Flinte in seinen Händen zerspringen und ihn verwunden und alles Böse ihm widerfahren, bis daß er sterbe."

Mein neuer Bruder gab mir dann 15 Kleider zur Verteilung unter meine Führer, während er von mir nur drei annehmen wollte. Da ich aber nicht knauserig erscheinen wollte, so schenkte ich ihm einen Revolver nebst 200 Stück Patronen und außerdem einige feine Kleinigkeiten aus England. Da ihm aber der Ehrgeiz, mich in Freigebigkeit zu übertreffen, keine Ruhe ließ, so beauftragte er jetzt fünf seiner jungen Leute, nach Urambo zu reisen – so heißt jetzt das Land Ujoweh nach dem Namen des Königs – und drei Milchkühe mit ihren Kälbern sowie drei junge Ochsen auszuwählen und sie nach Ubagwe mir entgegentreiben zu lassen. Er gab mir auch drei Führer, um mich längs der Grenze der raubsüchtigen Watuta zu geleiten.

Am Morgen des 23. begleitete er mich bis zur Stadt Serombo hinaus, und im allerbesten Vernehmen miteinander nahmen wir dort herzlich Abschied. Ein Araber in seiner Begleitung, Namens Said ben Mohammed, beschenkte mich auch mit einem Riegel spanischer Seife, einem Sack Pfeffer und etwas Safran. Ein von Said gekaufter schöner Reitesel wurde Mirambo genannt, weil die Wangwana, welche ebenfalls von Mirabos angenehmen Manieren eingenommen waren, darauf bestanden.

DER PAKT MIT DEM SKLAVENHÄNDLER

Als wir den alten Häuptling von Riba-Riba und seine zahlreiche Nachkommenschaft an Knaben und Mädchen und seine wunderschönen Untertanen verlassen hatten, schlugen wir unser Lager auf ihrem Berggipfel auf
und reisten dann in schnellem Schritt durch hohe Forsten, an den Kämmen bewaldeter Höhenzüge entlang, hinunter in die Tiefen enger, düsterer
Täler und wieder hinauf zum Tageslicht und zur Fernsicht auf lang sich
hindehnende Kreise von zackigen Gebirgen und großartigen Waldungen,
nach Ka-Bambarre.

Wenn sich auch an diese Örtlichkeit keine andern Gedanken knüpften,
so würde sie schon durch ihre mit Unschuld gepaarte Wildheit anziehend
und anlockend sein; aber da sie zu Livingstones Leiden und zu dem Leben
voll Selbstaufopferung, das er hier führte, in engster Beziehung steht, so
brauchte ich von Mwana Ngoi, dem Sohn von Mwana Kusu, nur zu
hören, daß dies wirklich der Ort sei, an welchem der alte weiße Mann sich
viele Monate lang aufgehalten habe, um mich zum Haltmachen zu entschließen.

Frau aus Uguha

„Ach! Er hat also wirklich hier gelebt?"

„Ja."

Die Bevölkerung von Ka-Bambarre hatte, da sie ihren Häuptling im Gespräch mit einem weißen Fremdling sah, sich unterdes um uns unter einer Palme versammelt, und es wurden Matten für uns zum Niedersetzen ausgebreitet.

„Kanntet Ihr den alten weißen Mann? War er Euer Vater?"

„Er war nicht mein Vater, aber ich kannte ihn gut."

„Nun, hört ihr das?" fragte er seine Leute. „Er sagt, er habe ihn gekannt. War er nicht ein guter Mann?"

„Ja, sehr gut."

„Da habt Ihr recht. Er war gut gegen mich und errettete mich manchmal von den Arabern. Die Araber sind hartherzige Menschen, und oft pflegte er zwischen sie und mich zu treten, wenn sie hart gegen mich waren. Er war ein guter Mann, und meine Kinder hatten ihn lieb. Ich höre, daß er tot ist?"

„Ja, er ist tot."

„Wo ist er hingegangen?"

„Gen Himmel, mein Freund", sagte ich, nach oben zeigend.

„Ach!" sagte er atemlos und nach oben blickend, „ist er denn von oben herabgekommen?"

„Nein; aber gute Menschen, wie er, kommen in den Himmel, wenn sie sterben."

Wir hatten viele Gespräche über ihn. Die Söhne zeigten mir das Haus, in welchem er lange Zeit gewohnt hatte, als ihn die Geschwüre an seinen Füßen von weitern Wanderungen abhielten. In dem Dorfe wird sein Andenken in Ehren gehalten und wird auf ewig wertgehalten werden.

Es war sonderbar, welch plötzliche Verschönerung in den Physiognomien der Eingeborenen hier eingetreten war. Im Distrikt Uhombo hatten wir einen wirklich recht gemeinen und groben Negertypus gesehen. Hier sahen wir Leute vom äthiopischen Negertypus, welche wohl wert waren, den noch mehr verfeinerten Waganda zunächst zu rangieren. Mwana Ngoi selbst war keine bemerkenswerte Erscheinung. Das Alter hatte ihm sein gutes Aussehen geraubt; aber es befanden sich in seiner Umgebung einige außerordentlich hübsche Weiber, welche sehr einnehmende Manieren an sich hatten und dadurch ganz reizend waren.

Mwana Ngoi ist, wie ich behaupten möchte, einer der eitelsten Menschen, die mir je vorgekommen sind. Ich kann mir ihn noch immer lebhaft vergegenwärtigen, wie er in seinem Dorfe einherstolziert, einen Stab als

Kopfschmuck in Ubudjwe und Uguha

Szepter in der Hand, in eine große Masse feinen, aus Gras geflochtenen Zeuges gekleidet, das man bei genauer Messung 20 Quadratmeter groß finden würde und das in doppelten Falten um seine Taille geschürzt ist, alles besetzt mit Nestelstiften, Troddeln und Fransen, und seine Haut mit verschiedenen Farben bemalt, Bronze und Schwarz und Weiß und Gelb, und auf seinem Kopf einen Federaufsatz.

Kopfschmuck in Uguha

Welcher Zauber liegt doch in Federn verborgen! Von den vornehmen Damen der höchsten Aristokratie in Europa bis herab auf Mwana Ngoi von Ka-Bambarre läßt sich alles von Federn bezaubern, mögen sie nun vom Strauß oder vom Raubvogel am Scheunentor stammen.

Mwanga Ngois Federn waren nur der Tribut der Dorfhähne, aber dennoch konnte man seinen Kopf unter einem Winkel von vielen Graden gegen die Senkrechte zurücktreten sehen, wenn man den Winkelscheitel auf seinen weit vorgestreckten Bauch verlegte.

Am nächsten Tage setzten wir über den Lulindi und machten einen brillanten Marsch von 29 km nach Nordwesten. Da wir so schnell gereist waren, so erschienen wir in Tubanda plötzlich vor den erstaunten Arabern, bevor sie von unserm Anrücken irgend etwas gemerkt hatten.

Bald jedoch kamen die Araber auf uns zu, Said Mesrui, Mohammed ben Said, Muini Hassan und andere, welche uns vorläufig zu der breiten Veranda an dem Tembe Mesruis geleiteten, bis Quartiere für uns instand gesetzt wären.

Zuletzt kam der berüchtigte Hamed ben Mohammed, sonst auch Tippu-Tib oder nach der verschiedenen Aussprache der Eingeborenen Tipo-Tip oder Tibbu-Tib genannt. Es war ein großer, schwarzbärtiger Mann mit negerartiger Hautfarbe, in der Blüte seiner Jahre, von straffer Haltung und lebhaft in seinen Bewegungen, ein wahres Bild von Energie und Stärke. Er hatte ein schönes, intelligentes Gesicht, mit einem nervösen Zucken in seinen Augen und mit glänzend weißen und vollkommen geformten Zähnen. Er war von einem zahlreichen Gefolge junger Araber,

Haartracht in Uhjeja

Ein Jüngling aus Ost-Manjema   Einwohner von Manjema

welche zu ihm als ihrem Befehlshaber emporblickten, und von etwa 20 Wangwana und Wanjamwesi begleitet, die er viele Hunderte von Meilen weit durch Afrika mit sich geführt hatte.

Mit dem würdevollen Benehmen eines feingebildeten Arabers und fast mit Höflingsmanieren hieß er mich in Mwana Mambas Dorfe willkommen, und da seine Sklaven mit Matten und Polsterkissen schnell bei der Hand waren, ließ er sich mir gegenüber nieder, während sich die Zuschauer, wie ich dies wahrnahm, ihre Bewunderung seines ganzen Auftretens in einzelnen Bemerkungen zuflüsterten. Nachdem ich ihn einige Minuten betrachtet hatte, gewann ich die Überzeugung, daß dieser Araber ein bedeutender Mensch sein müsse, der bedeutendste, dem ich bisher unter den Arabern, Wasuaheli und der Mischbevölkerung in Afrika begegnet war. Er war fein in seinem Äußern, seine Kleider waren von der reinsten Weiße, sein Fes nagelneu, um seine Taille war ein kostbarer Seidenschal geschlungen, sein Dolch glänzte von feinen Siberdrahtverzierungen, und seine gesamte Erscheinung war die eines arabischen „Gentleman", der sich sehr großer Wohlhabenheit zu erfreuen hatte.

Die eben beschriebene Persönlichkeit war jener Araber, welcher Cameron über den Lualaba bis nach Utotera (unter 5° südl. Br. und 25° 54′ östl. L.) geleitete. Natürlicherweise befand sich deshalb in Njangwe niemand, dessen Aussagen in bezug auf die Reiseroute, welche mein Vorgänger von Njangwe aus verfolgt hatte, mir wertvoller gewesen wären, als die Tippu-Tibs. Die Mitteilungen, welche er mir machte – und die übrigens durch Said Mesrui und andere Araber bestätigt wurden –, ließen mich hinreichend klar erkennen, daß das wichtigste Problem der afrikanischen Geographie gerade an der Stelle unberührt gelassen war, wo Dr. Livingstone sich zur weitern Verfolgung seiner Reisen unfähig gefühlt und von welcher er sich zur Rückreise nach Udjidji entschlossen hatte, ohne je nach Njangwe zurückkehren zu können.

Dies waren für die Expedition Nachrichten von höchster Bedeutung und Wichtigkeit. Wir waren in unsern Reisen bei einem kritischen Wendepunkt angelangt; ich wurde nun zu einer schließlichen Entscheidung gedrängt, von der unsere fernern Schicksale abhingen.

Aber zuerst war ich begierig zu erfahren, warum Cameron den Reiseplan aufgegeben habe. Said Mesrui sagte, dies sei geschehen, weil er keine Kanus erhalten konnte und weil die Eingeborenen im Mitamba oder dem Walde gegen Fremde die stärkste Abneigung zeigten. Auch Tippu-Tib bekräftigte dies und sagte, Camerons Leute hätten sich entschieden geweigert, dem Laufe des Stromes weiter zu folgen, da niemand wisse, wohin er fließe.

„Auf dieselbe Weise ist, wie man mir sagt, der alte Mann Daoud Liviston" – David Livingstone – „an dieser Fahrt verhindert worden. Der alte Herr mühte sich mit allen nur möglichen Versuchen ab, die Araber dazu zu bringen, Kanus zu leihen, aber Muini Dugumbi schlug es ihm aus dem Grunde ab, weil er sich in den Tod stürzen würde. Cameron bat auch um Kanus und bot hohe Preise für dieselben, aber Dugumbi wollte sich nicht überreden lassen, da er es ablehnte, von dem britischen Konsul in Sansibar für die Unglücksfälle, welche Cameron zustoßen möchten, verantwortlich gemacht zu werden. Bombay hatte, wie ich glaube, Lust zur Reise, aber Bilal beharrte entschlossen bei seinen Einwendungen gegen die Flußfahrt und intrigierte in jeder Nacht mit den Arabern, um den Plan seines Herrn zu vereiteln. Als Cameron Imbarri in Kasongos Distrikt erreichte, machte ich ihm das Anerbieten, ihn für eine Summe Geldes bis an den Sankuru-Fluß zu bringen, vorausgesetzt daß er mir eine schriftliche Bescheinigung ausstelle, ich hätte ihn nur auf seine Bitten dorthin geführt, und daß er mich für den Fall eines Kampfes mit den Eingeborenen von aller Verantwortlichkeit freispreche. Er lehnte aber diese Reise ab. Ich versah ihn deshalb auf seine eigenen Bitten mit Führern, welche ihn zu Djuma Merikani in Kasongos Distrikt in Rua bringen sollten, wo er portugiesische Kaufleute antreffen würde. Ich habe auch von Djuma Merikani die Botschaft erhalten, daß Cameron, nachdem er sich viele Monate bei ihm aufgehalten, auf seinem Wege nach der westlichen See, von einer großen Menge portugiesischer Händler begleitet, weitergezogen sei. Das ist alles, was ich hierüber weiß."

Aus dieser freimütigen Auseinandersetzung ersah ich also, was eigentlich die Haupthindernisse waren, welche den tapfern Offizier von seinen weitern, dem Strom folgenden Forschungen abgehalten hatten. Es war zunächst der Mangel an Kanus und die Feindseligkeit der Wilden gewesen, ferner das aus einer dienstwilligen Besorgnis um die Sicherheit des fremden Offiziers hervorgehende Sträuben der Araber, demselben die Weiterreise auf dem Strome zu gestatten, endlich die Feigheit seiner Begleiter.

Dies waren Schwierigkeiten, die ich ebenfalls auf eine mir zunächst auch noch nicht ganz klare Weise zu überwinden hatte. Wie sollte ich es anfangen, meinen eigenen Begleitern Mut einzuflößen oder sie in mutiger Stimmung zu erhalten, wie sollte ich mir den Beistand der Araber sichern, um mein Unternehmen gut beginnen und später Kanus kaufen oder anfertigen zu können?

„Ich nehme an, Tippu-Tib", sagte ich, „daß Sie, nachdem Sie dem andern Weißen Ihren Beistand angeboten haben, nichts dagegen einzuwenden haben werden, mir diesen Beistand für dieselbe Summe zu gewähren."

„Darüber bin ich noch nicht im klaren", erwiderte er mit einem Lächeln. „Ich habe jetzt nicht viele Leute bei mir. Viele befinden sich in Imbarri, andere treiben Handel in Manjema."

„Wie viele Leute haben Sie bei sich?"

„Vielleicht 300 – oder wir wollen sagen 250."

„Das wäre ja eine großartige Eskorte, welche, wenn man sie geschickt leitete, wohl genügen dürfte, um uns vollkommenen Schutz zu gewähren."

„Ja, mit Ihrer Gesellschaft zusammen würde sie eine ganz ansehnliche Heeresabteilung bilden, aber was sollte dann werden, wenn ich allein zurückkehren müßte? Wenn die Eingeborenen nur meine eigene kleine Streitmacht sähen, würden sie sagen: ‚Diese Leute sind im Gefecht gewesen, die Hälfte von ihnen ist getötet worden, weil sie kein Elfenbein bei sich führten; laßt uns ihnen den Garaus machen!' Ich kenne diese Wilden sehr gut, mein Freund, und ich versichere Ihnen, daß sie so denken würden."

„Aber, lieber Freund", sagte ich, „bedenken Sie doch, wie es mir ergehen würde, wenn ich mit dem ganzen Kontinent vor mir nur von meiner kleinen Schar beschützt werden sollte!"

„O ja! Wenn ihr Wasungu (Weiße) solche Lust habt, euer Leben wegzuwerfen, so ist dies doch kein Grund, daß wir dasselbe tun sollten. Wir reisen so allmählich, um uns Elfenbein und Sklaven zu verschaffen, und sind jahrelang damit beschäftigt – es sind nun neun Jahre seit meiner Abreise von Sansibar verflossen –, aber ihr Weißen, ihr seht euch nur nach Flüssen und Seen und Bergen um, und ihr vergeudet euer Leben ohne Grund und ohne Zweck. Seht euch doch jenen Greis an, der in Bisa starb! Was hatte er denn jahraus jahrein zu suchen, bis er so alt wurde, daß er nicht weiterreisen konnte? Er hatte kein Geld, denn er hat niemals irgendeinem von uns etwas gegeben, er kaufte weder Elfenbein noch Sklaven, und dennoch machte er weitere Reisen als irgendeiner von uns, und wozu?"

„Ich weiß, daß ich kein Recht zu dem Verlangen habe, daß Sie Ihr Leben für mich aufs Spiel setzen sollen. Ich wünsche nur, daß Sie mich auf einer sechzigtägigen Reise begleiten mögen, danach überlassen Sie mich meinem Schicksal. Wenn eine sechzigtägige Reise noch zu lang ist, so wird die halbe Entfernung allenfalls auch genügen; alle meine Besorgnisse beziehen sich ganz allein auf meine Leute. Sie wissen, daß die Wangwana sich leicht von der Furcht beherrschen lassen; aber wenn sie hören, daß Tippu-Tib sich mir angeschlossen hat und im Begriff steht, mich zu begleiten, so werden sie alle Löwenmut haben."

„Nun wohl, ich will heute abend darüber nachdenken und mit meinen Verwandten und vornehmsten Leuten ein Schauri halten, und morgen abend wollen wir zu einer zweiten Unterredung zusammenkommen."

Am nächsten Abend, ungefähr um 8 Uhr, erschien Hamed ben Mohammed oder Tippu-Tib mit seinem Vetter Mohammed ben Said und andern zu einer Konferenz über das wichtige, am Abend zuvor auf die Tagesordnung gestellte Geschäft, und nach den gewöhnlichen höflichen und zeremoniösen Begrüßungen wurde ich ersucht, über meine Ansichten einen Vortrag zu halten.

„Ich möchte gern den Fluß auf Kanus hinunterfahren, bis ich die Stelle erreiche, wo er sich ganz und gar entweder nach Westen oder nach Osten wendet."

„Wie viele Tagereisen zu Lande würde dies ausmachen?" fragte Tippu-Tib.

„Das weiß ich nicht. Wissen Sie es?"

„Nein; ich bin wirklich nie nach jener Richtung gereist, aber ich habe hier einen Mann, der am allerweitesten gekommen ist."

„Wo ist er?"

„Sprich, Abed, Sohn Djumas, was du von diesem Strome weißt", sagte Tippu-Tib.

Der Sohn Djumas ergriff, dieser Aufforderung seines Vorgesetzten Folge leistend, das Wort und sagte: „Ja, ich kenne alles, was den Fluß betrifft, El hamd ul illah!" (Gott sei Dank!)

„Nach welcher Richtung fließt er, mein Freund?"

„Er fließt nach Norden."

„Und dann?"

„Er fließt nach Norden."

„Und dann?"

„Immerfort nach Norden."

„Nun wohlan, mein Freund, sage mir doch, wohin er fließt, nachdem er den Norden erreicht hat?"

„Ei, Meister", entgegnete er mit einem sanften Lächeln der Verwunderung über meinen scheinbaren Mangel an schnellbereiter Vorstellungskraft, „habe ich es Ihnen nicht gesagt, daß er nach Norden fließt und immer nach Norden weiter, und daß das kein Ende hat? Ich glaube, er erreicht endlich die Salzsee, wenigstens sagen dies einige meiner Freunde."

„Nun gut, in welcher Richtung liegt aber die Salzsee?"

„Allah yallim!" (Das mag Gott wissen!)

„Ich glaubte, daß du mir gesagt hättest, du wüßtest alles, was den Fluß betrifft."

„Ich weiß, daß er nach Norden fließt!" sagte er in entschiedenem und spitzigem Tone.

Ein Dorf in Südost-Manjema

„Wie hast du das erfahren?"

„Weil ich Mtagamojo nach Usongora begleitete und nachdem ich über den Ugarowa* in der Nähe des Urindi gesetzt war, mit ihm nach dem Lumani und in das Land der Zwerge ging."

„Wieviel Tagreisen ist es von hier bis zum Lande der Zwerge?"

„Ungefähr neun Monate."

„Und liegt das Zwergenland in der Nähe des Ugarowa?"

„Es liegt nicht fern von ihm."

„Könntest du mir mit der Hand die Richtung des Ugarowa in der Nähe des Landes der Zwerge anzeigen?"

„O ja; es liegt dorthin", sagte er, indem er wie eine Magnetnadel nach Nord zu West wies.

„Wie sehen denn die Zwerge aus? Erzähle uns doch die Geschichte deiner Reise mit Mtagamojo."

Nachdem er sich geräuspert und sein reinlich weißes Kleid in Ordnung gebracht hatte, erstattete er mir den Bericht über seine Wanderungen nach den unbekannten Ländern im Norden in folgenden Worten:

„Mtagamojo ist ein Mann, der nicht weiß, was Furcht ist. Wallahi! Er ist so kühn wie ein Löwe. Als er den Arabern und Wangwana in Njangwe ankündigte, daß er im Begriff stehe, so weit als möglich vorwärts zu gehen, um Elfenbein aufzutreiben, da waren wir natürlich alle der Meinung, daß wenn uns irgendein Mensch zu neuen Elfenbeinmärkten führen könne, dies Mtagamojo sei. Viele der jüngsten Araber machten sich reisefertig, um ihn zu begleiten, und wir alle sammelten unsere bewaffneten Sklaven und folgten seiner Spur.

Wir kamen zuerst nach Uregga, einem Waldlande, wo es nichts gibt als Wälder, große Waldungen Tage und Wochen und Monate lang. Die Wälder nahmen gar kein Ende. Die Bewohner wohnten von Wäldern umgeben. Fremde waren selten dagewesen, ehe sie uns zu sehen bekamen, und wir hatten ein Schauri nach dem andern mit ihnen. Wir zogen wenige Tage still und ruhig durch das Land, dann kam es aber zu Kämpfen. Wir schlugen uns nach dem Ugarowa durch und erreichten ungefähr in einem Monat Usongora Meno, wo wir Tag für Tag zu kämpfen hatten. Es sind furchtbare und verwegene Kerle. Jeden Tag verloren wir Leute. Jeder der Unserigen, welcher fiel, wurde aufgegessen. Sie pflegten sich hinter dichtem Gebüsch zu verstecken, so daß wir sie nicht sehen konnten, und ihre Pfeile waren vergiftet.

---

* Der Flußname Ugarowa ist die arabische verderbte Form für das Wort Lu-alowa, wofür Livingstone den Namen Lualaba gebraucht.

Darauf hielten die Araber wieder ein Schauri. Einige stimmten für den Rückzug, denn sie hatten viele Leute verloren, aber Mtagamojo wollte nichts davon hören. Er sagte, die Heiden sollten ihn nicht vertreiben.

Nun gut, der Endbeschluß des Schauri war, daß wir über den Ugarowa setzten und nach Ukusu gehen wollten. Wallahi! Die Wakusu waren noch schlimmer als die Bewohner von Usongora Meno, aber Mtagamojo hörte von einem Lande namens Unkengeri, wo die Eingeborenen besser sein sollten. Wir drangen weiter vorwärts und kamen in das Land Kima-Kimas. Als wir dies erreichten, besaßen wir noch 290 Flinten; wir hatten 20 Flinten und eine ganze Anzahl Sklaven während unsers Zuges verloren.

Kima-Kima, der am Lumami wohnt, erzählte uns von dem Lande der kleinen Leute, wo es Elfenbein in solchem Überflusse gibt, daß wir einen Zahn für einen einzigen Kauri erhalten könnten. Ihr wißt, Meister, daß wenn wir Araber hören, daß es Elfenbein irgendwo in Masse gibt, für uns kein Halten mehr ist. Oh! Wir brachen sofort auf, gingen über den Lumami und gelangten in das Land der Wakuna. Unter den Wakuna, welche selbst große, starke Menschen sind, sahen wir ungefähr sechs oder sieben von den Zwergen; die sonderbarsten Geschöpfe, welche auf Erden leben, kaum 1 m groß, mit langen Bärten und dicken Köpfen.

Die Zwerge taten eine Menge Fragen, wo wir herkämen, wohin wir gehen wollten und wonach wir Verlangen trügen. Sie schienen uns muntere kleine Teufel zu sein, obschon wir bei ihrem Anblick lachten. Sie erzählten uns, daß es in ihrem Lande so viel Elfenbein gäbe, daß wir nicht Leute genug hätten, um es fortzutragen, aber daß sie sehr begierig wären, zu erfahren, wozu wir es brauchen wollten. ‚Ob wir es denn äßen?' ‚Nein.' ‚Wozu denn sonst?' ‚Wir verkaufen es an andere, welche Zaubermittel daraus machen.' ‚Oh! Was wollt ihr uns geben, wenn wir euch das Elfenbein zeigen?' ‚Wir wollen euch Kauris und Glasperlen geben.' ‚Gut, so kommt mit uns!'

Wir reisten sechs Tage und kamen dann in das Grenzdorf ihres Landes. Sie wollten uns nicht weiter eindringen lassen, bevor sie nicht ihren König aufgesucht und seine Zustimmung erlangt hätten. Mittlerweile möchten wir, wie sie sagten, ringsherum Handel treiben. Das taten wir auch und kauften binnen zwei Tagen mehr Elfenbein ein, als uns die andern Länder hätten in zwei Wochen liefern können.

Am dritten Tage kamen die Zwerge zurück und sagten uns, wir könnten hinreisen und in dem Dorfe des Königs wohnen. Es war nur eine einzige lange Straße, müßt ihr wissen, mit Häusern, welche sich zu beiden Seiten lang erstreckten. Sie überließen uns einen Teil des Dorfes zu unserer

Wohnung. Der König war freundlich, wenigstens erschien er so am ersten Tage; am nächsten Tage war er nicht so freundlich, verkaufte uns aber Elfenbein in Menge. Daran war kein Mangel. Die Zwerge kamen von allen Seiten herbei, Oh, es ist ein stark bevölkertes Land! Und sie alle brachten Elfenbein, bis wir ungefähr 400 große und kleine Elefantenzähne zusammen hatten, soviel als wir nur tragen konnten. Wir hatten sie mit Kupfer, Glasperlen und Kauris gekauft. Kleider wollten sie nicht, denn die Zwerge gingen alle nackt, der König und das ganze Volk.

Sie sagten uns, daß elf Tagereisen nach Südwesten zu ein anderes Land liege, wo sogar noch mehr Elfenbein vorhanden sei, als sie besäßen, und vier Tagereisen über jenes Land hinaus sei ein großer See, auf dem sich Schiffe befänden. Der See stoße an das Land eines Königs, den sie Ngombe nannten.

Wir litten die ersten zehn Tage hindurch keinen Hunger im Lande der Zwerge. Bananen gab es so lang wie mein Arm und Pisangfrüchte, die ebenso groß wie die Zwerge waren. Ein einziger Pisang sättigte einen Menschen auf einen Tag.

Da wir sahen, daß wir uns so viel Elfenbein verschafft hatten als wir nur tragen konnten, so hielten wir es für das Geratenste, sogleich die Rückreise anzutreten. Wir kündigten deshalb dem Könige an, daß wir abreisen wollten. Zu unserm Erstaunen sagte der König — er war nicht länger als mein Bein —, daß uns die Erlaubnis zur Abreise nicht gegeben werden würde. ‚Warum nicht?' fragten wir. ‚Weil dieses Land mein ist und ihr nicht eher weggehen sollt, als bis ich es sage.' ‚Aber unsere Geschäfte sind beendigt und wir haben hinreichend viel eingehandelt; wir wünschen nicht noch irgend mehr zu kaufen.' ‚Ihr müßt alles Elfenbein kaufen, was ich herbeigeschafft habe; ich brauche mehr Kauris' — und dabei knirschte er mit den Zähnen und sah genau so aus wie ein wilder Affe.

Mtagamojo lachte ihn aus, denn er war sehr possierlich, und sagte ihm darauf, daß wir doch würden wegreisen müssen, weil wir viele Freunde hätten, die auf uns warteten. Der König sagte: ‚Ihr dürft nicht aus meinem Lande fort.'

Wir hielten wieder ein Schauri, und in demselben wurden alle darüber einig, daß wir bei längerm Aufenthalte noch Ungemach erleiden und unser Elfenbein verlieren würden, und daß es besser wäre, das Land innerhalb zwei Tagen zu verlassen. Wir brauchten aber nicht erst zwei Tage auf das Ungemach zu warten! Es kam sogar schon vor der Beendigung unseres Schauri. Wir hörten ein Weib laut schreien. Wir stürzten hinaus und sahen einige Wangwana auf uns zulaufen, und unter ihnen ein Weib, in deren Busen ein von den Zwergen abgeschossener Pfeil steckte.

‚Was ist das, was ist das?' fragten wir, und die Wangwana schrien: ‚Die Zwerge haben auf dieses Weib geschossen, während sie Wasser schöpfte, und sie rücken soeben in ungeheurer Zahl aus allen andern Dörfern gegen uns heran. Der Krieg ist da, macht euch fertig!'

Es war für uns auch die allerhöchste Zeit; kaum hatten wir unsere Gürtel umgelegt und unsere Flinten ergriffen, als auch die nichtswürdigen Elenden uns schon auf dem Dache waren und ganze Wolken von Rohrpfeilen auf uns abschossen. Sie erhoben ein kreischendes und gellendes Geschrei, gerade wie Affen. Viele unserer Leute fielen von dem Pfeilgift gleich tot nieder, ehe wir uns nur sammeln und auf sie schießen konnten. Und Mtagamojo! Er war überall und schwang mit beiden Händen sein großes Schwert und spaltete sie mitten durch, so wie man eine Banane zerschneidet. Die Pfeile drangen an vielen Stellen durch sein Hemd. Es gab manche brave Kerle da, und sie fochten so tapfer wie Mtagamojo; aber das alles konnte uns nichts nützen. Die Zwerge feuerten von den Gipfeln der Bäume herab, sie krochen durch das hohe Gras bis dicht an uns heran und schossen uns ihre Pfeile ins Gesicht. Als darauf Mtagamojo sah, daß sie anfingen, uns die Hölle heiß zu machen, schrie er laut: ‚Boma! Boma! Boma!' (Palisaden), und einige hundert von uns hackten Bananenbäume um, hoben Türen aus den Angeln, rissen Häuser nieder und bildeten so eine Boma an jedem Ende der Straße; darauf waren wir etwas besser daran, denn das Schießen war nun nicht mehr so hastig und aufs geratewohl; wir feuerten mit mehr Überlegung und Bedachtsamkeit und schlugen sie nach mehreren Stunden in die Flucht.

Glaubt ihr wohl, daß sie uns nun in Frieden ließen? Nicht im geringsten; eine frische Truppenschar kam heran und setzte den Kampf fort. Es waren so kleine Geschöpfe, daß wir sie nicht gut sehen konnten; wären sie große Männer gewesen wie wir, so würden wir Hunderte von ihnen niedergeschossen haben. Wir konnten auch nicht in einem fort kämpfen, denn einige von uns mußten schlafen, und so teilte uns denn Mtagamojo in zwei Abteilungen, von denen die eine sich zum Schlafen niederlegte, die andere die Boma zu bewachen hatte. Die ganze Nacht hörten wir die Rohrpfeile vorbeisausen oder auf den Dächern und an den Palisaden klappern; die ganze Nacht hindurch ließ auch ihr gellendes Geschrei uns nicht zur Ruhe kommen. Ein paarmal versuchten sie auch die Boma zu erstürmen, wir hatten aber an jedem Ende zwanzig Musketen.

Nun, das Gefecht dauerte die ganze Nacht hindurch und auch den ganzen nächsten Tag und die darauf folgende Nacht, und wir konnten kein Wasser bekommen, bis Mtagamojo 100 Mann, fünfzig mit Flinten und fünfzig mit großen Wassertöpfen, aufforderte ihm zu folgen. Mtagamojo war ein Löwe; er hielt einen Schild vor sich empor, und nachdem er ringsum geblickt, rannte er geradewegs in den nächsten Haufen hinein und ergriff zwei von den Zwergen, und wir, die wir ihm folgten, fingen auch noch mehrere, denn sie wollten nicht weglaufen, bis sie gesehen was wir vorhätten, und darauf ließen sie uns den Weg zum Wasser frei. Wir füllten unsere Töpfe und trugen die kleinen Schaitans (Teufel) in die Boma, und da bemerkten wir erst, daß wir den König gefangen genommen hatten.

Wir waren alle der Meinung, daß wir ihn töten müßten, aber Mtagamojo wollte seine Zustimmung nicht geben. ‚Tötet die andern', sagte er, und augenblicklich schnitten wir ihnen allen die Köpfe ab und schleuderten sie aus der Boma heraus. Aber der König wurde nicht angerührt.

Darauf stellten die Zwerge die Feindseligkeiten ein; sie kamen an uns heran und riefen: ‚Sennene, Sennene!' (Friede, Friede!) Wir schlossen Frieden mit ihnen, und sie sagten, daß wir unbelästigt und in Frieden abziehen dürften, wofern wir ihnen ihren König freigäben. Nach einer langen Beratung lieferten wir ihn aus. Aber nun entbrannte der Krieg schlimmer als je. Tausende kamen gegen uns herangezogen, und jeder von uns ließ es sich so angelegen sein, wie er nur irgend konnte, möglichst viele von ihnen totzuschießen. Wir kämpften jenen ganzen Tag und auch noch die Nacht, sahen aber dann, daß unser Pulvervorrat zu Ende ging; wir hatten nur noch zwei Fäßchen übrig.

So ließen denn unsere Führer uns alle zusammentreten und erklärten, daß die einzige Rettung in einem nochmaligen Ausfall aus der Boma läge, und daß wir sie fangen und mit unsern Schwertern in der Weise töten sollten, wie Mtagamojo gefochten hätte.

Nachdem wir alle Vorbereitungen getroffen hatten, stürmten wir hinaus, und ein jeder lief, den Kopf niederbeugend, direkt auf sie los. Das war ein Wettrennen! Als sie uns mit unsern breiten, langen, wie Glas glänzenden Schwertern herauskommen sahen, liefen sie davon; aber wie Wölfe verfolgten wir sie ein paar Stunden weit. Oh, wir töteten viele, sehr viele, denn sie konnten nicht so schnell laufen wie wir.

Darauf kehrten wir in die Boma zurück, packten schnell unsere Sachen, namentlich auch die Hälfte unsers Elfenbeins zusammen und brachen sogleich nach dem Walde auf. Wir zogen bis in die Nacht hinein vorwärts und legten uns dann todmüde zum Schlafen nieder, Meister, mitten in der Nacht fielen sie schon wieder über uns her! Pfeile hörte man nach allen Richtungen hin schwirren; in jeder Minute fiel einer nieder. Unser Pulver war bald verschossen. Endlich liefen wir davon, nachdem wir alles, mit

Ausnahme unserer Flinten und Schwerter, weggeworfen hatten. Dann und wann konnten wir Mtagamojos Horn hören und folgten demselben; aber fast alle waren durch den Hunger und den Wassermangel so geschwächt, daß ihnen auf der Flucht die Herzen brachen und daß sie starben. Andere, die sich einen Augenblick zum Ausruhen niederlegten, fanden, wenn es zu spät war, sich von den kleinen Teufeln umringt und wurden getötet. Meister, von jener großen Menge Menschen, welche Njangwe damals verließen, von Arabern, Wangwana und Sklaven, kehrten nur dreißig in ihre Heimat zurück, und ich bin einer derselben."

„Wie heißt du, mein Freund?" fragte ich.

„Bwana Abedi", antwortete er.

„Und du folgst jetzt Tippu-Tib, nicht wahr, oder folgst du Mtagamojo?"

„Ich folge Tippu-Tib", antwortete er.

„Gut! Sahst du noch sonst etwas Wunderbares auf deiner Reise?"

„O ja! Es gibt ungeheuer große Boa-Constrictors in dem Walde von Uregga. Sie hängen sich mit dem Schwanze an den Baumzweigen auf und lauern so den vorüberziehenden Reisenden und verirrten Antilopen auf. Auch die Ameisen in jenem Walde sind nicht zu verachten. Ihr könnt nicht reisen, ohne daß Euer Körper mit denselben bedeckt ist, und dann stechen sie Euch auch wie die Wespen. Die Leoparden sind so zahlreich, daß man nicht weit gehen kann, ohne einen zu sehen. Fast jeder Eingeborene trägt eine Mütze aus Leopardenfell. Die Sokos (Gorillas) halten sich in den Wäldern auf, und wehe dem Manne oder der Frau, die ihnen dort einsam und allein begegnen; denn sie laufen an Euch heran und ergreifen Eure Hände und beißen dann die Finger ab, einen nach dem andern, und sobald sie einen abgebissen haben, spucken sie ihn aus. Die Wasongora Meno und Waregga sind Kannibalen, und wenn Fremde nicht in sehr beträchtlicher Zahl kommen, lassen sie dieselben nie durch ihr Land ziehen. Eine Reise in ihrem Lande ist nichts als ein fortwährender Kampf. Erst vor zwei Jahren zog eine mit 300 Flinten bewaffnete Abteilung vom Norden Usongoras aus; sie brachte nur 60 Flinten mit sich zurück und kein Elfenbein. Wenn jemand die Fahrt auf dem Flusse versucht, so gibt es Wasserfälle über Wasserfälle, welche die Kanus mit sich fortreißen und die Menschen ertränken. Eine Abteilung von 30 Mann fuhr in drei Kanus eine halbe Tagereise weit von Njangwe den Strom hinab, als der alte weiße Mann gerade dort wohnte. Sie ertranken alle, und das war der Grund, warum er nicht weiter vorwärts reiste. Hätte er dies getan, so würde er aufgegessen worden sein, denn was hätte er denn machen können? Ach, nichts! Meister, das Land ist böse, und die Araber haben es jenseits Uregga ganz aufgegeben. Sie wollen Reisen in jenes Land nicht mehr versuchen, nachdem sie es schon dreimal versucht und im ganzen beinahe 500 Menschen verloren haben."

„Ihre Geschichte ist sehr interessant, Abedi", sagte ich, „einiges davon ist, wie mir scheint, auch wahr, denn der alte weiße Mann sagte mir dasselbe, als ich vor vier Jahren in Udjidji war. Dennoch möchte ich gern Tippu-Tibs Meinung hören."

Während der ganzen Zeit, in welcher Abedi über die von ihm erlebten wunderbaren Abenteuer Bericht erstattete, hatten ihm die andern Araber mit gespanntestem Interesse zugehört; als ich mich aber mit meinen Fragen an Tippu-Tib wandte, gab derselbe allen, mit Ausnahme seines Vetters Mohammed ben Said, ein Zeichen, das Zimmer zu verlassen.

Als wir allein waren, eröffnete mit Tippu-Tib, daß er mit seinen Freunden und Verwandten sich gründlich beraten habe und daß sich dieselben seiner eventuellen Teilnahme an einer so überaus gefahrvollen und schrecklichen Reise widersetzten, daß er aber doch, von dem Wunsche beseelt, die von mir entworfenen Pläne nicht vereitelt zu sehen, sich entschlossen habe, mich bis zu 60 Lagern weit, welche je einen vierstündigen Marsch voneinander entfernt sein sollten, zu begleiten, und zwar gegen Zahlung der Summe von 5000 Dollars und unter folgenden Bedingungen:

1) daß die Reise von Njangwe ausgehen solle in irgendeiner Richtung, welche ich wählen, und an irgendeinem Tage, den ich bestimmen würde;

2) daß die Reise nicht längere Zeit als ein Vierteljahr, vom Anfangstage derselben an gerechnet, in Anspruch nehmen dürfe;

3) daß während der Reise auf je zwei Marschtage je ein Rasttag folgen solle;

4) daß ich, wenn er mich auf 60 Märschen, jeden von vierstündiger Dauer, begleitet hätte, von dem so erreichten äußersten Punkte mit ihm zu unserm gegenseitigen Schutz und Schirm wieder nach Njangwe zurückkehren solle, es sei denn, daß wir Händlern von der Westküste begegneten, welche ich nach dem westlichen Meere begleiten könnte, wobei vorausgesetzt würde, daß ich zwei Drittel meiner Leute mit ihm nach Njangwe zurückkehren ließe;

5) daß ich außer Zahlung von 5000 Dollars auch noch 140 Mann während ihrer Abwesenheit von Mwana Mamba auf der Hin- und Rückreise mit Mundvorrat versehen solle;

6) daß, falls ich nach näherer Kenntnis der Länder und ihrer Bewohner die Fortsetzung der Reise für unausführbar hielte und mich vor der voll-

ständigen Ausführung der erwähnten 60 Märsche zur Rückkehr entschlösse, ich ihn dann nicht für verantwortlich halten, sondern ihm die Summe ohne irgendeinen Abzug bezahlen sollte.

Diese Bedingungen hielt ich durchweg, mit Ausnahme des vierten Artikels, für vernünftig und annehmbar; aber obgleich ich diesen vierten Artikel zu modifizieren versuchte, um mir die volle Freiheit zu sichern, meine Reise, wenn ich dies für zweckmäßig hielte, allein fortsetzen zu können, so erklärte doch Tippu-Tib, daß er die Reise aus einer Entfernung von 60 je einen vierstündigen Marsch weit auseinander liegenden Lagern bis Mwana Mamba nicht allein unternehmen würde, selbst wenn ihm 50 000 Dollars versprochen werden sollten; denn er sei vollkommen überzeugt, daß er nie zurückkehren und zum Genuß seines Geldes gelangen würde. Er würde für ein paar tausend Dollars mehr viel lieber die Reise mit mir bis hinab zum Meere fortsetzen, als selbst für 50 000 Dollars mit seinen 140 Leuten allein nach Njangwe zurückkehren. Nach einigem Sträuben willigte er indes in die Hinzufügung eines siebten Artikels, welcher lautete, daß Tippu-Tib, wenn er die Reise aus Kleinmut vor der vollständigen Ausführung der stipulierten Märsche aufgeben sollte, der ganzen Summe von 5000 Dollars und der Eskorte auf der Rückreise verlustig werden sollte.

„Die Sache ist nicht zu übereilen", sagte ich. „Sie können Ihre Willensmeinung und ich die meinige noch verändern. Wir wollen uns beide zur genauen Erwägung der Sache noch vierundzwanzig Stunden Zeit nehmen. Morgen abend soll unsere Übereinkunft fertig aufgesetzt vorliegen, oder sonst soll Ihnen gesagt werden, daß ich auf Ihre Bedingungen nicht eingehen kann."

Um die Wahrheit zu sagen, mußte ich einen solchen Aufschub wünschen, weil ich die Unterhandlungen eröffnet hatte, ohne mich mit meinen Leuten vorher zu beraten, und da die Unterredung mit Tippu-Tib eine ganz geheime gewesen war, so blieb mir nun noch übrig, vor meiner nächsten Zusammenkunft mit Tippu-Tib über die Meinung und Zustimmung Franks Gewißheit zu erlangen.

Um 6 Uhr abends wurden meine Lampen angesteckt, nämlich ein paar mit Palmöl gefüllte Näpfchen, in denen baumwollene Dochte befestigt waren. Es war mein übliches Ruhestündchen nach dem Essen, die Zeit für Pfeife und Kaffee, welche mit mir zu teilen Frank ein für allemal eingeladen war.

Als er eintrat, kochte der Kaffee, und der kleine Mabruki verrichtete den Dienst des Einschenkens. Der Tabaksbeutel, gefüllt mit der vorzüglichsten Sorte Afrikas, dem Tabak von Masansi bei Uvira, lag bereit. Mabruki hatte uns die Tassen gereicht und ließ uns allein.

„Nun, Frank, mein Sohn", sagte ich, „setze dich. Ich stehe im Begriff, mit dir eine lange und ernste Unterredung zu halten. Tod und Leben, das deine wie das meine, sowie das der Expedition, hängen von der Entscheidung ab, welche ich heute abend treffe."

Darauf erinnerte ich ihn an seine Freunde in der Heimat und auch an die vor uns liegenden Gefahren; an die Betrübnis und Trauer, welche sein Tod verursachen würde, und auch an die Ehren, mit welchen seine Erfolge begrüßt werden würden, an die leichtmögliche Rückkehr nach Sansibar und auch an die gefahrdrohenden Hindernisse, welche sich unserer Weiterreise entgegenstellten, indem ich auf solche Weise das Für und Wider sorgfältig scharf abwechseln ließ, ohne jedoch meine eigenen Gedanken und Neigungen irgendwie zu verraten. Ich rief ihm die schauerlichen Szenen ins Gedächtnis zurück, denen wir bereits als Zeugen und tätige Teilnehmer hatten beiwohnen müssen, und wies zugleich darauf hin, daß wir auf dem vor uns liegenden Wege ohne Zweifel noch andern bösartigen Stämmen begegnen würden; ich erinnerte ihn aber zugleich auch daran, wie die Absichten des Verrats, der Schlauheit und des wilden Mutes doch schließlich durch Geduld und schnelle Entschlossenheit vereitelt worden seien, und wie wir noch die Macht besäßen, die Feinde zu bestrafen, welche uns bedrohten oder unsere Freunde ermordeten. Ich schloß meine Erörterung etwa mit folgenden Worten:

„Es liegt ohne Zweifel etwas Wahres jenen Schilderungen zugrunde, welche uns die Araber von der Wildheit dieser an der vor uns liegenden Route wohnenden Volksstämme machen. Livingstone würde, nachdem er gegen 4000 Meilen weit gereist ist und während seiner ganzen Lebenszeit Erfahrungen unter den Afrikanern gesammelt hat, diesen tapfern Kampf ohne gewichtige Gründe nicht aufgegeben haben; Cameron würde mit seinen 45 Snidergewehren einem so glanzvollen Forschungsfelde nicht den Rücken gekehrt haben, wenn es nicht seine aufrichtige Meinung gewesen wäre, daß seine Begleiter doch nicht hinreichende Kraft besäßen, um den hartnäckigen Angriffen von zahllosen Tausenden wilder Menschen zu widerstehen. Aber während wir zugeben, daß in den Aussagen der Araber manches Körnchen Wahrheit liegt, so verleitet sie doch ihr unwissendes und zugleich abergläubisches Wesen zur Übertreibung aller ihrer Erlebnisse und Beobachtungen. Mehr als ein dutzendmal haben wir ihnen Unrichtigkeiten nachgewiesen. Immerhin haben ihre Berichte auf die Gemütsstimmung der Wangwana und Wanjamwesi bereits einen starken

Eindruck gemacht. Diese fangen jetzt schon an vor Furcht zu zittern, weil sie vermuten, daß ich mich mit dem Plane einer Reise in die Kannibalenländer jenseits Njangwe beschäftige. An dem Tage, wo wir den Vorschlag machen, eine Reise dorthin zu unternehmen, werden wir keine Expedition mehr haben.

Andererseits hege ich das Vertrauen, daß, wenn ich imstande bin, mit der vollzähligen Expedition Njangwe zu verlassen und nur so weit vorzurücken, daß eine Strecke des Landes der Wilden unsere Reisegefährten von dem arabischen Handelsplatze trennt, ich auch brave Männer aus ihnen werde machen können. Es liegt ein guter Kern, es liegen heroische Eigenschaften in ihnen; aber wir müssen sie von den Arabern freimachen oder sie werden bald demoralisiert werden. Zu diesem Zwecke stehe ich mit Tippu-Tib in Unterhandlungen. Wenn ich mit ihm ein Arrangement treffen und Njangwe ohne so schreckliche Verluste, wie wir sie in Udjidji erlitten, verlassen kann, so hege ich die feste Überzeugung, daß ich meine Leute zu jedem Wagnis, bei welchem ich selbst mit ihnen gehe, begeistern kann.

Die Schwierigkeit des Transports ist wieder ungeheuer groß. Wir können in Njangwe keine Kanus erhalten. Livingstone konnte dies auch nicht. Cameron versuchte es vergebens. Ohne Zweifel wird es auch mir mißlingen. Ich werde es gar nicht versuchen, mir irgendwelche zu verschaffen. Aber wir könnten alle Äxte aufkaufen, welche wir von hier aus bis nach Njangwe nur zu sehen bekommen, und indem wir diesseits des Lualaba über Land reisen, könnten wir, ehe noch Tippu-Tibs Kontrakt zu Ende geht, doch vielleicht zu einem Volksstamm kommen, der uns Kanus verkaufen würde. Wir haben auf längere Zeit hin ausreichende Vorräte, und in Njangwe werde ich noch mehr einkaufen. Wenn uns die Eingeborenen keine Kanus verkaufen wollen, so können wir uns selbst welche verschaffen, wofern wir nur eine hinreichende Anzahl von Äxten besitzen, um alle Hände dabei beschäftigen zu können.

Was ich nun von dir zu hören wünsche, Frank, das ist deine Meinung über das, was wir jetzt tun sollen."

Frank hatte seine Antwort schnell bereit:

„Ich sage, gehen Sie vorwärts!"

„Denke reiflich darüber nach, mein lieber Kamerad, sei nicht zu hastig, Tod und Leben hängt von unserer Entscheidung ab. Glaubst du nicht, daß wir östlich von Camerons Route Forschungen anstellen könnten?"

„Aber es kommt doch nichts diesem großen Strome gleich!"

„Was sagst du zu den Seen Lincoln, Kamolondo und Bemba und jener ganzen Gegend bis hinab zu dem Sambesi?"

„O ja, das ist ein ganz schönes Feld für Forschungen, und vielleicht würden die Eingeborenen nicht so wild sein. Glauben Sie?"

„Dennoch würde dasselbe, wie du eben jetzt sagtest, im Verhältnis zu dem großen Strome nichts sein. Ganze Tausende von Jahren ist derselbe nun unablässig Hunderte, vielleicht Tausende von Meilen weit nach Norden geflossen, ohne daß jemand je nur ein Wort über ihn vernommen hätte.'

„Folgen wir also dem Strome!"

„Aber bedenke dies noch einmal, mein Freund. Fasse alle diese treuen Gefährten ins Auge, deren Leben von dem entscheidenden Worte abhängt, das wir aussprechen; denke an unser eigenes Leben, denn wir sind noch jung und stark und rüstig. Warum sollten wir das Leben aller dieser Leute um einer eiteln Ehre willen aufs Spiel setzen, oder, wenn uns alles glückt, jedes Wort, das wir aussprechen, bezweifeln und bekritteln und unsere Beweggründe von hämischen Menschen verdrehen lassen, welche jede unsere Handlungen zu unserm Schaden mißdeuten?"

„Ja, das ist wohl wahr. Ich war auch einer von denen, welche es bezweifelten, daß Sie jemals Livingstone aufgefunden hätten. Ich trage kein Bedenken, Ihnen das jetzt offen zu sagen. Ehe ich nach Sansibar kam und dort Ihre Leute sah, habe ich es nicht geglaubt, und es gab Hunderte in Rochester, welche meine Meinung teilten."

„Und glaubst du, Frank, daß du jetzt in Manjema bist?"

„Das muß ich wohl glauben."

„Wenn du nach England zurückgekehrt bist und wenn dann die Leute sagen sollten, du seiest nie in Afrika gewesen, und ohne Zweifel werden dies einzelne sagen, befürchtest du da nicht, daß du endlich selbst die ganze Reise in Zweifel ziehen wirst?"

„Nein, gewiß nicht", erwiderte er. „Ich kann Ituru nie vergessen, auch nicht den Tod meines Bruders in jenem wilden Lande und so vieler Wangwana, die dort begraben liegen; auch nicht den großen See, Uganda, unsern Marsch nach dem Muta-Nsige, Rumanika, mein Leben in Udjidji, den Tanganyika und unsern Marsch hierher."

„Aber was meinst du, Frank? Täten wir nicht besser, die Gegend nordöstlich von hier zu durchforschen, bis wir den Muta-Nsige erreichen, darauf jenen See zu umschiffen und uns wieder nach Uganda durchzuschlagen, von wo aus wir dann über Kagehji nach Sansibar zurückkehren könnten?"

„Das würde ein tüchtig Stück Arbeit werden, wenn wir es ausführen könnten."

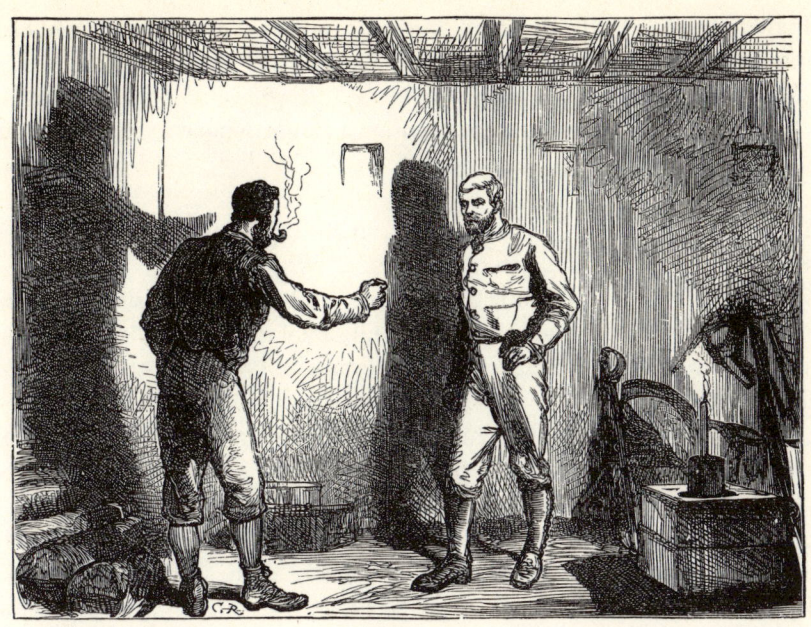

Kopf oder Schrift?

„Aber, wenn du ernstlich darüber nachdenkst, Frank, dieser große Strom ist auch ein würdiger Gegenstand, ein großes Objekt für unsere Forschungen. Livingstone hat ihn zuerst erblickt, und es hat ihm fast das Herz gebrochen, sich von ihm abwenden und ihn als ein großes Geheimnis zurücklassen zu müssen. Stelle dir dabei vor, wie wir, nachdem wir uns Kanus gekauft oder gebaut haben, Tag für Tag den Strom hinunterfahren, entweder nach dem Nil oder nach irgendeinem weit ausgedehnten See im fernen Norden oder nach dem Kongo und dem Atlantischen Ozean! Denke, welchen Segen unsere Reise Afrika bringen kann. Dampfboote von der Mündung des Kongo nach dem Bemba-See und nach allen großen Flüssen, die sich in diesen See ergießen!" –

„Wissen Sie, Herr Stanley, ich möchte Ihnen einen Vorschlag machen: werfen wir ein Geldstück dreimal in die Höhe, und zwei gleiche Würfe mögen dann entscheiden."

„So wirf denn zu! Hier ist eine Rupie."

„Kopf für den Norden und den Lualaba; Schrift für den Süden und Katanga."

Frank stand mit strahlendem Gesichte auf. Er warf die Rupie hoch empor. Die Münze fiel auf den Boden.

„Was liegt oben?" fragte ich.

„Schrift, Herr Stanley!" sagte Frank mit einem seine entschiedene Mißbilligung ausdrückenden Gesichte.

„Wirf noch einmal!"

Er warf die Münze wieder, und abermals lag „Schrift" oben, und so gewann Schrift sechsmal hintereinander.

Wir versuchten es dann mit Stückchen von Strohhalmen, die kurzen für den Süden und die langen für den Fluß Lualaba, und wieder wurden unsere Erwartungen getäuscht, denn Frank zog beharrlich die kurzen Stücke und ließ die langen in meinen Händen zurück.

„Das hat keinen Zweck, Frank. Wir wollen unserm Geschicke trotz Rupie und Strohhalm kühn die Stirn bieten. Mit deiner Hilfe, mein lieber Kamerad, will ich dem Laufe des Stromes folgen."

„Herr Stanley, seien Sie meinetwegen außer Furcht. Ich werde Ihnen zur Seite stehen. Die letzten Worte meines teuren alten Vaters waren: ‚Halte fest zu deinem Herrn!' Und hier ist meine Hand, verehrter Herr, Sie sollen nie Ursache haben, an mir zu zweifeln."

„Gut, so werde ich denn vorwärts gehen. Ich will den Vertrag mit Tippu-Tibs zum Abschluß bringen; denn wenn die Wangwana sehen, daß er uns begleitet, so werden sie vielleicht einwilligen, mir zu folgen. Wir können auch noch andere in Njangwe anwerben. Wenn dann die Eingeborenen uns in Frieden durch ihre Länder ziehen lassen sollten, um so besser; wenn nicht, so sagt uns unsere Pflicht: Immer vorwärts!"

Am nächsten Abend besuchten mich Tippu-Tib und seine Freunde wieder. Der Vertrag wurde aufgesetzt und von beiden Parteien und ihren Zeugen unterzeichnet. Sodann wurden die Wangwana-Führer herbeigerufen, und es wurde ihnen angekündigt, daß Tippu-Tib mit 140 Musketieren und 70 Wangjamwesi-Speerträgern uns auf eine Strecke von 60 Lagern begleiten würde; fänden wir dann, daß die Länder uns feindlich seien und daß keine Hoffnung vorhanden sei, andern Händlern zu begegnen, so würden wir mit ihm nach Njangwe zurückkehren. Wenn wir portugiesischen oder türkischen Händlern begegnen sollten, so würde ein Teil unserer Gesellschaft die Reise mit ihnen fortsetzen, und der Rest würde mit Tippu-Tib nach Njangwe zurückkehren. Diese Ankündigung wurde sehr günstig aufgenommen, und die Anführer sagten, daß infolge der Anwesenheit Tippu-Tibs kein Araber in Njangwe es wagen würde, Mitglieder der Expedition, die etwa ausreißen wollten, zu beherbergen.

Kauris und Perlen wurden darauf abgezählt und an jenem Abend Tippu-Tib übergeben als Rationsgeld für 10 Tage, von dem Tage seiner Abreise von Mwana Mamba an gerechnet.

Am nächsten Morgen, wir schrieben den 24. Oktober, verließ die Expedition Mwana Mamba in froher, mutiger Stimmung. Die gute Wirkung des Vertrags mit Tippu-Tib hatte uns schon Rekruten verschafft, denn auf dem Wege bemerkte ich mehrere fremde Gesichter von Menschen, welche bei unserer Ankunft in dem ersten Lager, dem 17–18 km nordwestlich von Mwana Mamba liegenden Marimbu, vor meinem Zelte erschienen und mich dringend um die Erlaubnis baten, sich unserm Zuge anschließen zu dürfen. Sie erhielten einen Vorschuß in Kleidern, und ihre Namen wurden in die Musterrolle der Expedition eingetragen unter denselben Lohnbedingungen wie bei den andern Wanjamwesi und Wangwana.

Wir wanderten darauf in nordwestlicher Richtung 21 km weit von Marimbu bis Benangongo durch ein schönes wellenförmiges Land, das aber entvölkert war und überall in kurzen Entfernungen Dorfruinen zeigte. Am 25. kamen wir nach einem Tagesmarsche von 19 km nach Kankumba, nachdem wir das Flüßchen Mschama überschritten hatten.

Von unserm Lager in Kankumba aus zeigte man uns, wo Njangwe liege, und da es nur 8 km entfernt war, behaupteten einige der Leute, es schon sehen zu können. Ungefähr 2 km von uns entfernt lag das morastige Tal des Flusses Kunda, eines andern in Usimba entspringenden Nebenflusses des Lualaba; nach Ostnordost erhoben sich in der Entfernung von ungefähr 13 km einige Bergkegel, Ausläufer des Gebirges von Manjema; nach Westen zu streckte sich ein welliges, grasbewachsenes Land bis an den Lualaba hin.

Das Gras in Manjema (eine Panicum-Art) zeigt, wie andere Gewächse in diesem äußerst fruchtbaren Lande, riesige Verhältnisse und wächst dichter als das üppigste Kornfeld. Die Stengel haben $2^1/_2$ cm im Durchmesser und ungefähr $2^1/_2$ m Höhe. Tatsächlich sieht das, was ich eben ein grasbewachsenes Land nannte, mehr einer welligen, mit jungen Bambusstauden bepflanzten Gegend ähnlich.

Dem jungen Kalulu, welcher sich, seitdem er als Ausreißer im Hafen Uguha am Tanganyika-See wieder eingefangen worden war, gut aufgeführt hatte und wieder in hoher Gunst stand, stieß in Kankumba ein ernstlicher und sehr merkwürdiger Unfall zu. Ein Führer namens Mabruki der Ältere hatte in seinem Snidergewehre, dem Befehle zuwider, eine Patrone stecken und dasselbe unvorsichtigerweise auf den aufgestapelten Waren liegen lassen. Ein vorbeilaufender Mgwana stieß dasselbe mit seinem Fuß herunter, wodurch eine Entladung des Gewehres veranlaßt und Kalulu, der sich auf seiner Matte neben einem Feuer niedergelegt hatte, unglücklicherweise an nicht weniger als *acht* Stellen verwundet wurde. Die Kugel drang durch den äußern Teil seines Unterschenkels, den obersten Teil des Schenkels und, nachdem sie die rechten Rippen gestreift hatte, durch die Muskeln des linken Armes. Obgleich der Unfall schwere Verwundungen veranlaßt hatte, war doch keine Lebensgefahr vorhanden, und durch Anwendung von etwas Arnika, durch Auflegen von Charpie und einen guten Verband brachten wir ihn bald so weit, daß sich völlige Genesung erhoffen ließ.

Welcherlei Erfahrungen wir an den nächsten beiden Tagen im Walde machten, mag man aus der Durchlesung der in mein Tagebuch eingetragenen Notizen entnehmen, aus welchen ich auszugsweise Folgendes mitteile:

„8. November. – N. ½ W., 15 km nach dem Distrikt Karindi oder Kionga in Uregga.

Wir haben heute schreckliche Stunden in diesen Wäldern durchlebt, und Bwana Schokka, der diese Gegend schon früher besucht hat, erklärt, indem er stolz auf uns herabblickt, daß unsere bisherigen Erfahrungen nur ein schwacher Anfang von den Leiden seien, welche wir wochenlang würden ertragen müssen. Ein solches Kriechen, Greifen und Krallen, Zerren und Zwängen durch die feuchten, dumpfigen Dickichte und eine solche Höhe und Tiefe der Waldungen! . . . Einmal gewannen wir von einem Baume auf dem Gipfel einer Anhöhe eine Seitenaussicht über die wilden Waldungen zu unserer Linken, welche in regellosen Wellen von Zweigen und Laubwerk bis in das Tal des Lualaba hinab wogten. Über den Lualaba hinweg gewahrten wir mit aufmerksamen Blicken etwas, das wie grüne Grasebenen aussah. Oh, welch ein Kontrast zu dem Ungemach, das wir hier zu erdulden hatten! Sie eröffnete uns eine wildromantische, unheimliche Szene, diese Rundsicht über die Gipfel einer Welt von Laubwerk! . . . Es war manchmal so finster in den Wäldern, daß ich die Worte nicht erkennen konnte, wenn ich mit Bleistift Bemerkungen über unsern Weg in mein Notizbuch einschrieb. Um 3½ Uhr nachmittags kamen wir im Lager an, völlig erschöpft von dem Kämpfen und Ringen durch das dicht gewachsene Gebüsch und von der drückenden Atmosphäre. Oh, nur einen Atemzug frischer Bergluft!"

„9. November. – N. ½ W., ein Marsch von beinahe 17 km nach Kiussi in Uregga.

Wieder einmal eine schwere Tagesarbeit in Wald und Dschungel! Unsere Expedition marschiert nicht mehr in der dichtgeschlossenen Kolonne, welche mein Stolz war. Sie ist ganz aus Rand und Band. Ein jeder arbeitet sich durch den Wald hindurch, wie und wo er es am besten kann; der Weg ist, da er über einen lehmigen Boden führt, ganz schlüpfrig, so daß man beim Vorwärtsmarschieren jeden Muskel brauchen muß. Die Zehen greifen in den Boden ein, der Kopf trägt die Last, die Hände biegen die den Weg versperrenden Gebüsche auseinander, der Ellenbogen schiebt die Stengel zur Seite. Gestern klagten die Bootträger so sehr, daß ich aus allen Führern eine Pionierabteilung bildete, welche den Pfad mit Äxten lichten sollte. Natürlich konnten wir keine breite Straße herstellen. Es lagen viele Riesenbäume quer über den Pfad am Boden, und jeder hatte einen Berg von Ästen und Zweigen über sich, und so waren wir oft gezwungen, in weitem Bogen den Pfad im Dickicht auszuholzen, um sie zu umgehen. Meine Bootträger sind ganz erschlafft" . . .

Am 15. marschierten wir 10½ km bis Wane-Kirumbu. Von diesem Dorfe aus, das wie alle übrigen, durch welche wir gekommen waren, auf einer Anhöhe lag, eröffnete sich uns die weiteste Aussicht, die wir bisher seit unserm Einmarsch in den Wald gehabt hatten. Nach Norden und Nordosten gewahrte man nichts als einen wüsten Wirrwarr dichtbewaldeter Hügel, welche enge und tiefe Täler voneinander trennten. Dieser Anblick war wirklich sehr entmutigend und von übler Vorbedeutung.

Unser Marsch war zwar kurz, aber doch reich an mancherlei Zwischenfällen. In dem weichen Kot und feuchten Dunst, den der starke Tau ohne Unterbrechung während der letzten zehn Tage in dem von uns durchreisten Walde hervorgebracht hatte, waren meine Schuhe schnell abgenutzt und unbrauchbar geworden, und die Hälfte des Marsches legte ich barfuß zurück. Ich mußte nun aus meinem Vorratskoffer das letzte Paar Schuhe hervorholen, Frank hatte bereits sein letztes Paar angezogen, und dabei waren wir doch noch immer recht eigentlich im Mittelpunkt des Kontinents. Was sollten wir tun, wenn es mit allem Schuhzeug zu Ende ging? Diese Frage legten wir öfters gegenseitig uns vor.

Die Gesichter der verschiedenen Leute, der Araber, der Wangwana, Wanjamwesi und der Eskorte wären in diesem Lager für einen Studienzeichner sehr interessant gewesen. Ihr Mut schwand jetzt nachgerade ganz dahin, als sie sich Tag für Tag durch den traurigen, schrecklichen Wald hindurcharbeiten mußten. Wir sahen auf diesem Marsche eine über 3 m lange Riesenschlange, eine grüne Viper und eine scheußliche Puffotter, außerdem ganze Dutzende von weißhalsigen oder glänzendschwarzen oder kleinen grauen Affen und große heulende Paviane. Auch den „Soko" oder Schimpanse hörten wir und sahen ein einzelnes Sokonest in der von den Zweigen eines großen Baumwollbaumes gebildeten Gabel. Ein Lemur (Maki) kam uns gleichfalls zu Gesicht; das rauh klingende abscheuliche Geschrei dieser Makis störte uns in allen Nächten.

Auf dem Pfade zeigten sich auch schwarze und braune, 15 cm lange Tausendfüße; die Menge der Käfer war nicht zu zählen, und ganze Armeen der tiefbraunen „Heißwasser"-Ameisen zwangen uns bei jedem Schritt vorsichtig zu sein.

Die Schwierigkeiten einer solchen Reise, wie wir sie begonnen hatten, kann man sich vorstellen, wenn wir berichten, daß ein kurzer Marsch von 10 km die 24 Mann, welche die Bootsektionen trugen, einen ganzen Tag vollauf beschäftigte und sie so sehr ermüdete, daß wir noch einen Tag in Wane-Kirumbu verweilen mußten, damit sie nach ihrer Erschöpfung wieder zu Kräften kommen konnten.

Das schreckliche Unterholz, welches hier den ganzen Raum unter dem Schatten der säulenförmigen Baumwoll- und der mastähnlichen Mvule-Bäume vollstopfte, war ein Wunder der Vegetation. Es bestand aus Farn, Stechgras, Wasserrohr und orchideenartigen Pflanzen, untermischt mit wildem Wein, kabeldicken, langen Zweigen von *Ficus elastica* und einzelnen Mimosen, Akazien und Tamarinden; ferner aus Lianen, Palmen verschiedener Arten, wilden Dattelbäumen, *Raphia vinifera*, Öl- und Fächerpalmen, Rotang und hunderterlei andern Varietäten, die sich jeden Zoll Raum streitig machten und mit einer Üppigkeit und in solcher Dichtigkeit sich empordrängten, wie sie nur eine so außerordentliche Treibhausatmosphäre hervorbringen und erhalten konnte. Wir hatten gewiß schon vorher manchen Wald gesehen, aber diese Waldszenen waren eine Epoche in unserm Leben, deren wir wegen der bittern Schmerzen, die sie uns bereitet hat, immerdar gedenken werden. Die beständige Dunkelheit steigerte noch das traurige Elend unsers Lebens; dazu die alles beschmutzende Feuchtigkeit, die ungesunde, dampfende Atmosphäre und die Einförmigkeit der Landschaftsbilder; nichts als das ewige Gewirr von Zweigen und Laubwerk, diese hohen Stämme, welche aus einem zu lauter Knoten verschlungenen Dickicht emporstiegen, durch welches wir, wie wilde Tiere, uns auf Händen und Füßen hindurchzuwühlen und zu winden hatten.

Ungefähr um 9 Uhr morgens kamen Tippu-Tib und die Araber in meine Hütte in Wane-Kirumbu. Nach einer langen Einleitung, in welcher er die Mühseligkeiten des Marsches schilderte, schloß Tippu-Tib mit der offenen Erklärung, daß er gekommen sei, um mir sein Verlangen nach einer Lösung unsers Vertrags mitzuteilen!

In diesem Augenblick blitzte der Gedanke in meinem Geiste auf, daß eine Krisis eingetreten sei. Sollte die Expedition hier ihr Ende finden? Ich machte auf das allernachdrücklichste die Notwendigkeit geltend, daß man Verpflichtungen, die man erst nach so reiflicher Überlegung übernommen, auch treulich nachkommen müsse.

„Es ist ganz nutzlos", erwiderte Tippu-Tib, „doppelzüngig zu sein. Sehen Sie die Sache an wie Sie wollen, diese sechzig Lager werden uns bei der Art und Weise unsers Reisens länger als ein Jahr beschäftigen, und die Rückkehr würde ebenso viel Zeit beanspruchen. Ich bin nie zuvor in diesem Walde gewesen, und ich hatte keine Idee davon, daß sich eine solche Gegend auf der Welt befände; aber die Luft tötet meine Leute; sie ist unerträglich. Sie werden Ihre Leute auch töten, wenn Sie weiterziehen; sie murren von Tag zu Tag mehr. Dieses Land ward nicht zum Reisen eingerichtet; es ward für nichtswürdige Heiden, für Affen und wilde Tiere geschaffen. Ich kann nicht weiter mitgehen."

„Will Tippu-Tib also nach Njangwe zurückkehren und sein Wort brechen und die kontraktliche Verpflichtung? Was werden alle Araber in Njangwe, Mwana Mamba und in Kasongos Distrikt sagen, wenn sie hören, daß Tippu-Tib, der erste Araber, der in Rua einzudringen wagte, nur wenige Tage mit seinem Freunde gereist und dann zurückgekehrt ist?"

„Zeigen Sie mir Arbeit, wie sie Menschen möglich ist, und ich will sie ausführen."

„Nun gut; sehen Sie hier, Tippu-Tib. Das Land auf dem Westufer des Lualaba ist offener als dieses, und die Straße, welche Mtagamojo auf seiner Reise nach dem Lumami einschlug, liegt auf jener Seite. Obgleich das Land offener ist, sind doch, wie ich höre, die Einwohner schlimmer als auf dieser Seite. Indes sind wir auch nicht Mtagamojo, und sie können sich vielleicht besser gegen uns benehmen. Laßt uns auf dem andern Ufer einen Versuch machen.

Ich will Ihnen die Wahl lassen zwischen zwei Kontrakten. Begleiten Sie mich bis an den Fluß und warten Sie dort während der Überfahrt meiner Leute, und ich will Ihnen 500 Dollars geben; oder begleiten Sie mich noch zwanzig Tagemärsche weiter am westlichen Ufer entlang, und ich sichere Ihnen dann 2600 Dollars zu. Wenn Sie nach Verlauf jener Zeit Ihren Weg klar und offen sehen, so werde ich Sie für eine zweite Reise engagieren, bis ich selbst ganz überzeugt bin, daß ich nicht weiter reisen kann. Proviant soll Ihren Leuten bis zu dem Punkte, wo wir uns trennen, und von da zurück bis nach Njangwe gegeben werden."

Zwei Stunden lang setzte ich ihm mit allerlei Gründen zu, und als ich fast erschöpft war, willigte Tippu-Tib endlich ein, mich noch 20 Märsche von unserm jetzigen Lager ab weiter zu begleiten. Es war wirklich für mich ein wahres Glück, daß er darein willigte, da seine Rückkehr in so geringer Entfernung von Njangwe bei der gegenwärtigen ganz mutlosen Stimmung meiner Leute ohne Zweifel alle meine Hoffnungen vereitelt haben würde.

Die Eingeborenen von Uregga haben keinen Hang zur Freigebigkeit. Der Häuptling von Wane-Kirumbu war der erste, welcher in den Austausch von Geschenken willigte. Er gab mir ein Huhn und einige Bananen, und ich überreichte ihm als Gegengeschenk 5 Kauris, welche er ohne Murren annahm. Nachdem ich Augenzeuge dieses hübschen und sehr ungewöhnlichen Zuges von bescheidener Mäßigung gewesen war, schenkte ich ihm noch 10 Kauris, was ihm so freigebig erschien, daß er ganz gerührt und in der Tat fast überwältigt von Dankgefühl von mir ging.

Ganz besonders auffällig erschienen mir im Dorfe Kampunsu zwei 3 m voneinander entfernte Reihen von Schädeln, welche an der gesamten Länge des Dorfes hinliefen. Die Schädel waren ungefähr 5 cm tief in den Boden eingesenkt, mit den „zerebralen Hemisphären" nach oben, und schimmerten, vom Wetter gebleicht, in weißlicher Farbe. In diesem einem Dorfe zählten wir 186 solcher Schädel. Es schienen mir Menschenschädel zu sein, obgleich bei vielen die Hinterhauptshöcker, bei andern die Scheitelbeine außerordentlich stark hervorragten und die Stirnbeine ungewöhnlich niedrig waren und stark zurücksprangen; dennoch waren die verschiedenen Nähte und das allgemeine Aussehen der meisten unter denselben den Formen, wie ich mir menschliche Schädel denke, so ähnlich, daß ich meine Führer und Araber mit einer fast gleichgültigen Miene fragte, was das für Schädel seien. Sie erwiderten: „Schädel von Sokos" (Schimpansen?).

„Sokos aus dem Walde?"

„Gewiß", antworteten sie alle.

„So bringt mir den Häuptling von Kampunsu auf der Stelle her", sagte ich, denn durch die wunderbaren Berichte, welche ich sowohl von Livingstone als von den Eingeborenen von Manjema über die Sokos gehört hatte, war mein Interesse sehr erregt.

Der Häuptling von Kampunsu, ein großer, kräftig gebauter Mann von ungefähr 35 Jahren, erschien, und ich fragte:

„Mein Freund, was sind das für Dinge, womit ihr euere Dorfstraße ausschmückt?"

Er erwiderte: „Njama" (Fleisch).

„Njama? Njama wovon?"

„Aus dem Walde."

„Aus dem Walde! Von welcher Art ist denn dieser Njama aus dem Walde?"

„Er ist ungefähr von der Größe dieses Knaben." Dabei wies er auf Mabruki, meinen Flintenträger, der beinahe 1½ m maß. „Er geht aufrecht wie ein Mensch und läuft mit einem Stock umher, mit dem er an die Bäume im Walde schlägt und gräßlichen Lärm macht. Die Njama fressen unsere Bananen, und wir machen Jagd auf sie, töten und essen sie."

„Schmecken sie gut?" fragte ich.

Er lachte und erwiderte, daß sie sehr gut schmeckten.

„Würdest du jetzt einen verzehren, wenn du einen hättest?"

„Ganz gewiß. Warum sollte denn ein Mann solches Fleisch verschmähen?"

„Gut, so sieh einmal her. Ich habe hier 100 Kauris. Nimm deine Leute mit und fange einen und bringe ihn mir her, lebendig oder tot. Ich will nur sein Fell und seinen Kopf haben, das Fleisch magst du behalten."

Ehe der Häuptling von Kampunsu mit seinen Leuten zur Affenjagd aufbrach, brachte er mir ein Stück Fell, das wahrscheinlich den Rücken eines Affen bedeckt hatte. Das Pelzhaar war dunkelgrau, 2½ cm lang und mit etwas ins Weiße spielenden Spitzen. Eine Linie dunklern Haares markierte das Rückgrat. Dies war, wie er versicherte, ein Teil des Fells eines „Soko". Er zeigte mir auch eine aus solchem Fell verfertigte Mütze, die ich mir sogleich kaufte.

Gegen Abend kehrte der Häuptling ohne Erfolg von seinem Jagdzuge zurück. Er wünschte, daß wir zwei oder drei Tage dableiben möchten; er würde dann den Sokos Fallen stellen, da sie in der Nacht gewiß Bananenpflanzungen besuchen würden. Da ich aber nicht so viele Tage warten konnte, so kaufte ich für wenige Kauris zwei Schädel, von einem Männchen und einem Weibchen.

In diesem Dorfe wurden auch die aus Rubiaceenholz geschnitzten und von uns bereits erwähnten Bänke vorgefunden, ferner eine Art Spielbretter und mit bewundernswerter Feinheit geschnitzte Sessel. Alle diese Gegenstände waren an den Rändern der Sitze mit kleinen Messingnägeln und „Sokozähnen" verziert.

Kupfer schien bei den Wavinsu in Überfluß vorhanden zu sein. Es war um ihre Speerschäfte gewunden und umgab in Ringen ihre Beine und Arme; die Griffe ihrer Messer, ihre Spazierstöcke waren aus Kupfer; es hing in Form von Perlen um ihren Hals, und schrottähnliche Kupferkügelchen waren an ihren Haaren befestigt.

Außer ihren kurzen Speeren mit breiten Klingen waren die Wavinsu mit kleinen, aber starken Bogen bewaffnet, deren Sehnen aus schmalen Streifen von Rotangrohr verfertigt werden. Die ungefähr 30 cm langen Pfeile werden aus Schilfrohr geschnitten, gespitzt und mit Pflanzengift bestrichen. Die Wavinsu befestigen keine Eisenspitzen daran. Der Gebrauch dieser Waffen erfordert besondere Geschicklichkeit. Die Wanjamwese-Bogenschützen vermochten die Pfeile nicht weiter als 45–60 m zu schießen. Ein Urbewohner lächelte über ihre Ungeschicklichkeit und schoß einen Pfeil über 180 m weit. Die Eingeborenen rühmen sich, daß die leichteste Verwundung hinreicht, um selbst einen Elefanten niederzuwerfen, denn nur mit Hilfe dieser Giftpfeile ist es ihnen möglich gewesen, Elfenbein für Molemba-Lemba (Dugumbi in Njangwe) herbeizuschaffen.

Da Blutsbrüderschaft für ein Unterpfand des freundlichen und friedlichen Verkehrs betrachtet wird, so schlossen Frank Pocock und der Häuptling dieselbe in der üblichen Form, und wir tauschten gegenseitig Geschenke aus.

Am 19. brachte uns ein Marsch von 8 km durch den Wald westlich von Kampunsu an den Lualaba zu einem unter 3° 35′ südl. Br. genau 41 engl. geographische Meilen (76 km) nördlich von dem arabischen Handelsorte Njangwe entfernt liegenden Punkte. Eine am Nachmittage angestellte Längenbeobachtung ergab 25° 49′ östl. L. Der Name Lualaba soll hier sein Ende finden. Ich beabsichtige den Strom von jetzt an nur mit dem Namen Livingstone zu bezeichnen.

Als wir vom Strome noch ca. 30 km entfernt waren, fanden wir, daß viele der Waregga ihn nie gesehen, wohl aber als den Lu-al-ow-wa hatten nennen hören. Hätte nicht Livingstone von dem Strome bei Njangwe unter dem Namen Lualaba gesprochen, so würde ich das Wort höchstens als eine von den Waguha verderbte Form des Wenja-Wortes Lu-al-ow-wa erwähnt haben, da aber der Fluß, sooft nur ein größerer Nebenfluß einmündet, jedesmal seinen Namen ändert, so würde man sich nutzlos abmühen, so viele Namen im Gedächtnis zu behalten.

MIT BULA MATARI ANS MEER!

Sanft wie ein milder Sommertraum flossen die braunen Wellen des großen Livingstone an mir vorüber, des breiten und tiefen Stromes. Auf dem gegenüberliegenden Ufer umsäumte in der Ferne ein zweiter Urwald den strahlenden Himmel mit einem schwärzlichen Bande, ein Wald, nur zu ähnlich dem, welcher uns so große Seelenqualen bereitet hatte. Von meinem Sitze aus genoß ich eine prachtvolle Aussicht auf den Strom, wie er zwischen Wänden dunkler Wälder in heiterer Größe dahinglitt; eine unaussprechliche Majestät des Schweigens ruhte auf ihm und erregte die Sehnsucht meines Herzens.

„Abwärts fließt er in eine unbekannte Welt! In schwarzumnachtetes Gewölk der Mysterien und Fabeln, vielleicht gar vorüber bei den Ländern der Halbmenschen, der Pygmäen und der Menschen mit langen Ohrlappen, von denen der sanftmütige Heidenkönig in Karagwe erzählte, vorüber an Meilen über Meilen unerforschter Länder, in denen es von Völkerstämmen wimmelt, über welche nicht einmal das leiseste Geflüster zu den Völkern der andern Weltteile gelangt ist; vielleicht wird jenes fabelhafte Wesen, der furchtbare Makoko, von welchem Bartolomeo Diaz, Cada Mosto und Dapper geschrieben haben, noch immer durch einen Erben seines alten Königreiches und seiner Macht repräsentiert und ist mit barbarischem Pomp umgeben. Irgend etwas Fremdes und Seltsames muß sicherlich in dem weiten Raume liegen, der auf unsern Karten völlig weiß und leer erscheint, zwischen Njangwe und Tuckeys fernstem Punkt.

Ich suche eine Straße, um diese beiden Punkte zu verbinden. Wir haben uns durch den schrecklichen Urwald hindurchgearbeitet und mannhaft durch die Finsternis hindurchgekämpft. Die Herzen meiner Leute wurden mutlos und verzagt. Ich suche eine Straße. Nun, hier liegt eine breite Wasserstraße vor mir, welche sich, wie ein Pfad voll Licht, ihre Bahn durch das unbekannte Land nach irgendeinem Meer hindurchgespaltet hat! Hier sind Wälder ringsum, mit denen sich tausend Flotten von Kanus bauen lassen. Warum sollten wir sie nicht bauen?"

Ich sprang auf und befahl dem Trommler, das Signal zum Sammeln zu geben. Die Leute entsprachen müde und matt dem Rufe. Frank und die Führer erschienen. Die Araber und ihre Eskorte kamen auch; bald umgab mich eine dichte Masse erwartungsvoller Gesichter. Ich wandte mich zu ihnen und sprach:

„Araber! Söhne von Unjamwesi! Kinder Sansibars! Hört auf meine

Worte. Wir haben den Mitamba von Uregga gesehen; wir haben seine Bitterkeiten gekostet und haben geseufzt, denn unsere Seelen waren betrübt. Wir suchen eine Bahn, auf der sich reiten läßt. Ich suche einen Pfad, der mich zum Meere führen soll. Ich habe ihn gefunden."

„Ah! ah-h!" rief man, und darauf folgte ein Gemurmel und fragende Blicke, welche man aufeinander richtete.

„Ja! El hamd ul Illah. Ich habe ihn gefunden. Seht diesen mächtigen Strom an. Von Urbeginn an ist er so geflossen, wie ihr ihn heute fließen seht. Er ist in Schweigen und Dunkelheit dahingeflossen. Wohin? In die Salzsee, wohin alle Flüsse gehen! An jener Salzsee, auf welcher die großen Schiffe kommen und gehen, da leben meine und euere Freunde. Nicht wahr?"

Ein vielstimmiges lautes „Ja! Ja!"

„Obgleich nun dieser Strom so groß, so breit und so tief ist, so ist doch niemand jemals durch die ganze weite Strecke gedrungen, die zwischen dieser Stelle, auf der wir stehen, und unsern weißen, neben dem Meere wohnenden Freunden liegt. Warum, meine Freunde? Weil es *uns* beschieden war, diese Tat zuerst auszuführen."

„O nein! nein! nein!" riefen viele und schüttelten verzagend mit den Köpfen.

„Ja", fuhr ich mit erhobener Stimme fort, „ich sage euch, meine Freunde, vom Anfang der Welt an bis auf den heutigen Tag ist es uns aufgespart geblieben, dies zu vollbringen. Es ist unser Werk und kein anderes! Es ist die Stimme des Schicksals! Der alleinige Gott hat es geschrieben, daß in diesem Jahre der Strom in seiner ganzen Länge bekannt werden soll! Wir werden keine Mitambas mehr haben; kein Keuchen und Stöhnen wird man mehr hören an den Seiten unsers Weges; gräßliche Finsternis wird uns nie mehr umgeben; zum Flusse wollen wir unsere Zuflucht nehmen und an dem Flusse festhalten. Heute noch soll mein Boot in jenen Strom hinab vom Stapel laufen und soll ihn nimmer verlassen, bis ich mein Werk vollendet habe. Ich schwöre es!

Nun hört, ihr Wangwana! Ihr, die ihr mich durch Turu begleitet habt, die ihr mit mir an den Gestaden der großen Seen herumgesegelt seid, ihr, die ihr mir gefolgt seid, wie Kinder ihrem Vater folgen, durch Unjoro und hinab nach Udjidji und bis in dieses ferne, wilde Land hinein, wollt ihr mich hier verlassen? Soll ich mit meinem weißen Bruder allein ziehen? Wollt ihr zurückgehen und meinen Freunden erzählen, daß ihr mich in dieser Wildheit verlassen und mich den Wellen zum Spiel überlassen habt, um hier meinem Tode entgegenzugehen? Oder wollt ihr, gegen die ich so freundlich und gütig gewesen bin, die ich liebe, wie ich meine Kinder lieben würde, wollt ihr mich binden und mit Gewalt zurückschleppen? Sprecht, Araber! Wo sind meine jungen Männer mit Löwenherzen? Sprecht, Wangwana, und zeigt mir diejenigen, welche es wagen mir zu folgen!"

Uledi, der Bootsführer, sprang jetzt auf, lief auf mich zu, kniete nieder und umfaßte meine Knie und sagte: „Sieh mich an, mein Herr und Meister! Ich bin einer! Ich will dir folgen bis in den Tod!" „Und ich auch!" rief Katschetsche, „ich auch! ich auch!" schallte es aus dem Haufen der Bootsmannschaft.

„Es ist gut. Ich wußte, daß ich Freunde hatte. Ihr denn, die ihr kühn das Los gezogen, mit mir zu gehen, stellt euch auf diese Seite und laßt mich euch zählen!"

Es waren 38! 95 standen still und sagten gar nichts.

„Ich habe an euch genug. Selbst mit euch, meine Freunde, werde ich das Meer erreichen. Aber wir haben dazu Zeit in Überfluß. Wir haben unsere Kanus noch nicht gezimmert. Wir haben uns von den Arabern noch nicht getrennt. Wir haben noch eine weite Strecke mit Tippu-Tib zusammenzureisen. Wir können vielleicht auch mit guten Menschen zusammentreffen, die uns Kanus zu verkaufen geneigt sind, und bis zu der Zeit, wenn wir voneinander scheiden, da werden, das weiß ich gewiß, die Fünfundneunzig, welche sich jetzt fürchten mit uns zu gehen, ihre Brüder und ihren Herrn und seinen weißen Bruder nicht ohne sie den Strom hinabfahren lassen. Einstweilen sage ich euch herzlichen Dank und werde euere Namen nicht vergessen."

Darauf löste ich die Versammlung auf, und jeder ging seinen besondern Geschäften nach. Tippu-Tib, Scheich Abdallah und Muini Ibrahim setzten sich zu mir auf die Matte und stellten alle möglichen Versuche an, mich zu überreden, daß ich nicht so verwegen sein und jeden Gedanken, den Strom hinabzufahren, aufgeben sollte. Ich meinerseits bat sie, nicht wie schwache Kinder zu sprechen und, was sie auch über den Plan denken möchten, ihre Befürchtungen vor den Wangwana geheimzuhalten; sie möchten dieselben vielmehr ermutigen und anfeuern, ihre Pflicht zu tun und die Gefahren mit mir zu teilen, denn alle Verantwortlichkeit hätte ich ja doch selbst zu tragen, und auch von der Gefahr würde mir der größte Teil zufallen; ich würde stets vorn an der Front stehen, um alle zu führen und zu leiten und zu retten, und sowohl um meinetwillen als um ihretwillen würde ich vorsichtig sein.

In Erwiderung auf meine Vorstellungen sprachen sie von Katarakten und Kannibalen und kriegerischen Stämmen. Sie schätzten den Mut der Wangwana gering und zogen verächtlich auf Menschen los, welche einst Sklaven gewesen seien; nicht eine einzige Tugend wollten sie ihnen zugestehen, weder Treue noch Mut, weder Anhänglichkeit noch Dankbarkeit, und sie prophezeiten mir, daß unser aller Tod das Ende sein würde.

„Sprechen Sie nicht weiter, Tippu-Tib. Sie, der Sie Ihr Leben lang mitten unter Sklaven herumgereist sind, haben noch nicht gelernt, daß etwas Gutes im Herzen jedes Menschen liegt, den Gott geschaffen hat. Die Menschen sind nicht alle so schlecht erschaffen, wie Sie sagen; denn Gott ist gütig, und er hat alle Menschen erschaffen. Ich habe meine Leute genau beobachtet; ich kenne sie und ihren Sinn und ihr Wesen. Es wird meine Aufgabe sein, während sie mit mir zusammenleben, alle guten Eigenschaften in ihnen zu entwickeln und hervorzulocken, und die einzig richtige Methode, dies zu tun, besteht darin, selbst gut und freundlich gegen sie zu sein, denn das Gute erzeugt wieder Gutes. Wenn Sie irgendwie meine Freundschaft hochschätzen und von mir Geld zu erhalten hoffen, so schweigen Sie still. Lassen Sie kein Wort von Furcht gegen meine Leute verlauten, und wenn wir scheiden, so werde ich Ihnen meinen Namen unvergeßlich machen. Für Sie und für alle, welche meine Freunde sind, werde ich ‚der weiße Mann mit der offenen Hand‘ sein. Schweigen Sie nicht, so werde ich ‚Kipara-moto‘ sein.“

Während ich mich noch mit Tippu-Tib unterhielt, hatte man ein kleines Kanu mit zwei Männern von dem gegenüberliegenden Ufer heranfahren sehen. Einer der Dolmetscher wurde herbeigerufen und ihm aufgetragen, ruhig mit ihnen zu sprechen und sie zu bitten, uns Kanus zur Überfahrt zu bringen.

„Ndugu, o ndugu!“ (Bruder, o Bruder), rief sie der Dolmetscher an, „wir sind Freunde; wir wünschen über den Fluß zu setzen. Bringt uns Kanus und fahrt uns nach dem andern Ufer hinüber, und wir wollen euch sehr viel Muscheln und Glasperlen geben.“

„Wer seid ihr?“

„Wir sind Warungwana“ (Wangwana).

„Wo kommt ihr her?“

„Von Njangwe.“

„Ach, ihr seid Wasambje!“ (Unbeschnittene).

„Nein; wir haben einen weißen Mann bei uns als Anführer, und er ist gütig.“

„Wenn er mir mein Kanu mit Muscheln anfüllt, so will ich gehen und den Wenja sagen, daß ihr über den Fluß zu setzen wünscht.“

„So viel können wir euch nicht geben, aber wir wollen 10 Muscheln für jeden Mann bezahlen."

„Wir verlangen 1000 Stück für jeden Mann, oder ihr sollt niemals über den Fluß kommen."

„Aber Ndugu, das ist ja zu viel; wohlan, wir wollen euch 20 Muscheln für jeden Mann geben."

„Nicht für 10 000, Bruder. Wir wollen gar nicht, daß ihr über den Fluß setzt. Geht zurück, Wasambje; ihr seid schlecht! Wasambje sind schlecht, schlecht, schlecht! Der Strom ist tief, Wasambje! Weicht zurück, Wasambje; ihr seid schlecht, schlecht! Der Strom ist tief, Wasambje! Ihr habt keine Flügel, Wasambje! Kehrt um, Wasambje!"

Nachdem sie dies gesagt, sangen sie eine Weise, wie ich sie wilder und unheimlicher nie gehört, und ihr Gebrüll tönte über den Strom herüber: „Uh-hu, Uh-hu-hu-hu!" Als Antwort darauf hörten wir aus der Ferne Hunderte von Stimmen in ähnlicher Weise schreien: „Uh-hu, uh-hu-hu-hu!"

„Das ist ein Kriegsgeschrei", sagte der Dolmetscher.

„Unsinn, sei doch kein Narr. Welcher Grund zu einem Kriege liegt denn vor?"

„Diese Wilden brauchen keinen Grund; sie sind eben nichts weiter als wilde Tiere."

„Ehe zwei Stunden vergehen, werde ich dir beweisen, daß du unrecht hast", sagte ich.

Als ich mit meinem Frühstück fertig war, schwamm auch bereits die „Lady Alice" auf dem Strome, und ein lautes Beifallsgeschrei begrüßte ihr Erscheinen auf ihrem natürlichen Elemente.

Die Bootsmannschaft, mit Uledi als Bootsführer, ferner Tippu-Tib, Scheich Abdallah, Muini Ibrahim, Bwana Abed, unser Wegweiser, Muini Djumah, zwei Dolmetscher und ich selbst, wir stiegen in das Boot. Wir ruderten eine halbe Stunde den Fluß hinauf und fuhren dann quer hinüber nach einem mitten im Strome liegenden Inselchen. Mit Hilfe meines Fernrohrs untersuchte ich die Gestade, welche von unserm Lager aus wie dichter Wald aussahen. Wir bemerkten, daß ungefähr 30 Kanus am Uferrande festgebunden waren, und zwischen den Bäumen entdeckte ich verschiedene Häuser. Am Ufer drängten sich viele menschliche Wesen, welche unsere Bewegungen beobachteten.

Wir stiegen wieder in unser Boot und ruderten direkt auf das linke Ufer zu, ließen uns dann langsam von der Strömung forttreiben und instruierten mittlerweile die Dolmetscher in bezug auf alles, was sie den Wenja sagen sollten.

Als wir dem Menschenhaufen gegenüber waren, ersuchte sie ein Dolmetscher, einen Blick auf den weißen Mann zu werfen, und fügte hinzu, derselbe sei gekommen, um ihr Land zu besuchen; er wünsche, sich mit ihnen zu befreunden, er werde ihnen Muscheln in Masse geben und keinem seiner Leute erlauben, sich auch nur eine einzige Banane anzueignen oder irgend jemand Gewalt anzutun; nicht ein Blatt solle ohne vorhergehende Bezahlung genommen, nicht ein Baumzweig verbrannt werden.

Die Eingeborenen gafften mich zunächst neugierig an und versprachen dann nach einer Beratung, daß der Friede nicht gestört werden solle, wenn wir mit ihnen Blutsbrüderschaft schlössen, und daß zu diesem Zwecke der weiße Anführer in Begleitung von zehn Mann früh am Morgen des nächsten Tages nach der Insel fahren solle, wo der Häuptling der Wenja gleichfalls mit zehn Mann mit ihm zusammentreffen werde, und daß nach jener feierlichen Handlung alle Kanus über den Fluß fahren und bei der Überfahrt unserer Leute nach ihrem Lande Beistand leisten sollten.

Nachdem wir ihnen gedankt hatten, kehrten wir, erfreut über unsern Erfolg, in unser Lager zurück. Um 4 Uhr morgens schaffte indessen das Boot ganz heimlich 20 Mann mit Katschetsche, der den Befehl erhalten hatte, sich im Gebüsch zu verstecken, nach der Insel, und nachdem es um 7 Uhr ins Lager zurückgekehrt war, brachte es dann Frank mit 10 Mann, welche feierlich Brüderschaft schließen sollten, ebendahin. Als das Boot darauf wieder zurückkehrte, bestieg ich dasselbe und ließ mich an dem rechten Ufer entlang eine Strecke stromaufwärts rudern, so daß ich für den Fall einer Verräterei innerhalb vier Minuten die Insel erreichen konnte, um Beistand zu leisten.

Um 9 Uhr morgens sahen wir sechs Kanus voll Männer nach der Insel zu rudern. Wir sahen sie vor derselben ankommen und schließlich nahe heranfahren. Mit größter Aufmerksamkeit und ängstlicher Spannung beobachtete ich durch mein Fernrohr jede ihrer Bewegungen. Wir sahen jetzt noch andere Kanus sich der Insel nähern. Es ist nur gut, dachte ich bei mir, daß Frank seine im Versteck liegende Reserve so nahe zur Hand hat. Wenige Sekunden nach dem Erscheinen der letzten Ankömmlinge auf der Szene bemerkte ich eine große Unruhe und Aufregung, und fast gleichzeitig schallte jenes seltsame widrige Geschrei über den Fluß her. Es war ein lebhaftes Jauchzen, und dabei sah ich hastige Körperbewegungen; ohne länger zu zögern, fuhren nun auch wir schleunigst auf die Insel los. Als die Eingeborenen unsere Annäherung bemerkten, ruderten sie schnell nach ihrem Landungsplatz hinweg.

„Nun, Frank, was hatte es denn gegeben?" fragte ich.

„Niemals in meinem Leben habe ich solche elende Schufte gesehen. Als jene letzte Rotte in den Kanus ankam, änderte sich ihr anständiges Benehmen wie mit einem Schlage. Sie umringten uns. Die Hälfte von ihnen blieb in den Kanus. Die am Lande Stehenden fingen an, heftig auf uns zu schimpfen, nahmen dabei ihre Speere zum Wurf in die Hand und machten so wütige Gebärden, daß sie uns wohl alle, so wie wir in Erwartung der Zeremonie des Brüderschaftschließens dasaßen, mit ihren Speeren getötet haben würden, wenn wir nicht schnell mit unsern schußfertigen Flinten aufgesprungen wären. Aber jetzt trat Katschetsche, der ihr wildes Benehmen und ihre drohenden Gebärden bemerkt hatte, mit seinen Leuten ruhig aus dem Gebüsch hervor. Als sie dies sahen, rannten sie nach ihren Kanus und hielten dabei ihre Speere zum Wurfe bereit, bis nun auch Sie dazukamen."

„Nun, es ist doch niemand ein Leid zugefügt worden?" fragte ich darauf. „So bleibt denn, wo ihr seid, während ich Katschetsche und seine Leute über den Fluß nach ihrem Ufer bringe, wo ein Lager aufgeschlagen werden soll; denn wenn wir heute mit der Überfahrt zögern, wird morgen früh die Hälfte unserer Leute Hunger leiden müssen."

Nachdem wir Katschetsche und seine Leute an Bord gebracht hatten, steuerten wir auf einen Punkt in der Waldung oberhalb des Dorfes zu, setzten 30 mit Äxten bewaffnete Männer ans Land und schritten zur Einrichtung eines kleinen Lagers, das zum Kern unserer Position dienen sollte, bis wir es ermöglichen würden, die ganze Expedition hinüberzuschaffen. Wir ließen uns dann von der Strömung bis vor ihr Dorf treiben und gaben ihnen mit Hilfe des Dolmetschers die Erklärung, da wir schon 30 Mann in ihr Land herübergebracht hätten, so würde es für sie weit ratsamer sein, uns bei der weiten Überfahrt Hilfe zu leisten, wofür sie auf eine gute Bezahlung sicher rechnen könnten. Gleichzeitig warf ich ihnen ein kleines Säckchen voll Perlen zu. In wenigen Minuten willigten sie ein, und 6 Kanus mit je zwei Mann begleiteten uns nach dem Lager. Diese Kanus und das Boot brachten 80 Menschen wohlbehalten auf das linke Ufer hinüber, und aufgemuntert durch das gute Einvernehmen, das zwischen uns zu herrschen schien, kamen darauf noch weitere Kanus zur Mithilfe herbei, und bis zum Eintritt der Nacht saßen alle Genossen unserer Expedition in heiterster Stimmung an den lustig flackernden Lagerfeuern in den Dörfern der Wenja.

Als wir am Mittag des 7. Dezember mit der Ausbesserung der Kanus beschäftigt waren, wurde dicht bei der Stadt in dem Gebüsch ein Eingeborener aufgefunden. Er trug einen kleinen Bogen und einen Köcher mit winzig kleinen Pfeilen in der Hand, und da dies ein Verdacht erregender Umstand war, so wurde er festgenommen und uns zugeführt. Es war ein höchst merkwürdiges Exemplar von einem Krieger, wie ich bei mir dachte, als ich dieses zitternde Männchen ansah. Aus unsern Messungen ergab sich, daß er 1,384 m hoch war und daß der Umfang seiner Brust ³/₄ m, seiner Taille nur ³/₅ m betrug. Sein Kopf war groß, sein Gesicht unten mit einem dünnen zotteligen Backenbart umgeben und seine Haut hell schokoladefarben. Da er außerordentlich krummbeinig und dünnschenkelig war, so mutmaßte ich zuerst, daß er eine von irgendeinem Stamme zum Herumirren in den Wäldern fortgejagte Mißgeburt sei, kam aber sofort auf andere Gedanken, als ich ihn das Wort „Watwa" aussprechen hörte. Da ich mich erinnerte, daß die Watwa als Zwerge sehr wohlbekannt waren, so fragte ich unsern Führer Bwana Abed, ob dieser Mann jenen Watwa-Zwergen ähnlich sähe, mit welchen Muhalas Leute gekämpft hätten. Er erwiderte, daß die Watwa, mit denen er zusammengetroffen wäre, wenigstens einen Kopf kleiner seien, obgleich dieser Mann wohl ein Mitglied eines mit den von ihm gesehenen verwandten Stammes sein könnte. Seine Hautfarbe sei ähnlich, aber die Zwerge westlich von Ukuna, in dem Lande West-Lumani, hätten sehr lange Schnurrbärte und buschige Backenbärte. Seine Waffen seien auch die nämlichen, der kurze Bogen und die winzig kleinen, kaum fußlangen Rohrpfeile mit scharfen Spitzen, die mit einer schwarzen, den Spanischen Fliegen ähnlich riechenden Substanz dick bestrichen sind. Bei der Untersuchung dieser Pfeile schien sich jedermann ganz besonders vor der Berührung der Spitzen zu hüten, und da viele derselben in Blätter eingewickelt waren, so erschien mir diese Vorsicht der Eingeborenen auch nicht unbegründet. Um über diese Sache ins Klare zu kommen, wickelte ich von einer der Pfeilspitzen die Blätterhülle ab, ergriff einen Arm unseres Gefangenen und nahm ganz ernstlich die Miene an, als wollte ich die schwarze Substanz auf dem Pfeile seinem Armmuskel einimpfen. Sein lautes Kreischen, sein offenbares Entsetzen und sein von beredten, mich um Schonung anflehenden Gesten begleitetes Geschrei: „Mabi! Mabi!" (böse, böse) ließ mich nicht mehr daran zweifeln, daß die Pfeile vergiftet waren.

Dieser Eingeborene besaß in hohem Grade das Talent der korrekten Aussprache. Zum erstenmal hörte ich den im Lande gebräuchlichen Namen des großen Stromes, wie ihn die Manjema und Wenja kennen, ebenso deutlich und bedachtsam aussprechen, als wenn Hadji Abdallah selbst sich abmühte, meinen gespannten Ohren das Wort Ru-ár-ow-a vorzuführen, wobei er die drittletzte Silbe scharf betonte. Ich ersuchte mehrere Wangwana, Wanjamwesi und Araber, das Wort ihm nachzusprechen. Nur die vornehmsten Araber waren imstande, „Ruárowa" deutlich zu artikulieren; die Schwarzen gestalteten das Wort augenblicklich in „Lualawa" um.

Das häßliche Geschöpf, dessen Kinnlade weit vorsprang, berichtete unter andern Mitteilungen, die er uns machte, daß gleich unterhalb Ikondu eine Insel namens Maturu im Strome liege, deren Bewohner der „Kirembo-rembo" (Blitz) bis auf den letzten Mann getötet habe.

„Wer sandte den ‚Kirembo-rembo', mein Freund?" fragte ich.

„Ach, wer weiß das? Vielleicht ‚Firi Niambi'" – die Gottheit.

„Wurden sie alle getötet?"

„Alle – Männer, Weiber, Kinder, Ziegen, Bananen – alles!"

Er erzählte uns auch, daß der Häuptling von Ikondu mit seinem ganzen Volke sich auf dem andern Ufer befände; daß sich von den bewaldeten, dem Fluß Urindi gegenüberliegenden steilen Ufern aus der mächtige Stamm der Wabwire oder Wasongora Meno („das Volk mit den spitzgefeilten Zähnen") ausdehne.

Dann entließen wir unsern Zwerg in seine Heimat und belohnten ihn mit einer Handvoll Muscheln und vier Perlenhalsbändern für seine Erfahrenheit und Kenntnis auf dem Gebiete der Geographie und für seine zivilisierte Aussprache. Er konnte es durchaus nicht begreifen, warum wir ihn nicht aufaßen, und obgleich wir ihm lächelnd die Hand schüttelten und ihm auf die Schulter klopften, so glaube ich doch, daß er sich erst dann vollkommen sicher fühlte, als er ganz aus unserm Gesichtskreis und wieder mitten in den Tiefen seiner heimischen Wälder war.

Knapp vor Weihnachten 1876 wollte Tippu-Tib nicht mehr und drängte darauf, umzukehren. Auch seine Leute waren von den Anstrengungen der letzten Tage völlig erschöpft, und er wies Stanley darauf hin, daß auch dessen Gefolgschaft nicht hier im Urwald elend zugrunde gehen und umkehren wollte. Aber sollte Stanley jetzt, nach 25 Monaten Gefahren und Strapazen aufgeben, weil Tippu-Tib, ohne dessen Träger er das notwendige Gepäck unmöglich weiterbefördern konnte, sein Versprechen nicht mehr halten wollte?

Er hatte eine bessere Idee. Er ruderte mit etlichen kühnen Askaris stromaufwärts, schnitt die Kanus der Eingeborenen vom Ufer los und stieß sie in den Strom hinaus. Frank Pocock wartete weiter unten mit seinen Bootsleuten und fing die meisten der 56 geraubten

Kanus auf. Die besten 22 behielten sie, und nun brauchten sie Tippu-Tib und seine Träger nicht mehr. Die Begeisterung im Lager über den kühnen Handstreich war groß, und Stanley nutzte sie noch, um eine flammende Rede an seine „Tapferen von Sansibar", seine „Löwen von Afrika", wie er sie nannte, zu halten. Sie war ein voller Erfolg. „Mit Bula Matari ans Meer!" schrien einige und rissen auch jene mit, die schon überlegt hatten, mit Tippu-Tib den Rückzug anzutreten. Bula Matari, das war sein Ehrentitel von allem Anfang an und hieß „Felsenbrecher".

Am 27. Dezember nahm Tippu-Tib Abschied, und Stanley zog weiter den Lualaba hinunter.

Während am Abend alle, mit Ausnahme der Wachen auf dem Boote und den Kanus, in Schlaf gesunken waren, brachten Frank und ich eine Stunde mit ernsten Betrachtungen zu.

Frank hegte im Herzen, ebenso wie ich, die frohe Hoffnung, daß wir schließlich irgendwo aus diesen Schwierigkeiten herauskommen würden; aber wegen des beharrlichen Laufes des großen Stromes nach Norden zeigte sich in seinen Bemerkungen eine gewisse Unruhe.

„Ehe wir nun definitiv abreisen, erlauben Sie mir die Frage, ob Sie wirklich in Ihrer innersten Seele an das Gelingen unseres Unternehmens glauben? Ich frage danach, weil so mancher Umstand gegen unsern Plan ins Gewicht fällt – nicht daß ich nur einen Augenblick die Umkehr für das geratenste ansähe, da wir einmal so weit vorgegangen sind."

„Glauben? Ja, ich glaube wirklich, daß wir alle wieder zu seiner Zeit aus diesen dunkeln Regionen an das Licht hinaustreten werden. Es ist allerdings wahr, daß unsere Aussichten jetzt so dunkel sind wie diese Nacht. Selbst der Mississippi stellte einem de Soto nicht solche Hindernisse entgegen, wie sie dieser Strom uns entgegenstellen wird. Möglicherweise trugen seine Inseln und seine Wälder viel von demselben Ansehen an sich, aber hier befinden wir uns auf einer Höhe von 500 m über dem Meere. Zu welchen Schlüssen können wir demnach gelangen? Entweder daß dieser Strom eine große Strecke weit nördlich vom Äquator vordringt und dann mit einem gewaltigen Bogen in den Kongo hinabfließt – was, beiläufig bemerkt, die Annahme, daß der Strom noch viele Wasserfälle bildet, unwahrscheinlicher machen würde –, oder daß wir ihn binnen kurzem in der Nähe des Äquators nach dem Kongo zu einen direkten Einschnitt durch das Gebirge werden durchfließen und sich, wie unsern Colorado-Fluß, durch einen tief eingeschnittenen Kanal oder in großen Katarakten werden hinabstürzen sehen –, oder daß er entweder der Niger oder der Nil ist. Ich glaube, es wird sich zeigen, daß es der Kongo ist; wenn dies der Fall sein sollte, so müssen viele Wasserfälle zu erwarten sein. Wir wollen nur hoffen, daß diese Fälle in einer Reihe nahe beieinanderliegen.

Auf alle Fälle, mag es nun der Kongo, der Niger oder der Nil sein, bin ich vorbereitet, sonst würde ich nicht so vertrauensvoll sein. Obgleich ich das Leben ebenso sehr liebe, wie du oder irgendein anderer Mensch, bin ich doch entschlossen, für den Erfolg dieser Bestrebungen mein Leben, mein alles einzusetzen. Um eine törichte Aufopferung desselben zu verhüten, habe ich mir zahlreiche Notmittel ausgesonnen, mit denen ich den wilden Menschen, der wilden Natur und noch unbekannten Schrecknissen Trotz bieten will. Es ist ein ungeheures Wagnis, aber du kennst das Sprichwort: ‚Wer nichts wagt, gewinnt nichts . . .‘

Sieh dir einmal dies an, die letzte Karte, welche europäische Geographen von dieser Gegend gezeichnet haben. Sie ist leer, vollständig weiß. Wir wollen zwei krumme Linien zeichnen, um damit das, was ich meine, zu veranschaulichen. Die eine zeigt den Fluß, wie er den Äquator erreicht und sich dann nach Westen wendet. Wenn wir annehmen, daß keine Wasserfälle vorhanden sind, so müßten wir ‚Tuckey's Furthest‘ (den fernsten Punkt Tuckeys) gegen den 15. Februar erreichen; wenn aber der Strom jenen weiteren Bogen vom 2.° nördl. Br. aus macht, so könnten wir hoffen, es um den 15. März zu erreichen, und wenn wir auf Wasserfälle und Stromschnellen einen Monat rechnen, so sind wir zu der Annahme berechtigt, daß wir den Ozean ungefähr um die Mitte oder gegen Ende April 1877 zu Gesicht bekommen können.

Ich versichere dir, Frank, dieser enorm große leere Raum ist nun nahe daran, sich zu füllen. So weiß, wie er ist, übt er auf mich einen ganz eigentümlichen Zauber aus. Niemals hat weißes Papier für mich einen solchen Reiz besessen wie dieses, und ich habe es schon im Geiste bevölkert, ich habe es ausgefüllt mit wunderbaren Ansichten von Städten, Dörfern, Flüssen und Ländern und mit Volksstämmen – alles in der Phantasie, und ich brenne vor Begierde, mich von der Wahrheit oder Unwahrheit dieser meiner Gebilde zu überzeugen. *Glauben?* Ich sehe mich bei Turm und Stadt vorbeigleiten, und mein Geist will nicht den geringsten Zweifel aufkommen lassen. Gute Nacht, mein Junge! Gute Nacht! Und mögen glückliche Traumgesichte von der See und von Schiffen und von Freude und Trost und Erfolg dir in deinem Schlafe erscheinen! Morgen, mein Lieber, ist der Tag, an dem wir rufen werden: ‚Sieg oder Tod!‘“

NEUE KÄMPFE

Zu Anfang des neuen Jahres 1877 erfreute uns in den ersten drei Stunden nach Sonnenaufgang eine entzückende Fahrt an einem unbewohnten Landstrich vorüber. Mein von der täglichen Sorge und Unruhe ermüdeter Geist fand Ruhe und Erholung in stillen, über diese tiefschlummernde Natur nachsinnenden Betrachtungen. Von außen gesehen lag der Wald in vollkommener Schönheit, in feierlichem Frieden und sanftträumerischer Ruhe da und regte zu gefühlvoller und mildmelancholischer Stimmung an. Wenn auch jeder Versuch vergeblich war, mit dem Auge durch die dichte Wand in den Wald einzudringen, denn dieser war schwarz und dem Sonnenlicht unzugänglich, das den Fluß fast in Flammen zu setzen schien – was vermochte trotz alledem die Phantasie zu zügeln? Dies waren meine ruhigen Stunden, Perioden, in denen mein Herz, die dunkeln und bösen Tage vergessend, die wir verlebt, sich mit mutiger Entschlossenheit gegen alle trüben Vorahnungen abschloß und in der köstlichen Stille der unbewohnten Wildnis schwelgte.

Aber bald nach 9 Uhr bemerkten wir, daß wir uns Ansiedlungen näherten, die sowohl auf den Inseln als auf den Stromufern zum Vorschein kamen, und wiederum erweckten die rauhen Klänge der Kriegstrommeln das Echo des Waldes und hallten den Fluß entlang und ließen unsere Pulse schneller schlagen.

In festgeschlossener Ordnung wie zuvor fuhren wir stromab und verfolgten standhaft unsern Weg; aber um uns denselben vorn zu versperren, stürzten ungefähr 10 lange Kanus aus dem Schatten der palmenreichen Flußufer hervor, und die wilde Bemannung fing an, ihre Kriegsgesänge anzustimmen und dann und wann in höhnenden und herausfordernden Stellungen die Speere und Schilde hoch emporzuheben und sie darauf mit einem dröhnenden Stoße zu senken.

Als wir nahe an sie herankamen, riefen wir ihnen laut zu: „Sennenneh", unser „Sesam und Schibboleth", unsere Parole und Losung. Doch diesmal wollten die Wilden nicht antworten.

Bis jetzt hatten sie uns Wasambje genannt; von nun an hießen wir Wadjiwa (Leute der Sonne?); unsere Flinten nannten sie Katadsi, während sie vorher Kibongeh oder Blitz geheißen hatten. Katembo wurde beschworen, beredt und sanft in seinem Stimmton sowie friedlich in seinen Gebärden zu sein.

Sie erwiderten: „Wir werden heute Wadjiwa-Fleisch essen. Oho, wir werden Wadjiwa-Fleisch essen!", und dann rief ein alter Häuptling irgendein Kommandowort aus, und plötzlich schlugen hundert Ruder das Wasser zu Schaum, und die Kanus stürmten auf uns los. Aber der Kampf war kurz, und man ließ uns unsere Reise fortsetzen.

Die Breite des Stromes wuchs jenseit dieser Inseln bis über 2700 m hinaus; das linke Ufer war hoch, das rechte niedrig. Um Mittag waren wir in 1° 10′ südl. Br.

8 km weiter verengte sich das Strombett wieder bis auf ungefähr 2550 m. Wir ließen uns hier bei einer unbewohnten Insel vorbeitreiben, und diese Pause gewährte den Ruderern Ruhe. Als wir dann das südliche Ende einer großen Insel erreichten, schlugen wir ein Lager auf, damit wir nicht noch einmal in Feindseligkeiten verwickelt werden möchten.

Am 2. Januar ging es den ganzen Tag sehr lebhaft zu. Wir hatten zuerst bei Kirembuka vorbei Spießruten (oder eigentlich Spießpfeile) zu laufen, ein aufregender Kampf; darauf wurden wir von Mwana Maras wilden Söhnen, denen sich bald die Leute Mwana Bibondos anschlossen, zum Kampf herausgefordert, und um 10½ Uhr vormittags hatten wir einen Angriff der Eingeborenen von Lombo a Kiriro zurückzuschlagen. Drei Stunden lang hatten wir fast ohne Unterbrechung gekämpft, denn der Kewandjawa- und der Watomba-Stamm vom linken Ufer hatten sich in das Gefecht mit eingemischt und den Stämmen vom rechten Ufer Beistand geleistet. Darauf hatten wir eine Stunde lang Ruhe; dann aber kamen wir an Inseln, welche, wie wir später in Erfahrung brachten, Kibombo hießen, und da wir bemerkten, daß der Stamm Amu-Niam sich sehr leidenschaftlich zum Kampfe rüstete, so benutzten wir eine einzelne Insel aus der Gruppe zu einem Versuche, ob wir nicht, bevor wir wieder zu einer Schlacht gedrängt wurden, durch Unterhandlungen eine friedliche Durchreise erzielen könnten. Die Insel lag fast unter dem Äquator, sie hatte 0° 52′ südl. Br.

Katembo, unser Dolmetscher, wurde mit seinem Freunde in einem mit acht Mann besetzten Kanu bis in die Mitte zwischen uns und der Küste vorausgesandt, um den Amu-Niam freundliche und liebreiche Friedensworte zuzurufen. Es wurde ihnen aber keine Antwort zuteil, und sie mußten sich schleunigst vor einem schnell vorrückenden Haufen von Kanus zurückziehen. Die Amu-Niam hatten sich offenbar nicht erst die Zeit genommen, mit ihren stromauf wohnenden Freunden zu verkehren, wodurch sie sich eine Enttäuschung erspart hätten, sondern sie kamen sogleich mit sehr unerschrockenen, siegesgewohnten Gebärden auf uns los. Wir hielten ihnen kupferne Armbänder und lange Perlenschnüre entgegen und schrien ihnen laut unser „Sen-nen-neh" zu, das wir, dem Zweck entsprechend, mit lebhaften Gesten begleiteten. Sie lachten uns aus, und ein Kerl, mit einem gewaltigen, rußgeschwärzten Schild, fragte uns, indem er seinen langen Speer wie einen langen Zeigefinger gebrauchte, ob wir etwa meinten, daß wir sie durch Darreichen einiger Muschelschalen und Kupferrringe um so vieles „Fleisch" bringen könnten – so wenigstens verdolmetschte uns Katembo ihre Antwort.

Unsere Kanus lagen jetzt mit ihren Seiten längs der schilfbewachsenen Inselküste, und sobald die ersten Speere geworfen waren, erhielten die Wangwana den Befehl, zur Erwiderung statt der Kugeln Metallstücke auf sie abzuschießen. Ein paar solcher Schüsse von jedem unserer Schützen genügte, um sie in Schrecken zu setzen und in Verwirrung auseinanderzutreiben. Nach einer Weile erholten sie sich indes von ihrer Panik und begannen nun in größerer Entfernung ihre vergifteten Pfeile abzuschießen; aber die Snidergewehre erteilten ihnen eine so wirkungsvolle Antwort, daß sie schließlich vom Kampfe abließen und wir somit von unsern fleischliebenden Gegnern befreit wurden.

Um 2 Uhr nachmittags fuhren wir auf dem Hauptstrome noch einige Kilometer hinab und machten um ^{1}/25 Uhr halt, um uns auf einem schon früher gelichteten Landstrich am rechten Ufer zu lagern. Wenn wir es hätten wagen wollen, so hätten wir ganz gut unsere Reise während der Nacht fortsetzen können; aber die Klugheit hielt uns von einem solchen Versuche ab, da die Wasserfälle uns leicht noch verhängnisvoller werden konnten als die Kannibalen.

Kurz vor Sonnenuntergang versetzte uns die Beobachtung, daß Pfeile in unser Lager fielen, abermals in einige Unruhe. Natürlich lief alles rasch nach den Flinten; als ich aber über die Richtung, aus welcher die Pfeile kamen, ins Klare gekommen war, befahl ich den Leuten, ganz einfach an ihre Geschäfte zu gehen, als ob nichts vorgefallen sei, sandte aber unterdessen 20 Mann in zwei Kanus stromabwärts mit dem Befehle, dem Feinde in den Rücken zu fallen, unter keiner Bedingung aber eher zu feuern, als bis die Feinde sie durch ihre größere Zahl zu überwältigen drohten.

Bei Eintritt der Dunkelheit kamen unsere Kanus mit drei an Händen und Füßen gefesselten Gefangenen zurück. Mit Ausnahme des armen Zwerges in Ikondu habe ich in meinem Leben keine menschlichen Geschöpfe gesehen, die mir als scheußlichere Unholde erschienen wären. An ihnen war auch nicht ein einziger Zug, der sie nach den Eingebungen der extravagantesten Nächstenliebe in die Klasse der nobeln Wilden einrangiert hätte. Ich glaube nicht, daß irgendein Vorurteil mich gegen sie einnahm; ich prüfte ihre Gesichter mit Forscherblicken, die bis zu dieser Zeit schon mehr als 500 000 Schwarzen in die Augen geschaut hatten. Sie waren wirklich unerträglich häßlich. Ich wollte sie indes an jenem Abend nicht weiter belästigen, ließ im Gegenteil ihre Fußfesseln lösen und die Bande an ihren Armen etwas lockerer machen, und ordnete an, daß ihnen Katembo und sein Freund Gesellschaft leisten und ihnen Nahrung reichen sollten, und daß Wadi Rehani diese Gefangenenwärter zu einem gastfreundschaftlichen Benehmen anspornen solle.

Am Morgen ließ sich denn auch mit ihnen umgehen, und sie beantworteten unsere Fragen bereitwillig. Sie gehörten zu den Wanongi, einem im Innern des Landes wohnenden Stamme, hatten aber ein Fischerdörfchen ungefähr eine Tagereise weit von unserer Lagerstelle, die Katumbi hieß. Ein mächtiger Stamm namens Mwana Ntaba hatte eine Gegend unterhalb Katumbi inne, in der Nähe einiger Wasserfälle, welche, wie sie uns warnend ankündigten, unser Verderben sein würden. Auf der linken Seite des Flusses, den Mwana Ntaba gegenüber, wohnten die Wavinsa, südlich von einem großen Flusse namens Rumani oder Lumani. Der große Strom, auf dem wir gefahren waren, war ihnen unter dem Namen Lowwa bekannt.

Als wir in unsere Kanus stiegen, schnitten wir die Fesseln der abstoßend häßlichen und widrigen Geschöpfe entzwei und erlaubten ihnen fortzugehen, eine Erlaubnis, von der sie mit Vergnügen Gebrauch machten.

Die Ufer waren 3–9 m hoch, bestanden aus einem graubraunen Lehm und hatten an ihrem jähen Abhange schon seit längerer Zeit gelichtete Stellen im Walde, wie sie in diesem Landesteile bis unterhalb Katumbi häufig vorkommen. Eine halbe Stunde später gelangten wir in einen Kanal, welcher mit einer plötzlichen Biegung nach Nordosten floß. Wir folgten seinem Laufe und befanden uns bald einer sehr stark bevölkerten Küste gegenüber, an welcher wir ganz dicht hinfuhren. Alsbald kamen mehrere große Kanus hinter einer Insel zu unserer Rechten hervor und schienen unschlüssig, ob sie sich zurückziehen oder näher herankommen sollten.

Der die Herzen erschließende Friedensgruß „Sen-nen-neh!" wurde von Katembo mit seinem gewöhnlichen pathetischen und blökenden Stimmtone laut gerufen, und zu unserer Freude wurde das Wort von mehr als hundert Stimmen wiederholt. „Sen-nen-neh! Sen-nen-neh! Sen-nenneh!" riefen Stimmen, von denen offenbar die eine immer die andere zu überschreien versuchte. Der Strom trieb uns auf sie los, und da sie ihrerseits nicht näher herankommen wollten, so hielten auch wir es für das

Geratenste, diese Sachlage ruhig beizubehalten, damit nicht ein schnelleres Heranfahren falsch ausgelegt und wir in Feindseligkeiten verwickelt werden möchten.

Eine halbe Stunde lang glitten wir auf diese Weise stromab und unterhielten dabei ein ununterbrochenes Kreuzfeuer lächelnder Komplimente und herzrührender Sen-nen-nehs. Wir machten jetzt wirklich die Entdeckung, daß in der langgedehnten und gefühlvollen Aussprache dieses Sen-nen-neh doch eine ganz besondere Zauberkraft lag. Die Mannschaft der Expedition, die vorher das absurde Gewinsel und die Klagelaute, welche Katembo bei der Aussprache seines Sen-nen-neh verwendete, durch spöttische Ba-a-a-as lächerlich gemacht hatte, bewunderte ihn jetzt wegen seines taktvollen Benehmens. Die guten Eingeborenen, mit denen wir jetzt diese süßen, blökenden Empfindungslaute der Höflichkeit austauschten, bewiesen uns, daß das wahre Friedensschibboleth darin besteht, jedes Wort mit einem tremolierenden, weinerlichen Tone und einem melancholischen Klagen in die Länge zu ziehen.

Wir kamen jetzt an einen Bananenhain von entzückendem üppigen Grün, welches das schattige Dunkelgrün des den Hintergrund bildenden Urwaldes nur um so effektvoller und angenehmer machte. Jenseits dieses Haines standen oder saßen Hunderte von Männern und Weibern in einer langen Reihe am Ufer und richteten ihre Blicke auf unsere heranfahrende Flottille.

„Sen-nen-neh!" wurde jetzt wieder mit günstigster Wirkung von einem der Bootsjungen gerufen. Ein Chor von lang ausgehaltenen, lauten und harmonischen Sen-nen-nehs, der schnell auf die Klänge der letzten Silbe folgte, ertönte jetzt plötzlich aus der großen Versammlung, und beide Ufer des großen Stromes ließen ihn mit seinem ganzen unbeschreiblichen und drolligen Pathos widerhallen.

Diese Töne klangen friedlich, auch das Benehmen des Volkes und die Anwesenheit der Weiber deutete unverkennbar auf friedliche Absichten hin, und so wurde denn Befehl zum Ankerwerfen gegeben.

Die Eingeborenen in den Kanus, welche bis jetzt vor uns her gefahren waren, wurden nun eingeladen, in unsere Nähe zu kommen; aber sie zuckten die Achseln und lehnten die Verantwortlichkeit von sich ab, sich auf irgendeinen Verkehr mit den Fremden einzulassen. Wir wandten uns, um ihre Vermittlung bittend, an die auf den Ufern zusammengelaufenen Volkshaufen, denn wir waren kaum 30 m von ihnen entfernt. Sie brachen in ein lautes Gelächter aus, doch lag in demselben keine Spur von Hohn oder Verachtung, denn wir hatten uns schon lange an die feinen Unterschiede der Leidenschaft gewöhnt, so daß wir uns nachgerade darauf verstanden, die zartesten Nuancen der Gefühle herauszumerken, welche die wilde Menschheit auszudrücken vermag. Wir streckten ihnen unsere Hände mit nach oben gekehrter Handfläche entgegen, neigten die Köpfe mit gefühlvollem Ausdruck etwas nach der einen Seite und baten sie, uns als Freunde, als aus ihrer Heimat weit entfernte Fremde zu betrachten, welche ihren Weg verfehlt hätten, sich aber bemühten, ihn wieder aufzufinden, indem sie den Fluß hinabführen.

Die Wirkung tritt jetzt deutlich hervor. Es scheint, als ob die Zärtlichkeit für uns die ganze Schar krampfhaft ergriffen hätte. Sie gaben ihrem Mitgefühl vielfachen Ausdruck, und bald fand ein Austausch sympathischer Ansichten und Meinungen statt.

„Ach!" dachte ich bei mir, „wie würde es Livingstone entzückt haben, wenn er einer solchen Szene hätte beiwohnen können! Sicherlich wäre er davon hingerissen und durch die ihm hier gewordenen Eindrücke von der Unschuld und Arglosigkeit der echten Urbewohner mehr als je überzeugt worden." Ich selbst könnte mich auch zu dem Eingeständnisse gezwungen halten, daß dergleichen ausnehmend angenehm ist; dennoch warte ich noch ein wenig.

Wir hielten lange Halsbänder von verschiedenfarbigen Perlen – blaue, rote, weiße, gelbe und schwarze – ihnen recht auffällig entgegen.

„Ah-h-h!" seufzten sehr viele voll Bewunderung und Lobes und die Köpfe zusammensteckend, um sich ihr Entzücken mitzuteilen.

„Wohlan, meine Freunde, laßt uns miteinander reden. Bringt ein Kanu her. Alles dies gehört denen, welche heranzukommen wagen." Ein Augenblick der Unschlüssigkeit folgt; sodann verschwinden einige Gestalten, kommen aber gleich darauf wieder zum Vorschein mit Kürbissen, Hühnern, Bananen, Gemüse u. dgl., was sie alles sorgfältig in einem kleinen Kanu niederlegen. Zwei Weiber steigen hinein und rudern keck auf uns los, während sowohl unter meinen Leuten als unter den Eingeborenen am Ufer Totenstille herrscht.

An den beiden Weibern bemerkte ich einige gefallsüchtige Manieren, aber obgleich mein Arm von dem so langen, unbeweglichen Hinhalten jener Halsbänder von prunkenden Perlen endlich müde wurde, wagte ich ihn doch nicht niederzusenken, damit die bezaubernde Wirkung nicht unterbrochen werden möchte. Ich kam mir wie ein Märtyrer zu Ehren des öffentlichen Friedens vor, und dieses Gefühl ließ mich alles mit stoischer Ruhe ertragen.

„Mein Junge", flüsterte ich mit leiser Stimme meinem Flintenträger

Mabruki zu, „wenn das Kanu Seite an Seite am Boote liegt, so halte es fest und laß es nicht entschlüpfen."

„Inschallah, Meister."

Das Kanu kam jetzt näher, und je geringer seine Entfernung wurde, desto einschmeichelnder wurde meine Freundlichkeit, desto weiter streckte ich meinen Arm mit jenen Perlen in ihren verlockenden Farben vor.

Endlich war das Kanu an die Seite des Bootes herangerudert. Mabruki hielt es ganz ruhig fest. Ich teilte dann die Perlen in zwei Garnituren, indem ich dabei zu Katembo – der mir als Dolmetscher diente – von dem Glück sprach, das ich bei dem Anblick zweier so schöner Frauen empfände, die hergekommen seien, um den weißen Häuptling zu besuchen; dieser sei gut und spräche gern mit so schönen Frauen. „Da, diese sind für dich – und diese für dich", sagte ich zu dem Weibe am Steuer und ihrer Genossin.

Sie klatschten vor Lust in die Hände, und beide hielten die ihnen geschenkten Perlen empor, um sie den Zuschauern an der Küste zu zeigen, und ein herzhaftes, allgemeines Händeklatschen drückte ihre Dankgefühle aus.

Die Weiber beschenkten mich dann mit den Kürbissen voll Malofu (Palmwein), den Hühnern, Bananen, Kartoffeln und der Cassave, die sie mitgebracht hatten. Alles dies wurde von der Bootsmannschaft und den dabei interessierten Mitgliedern der Expedition mit einem so lebhaften Händeklatschen entgegengenommen, daß die Leute an der Küste darüber wieder förmliche Lachkrämpfe bekamen. Dem Knaben Mabruki wurde nun befohlen, seine Hand loszulassen, da die Weiber sich selbst schon an die Boote anklammerten, der Friede war vollständig gesichert. Alsbald kamen auch die großen Kanus nahe heran, und sich längsseits an das Boot legend, bauten sie zu beiden Seiten desselben gleichsam dichte Wände seltsamer Menschen auf.

„Sagt uns, Freunde", fragten wir, „wie kommt es denn, daß ihr so freundlich seid, während jene am Strome weiter hinauf so böse Menschen sind?"

Darauf sagte ein Häuptling: „Weil gestern einige unserer Fischer stromauf bei der Insel Kibombo, den Amu-Niam-Dörfern gegenüber, auf einigen Inselchen waren, und als wir dann die Kriegstrommeln der Amu-Niam hörten, so blickten wir hinauf und sahen euere Kanus herunterkommen. Ihr hieltet an der Insel Kibombo an, und wir hörten euch mit den Bewohnern sprechen und ihnen sagen, daß ihr Freunde wäret. Aber die

Amu-Niam sind schlecht; sie essen Menschenfleisch, wir nicht. Sie kämpfen häufig mit uns, und jeden, den sie fangen, fressen sie auf. Sie kämpften auch mit euch, und während des Gefechts kamen unsere Fischer herunter und sagten uns, daß die Wadjiwa (wir) kämen; aber sie berichteten auch, sie hätten die Wadjiwa sagen hören, daß sie als Freunde kämen und nicht fechten wollten. Heute sandten wir ein mit vielen Nahrungsmitteln beladenes Kanu mit einem Weibe und einem Knaben den Strom hinauf. Wenn ihr schlechte Menschen gewesen wäret, so würdet ihr jenes Kanu weggenommen haben. Wir standen hinter den Büschen jener Insel und beobachteten euch; aber ihr sagtet ,Sen-nen-neh!' zu ihnen und fuhret in den Kanal zwischen der Insel und unsern Dörfern. Wenn ihr euch jenes Kanus bemächtigt hättet, so würden uns unsere Trommeln zum Kriege zusammengerufen und ihr würdet mit uns ebenso gefochten haben wie mit den Amu-Niam. Wir haben unsere Speere auf einer jener Inseln gelassen. Seht, wir haben nichts."

Dies war, wie ich schon zu meiner angenehmen Verwunderung gesehen hatte, ganz wahr. Hier hatte ich also eine günstige Gelegenheit zu bemerken, welch niedrige und dünne Schranken die roheste Wildheit von einem liebreichen Betragen trennte. Nur ein paar Stunden stromaufwärts wohnten die Kannibalen von Amu-Niam, welche mit den bösesten und ekelhaftesten Absichten gegen uns angerückt waren, aber dicht neben ihnen lebte ein Stamm, welcher die unnatürliche Gewohnheit, Fleisch der eigenen Gattung zu essen, verabscheute, ein Stamm, mit dem wir bereitwillig einen Vertrag des Friedens und guten Einvernehmens abgeschlossen hatten.

Sie sagten, ihr Land heiße Kankore, der Häuptling desselben sei Sangarika und das uns gegenüberliegende Dorf heiße Maringa; 5 km stromabwärts liege Simba-Simba; ihr Land sei klein und reiche nur bis an das Ende der Inseln; wenn wir bei den Inseln vorbei wären, würden wir in das Gebiet der Mwana Ntaba kommen, mit denen wir zu kämpfen haben würden. Die Mwana Ntaba-Stämme nähmen das Land bis an die Wasserfälle ein; unterhalb der Fälle lägen mehrere von den Baswa bewohnte Inseln, und diese Baswa wären Freunde der Mwana Ntaba. Es würde unmöglich sein, sagten sie ferner, über die Fälle zu fahren, da der Strom gegen einen Berg losjage, sich dann über ihn hinwegwälze und hinabstürze, tief, tief hinab, mit Wirbeln und wildtosendem Aufruhr, und wir würden dort unrettbar verloren sein. Es würde, rieten sie, für uns weit besser sein, umzukehren.

Für die seltsame Neigung, den großen Strom mit Benutzung des

Namens seines letzten bedeutendsten Nebenflusses umzutaufen, ließ sich hier wieder ein Beispiel anführen, denn der Kankore-Stamm nannte den Fluß bei den Wasserfällen den Rumami oder Lumami, und er war nicht mehr unter dem Namen Lowwa bekannt.

Nach anderweitigen Mitteilungen, die wir erhielten, wohnten die Watwa- und Waringa-Stämme auf der andern Seite des Lumami. Die Zwerge, welche Wakwanga heißen, sollten in südwestlicher Richtung wohnen. Die Wasinsa hatten den Kankore gegenüberliegenden Landstrich zwischen dem Lumami und Lowwa inne. Die Bakutsi oder Wakuti wohnen westlich über dem Lumami, was mit der Erzählung des Führers Abed übereinstimmt. Auf dem rechten Ufer liegen Kankura, Mpassi und Mburri; der Häuptling des letztgenannten Landes ist Mungamba. Es gibt auch einen Stamm namens Ba-ama, dessen Häuptling Subiri mit Hunden und Muscheln Handel treibt. Hundefleisch wird von den Ba-ama für wohlschmeckender gehalten als Schaf- und Ziegenfleisch. Ganz besonders wurde uns anempfohlen, uns vor den Bakumu in acht zu nehmen. Es ist dies ein mächtiger Stamm von hellfarbigen Kannibalen, welche ursprünglich aus Nordosten gekommen sind und die, mit Bogen und Pfeilen bewaffnet, einen beträchtlichen Teil von Uregga erobert und selbst den großen Strom überschritten hatten. Sie würden, so sagte man, ohne Zweifel uns ausfindig machen und uns alle niedermetzeln . . .

Bis hierher waren wir noch keinem Kanu begegnet, das über 15 m lang gewesen wäre, mit Ausnahme jenes uralten Fahrzeuges, das wir durch eine gründliche Reparatur zu einem Lazarett für unsere Pockenkranken umgestaltet hatten; aber diejenigen, welche jetzt von den Ufern und den durch Krümmungen derselben gebildeten Schlupfhäfen ausliefen, waren ungeheuer groß. Die Eingeborenen erschienen in voller Kriegsbemalung; die eine Hälfte ihres Körpers war mit weißer Farbe überschmiert, die andere rot mit breiten schwarzen Streifen, und der Gesamteindruck war einzig in seiner Art und teuflisch. Es lag etwas Krokodilartiges in dem Aussehen dieser gewaltig langen Kähne, das selbst dem mutigsten Gegner einige Besorgnis einflößte; dazu schienen die Kämpfer, welche mit den Ruderern abwechselnd aufstanden, von einem wilden Mute beseelt, wie Bergkatzen. Hornsignale, welche von Ufer zu Ufer widerhallten, hellklingendes Getrommel und ganze Chöre gellenden Geschrei setzten die Schlacht, in welcher wir in der nächsten Zeit zu kämpfen haben sollten, mit wildem Eklat in Szene.

Wir bildeten eine Linie, und nachdem wir alle unsere Schilde als Schutzwehren für die nicht streitbare Mannschaft aufgestellt hatten, erwarteten wir den ersten Angriff mit scheinbarer Ruhe. Eins der größten Kanus, das, wie wir nachher fanden, 26 m lang war, tat verwegen den Fehlgriff, das Boot zu seinem Opfer auszuwählen; wir hielten unser Feuer zurück, bis es nur noch 15 m von uns entfernt war, griffen aber dann, nachdem wir die Mannschaft mit einer vollen Salve überschüttet hatten, das Kanu mit dem Boote an. Die Mannschaft war nicht imstande, dasselbe schnell genug zur Flucht umzuwenden, stürzte sich deshalb in den Fluß und schwamm zu ihren Freunden hinüber, während wir uns dieses „Great Eastern" auf dem Livingstone bemächtigten. Wir tauschten bald darauf zwei unserer kleineren Kanus dagegen aus, bemannten das Ungeheuer mit 30 Mann und setzten dann unsere Reise in einer Linie fort, das Boot voran und zugleich als Führer dienend. Diese den Mwana Ntaba gleich zu Anfang zugefügte Schlappe veranlaßte sie, den Strom hinabzueilen und durch Hörnerblasen und Trommelschlagen beide Ufer zu alarmieren, bis wir ungefähr 40 Kanus, welche ohne Zweifel Böses im Schilde führten, wütend den Strom hinabjagen sahen.

Um 4 Uhr nachmittags kamen wir vor der ungefähr 180 m breiten Mündung eines Flusses vorbei, dem ich zu Ehren Sr. Majestät Leopold II., des Königs der Belgier, den Namen Leopoldfluß gab und den die Eingeborenen Kanhora, Mikondju oder Munduku nannten. Vielleicht führten mich letztere irre oder sie besaßen wirklich einen Überfluß von Namen; aber ich bin der Ansicht, daß jeder Name, den sie angeben, bei den einzelnen Flüssen wenigstens erwähnt werden muß.

Bald nachdem wir vor dieser Mündung vorüber waren, zog sich das bisher gegen 2300 m breite Flußbett des Stromes merklich zusammen und wandte sich scharf nach Nordnordost wegen eines am linken Ufer ungefähr 90 m über den Fluß ansteigenden Hügels. Dicht an dem Winkelscheitel dieser Krümmung am rechten Ufer kamen wir an weißem Granitfelsgestein vorüber, das sich nur 30–180 cm über das Wasser erhob, und gleich unterhalb desselben vernahmen wir das Brausen eines Katarakts, des ersten in der Reihe der Stanley-Fälle.

Aber lauter als das Rauschen der Wasserfälle erschallte das durchdringende gellende Geschrei der wilden Mwana Ntaba von beiden Seiten des großen Stromes. Wir befanden uns jetzt der unabwendbaren Notwendigkeit gegenüber, den Entschluß, welchen wir vor unserm Aufbruch zu dieser wilden Reise gefaßt hatten, praktisch auszuführen – wir mußten siegen oder sterben. Was sollten wir tun? Sollten wir uns umwenden und den wutschnaubenden Kannibalen, welche mit ihrem scheußlichen Kriegslärm das feierliche Brausen des Katarakts übertäuben, Trotz bieten, oder sollten wir ausrufen: „Mambu kwa mungu" (unser Schicksal ist in Gottes Hand) – und die Fahrt über den Katarakt mit ihren Schrecken wagen?

Mittlerweile gleiten wir sanft dahin, unserm Untergang entgegen: wir müssen also zu einem Entschluß kommen, und zwar augenblicklich. Gott weiß, daß ich und meine Gefährten ihn lieber nicht hätten fassen mögen, weil es möglicherweise doch nur eine Wahl ist zwischen zwei Todesarten – durch grausame Messer oder durch Ertrinken. Wenn wir uns nicht für die Messer entscheiden, die bereits für unsere Kehle geschliffen sind, so ist der Tod durch Ertrinken sicher. Da wir uns so unserm unvermeidlichen Schicksal gegenüber befinden, wenden wir uns dem rechten Ufer zu gegen die Wilden, welche sich in den Wäldern und auf dem Wasser befinden. Wir werfen die Anker aus und beginnen den Kampf, finden aber, nachdem derselbe eine Viertelstunde gedauert hat, daß wir sie mit Gewalt nicht wegtreiben können. Wir ziehen darauf die Ankersteine in die Höhe und fahren wieder stromauf, bis wir an der bereits erwähnten Stromkrümmung ankommen, worauf wir quer über den Fluß fahren und unsere Streitkräfte teilen. Manwa Sera soll vier Kanus nehmen und eine kurze Strecke weiter stromaufwärts fahren und, während wir die Aufmerksamkeit der Wilden von vorn beschäftigen, seine Leute durch die Waldungen führen und jenen in den Rücken fallen. Um $5\frac{1}{2}$ Uhr machen wir einen Landungsversuch und halten sie zunächst einige Minuten hin; als wir dann aber einen Schuß im Walde hören, stürzen wir auf die Küste los und bewirken unsere Landung unter einem Regen von Speeren und Pfeilen. Von Baum zu Baum wird das Gefecht bis Sonnenuntergang fortgesetzt, erst dann gelingt es uns, den Feind zu vertreiben und uns für die Nacht Frieden zu erringen.

Aber bis 10 Uhr nachts waren wir noch mit dem Aufbau einer undurchdringlichen Einhegung oder Boma von Reisigholz beschäftigt; dann endlich konnten wir unsere sehr ermüdeten Körper zur Ruhe niederlegen, ohne irgendeine Bequemlichkeit und ohne Feuer, aber (ich sage dies nur von mir selbst) mit einem warmen Dankgefühl gegen Ihn, der über uns in unserer Not gewacht hatte, und mit einem demütigen Gebet, daß Er Seinen Schutz und Schirm auch auf die schrecklichen Tage ausdehnen möge, welche uns in der Zukunft noch aufgespart sein dürften.

Die durch die schnell aufeinanderfolgenden Schlappen und ihr Mißgeschick völlig entmutigten Bakumu ließen uns ungestört unsere Versuche mit dem Strom anstellen, welcher, obgleich gefährlich, uns doch ein schnelleres Vorrücken versprach, als dies auf dem Lande möglich war.

Die Berichte über die folgenden zwei Tage unserer Reise, welche ich meinem Tagebuch entlehnt habe, lauten wie folgt:

14. Januar. – Sobald wir den Strom erreichten, ließen wir die Kanus eine 3 km lange Strecke auf Stromschnellen bis zu einem Lager schwimmen, das dem südlichen Ende der Insel Ntunduru gegenüberlag. Sechs Kanus wurden durch die wackere Bootsmannschaft glücklich und unverletzt hinabgeführt. Das siebente Kanu war mit Maskati, Uledi Maskati und Zaidi, einem Anführer, bemannt. Maskati, der Steuermann, verlor seine Geistesgegenwart und ließ das Kanu bald an einer Stelle gefährlichen Wassers umschlagen. Maskati und sein Freund Uledi schwammen den wütenden Strom hinab bis zur Insel Ntunduru, an der sie durch das achte, mit dem herzhaften Manwa Sera und Uledi, dem Führer der „Lady Alice", bemannte Kanu gerettet wurde; aber der arme Zaidi, der Führer, dem das Brausen der Strömung die Besonnenheit geraubt haben mochte, glaubte sein Leben durch Anklammern an sein Kanu retten zu können, das bald vor unserm neuen Lager, vor den Augen aller derer, welche mit Frank zu dessen Herrichtung ausgesandt worden, vorbeischoß, und zwar, wie es allen schien, zu seiner unvermeidlichen Vernichtung. Aber die gütige Vorsehung, deren Gnade Zaidi selbst dankbar anerkannt hat, rettete ihn, als er schon am Rande seines Grabes stand. Der große Wasserfall am Nordende der Insel Ntunduru wird zufällig durch einen einzelnen spitzen Fels in zwei Teile zerspalten, und gegen diesen Fels wurde das Kanu getrieben und, von der Wucht der Fluten niedergesenkt, bald in zwei Stücke zerspalten, von denen das eine unten festgeklemmt, das andere aber schräg in die Höhe getrieben wurde. An dieses klammerte sich der schon dem Ertrinken nahe Mann an, während er auf dem spitzen Fels unsicher genug saß und die Strömung seine Knöchel bespülte. Zu seiner Linken sah er, als er den Strom hinaufblickte, eine 45 m lange Strecke tief abstürzenden Wassers; zu seiner Rechten befanden sich fast ebenso viel Meter brauner, wild übereinander springender Wellen, während dicht hinter ihm das Wasser auf einmal ungefähr 2 m tief in einen etwa 9 m breiten Spalt herabfiel, der sich zwischen der Felsspitze, auf der er saß, und einem felsigen, 27 m langen Inselchen befand.

Als ich von seinen weinenden Freunden von Arbeiten, welche ich weiter stromauf vornahm, hinweg zu diesem Anblick herbeigerufen wurde, konnte ich kaum meinen Augen trauen oder mir eine Vorstellung von der seltsamen Verknüpfung der Umstände machen, welche ihn gerade an diese Stelle versetzte, und wahrlich eine kritischere Lage als die, in der sich der arme Bursche befand, läßt sich gar nicht denken. Die Worte „Es liegt nur ein Schritt zwischen mir und dem Grabe" hätte wohl kein

Mensch in der Welt seiner Lage angemessener aussprechen können. Aber der vereinzelte Mann auf jenem schmalen spitzen Fels, dessen Knie bisweilen von den steigenden Wellen bespült wurden, war anscheinend weit ruhiger als irgendeiner von uns; obgleich wir ihm bis auf ungefähr 45 m nahe kommen konnten, vermochte er doch keines unserer Worte zu verstehen; er konnte uns aber sehen und überzeugt sein, daß wir für ihn in seiner schrecklichen Lage Mitgefühl hatten.

Alle unsere Gedanken zusammennehmend, fingen wir aber nun an, Maßregeln zu seiner Rettung vorzubereiten. Nachdem wir Männer ausgeschickt hatten, um Palmried zu sammeln, flochten wir daraus ein Kabel, an welchem wir ein kleines Kanu die Strömung hinabzulassen versuchten; aber in dem Augenblick, wo es ihn zu erreichen schien, war die Gewalt der dem Wasserfall zueilenden Strömung so groß, daß das Kabel wie Bindfaden zerriß und das Kanu wie ein Pfeil bei ihm vorbeischoß, darauf in den Abgrund stürzte und dabei zertrümmert und zersplittert und in kleine Stücke zermalmt wurde. Nun versuchten wir, ihm an zähe Schlingpflanzen angebundene Stangen zuzuwerfen, aber die fortwährenden Schwankungen der hin- und herwallenden Strömung und ihr krampfhaftes Heben vereitelte jeden Versuch, ihn mit denselben zu erreichen, während der Mann nicht eine Hand zu regen wagte, sondern stillsitzend unsere nichtigen Bemühungen beobachtete. Unterdessen setzte sich in unsern Gemütern allmählich die Überzeugung fest, daß sein Verderben, wenn auch etwas hinausgeschoben, doch sicher sei.

Nach reiflicher Überlegung der Sachlage ließ ich nun ein zweites Kanu bringen und band an dessen Bug ein Kabel fest, das aus drei zollstarken Rohrfaserseilen bestand und durch alte Zeltseile verstärkt war. Ein ähnliches Kabel wurde an der Seite und ein drittes am Stern festgebunden. Jedes von diesen Kabeln hatte eine Länge von etwas mehr als 80 m. Ein kürzeres, nicht ganz 30 m langes Tau wurde auch noch an das Hinterteil des Kanus gebunden, und dies sollte durch einen Mann in dem Kanu so dirigiert werden, daß es den Unglücklichen erreichen konnte.

Zwei Freiwillige wurden aufgefordert, sich zu melden. Keiner wollte hervortreten. Ich bot Belohnungen an. Immer noch keine Antwort. Als ich aber anfing, ihnen Vorstellungen zu machen und sie fragte, wie es ihnen gefallen würde, wenn sie in einer solchen Lage wären, ohne einen einzigen Freund zu besitzen, der sich zum Beistande bei ihrer Rettung bereit zeigte, da trat endlich der Bootsführer Uledi vor und sagte: „Genug, Meister! Ich will gehen. Mambu kwa mungu" (mein Schicksal ruht in Gottes Hand), und sogleich begann er mit seinen Vorbereitungen, indem er sein Lendentuch fest um seinen Leib band. Danach sagte Marsuk, ein Bootsjunge: „Wenn Uledi geht, so will ich auch gehen." Andere Bootsjungen, der junge Schumari und Saiwa boten jetzt ebenfalls ihre Dienste an; aber ich hielt sie zurück und sagte: „Ihr seid doch nicht etwa meiner überdrüssig, daß ihr alle zu sterben wünscht? Wenn alle meine braven Bootsjungen verloren gehen, was soll ich dann machen?"

Uledi und sein Freund Marsuk stiegen mit der Miene von Gladiatoren in das Kanu, und wir zollten ihnen herzlichen Beifall, forderten sie aber zugleich zu äußerster Vorsicht auf. Darauf wandte ich mich an den Menschenhaufen auf dem Ufer, welcher das Kabel festzuhalten hatte, und schärfte allen ein, sich vor der geringsten Sorglosigkeit in acht zu nehmen, da das Leben der drei jungen Leute von der Pünktlichkeit abhängig bliebe, mit welcher sie alle zu erteilenden Befehle ausführten.

Die beiden jungen Freiwilligen erhielten den Auftrag, quer über den Strom zu rudern, wobei das Hinterteil von den Leuten am Gestade festgehalten werden sollte. Die Bug- und Seitenkabel wurden schlaff gelassen, bis das Kanu bis auf 18 m an die rauschenden Fälle herangefahren und Uledi bemüht war, Zaidi das Kabel zuzuwerfen; aber der im Strom sich mächtig hebende Wasserschwall trieb das Kanu augenblicklich auf die eine Seite, wo es über dem steilen Abhang und den braunen Wellen des linken Armes schwebte, aus dessen Wirbel wir es wieder herausziehen mußten. Fünfmal wurde der Versuch vergeblich gemacht, aber endlich das sechste Mal ließen wir, ermutigt durch die Festigkeit der Kabel, das Kanu so tief hinab, bis es etwa noch 9 m von Zaidi entfernt war; Uledi schwang nun das kurze Kabel und warf es zu ihm hinüber und traf dabei seinen Arm. Er hatte gerade noch Zeit, dasselbe zu ergreifen, bevor er in die unter ihm befindliche Kluft hineingerissen wurde. Dreißig Sekunden lang sahen wir nichts von ihm und hielten ihn für verloren, als sich endlich sein Kopf über den Rand der hinabstürzenden Fluten erhob. Augenblicklich wurde der Befehl zum Anziehen gegeben, aber bei dem ersten Straffziehen rissen die Bug- und Seitenkabel, und das Kanu fing an, auf dem linken Arme hinabzugleiten mit meinen zwei Bootsknaben an Bord! Darauf ging auch das Sternkabel auseinander, und erschreckt durch dies Resultat, standen wir da und riefen: „La il Allah, il Allah!" als wir das von uns losgetrennte Kanu seinem sichern Verderben entgegentreiben sahen; da plötzlich beobachteten wir, daß es anhielt; der in der Felsenspalte sich an sein Kabel festklammernde Zaidi wirkte wie ein Wurfanker, der das Kanu gegen die Felseninsel trieb. Uledi und Marsuk sprangen jetzt aus dem Kanu und bogen sich so weit als möglich über, um Zaidi aus

dem Wasserfall zu helfen, und durch verzweifelte Anstrengungen glückte
es auch den dreien, das Kanu auf der Insel in Sicherheit zu bringen.

Aber obgleich wir Hurrah schrien und außerordentlich erfreut waren,
schien ihre Lage doch ihren Tod nur auf kurze Zeit zu fristen. Zwischen
ihnen und ihrer Rettung lag eine beinahe 50 m breite, wilde Wogen schla-
gende Strömung, gegen die kein Widerstand möglich war, und zu ihrer
Rechten ein wenigstens 275 m breiter Wasserfall; weiter stromab folgten
noch ein paar Kilometer weit Wasserfälle und Stromschnellen mit großen
Strudeln und Wellen, die sich wie kleine Hügel mitten in diesem schrecklichen Strome erhoben, und noch weiter unten lauerten die unmenschlichen Kannibalen von Wane-Mukwa und Asama.

Wie man auf die Insel gelangen könne, war nun zunächst eine mich be-
unruhigende und quälende Frage. Wir banden einen Stein an eine ungefähr 90 m lange Schnur, und etwa nach dem zwanzigsten Versuche gelang
es ihnen, die Schnur zu fassen. An das Ende der Schnur knüpften sie das
Zeltseil, das vorher zerrissen war, und nachdem wir dies nach unserer
Seite hinübergezogen, knüpften wir das derbe, aus Palmried geflochtene
Tau daran, welches sie von drüben aus straff anzogen und an einen Felsen
knüpften. Dadurch glaubten wir mit der Überbrückung des Stromes einen
Anfang gemacht zu haben; da aber die Nacht heranrückte, sagten wir
ihnen, daß wir weitere Versuche bis auf den nächsten Morgen verschieben
müßten.

Mittlerweile war das neunte Kanu gleichfalls umgeschlagen, dessen
Steuermann ein Überzähliger aus der Bootsmannschaft war; derselbe
war, als der einzige unter sechs Mann, zu unserm großen Bedauern
ertrunken, nur das Kanu wurde gerettet. Alle andern Fahrzeuge wurden
wohlbehalten hinuntergebracht, aber da noch immer mein armer treuer
Uledi und seine Freunde auf dem Inselchen und noch in den Klauen des
Todes waren, hatten wir eine Nacht voll Angst und düsterer Sorgen.

15. Januar. – Mein erstes Geschäft an diesem Morgen war, den drei
braven Burschen auf der Insel Grüße zuzurufen und ihnen die Versicherung zu geben, daß sie, ehe sie noch einige Stunden älter wären, gerettet
werden sollten. Dreißig Mann wurden ausgesandt, um dreißig andere zu
beschützen, welche im Walde nach Rotang oder Palmried suchen sollten,
und schon um 9 Uhr waren wir im Besitz von mehr als 60 starken Rohren
und außerdem von andern starken Schlingpflanzen, und sobald wir nur
mit dem Zusammenflechten und Knüpfen derselben fertig waren, wurden
sie von Uledi und seinen Freunden hinübergezogen. Außerdem ließen wir
sie auch leichte Seile hinüberziehen, welche sich jeder der Männer um den

Zaidis verzweifelte Lage und seine Rettung durch Uledi

Leib binden konnte, und hierauf fühlten wir uns dreifach sicher, daß wir uns jetzt gegen alle Unfälle verwahrt hatten. Nachdem ich ihnen dann zugerufen, gab ich Uledi das Zeichen, den Anfang zu machen; zehn Mann ergriffen zugleich das Kabel, von dem er das eine Ende fest um seinen Leib gebunden hatte. Wir sahen, wie Uledi seine Hände zum Himmel aufhob und uns dann mit der Hand zuwinkte; darauf sprang er in die wilde Flut und ergriff, als er in die Tiefe fiel, das Brückenkabel. Bald kam er wieder empor und arbeitete sich mit den Händen an demselben fort, wobei die Wellen ihm über das Gesicht schlugen und bisweilen über seinen Kopf emporstiegen, so daß es schien, daß er wohl gar nicht mehr atmen könne; indem wir aber seinen Körper gelegentlich mit einem gewaltigen Ruck emporzogen, machte er es möglich, das Tauchen in den Wellen auszuhalten und an uns heranzukommen, wo sogleich ein Dutzend Hände ausgestreckt waren, um den halb erstickten Mann aus dem Wasser zu ziehen. Zaidi folgte zunächst, aber nach den erstaunlichen Beweisen, die er von seinem Mute und der Festigkeit seines Griffes gegeben hatte, waren wir wegen seiner Rettung nicht eben besorgt, und er war auch bald ans Land geschafft, um wegen seiner zweimaligen Errettung aus Todesgefahr warm und herzlich beglückwünscht zu werden. Marsuk, der jüngste, war der letzte, und wir hielten vor Angst unsern Atem an, während der brave Junge sich dem grausamen Griff des Todes zu entwinden suchte. Wäh-

rend er noch in der Mitte war, wurde der Druck des Wassers so groß, daß
er beide Taue fahren ließ, worüber die Leute vor Schrecken aufschrien, aus
Furcht, er möchte in der Verzweiflung auch unser Rettungstau loslassen;
ich schrie ihm aber barsch zu: „Zieh dich heran, du Narr, sei doch ein
Mann!" Der Zuruf half, nach drei kräftigen Zügen kam er ins Bereich
unserer ihm entgegengestreckten Hände, um von allen umarmt und belobt
zu werden. Das Freudengeschrei, das wir erhoben, war so laut, daß die
Wane-Mukwa-Kannibalen trotz des Getöses der Wasserfälle gemerkt
haben müssen, daß wir eine große und schaudererregende Szene durchlebt
hatten.

KONGO ODER NIGER?

So breit der Strom an manchen Stellen war, immer wieder engten ihn die Felsen zu lebensgefährlichen Stromschnellen ein. Kam ein Katarakt, mußten die schweren Boote aus dem Wasser gehoben, über unwegsames Gelände geschleppt, gegen blutrünstige Feinde verteidigt und wieder ins Wasser gesetzt werden. Und es gab viele Katarakte, und immer noch floß der Strom nach Norden. Sollte er doch in den Nil münden? Oder der Nil sein? Stanley sah sich schon unter den Pyramiden an Land gehen.

Aber dann kam eine Krümmung, und es ging viele Kilometer nach Westen. Also doch nicht der Nil? Welcher Strom aber dann? Der Kongo? Der Niger? Wenn einer dieser beiden Ströme vom Atlantik bis hierher ins innerste Afrika reichen sollte, würde das nicht alle bisherigen Vorstellungen über den Haufen werfen? Ungeahnte politische und wirtschaftliche Möglichkeiten eröffnen?

„Eine heimliche Besessenheit ergreift Besitz von mir", schrieb Stanley in sein Tagebuch. „Das große Geheimnis, das die Natur Jahrhunderte hindurch verborgen gehalten hat, will gelöst werden. Es ist meine Mission, diesem Fluß bis zum Meer zu folgen."

Aber dann schien plötzlich alles zu Ende zu sein. Es war am 1. Februar 1877.

Zu Mittag nahm ich die Sonnenhöhe und fand, daß wir uns unter 0° 50′ 17″ nördl. Br. befanden. Dann setzten wir die Reise fort, indem wir mit gleichmäßiger, aber nicht bedeutender Geschwindigkeit fortruderten. Wir waren etwa eine Stunde den Strom hinabgefahren, als jener speerstachelige Wespenschwarm kleiner Kanus wieder vor uns auftauchte, und zugleich sahen wir Kanus mit ungeheurer Geschwindigkeit quer über den Fluß uns entgegenfahren, während die Hörner erklangen und die Trommeln wirbelten. Wir hörten ein höhnendes, trotziges Jauchzen oder Drohen; wir wollten gar nicht wissen, was das Geheul eigentlich bedeute, denn gegen den unablässigen Lärm und die beständigen Wutausbrüche waren wir ganz gleichgültig geworden.

In diesen Ländern der Wilden erweckte unser bloßes Erscheinen die wütendsten Leidenschaften von Haß und Mordgier, gerade so wie in seichten Gewässern ein tiefgehendes Schiff den auf dem Grunde lagernden Schlamm aufwirbelt. Es erschien dies wie eine Notwendigkeit, warum sollte sie uns also zu unnützen Klagen veranlassen? Konnte man denn gegen das Unvermeidliche ankämpfen?

Um 2 Uhr nachmittags empfängt uns der Wespenschwarm – der aus irgendeinem besonderen Grunde in die freudigste Aufregung versetzt zu sein scheint, mit einem entsetzlich wilden Jauchzen, als wir aus dem Schutzdach der dichtbewaldeten Ufer in den offenen Strom hinausfahren und einen großen Nebenfluß mit einer 1800 m breiten Mündung vor uns sehen. Sobald wir ruhig in seine Gewässer eingefahren sind, sehen wir einen großen Haufen von Kanus an einigen Inselchen hin- und herfahren, welche in Gruppen mitten im Strome liegen. Die Kanumannschaft steht auf und erhebt ein lautes Geschrei, als sie uns sieht; heller als je ertönen die Klänge der Hörner. Wir rudern jetzt frisch vorwärts, um das rechte Ufer zu gewinnen, und bekommen den rechten Arm des Nebenflusses zu Gesicht. Als wir aber nun stromauf blicken, da bietet sich uns plötzlich ein Schauspiel dar, das uns das Blut in jeder Ader, in jedem Nerv fieberhaft wallen läßt und nicht bloß unser gespanntes Interesse, sondern auch unsere lebhaftesten Befürchtungen erweckt – eine Flotte riesig großer Kanus kommt auf uns losgefahren, an Größe und Zahl alles, was wir bisher irgendwo angetroffen, bei weitem übertreffend! Anstatt weiter dem rechten Ufer zuzusteuern, ordnen wir uns sorgfältig in Linie und halten uns gerade den Strom hinunter, indem das Boot seine Stellung hinten nimmt. Aber nach einigen Augenblicken der Überlegung gebe ich den Befehl zum Auswerfen der Anker, denn ich bemerkte sowohl die bedeutende Zahl der Wilden und die verwegene Kühnheit ihres Angriffs, als auch an einigen unserer eigenen Kanus Spuren von einer Neigung, die festgedrängte Linie zu verlassen. Vier unserer Kanus stellen sich, als ob sie nichts gehört hätten, aber ich machte sogleich Jagd auf sie und bedrohte sie mit meinen Flinten. Dadurch zwang ich sie in unsere Linie zurückzukehren, welche aus 11 Doppelkanus, die je 9 m voneinander vor Anker liegen, gebildet wird. Das Boot bewegt sich jetzt nach der Front und nimmt etwa 45 m oberhalb derselben seine Stellung ein. Zunächst werden nun von den am Kampfe nicht teilnehmenden Männern, Weibern und Kindern die Schilde auf den Vorderteilen, längs der beiden Außenseiten der Doppelkanus und am Stern aufgerichtet und hinter diesen die Flinten und Büchsen zurechtgelegt.

Wir hatten noch hinlängliche Zeit, um über die gewaltige Streitmacht, welche auf uns lossteuerte, eine genaue Übersicht zu gewinnen und die Kriegsfahrzeuge zu zählen, welche aus dem Hauptstrom und seinem großen Nebenfluß zusammengebracht worden waren. Es waren im ganzen

54! Ein ungeheuer großes Kanu fährt voran, mit zwei Reihen aufrecht-
stehender Ruder, je 40 Mann zu jeder Seite, welche ihre Körper ganz sym-
metrisch hin- und herbiegen, indem sie das Ungeheuer mit einem immer
lauter anschwellenden barbarischen Chorgesang gegen uns herabtreiben.
Am Bug stehen, wie es scheint, auf einer Art Plattform zehn auserwählte
junge Krieger, die Köpfe prachtvoll mit roten und grauen Papageienfedern
geschmückt; auf dem Hinterteil steuern acht Männer mit langen Rudern,
deren oberste Enden mit Elfenbeinkugeln verziert sind, das ungeheuere
Fahrzeug, und vom Schiffsschnabel bis zum Stern sieht man zehn Männer, welche Häuptlinge zu sein scheinen, hin- und herspringen. Alle
Ruder haben am Oberende Elfenbeinkugeln, alle Köpfe der Mannschaft
tragen Federaufsätze, an jedem Arme glänzen weiße Elfenbeinarmringe.
Vom Bug des Kanu flattern dicke Fransen der langen, weißen Hyphaene-
palmfasern herab. Der schmetternde Klang der großen Trommeln und der
hundert mit vollster Kraftanstrengung geblasenen Elfenbeinhörner und
ein aus tausend Menschenkehlen scharf gellender Kriegsgesang dienen
wahrlich nicht als Linderungsmittel für unsere aufgeregten Nerven oder
zur Stärkung unsers Vertrauens. Doch jetzt heißt es: Entweder – Oder!
Wir haben keine Zeit zu langen Gebeten oder zu empfindsamen Blicken
auf die wilde Welt, nicht einmal zu einem ihr zugerufenen melancho-

Gefecht unterhalb des Zusammenflusses des Aruwimi und des Livingstone-Stromes

lischen Lebewohl. Gar viele andere Dinge wollen schnell und zugleich gut besorgt sein.

Während das vorderste Kanu mit Ungestüm heranfährt und seine Genossen zu beiden Seiten das Wasser aufschäumen und an ihren scharfen Schnäbeln sich zu hohen Wellen erheben lassen, wende ich mich um, werfe einen letzten Blick auf meine Leute und sage zu ihnen:

„Kameraden, seid so fest wie Eisen; wartet, bis ihr den ersten Speer seht, und dann zielet gut. Feuert nicht alle auf einmal. Zielt kaltblütig so lange fort, bis ihr euern Mann sicher aufs Korn genommen habt. Denkt nicht an eine Möglichkeit der Flucht, denn nur euere Flinten können euch retten."

Frank steht mit dem „Ozean" auf der rechten Flanke und hat eine auserlesene Mannschaft und eine gute Schutzwehr von schwarzen Holzschilden. Manwa Sera hat die „Stadt London", deren Kommando er statt des Kanu „Glasgow" übernommen hat, auf der linken Flanke, und aus den Seiten des Kanu ragen die Gewehre, die sich in den Händen ziemlich charakterfester braver Leute befinden, wie Borsten hervor.

Das Ungeheuer von Kanu nimmt seine Richtung gerade auf mein Boot los, wie wenn es uns in den Grund bohren wollte; als es aber nicht mehr 50 m entfernt ist, schwenkt es zur Seite, und sobald es uns fast gegenübersteht, schleudern die Krieger vom Vorderteile aus ihre Speere, und auf beiden Seiten des Kanu entsteht ein Lärm durch die hin- und herlaufenden Krieger. Aber jedes andere Geräusch geht bald in dem Krachen und Knattern unserer Gewehrsalven unter. Fünf Minuten lang sind wir so ganz von unserm Gewehrfeuer in Anspruch genommen, daß wir auf gar nichts weiter achten; aber nach Verlauf dieser kurzen Zeit werden wir gewahr, daß der Feind sich ungefähr 200 m weiter oben wieder zu sammeln sucht.

Das Blut kocht uns jetzt in den Adern. Es ist eine mörderische Welt, und wir fühlen zum erstenmal, daß wir solch schmutziges, gefräßiges Gesindel hassen, das sie bewohnt. Wir lichten deshalb unsere Anker und verfolgen die Kannibalen stromaufwärts an dem rechten Ufer entlang, bis wir, um eine Landspitze herumfahrend, ihre Dörfer zu Gesicht bekommen. Darauf fahren wir geradewegs auf das Gestade los und setzen das Gefecht in den Dorfstraßen fort mit denen, die gelandet sind, verjagen sie in die Wälder und lassen erst dort zum Rückzug blasen, nachdem wir den verwegenen Kannibalen in etwas rauher Form einen Gegenbesuch abgestattet haben.

Am 12. März um 11 Uhr vormittags fanden wir die Ausdehnung des Stromes von 1300 bis gegen 2300 m gestiegen, was uns den Anblick einer gewaltigen Wasserfläche bot. Die Leute waren sogleich mit einem ganz glücklich gewählten Ausdruck bei der Hand, sie nannten diese seeartige Erweiterung einen „Teich". Sandige Inseln erhoben sich gerade vor uns wie ein Meeresstrand, und zu unserer Rechten türmte sich weißschimmernd eine Reihe von Klippen auf, welche denen von Dover so ähnlich sahen, daß Frank sogleich ausrief, das sei ein Stückchen England. Das grasreiche Tafelland über den Klippen erschien so grün wie eine Wildbahn im Walde und erinnerte Frank so lebhaft an die Dünen von Kent, daß er begeistert ausrief: „Ich fühle, daß wir uns der Heimat nähern."

Während ich um Mittag durch eine Beobachtung unsere geographische Lage bestimmte, erstieg Frank, mit einem Fernglase in der Hand, den höchsten Teil der langen Sanddüne, welche von dem mächtigen Strome abgelagert worden war, und suchte einen Überblick über die Gesamtausdehnung dieser seltsamen und ganz unerwartet auftretenden Formation zu gewinnen. Nach seiner Rückkehr sagte er: „Dieses Wasserbecken gleicht doch ganz einem Teiche oder Pool; es ist gerade so breit wie lang. Berge umgeben es von allen Seiten und es erscheint mir fast kreisrund."

„Nun gut, wenn es ein großer Teich ist, so müssen wir es auch mit irgendeinem Namen bezeichnen. Gib mir einen passenden Namen dafür an, Frank."

„Warum sollten wir es nicht ‚Stanley-Pool' und diese Felsen die ‚Dover-Klippen' nennen? Jeder Reisende, der später hierherkommen mag, wird dann die Klippen vermittelst dieses Namens wiedererkennen."

Spätere Ereignisse haben mir diese Worte wieder lebhaft in das Gedächtnis zurückgerufen, und dem von Frank gemachten Vorschlage folgend, habe ich diese seeähnliche Erweiterung des Stromes, welche sich von den Dover-Klippen bis zum ersten Katarakt der Livingstone-Fälle ausdehnt und ungefähr 75–80 qkm bedeckt, Stanley-Pool genannt. Die Einfahrt in diese Stromerweiterung von oben her liegt nach genauer Messung unter 4° 3' südl. Br.

Das linke Gestade wird von den volkreichen Ansiedelungen Nschasa, Nkunda und Ntamo eingenommen. Das rechte ist von den wilden Bateke bewohnt, welche allgemein der Menschenfresserei angeklagt werden.

IN DEN „LADY ALICE"-STROMSCHNELLEN

Jetzt war es zur Gewißheit geworden. Der Nil konnte der Strom, auf dem sie trieben, nicht sein. Aber war es der Kongo? War es der Niger?

Das weite und wilde Land, durch welches wir vermittelst des größten afrikanischen Stromes hindurchgedrungen sind, wird nun bald, von einem mildern Lichte beleuchtet, einen freundlichern Anblick gewähren, als jener war, welcher die vorhergehenden Seiten mit Berichten von verzweifelten Kämpfen und wütenden Angriffen wilder Kannibalen anfüllte. Die Bevölkerung stellt sich nicht mehr unserm Vorwärtsgehen entgegen. Der Handelsverkehr hat ihre natürliche Wildheit so weit gezähmt, daß sie nicht mehr, schon durch unser bloßes Herannahen beleidigt, mit der Wut von Raubtieren über uns herfallen.

Der furchtbare Strom selbst ist es, über den wir uns von jetzt an zu beklagen haben werden. Er ist nicht mehr das herrliche Gewässer, dessen mystische Schönheit und edle Erhabenheit, dessen ruhiges, auf einer Bahn von fast 1500 km ununterbrochenes Fluten uns trotz der wilden Szenen, welche die Natur und die Menschen an seinen Gestaden bieten, immer bezaubert hat; er ist im Gegenteil zu einem wütenden Fluß, einem riesigen Gießbach geworden, welcher in einem abschüssigen Bett rauschend hinabstürzt; Lavariffe versperren ihm den Weg, und Bergwälle, Reihen von ungeheuern Steinmauern springen hervor, so daß er sich in vielgekrümmtem Laufe bald durch tiefe Schlünde winden muß, bald wieder über gewaltige Terrassen in einer langen Reihe hoher oder niedriger Wasserfälle und Stromschnellen hinabstürzt. Häufige Kämpfe haben wir mit den Wilden durchgefochten; aber noch weit großartiger wurde nun das tragische Kämpfen und Ringen mit dem gewaltigen Strom, während er sich brausend durch den tiefen, gähnenden Schlund stürzt, der wie ein langer Engpaß von dem breiten Tafellande nach dem Atlantischen Ozean hinabführt.

Der mächtigste, mit vollem Dampf fahrende Ozeandampfer würde auf diesem Teile des Stromes so unrettbar verloren sein wie der kleinste Nachen. Ich versuchte dreimal, die Geschwindigkeit der wilden Strömung zu bestimmen, indem ich von oben herabgeflößte Bäume scharf ins Auge faßte; ich beobachtete die Zeit, welche sie brauchten, um den Raum zwischen zwei bestimmten Punkten von bekannter Entfernung zu durchlaufen, und schätzte so die Geschwindigkeit auf beinahe 50 km in der Stunde (13,4 m in der Sekunde)!

Unser Reisesystem war jetzt das folgende: An jedem Tage begann zunächst Frank die Expedition auf dem Lande nach dem innersten Teile irgendeiner Einfahrt, einer Bucht oder eines Seitentals in der Nähe der Stromschnellen oder Fälle zu führen, wo er mit Hilfe der älteren Männer, Weiber und Kinder ein Lager herrichtete; die zu der schweren Arbeit bestimmte Abteilung, die jüngeren Leute, kehrte darauf zurück, um mir bei dem Transport der Kanus nach dem neuen Lager behilflich zu sein. Da ich wegen der Sicherheit und Wohlfahrt meiner Leute in großer Sorge war, so beaufsichtigte ich die Arbeiten am Stromufer persönlich und fuhr täglich in dem Boot voran. Wenn ich mich Stromschnellen näherte, wählte ich drei oder vier aus der Bootsmannschaft (darunter stets den Uledi mit) und kletterte an den großen Felsstücken hin, welche am Fuße der steil abfallenden Berge aufgehäuft lagen, bis ich die ganze Strecke genau untersucht hatte. Wenn es unmöglich erschien, die Stromschnellen oder den Wasserfall zu befahren, so suchte ich über die vorspringenden Bergspitzen hinweg sofort die kürzeste und sicherste Straßenlinie aufzufinden; nachdem ich dann alle Leute gesammelt, ließ ich eine hinreichend breite Bahn mit Reisigholz bestreuen, und sobald dieselbe zurechtgemacht war, gingen wir ans Werk, unsere Fahrzeuge über die gefährliche Stromschnelle hinauszuschleppen; darauf ließen wir sie wieder ins Wasser hinab und ver-

Umgehung des untern Endes des ersten Katarakts der Livingstone-Fälle, in der Nähe der Felseninsel

folgten unsern Weg nach dem Lager, wo dann Frank mich herzlich bewillkommnete und immer eine Mahlzeit bereit hatte, wie sie uns das Land gerade gewährte . . .

Der Anfang der „Lady Alice-Stromschnellen" wurde durch einen breiten Wasserfall und durch eine Unterbrechung bezeichnet, welche eine schmale, aus großen kammartig sich erhebenden Felsen bestehende Insel in dem reißend schnell dahinrauschenden Strome verursachte. Diese Insel bewirkte zugleich, daß der Strom seine Gewässer seitwärts wogenden Wellen gegen die Mitte seines Bettes schleuderte, wo sie auf andere, vom rechten Ufer herkommende Wellen trafen und übereinander schlagend einen sich langhinziehenden Damm schäumenden Wassers bildeten.

Starke Kabel aus Rohrfasern wurden an das Vorder- und Hinterteil gebunden und drei Mann für jedes ausgewählt, während fünf Mann mir im Boote beistanden. Die nun bereits monatelang gesammelten Erfahrungen in dieser Art von Arbeit hatten uns geschickt und kühn gemacht. Aber die Stromschnellen waren mächtiger, der Fluß war enger zusammengedrängt und die Hindernisse waren größer als gewöhnlich. Zu unserer Rechten erhob sich eine senkrechte Mauer von massigen Felsstükken, welche in einer schmalen, etwa 90 m hohen Terrasse endigte; hinter der Terrasse stiegen in einer kleinen Entfernung die wild und rauh geformten Berge bis zur Höhe von beinahe 400 m über dem Strome auf, und oberhalb der Berge breitete sich das Tafelland in Wellenlinien aus. Zu unserer Linken erhob sich etwa 370 m von jener Mauer aus Steinblöcken eine langhingestreckte und erstaunlich großartige Reihe von Felsklippen, an deren Gipfel sich ein breiter Waldgürtel hinzog; an ihrem Fuße standen drei Felseninselchen, eine unterhalb der andern, im Strome, der im Anprall dagegen sich brausend und schäumend mit hochgehenden Wogen zerteilte.

Kaum hatten wir uns in die Nähe des höchsten und Anfangspunktes der Stromschnellen gewagt, als infolge eines sorglosen und unvorsichtigen Nachlassens des Sternkabels die Strömung das Boot aus den Händen des Teils seiner Mannschaft fortriß, dessen Pflicht es war, es sorgfältig und vorsichtig den Wasserfall bis zu der schmalen Linie ebbenden, ruhigern Wassers unterhalb des Felsenvorsprungs hinabzulassen. Fort schoß nun das Boot der Mitte des zornig aufschäumenden, wildwogenden Stromes zu und schleuderte bei diesem Ruck einen Mann in die rasenden Fluten, dem ich aber trotz unserer schrecklichen Lage doch noch die Hand reichen und ihn so ins Boot heben konnte.

„Ergreift die Ruder, meine Jungen, und seid wacker! Uledi, an das

Steuer!" – das waren alle die Befehle, die ich meinen Leuten noch zuschreien konnte, und danach gab ich, auf dem Buge stehend, dem Bootsführer Winke mit der Hand; denn jetzt, wo wir in wütender Hast auf den Kämmen der stolzen Wogen stromab jagten, war jede menschliche Stimme schwach gegen den alle andern Töne verschlingenden Donner des zornigen Stromes. Die Ruder waren nur zur Verstärkung der Wirksamkeit des Steuerruders von einigem Nutzen, denn wir flogen jetzt mit entsetzlicher Geschwindigkeit bei der Reihe von Felsblöcken vorbei, deren Mauer den Strom einengte. Niemals zeigten die Felsen eine solche rauhe Härte und so großartige Massen, niemals nahmen sie eine so feierlich ernste und fürchterliche Miene an, niemals erschienen sie so schrecklich und so großartig hoch, als in diesen Augenblicken, wo wir den braunschwarzen Wogen zum grausamen Spiele dienten und ihnen zur Beute geworden waren. Sie wirbelten uns herum wie einen Kreisel, schwenkten uns auf die Seite, ließen uns in die plötzlich einsinkenden Mulden, wie in einen Abgrund, stürzen und schleuderten uns dann wieder auf den weißen, zischenden Schaumkämmen empor. Oh, mit welchen Gefühlen betrachteten wir diese Schrecken, aber auch Ehrfurcht einflößende Macht, welche der große Strom jetzt entwickelte! Wie wir uns vor seiner gebieterischen, alles überwältigenden und unwiderstehlichen Kraft niederbeugten!

Die „Lady Alice" über die Fälle

Wie blitzschnell wir Blicke zurückwarfen auf unser vergangenes Leben! Wie ohnmächtig wir uns dieser Natur gegenüber fühlten!

„La il Allah, il Allah!" schrie der junge Mabruki, „wir sind verloren! – ja wir sind verloren!"

3 km hatten wir schnell durchjagt und befanden uns jetzt der Bucht gegenüber, an welcher wir uns zu lagern gehofft hatten; aber der starke Strom spottete aller unserer Anstrengungen, in dieselbe einzubiegen. Die Flut schien entschlossen, uns die Bitterkeit des Todes kosten zu lassen. Ein plötzliches, polterndes und rasselndes Geräusch, wie der abgeschwächte Ton eines Erdbebens, ließ uns nach unten blicken, und wir sahen, wie sich der ganze Strom leibhaftig nach oben hob, als wenn ein Vulkan eben begönne, ungeheure Wassermassen auszuspeien. Hinauf zu dem Gipfel dieses Wasserwalls wurden wir jetzt getrieben, und dann, im Vorgefühl dessen, was in den nächsten Augenblicken geschehen würde, schrie ich: „Rudert, Leute, es gilt euer Leben!" Einige rasende, energische Ruderschläge trieben uns nach der untern Seite des Walles vorwärts, und ehe sein Zusammensturz erfolgt war, und ehe die Gewässer ihren verhängnisvollen Mahlstrom gebildet hatten, wurden wir über einen kleinen Wasserfall vorwärts gejagt und schossen nun hinab der Einfahrt zu, in welche der Nkenke-Katarakt stürzte, unterhalb der tiefsten Linien der von den Lady Alice-Stromschnellen erregten Brandung. Einigemal wurden wir noch wie mit Spott und Hohn auf die Seite geschleudert und verächtlich herumgedreht, als ob der große Strom unser Schifflein für zu unbedeutend hielte, um es zu zerschellen, und dann, einen ruhigen Augenblick schnell benutzend, ergriffen wir die Ruder wieder, kamen bald in die Ebbe an der Seite des Stromes, ruderten auf ihr ein Stück hinauf und erreichten glücklich den sandigen Strand an der Vereinigung des Nkenke mit dem Livingstone. Sobald ich an dem Gestade angelangt war, sandte ich Uledi und den jungen Schumari ab. Sie sollten schleunigst die verzweifelnden Leute oben aufsuchen, die übrigens schon lange zuvor von den Bootsjungen, deren Sorglosigkeit uns in diese Todesgefahr gebracht hatte, und von den mitleidigen Eingeborenen alarmiert worden waren, die uns, wie sie berichteten, in die Strudel hatten versinken sehen.

Nach Verlauf von etwa einer Stunde sahen wir vereinzelt in langer Linie eine Menge ängstlich besorgter Menschen herbeieilen, und die ganze, volle Liebe zum Leben und zu den lebenden Wesen, zugleich mit dem vollen Gefühl für den Wert des Lebens, kehrte in mein Herz zurück, als meine treuen Begleiter, einer nach dem andern, mit ihren herzlichen Begrüßungen und fast überschwenglichen Bewillkommnungen heranstürzten, die aus ihren Gebärden, Mienen und Worten hervorströmten. Und Frank, mein lieber, treuherziger, zuverlässiger Frank war weder der letzte noch der geringste in seinen Beteuerungen der Liebe und des Mitgefühls und der Dankbarkeit gegen den Allgütigen, der uns vom Tode in den Fluten errettet hatte.

Aber nicht immer sollten sie solches Glück haben. Am 27. März hatten sie gleich 9 Männer verloren, darunter Kalulu, Stanleys treuesten Diener. Der größte Verlust aber sollte Stanley am 3. Juni treffen.

Ich hatte diesen Platz noch nicht lange eingenommen, als ich etwas Langes und Dunkles in den wilden Wellen von Massassa sich herumwälzen und dann forttreiben sah. Es war ein umgestürztes Kanu, und ich erkannte die Gestalten mehrerer Menschen, die sich an dasselbe anklammerten. Augenblicklich sandte ich Katschetsche, Wadi Rehani und 10 Mann mit Rohrseilen ab, damit sie sich in dem kleinen Hafen von Bolobolo aufstellen möchten, denn aus der Richtung der Wellen schloß ich, daß der Strom die Schiffbrüchigen dorthin tragen würde, ehe er sie nach Zinga zu in die Fälle hinabriß. Unterdessen beobachtete ich, wie dieselben durch das Bassin schwammen. Ich sah, wie sie sich abmühten, das Kanu wieder aufzurichten; ich sah, wie sie sich auf den Kiel schwangen und aus Leibeskräften nach dem Ufer zu ruderten, um den schrecklichen Katarakt von Zinga zu vermeiden. Endlich sah ich sie in dem Augenblick, wo sie dem Land am nächsten kamen, von dem Wrack in den Strom springen und das Ufer durch Schwimmen erreichen, und gleich darauf flog der unglückselige „Jason", den sie erst vor einem Augenblick verlassen hatten, pfeilschnell bei mir vorüber und über den Wasserfall in die großen Wellen hinein und in die unergründlichen Tiefen der Strudel hinab, und war meinen Blicken entschwunden.

Schlechte Nachrichten verbreiten sich schnell. Katschetsche, atemlos vor Eile und braun vor Schrecken, meldete, daß von den 11 Mann, welche sich in dem Kanu in Mowa eingeschifft hätten, nur acht gerettet seien.

„Drei sind verloren! – *und einer von ihnen ist der Kleinmeister!*"

„*Der Kleinmeister?* Frank?" rief ich keuchend, „doch sicherlich nicht der Kleinmeister?"

„Ja, er ist dahin, Meister!"

„Aber wie ist er in das Kanu gekommen?" fragte ich, indem ich mich zu Uledi und seinen triefenden Kameraden wandte, welche jetzt heraufgekommen waren und wegen der eben durchlebten entsetzlichen Minuten noch ganz braun im Gesicht aussahen. „Sprich, Uledi, wie kam er – ein Krüppel – dazu, sich in ein Kanu hineinzuwagen?"

Als Antwort auf viele sich drängende Fragen erhielt ich folgenden Bericht:

Als Uledi und seine Kameraden im Begriff waren, vom Land abzustoßen, war der kranke Frank bis dicht an den Strom herangekrochen und hieß ihn anhalten, da er selbst in das Kanu gebracht werden wolle. Uledi stritt sich mit ihm herum, und zwar aus dem Grunde, weil ich gar nichts davon erwähnt hätte, daß er mitgenommen werden solle, und Manwa Sera, der die Aufsicht über die Kanus führte, kam herbeigelaufen und gab ihm die besten, dringendsten Worte, um ihn von einem so gewagten Unternehmen abzubringen, denn der Strom sei sehr bös und gefährlich; aber er wies alles mit der Ungeduld eines Kranken ab und zwang die Mannschaft, ihn in das Kanu hineinzuheben. Da der „Jason" ein schnellfahrendes Kanu ist und überdies gut bemannt war, so wurde er gegen die Strömung am Ufer mit Leichtigkeit vorwärts getrieben, und nach einer halben Stunde jagte er über die kleinen Stromschnellen von Massesse stromabwärts. Als sie sich Massassa näherten, das nur 1 ½ km unterhalb Massesse liegt, wurde Uledi durch das furchtbare Brausen des Katarakts so ängstlich, daß er sich nicht eher heranwagen wollte, bis er sich die Fälle angesehen habe, und aus diesem Grunde fuhr er mit Franks Erlaubnis ganz dicht an den dazwischenliegenden Felsklippen hin, bis sie an einem kleinen Hafen gerade oberhalb Massassa ankamen, wo die Mannschaft den Kahn an den Felsen festhielt. Uledi klomm sofort an ihnen empor und ging weiter zu den am Falle fast überhängenden Felsen, wo er imstande war, die Größe der Gefahr mit einem einzigen Blick zu überschauen. Nach Abwesenheit von nur wenigen Minuten kehrte er zu Frank zurück, welcher noch auf dem Boden des Kanus saß, und sagte zu ihm:

„Kleinmeister, es ist unmöglich, über die Fälle hinabzufahren, kein Kanu oder Boot kann dies ausführen, ohne zu Grunde zu gehen."

„Bah!" sagte Frank verächtlich, „sah ich nicht, als wir herunterfuhren, einen ruhigen Wasserstreifen auf der linken Seite, und diesen könnten wir doch leicht erreichen, wenn wir kräftig quer über den Strom rudern."

„Aber, Meister, der Kamm dieses Wasserfalls geht nicht gerade über den Fluß, er ist fast auf und nieder (diagonal), denn der untere Teil zur Linken liegt viel weiter ab, als der hier zu unserer Rechten, der ganz in unserer Nähe den Wasserlauf unterbricht. Ich sage Ihnen die Wahrheit", erwiderte Uledi, als Frank zweifelsüchtig mit dem Kopf schüttelte, „Kleinmeister, ich habe mir den ganzen Wasserfall angesehen, und ich kann zu Wasser keinen Weg entdecken; es wird unser Tod sein, wenn wir den Versuch machen."

„Nun gut", sagte Frank, „was sollen wir aber machen?"

„Wir müssen Leute zum Meister schicken", erwiderte Uledi, „und ihm sagen lassen, daß wir unser Kanu nach Massassa gebracht haben. Mittlerweile können wir unser Kanu hier anbinden, bis er kommt."

„Und was soll mit mir werden?" fragte Frank.

„Wir wollen nicht lange fortbleiben und dann eine ‚Kitanda' (Hängematte) mitbringen, und Sie werden das Lager noch vor Anbruch der Nacht erreichen."

„Wie? Mich im Lande herumtragen wie einen nichtsnutzigen Goi-Goi?" rief er aus, „denn alle die Eingeborenen gaffen mich an. Nein, wahrhaftig nicht! Jedenfalls soll ich wohl auch hier den ganzen Tag ohne Nahrung warten, he?"

„Es wird nicht lange dauern, Meister; in einer Viertelstunde kann ich das Lager erreichen und in einer zweiten zurück sein und Essen und Hängematte mitbringen."

„Oh, das ist ja alles ganz herrlich", erwiderte Frank ironisch, bei dem Gedanken aufbrausend, daß er getragen und, wie er meinte, dadurch für jedermann zur Zielscheibe des Spottes und Gelächters werden würde. „Ich glaube nicht, daß dieser Wasserfall so gefährlich ist, wie du sagst. Der Lärm kommt dem des Falles, den wir passiert haben, nicht gleich, und ich bin überzeugt, daß ich, wenn ich hingehen und ihn mir genau ansehen könnte, bald einen Weg auffinden würde."

„Nun gut, wenn Sie an meinen Angaben zweifeln, so schicken Sie Mpuapua und Schumari und Marsuk hin, um ihn zu besichtigen, und wenn diese sagen, daß irgendeine fahrbare Straße da ist, so will ich die Fahrt auf ihr versuchen, wenn Sie mir das befehlen."

Darauf sandte Frank zwei von ihnen zur genauen Untersuchung ab, und nach wenigen Augenblicken kehrten sie zurück und behaupteten, daß man auf dem Wasser nicht weiterfahren könne.

Frank lachte bitter und sagte: „Ich wußte im voraus, was ihr sagen würdet. Die Wangwana sind immer Memmen auf dem Wasser; das geringste Wellengekräusel haben sie schon früher zu einem mächtigen Wogenschlag vergrößert. Wenn ich nur vier Weiße bei mir hätte, ich wollte euch schon zeigen, ob wir darüber fahren können oder nicht."

Frank bezog dies ohne Zweifel auf seine Gefährten auf dem Medway oder der Themse, da er von Profession ein Bootsführer und Lohnschiffer war, und als ausgezeichneter Schwimmer hatte er oftmals den staunenden Zuschauern, besonders am Nsabi-Creek, seine Gewandtheit in der Kunst des Schwimmens und Tauchens gezeigt. Bei dem Tode Kalulus äußerte er große Verwunderung, daß nicht einer von den damals verlorenen Männern gerettet worden sei, und sprach seine feste Überzeugung aus, daß die Kalulu-Fälle ihn niemals ertränkt haben würden. Ich hatte ihm damals einen Strudel im Livingstone beschrieben, und als er mit seiner, wie es schien, instinktmäßigen Vorliebe für das Wasser die Gelegenheiten förmlich gesucht hatte, um seine Geschicklichkeit zur Schau zu stellen, hatte ich ihn vor zu großer Verwegenheit ernstlich gewarnt und ihn absichtlich an Geschäfte bei der Landabteilung gefesselt. Der glückliche Erfolg Nubis, der auch ein guter Schwimmer war, in dem Strudel an den Lady Alice-Stromschnellen hatte ihn in der Meinung bestärkt, daß ein tüchtiger Schwimmer darin keine Gefahr laufe. In diesem Augenblick schlug er also alle meine Warnungen in den Wind, vielleicht hatte sein Hochmut sie von Anfang an im geheimen nicht beachtet. Aber er spornte auch zugleich brave Männer zu Taten an, welche sie und ihn selbst ins Verderben stürzen sollten. Sein krankhaftes Wesen offenbarte sich in der Verspottung von Männern, für welche ihm so wenig wie mir ganz genügende Prädikate zu Gebote standen, um ihren wahren Wert zu bezeichnen; denn er kannte ebenso gut wie ich Uledis Unerschrockenheit, und dessen Heldentaten am fünften Katarakt der Stanley-Fälle hatte er selbst als Augenzeuge beigewohnt. Armer Frank, hätte nur ein guter Engel mich zuvor von dieser Szene benachrichtigt, wie leicht hättest du gerettet werden können!

„Kleinmeister", sagte darauf der Bootsführer ernst, durch Franks Worte tief gekränkt, „weder weiße noch schwarze Männer können diesen Strom hier lebend hinunterfahren, und ich halte es nicht für recht, daß Sie uns feig und furchtsam schelten. Was mich betrifft, so sollte ich doch glauben, daß Sie mich besser kennen. Seht her! Ich strecke beide Hände aus, und alle meine Finger reichen noch nicht aus für die Zahl von Menschen, deren Leben ich auf diesem Strome gerettet habe. Wie können Sie denn sagen, Meister, daß ich Furcht zeige?"

„Gut denn, wenn du es nicht tust, so werden es die andern tun", entgegnete Frank in gereizter Stimmung.

„Furcht kennen weder sie noch ich. Wir glauben, daß der Strom hier in einem Kanu nicht zu befahren ist. Ich habe meinen Leuten nur einen Wink zu geben, und sie werden mir bis in den Tod folgen — diesen Katarakt hinabfahren ist aber soviel wie sicherer Tod. Wir sind jetzt bereit, von Ihnen den Befehl zur Fahrt zu hören, aber wir verlangen Ihr Versprechen, daß Sie, wenn irgendein Unglück geschieht und unser Meister fragt: ‚Warum habt ihr es getan?' – alle Schuld auf sich nehmen wollen."

„Nein, ich will's euch nicht befehlen. Ich will nichts damit zu tun haben.

Du bist der Befehlshaber auf diesem Kanu. Wenn es euch beliebt zu fahren, so fahrt, und ich werde sagen, ihr seid Männer und fürchtet euch nicht vor dem Wasser. Wollt ihr nicht, so bleibt hier, und ich werde dann wissen, daß ihr hier bleibt, weil ihr furchtsam seid. Mir selbst erscheint es leicht genug, und ich kann euch einen Rat erteilen. Ich sehe nicht ein, was dabei passieren könnte."

Indem er so die Leute herausforderte, ihre Herzhaftigkeit zu zeigen, beschleunigte der arme Frank schrittweise sein Verhängnis.

Uledi wandte sich jetzt an die Mannschaft und sagte: „Jungen, unser Kleinmeister sagt, daß wir uns vor dem Tode fürchten. Ich weiß, daß der Tod uns in diesem Katarakte droht, aber wohlan, laßt uns ihm zeigen, daß schwarze Menschen den Tod ebenso wenig fürchten wie weiße. Was sagt ihr?"

„Ja, der Mensch kann nur einmal sterben." „Wer kann mit seinem Schicksal streiten?" „Unser Geschick liegt in Gottes Hand!" – Das waren die verschiedenen Antworten, welche er erhielt.

„Genug, nehmt eure Sitze ein", sagte Uledi.

„Ihr seid Männer!" rief Frank, hocherfreut durch den Gedanken, daß er bald das Lager erreichen werde.

„Bismillah" (in Gottes Namen), „laßt die Felsen los und stoßt ab!" schrie der Bootsführer.

„Bismillah!" wiederholte die Mannschaft, und sie trieben den Kahn aus dem freundlichen Hafen in die feindlichen Fluten hinaus.

In wenigen Sekunden waren sie in den Hauptstrom hineingefahren, und den Rat Franks befolgend, steuerte Uledi sein Fahrzeug auf die linke Seite des Flusses zu. Es wurde aber bald klar, daß sie diese nicht erreichen konnten. Die Oberfläche des Wassers zeigte sozusagen eine fette Schlüpfrigkeit, welche sie täuschte, denn es riß sie trotz seiner Glätte unaufhaltsam und noch dazu mit der Breitseite auf die Fälle zu; als Uledi dies bemerkte, wandte er das Vorderteil nach dem Fall hin und richtete das Kanu kühn auf die Mitte zu. Von seinem Sitze durch den zunehmenden Donner der fürchterlichen Wasserfluten aufgeschreckt, sprang jetzt Frank auf und sah über die Köpfe der vor ihm Stehenden, und die Gefahr seiner Lage schien ihm auf einmal in die Augen zu springen. Aber zu spät! Sie hatten den Wasserfall erreicht und stürzten kopfüber mitten in die Wellen und den Schaum hinein. Die zornigen Gewässer bäumten sich hoch auf und sprangen in ihr Fahrzeug hinein, drehten sie wie um eine Angel herum, und so wurden sie über die sich kräuselnden, tanzenden und hüpfenden Wogenkämme in die unten gähnenden Strudel fortgerissen. Ach! dann kam der Moment der Todesangst und der Qual und des Schreckens.

„Haltet euch an dem Kanu fest, Männer! Ein jeder ergreife ein Tau", rief er, indem er sein Flanellhemd herunterzureißen suchte. Doch ehe er sich noch vorbereiten konnte, wurde das Kanu in den Abgrund hinuntergerissen, und Flugwasser und Wirbel schlossen sich über alles hinweg. Als der leere Raum im Strudel sich gefüllt hatte, wallte eine ungeheuere Wassermasse aus der Tiefe empor und das Kanu wurde wieder in das helle Sonnenlicht hinausgeworfen, und mehrere Menschen klammerten sich, nach Luft schnappend, daran fest. Als sie von diesem Schauplatz des Schreckens eine kurze Strecke weggetrieben waren und sich wieder etwas gefaßt und gesammelt hatten, fanden sie, daß ihrer nur acht waren und daß – o Unglückstag für uns, die wir am Leben geblieben waren, um seinen plötzlichen Tod zu bejammern! – kein weißes Gesicht unter ihnen war. Aber gleich darauf, dicht bei ihnen, ein zweiter Aufruhr in den Fluten, ein neues Heben und Ausspeien von Gewässern, und aus ihnen kam die regungslose Gestalt des „Kleinmeisters" zum Vorschein, und sie hörten ihn laut ächzen. Darauf holte Uledi, uneingedenk der großen Gefahr, welcher er vor kurzem erst im Strudel mit knapper Not entkommen war, mit den Armen weit aus und arbeitete sich tapfer auf ihn los; aber ein zweiter Strudel zog sie beide in die Tiefe, und die Wellen schlossen sich über ihnen, ehe er ihn erreichen konnte, und zum zweitenmal tauchte der brave Bootsführer wieder auf, schwach und ermattet – *aber Frank Pocock ward nicht mehr gesehen.*

„Mein braver, ehrlicher, gutherziger Frank, konntest du mich so verlassen? Oh, mein langbewährter Freund, welch verhängnisvolle Unbesonnenheit! Ach, Uledi, hättest du ihn nur gerettet, ich würde dich zu einem reichen Manne gemacht haben."

„Unser Schicksal liegt in Gottes Hand, Meister", erwiderte der todmüde Mann mit düsterem Ernst.

Verschiedene Meinungen suchte man geltend zu machen in bezug auf die Ursache, welche den Verlust eines so gewandten Schwimmers herbeiführte. Baraka vermutete nicht ohne Grund, daß Frank, wie von einem Instinkt getrieben, habe nach oben schwimmen wollen, und daß er während seines verzweifelten Emporringens nach der Oberfläche mit seinem Kopf gegen das Kanu gestoßen sei. Schumari neigte der Ansicht zu, daß die Bandagen an seinen Füßen ihn beim Schwimmen gehindert haben dürften; Saiwa seinerseits glaubte, seine schweren Kleider hätten die freie Bewegung der Glieder verhindert, welche in einer so verzweifelten Lage notwendig sei.

Über ganz Zinga, Mbelo und Mowa verbreitete sich die Trauerbotschaft reißend schnell. „Der Bruder des Mundele ist dahin, er ist in Massassa ums Leben gekommen", riefen sie, und von reinem Mitgefühl angetrieben, kamen sie nach Zinga herab, um zu hören, wie sich das verhängnisvolle Ereignis zugetragen habe. Der gute, freundliche Ndala, welcher in Begleitung seiner Frauen kam und mit echtem Zartgefühl es den Eingeborenen nicht erlauben wollte, sich um mich herumzudrängen, sondern sie aus dem Lager hinaustrieb, wo sie sich verwundern und schwatzen möchten, ohne uns zu stören – der alte Monango, Kapata, der große gutmütige Itumba und einige der vornehmsten Personen erhielten allein Zutritt.

Nachdem Ndala die Tatsachen hatte erzählen hören, setzte er mir auseinander, daß ohne Zweifel der „böse Fetisch" des Massassa-Volkes daran schuld sei, und er schlug vor, daß die vier Könige von Zinga und die drei Könige von Mbelo sich miteinander verbinden und das Volk von Massassa wegen seiner teuflischen Handlung ganz und gar vernichten sollten. Sie sagten: „Es ist nicht das erstemal, daß ein Unglücksfall sich in Massassa zugetragen hat; denn vor ungefähr zwei Monaten ist einer unserer Leute, während er auf dem Felsen stand, plötzlich in den Strom gefallen, und man hat ihn nie wiedergesehen, und einer von Mowas Leuten ist dort auf ganz dieselbe Weise ums Leben gekommen."

Die Vermutung, daß nur der Fetisch von Massassa mir diese plötzliche und sehr empfindliche Not und Trübsal bereitet haben könne, war bei dem Aberglauben und der Dämonenfurcht der Eingeborenen ganz natürlich; aber in wenigen Worten belehrte ich sie darüber, daß ich für dies alles keinem Menschen die Schuld beimäße.

„Sage, Mundele", fragte Ndala plötzlich, „wo ist dein weißer Bruder hingegangen?"

„In die Heimat."

„Wirst du ihn nicht wiedersehen?"

„Darauf hoffe ich."

„Wo?"

„Dort oben, wie ich hoffe."

„Ach! wir haben gehört, daß die weißen Menschen an der See von oben gekommen seien. Solltest du ihn wiedersehen, so sage ihm, daß Ndala betrübt ist und daß er auf Massassa böse ist, weil es ihn dir weggenommen hat. Wir haben von Mowa gehört, daß er ein guter, freundlicher Mann war und ganz Zinga soll um ihn trauern. Trink den Wein unserer Palmen, Mundele, und vergiß es. Die Palmen von Zinga sind in allen Ländern der Babwende bekannt, und auf unsern Märkten drängen sich die

Käufer. Der Zingawein wird dich trösten, und du wirst von deinem Gram nicht gequält werden."

Sympathie, wirkliche und reine Sympathie wurde mir hier nach dem Sinn und der Auffassung dieser Menschen geboten, welche wohl roh, aber gewiß nicht unfreundlich waren. Die großen Volkshaufen draußen vor dem Lager sprachen zusammen mit leiser, gedämpfter Stimme, die Weiber blickten mich mit milden, sanften Augen an und legten ihre Hände auf die Lippen; es schien, als ob sie das tragische Geschick meines treuen Freundes aufrichtig bedauerten.

Eine ganz andere Wirkung machte dieser Unglücksfall auf die Wangwana. Sie waren bestürzt und förmlich betäubt und alle Kräfte des Empfindens, der Hoffnung und des Handelns wie gelähmt. Mit diesem Tage begannen sie jenes apathische, mürrische und grämliche Wesen, jenen Mangel an gefühlvollem Interesse an ihrem eigenen und ihrer Kameraden Wohl zu zeigen, wodurch sich ihr späteres Leben in den Katarakten leider auszeichnete. Der geringsten Unpäßlichkeit wegen pflegten sie sich matt an einen Felsen zu lehnen oder in einer verzweifelten Stellung sich am Feuer zusammenzuducken. Sie öffneten nie ihre Lippen zu einer Bitte um Hilfe oder Arznei, und da sie für sich selbst jedem Gefühl der sorgfältigen Teilnahme unzugänglich waren, so bezeigten sie dieselbe auch keinem andern. Nach diesem verhängnisvollen Tage konnte ich kaum eine Antwort auf meine Fragen aus ihnen herauspressen, wenn ich ängstlich danach forschte, was ihnen denn eigentlich fehle. Die Vertrautheit mit vielen Krankheitserscheinungen, mit gewaltsamen und schmerzhaften Arten des Todes und mit schweren Unglücksfällen hatte jene lebhafte Todesfurcht, welche sie früher gezeigt hatten, schließlich abgestumpft und fast bis zur letzten Spur vertilgt.

Als ich auf mein leeres Zelt und die niedergeschlagenen, von Gram gebeugten Diener blickte, erfüllte mich ein erstickendes Gefühl unaussprechlichen Kummers. Mein von schwerem Leid niedergedrücktes Gemüt erinnerte sich voll Zärtlichkeit an die unschätzbaren Eigenschaften des teuern Toten, an seine außerordentliche Sanftmut und Güte, sein Temperament, seinen emsigen Fleiß, sein heiteres Gemüt und seine zärtliche Freundschaft; alle meine Gedanken weilten bei den Freuden, die mir seine Gesellschaft bot, bei seiner vielseitigen Brauchbarkeit, seiner Frömmigkeit und seinem freudigen Vertrauen auf unsere schließlichen Erfolge, womit er unsere Hoffnungen erneuert, unsern Mut erhöht hatte, und jede neue Tugend, auf die ich mich in meinen ernsten Betrachtungen besann, diente nur dazu, meinen Gram über seinen Verlust zu verstärken und zu vertiefen und mein Herz mit wehmutsvollem Bedauern zu erfüllen, daß er, nachdem er so viele bewundernswerte Eigenschaften entwickelt und mir so lange treue Dienste erwiesen, so urplötzlich und ohne Belohnung aus diesem irdischen Leben scheiden mußte.

Wenn mancherlei bange Sorgen und der von den uns umringenden, fast unübersteiglichen Hindernissen erzeugte Trübsinn wie schwere, dichte Vorhänge rings um mich niederfielen und mir jede Aussicht verhüllten, dann hatte seine liebe Stimme stets wie mit harmonischen Tönen meine Seele erquickt. Wenn ich mich wegen der Unglücklichen, die uns der Tod entrissen, abhärmte, dann hatte er mich getröstet. Aber nun war mein freundlicher Tröster und treuherziger Freund mir entrissen! Ach, hätte nur einer mich damals von meinen Sorgen erlöst und mir zugesichert, daß meine schwarzen Begleiter ihre heimischen Herde in Sansibar wiedersehen sollten, ich würde an jenem Tage mit Freuden dem Kampfe ein Ende gemacht und mit dem Ausruf: „Frühzeitiger Tod der beste Tod", mich in meinem lieben Boote eingeschifft haben und ruhig über die Wasserfälle hinweg in die Ewigkeit gefahren sein.

Der Mond stieg hoch empor über die südliche Felsenmauer der Schlucht. Sein weißes, leichenhaftes Licht erhellte den wie von Geistern belebten Schauplatz des Todes, auf dem eine jahrelange Genossenschaft, ein festgeknüpftes Band der Eintracht zerrissen werden sollte. Hoch über dem großen Zinga-Fall saß ich stundenlang auf einem warmen Felsblock und sah den Strom hinauf nach dem verhaßten Massassa hin und täuschte mich mit der eitlen Hoffnung, daß er durch einen glücklichen Zufall den Wirbeln des schrecklichen Strudels entkommen sein könne, und malte mir die Schreckensszene, welche meine krankhaft überspannte Phantasie mir heraufbeschwor, mit so lebhafter Realität aus, daß ich mir fast einbildete, sie vor meinen Augen spielen zu sehen, während ich unvermögend war, dem Freunde in seiner Todesnot zu Hilfe zu kommen.

Wie furchtbar klangen die Donnerstimmen der vielen Wasserfälle in der schweigenden und ruhigen Nacht! Zwischen dem fernen Sturzbachrauschen von Mowa bis tief hinab nach Ingulufi erfüllten die Massesse-, Massassa- und Zinga-Fälle den eng eingemauerten Kanal mit ihrem tosenden Lärm, während der letztere, nur 30 m von mir entfernt, zischend dahinraste mit rastlosem Stürzen und Brausen und sich donnernd in eine weißglitzernde See von Wogen herabwälzte.

Ach, leider, leider sahen wir Frank niemals wieder! Eitel war die Hoffnung, daß er durch irgendein Wunder gerettet worden sei, denn acht Tage später kam ein Eingeborener von Kilanga in Zinga an und überbrachte die

Botschaft, daß ein Fischer während einer Rundfahrt über das Kilanga-Becken von einem im Wasser schimmernden Gegenstand angezogen und als er sein Kanu herangerudert habe, durch einen seltsamen Anblick erschreckt worden sei – er habe das aufwärts gerichtete Antlitz eines weißen Mannes gesehen!

EIN MARSCH DURCH DIE HÖLLE

Die Folge von Frank Pococks Tod war eine allgemeine Meuterei. Wenn sogar ein Weißer in den fürchterlichen Fluten sein Leben verlor, wie sollten dann sie selbst noch überleben können? Da war die Sklaverei noch besser. Stanley gelang es nur mit größter Mühe, die Leute wieder zu beruhigen.

Er selbst war allerdings der Verzweiflung nahe. Die Unzahl von Katarakten, die sie mühselig mit den schweren Kanus umgehen mußten, hatte all ihre Kräfte erschöpft. Sie hatten viel von ihrem Gepäck verloren, sie hatten keine Nahrungsmittel mehr und fast nichts, um es gegen Nahrungsmittel einzutauschen. Von den einst gestohlenen 22 Kanus waren nur noch 5 übrig.

Als Stanley am 31. Juli feststellen konnte, daß sie an der Stelle angekommen waren, bis zu der vor 61 Jahren Kapitän James Tukkey, den Kongo von seiner Mündung herauffahrend, gelangt war, hätte er aufjubeln können. Jetzt gab es keinen Katarakt mehr, denn Tuckey war nachweisbar vor dem ersten umgekehrt. Jetzt wurde der Strom breit und ruhig, jetzt brauchten sie sich nur noch gemächlich bis zum Atlantischen Ozean treiben lassen. Aber gerade jetzt waren die Kanus so verrottet und verfault, daß eines nach dem anderen auseinanderfiel. Auch die „Lady Alice" mußte nach einer Reise von mehr als 11 000 km quer durch Afrika aufgegeben werden.

Der Fußweg, der am 1. August begann, war ein Marsch durch die Hölle.

Eine vom Reisen abgemattete, schwache und von Leiden niedergebeugte Kolonne waren wir, als wir am 1. August in einer Reihe über die Felsenterrasse von Isangila und quer durch die schräge Ebene wanderten und darauf an dem Abhang hinaufstiegen, um zu dem Plateau zu gelangen. Fast 40 an Ruhr, Geschwüren und Skorbut leidende Personen füllten die Krankenliste, und die Zahl der Opfer der letztgenannten Krankheit nahm stetig zu. Trotz alledem lächelte ich stolz, als ich die braven Herzen meinen ermutigenden Zurufen munter und fröhlich entsprechen sah. Einige indessen wollten es noch immer nicht glauben, daß sie in fünf bis sechs Tagen Europäer zu sehen bekommen sollten. Sie wiesen stolz die Zumutung zurück, für so leichtgläubig gehalten zu werden, aber räumten gleichzeitig doch ein, daß der „Meister" ganz recht habe, seine Leute durch Versprechungen schleuniger Hilfe und Erlösung zu ermutigen . . .

1. August. Die Häuptlinge erschienen, in scharlachrote, aus einer frühern Geschichtsepoche stammende Uniformröcke gekleidet. Wir baten sie, uns Nahrungsmittel für Perlen zu verkaufen. „Das geht nicht." „Für Draht?" „Wir brauchen keinen Draht!" „Für Kauris?" „Sind wir Buschmänner?" „Für Zeug?" „Ihr müßt drei Tage auf den nächsten Markt warten! Wenn ihr Rum bei euch habt, so könnt ihr Proviant in Überfluß bekommen!" Rum! Du lieber Himmel! Vor länger als zwei Jahren und acht Monaten sind wir von den Gestaden des östlichen Ozeans abgereist, und sie verlangen Rum von uns!

Im übrigen benahmen sie sich nicht unverschämt, nur ganz gefühllos; sie zeigten keine Roheit, aber stahlharten Eigennutz. Wir verkehrten ziemlich gesellig mit ihnen und wurden auch durch sie ermutigt. Ein starker gesunder Mann könnte Embomma in drei Tagen erreichen. Drei Tage! Nur noch drei Tagereisen entfernt von Speise – von Wohlsein und Behaglichkeit – selbst von den Üppigkeiten des Lebens! Welch ein Gedanke!

Am nächsten Tage erhoben wir, als der Morgen graute, unsere entkräfteten Glieder zu einem neuen Marsch. Und welch ein Marsch! – Der Pfad überall dicht bestreut mit scharfkantigen Stücken talgartigen Quarzes, was unsere Ermattung und Qual noch vermehrte. Die alten Männer und die drei Mütter mit ihren an den Katarakten von Massassa und Zinga und zuletzt im Monat Juni in der Nähe des Marktfleckens Manjanga geborenen Säuglingen litten entsetzlich. In solcher Not konnte man jene innige Zuneigung der Leute zueinander beobachten, welche mein wärmstes Mitgefühl erweckte und mir meine Gefährten immer teurer und werter machte. Je zwei der jüngeren Leute standen einem älteren bei, und die Gatten und Väter hoben ihre Kinder auf die Schultern und führten ihre Weiber zärtlich auf dem Wege fort.

Auf und nieder wand sich die armselige, hungrige Karawane über das öde und traurige Land. Weißgebleichte Flächen überreifen Grases, hier und da graue Felsmassen, die am Horizont feierlich und ernst mit ihrer düsteren Farbe aufstiegen, dann und wann eine dünne Gruppe von Bäumen auf den Höhen und in den Hohlwegen – das waren die Naturszenen, welche bei jeder Erhebung eines Bergrückens oder auf dem emporschnellenden Kamm eines Hügels unsern hungerigen Augen begegneten. Beinahe 13 km konnten wir mit der äußersten Kraftanstrengung zurücklegen, und dann lagerten wir mitten in einem unbewohnten Tale, wo uns die Teiche, welche wir in dem Bette eines ausgetrockneten Flüßchens entdeckten, Wasser lieferten.

Auf unserm Marsch am dritten Tage wiederholten sich die Szenen des vorhergehenden Tages bis etwa um 10 Uhr, wo wir auf dem Gipfel eines mit Gras und niedrigem Gestrüpp bedeckten Bergrückens ankamen, welchem wir bis 3 Uhr nachmittags folgten. Unser Vortrab langte dann vor der armseligen Niederlassung Nsanda oder wie sie manchmal genannt wird: Bansa (Stadt) N'sanda N'sanga an. Nachdem wir durch die einzige Straße des ersten Dorfes in schwermütiger und schweigender Prozession sprachlos wie Sphinxe gezogen waren, suchten wir uns selbst unsern Weg in einen tiefen, wasserleeren Graben hinab, krochen dann an dessen anderm Abhang bis zum Niveau des Dorfes wieder hinauf und schlugen in einer Entfernung von ungefähr 200 m unser Lager auf. Es war Nacht geworden, bevor alle angekommen waren.

Nachdem wir unsere Hütten errichtet und das Zelt an seiner gewöhnlichen Stelle aufgerichtet hatten, erschien der Häuptling von Nsanda, ein ziemlich junger, schwächlich gebauter Mann, ein leidenschaftlicher Sänger, wahrscheinlich infolge seines durch übermäßigen Genuß von Palmwein hervorgebrachten Normalzustandes der Trunkenheit. Er war ganz artig und gesellig, lachte, kicherte und war unterhaltend. Wir hörten pflichtschuldigst mit melancholischem Interesse zu. Natürlich kannte er Embomma, hatte den Ort oft besucht und Nguba-Erdnüsse dorthin geschafft, welche er für Rum verkaufte. Plötzlich kam mir der Gedanke, ihn zu fragen, ob er wohl eine Makanda oder einen Brief nach Embomma schaffen und dreien meiner Leute gestatten wolle, ihn zu begleiten.

Dieser Einfall rettete Stanley und seinen Begleitern wahrscheinlich das Leben. Er schrieb „an irgendeinen Herrn in Embomma (Boma), der Englisch versteht", erklärte seine Situation und bat inständig um Hilfe und Proviant.

Am 6. machten wir uns zu weitern Anstrengungen auf, zogen in langer Reihe durch einige Dörfer, zwischen denen Strecken wüsten Landes lagen, und kamen um 9 Uhr in die Nähe von Bansa Mbuko. Als hagere, in Traurigkeit versenkte Invaliden mit aufgedunsenen Gesichtern, aber schrecklich scharfeckigen Körpern suchten wir uns eine ruhige Stelle 1–2 km außerhalb des äußersten Dorfes dieser Niederlassung. Mbindas bewaldeter Bergrücken war in Sicht und Ikungus zackige Berggipfel wichen jetzt schnell in die Nebel der Ferne zurück. Bansa Mbuko schien ein wohlhabendes Dorf zu sein; die Bewohner sahen wohlgenährt aus; aber obgleich wir ihnen wie Wesen aus einer andern Welt erschienen, konnte ich doch keine Spur warmen Mitgefühls auf irgendeinem dieser uns angaffenden Gesichter entdecken. Wo in welchem Teil der ganzen japhetischen Welt ist je eine so elende und jammervolle Schar, wie wir es damals waren, mit so lieblosen, eiskalten Augen betrachtet worden? Und doch entschlüpfte den verhungerten Leuten nicht ein einziges Wort des Vorwurfs; sie warfen sich mit einer von dem Elend und der Verzweiflung erzeugten Gleichgültigkeit auf den Boden. Sie tobten nicht wegen der Qualen des Hungers, man hörte sie nicht laut klagen, sie machten nicht der von ihren peinigenden Eingeweiden erzeugten Angst durch Geschrei Luft, sondern setzten sich mit steinharter Ergebung hin, um unter dem dürftigen Schatten einer Zwergakazie oder eines der dünn verstreuten Gebüsche auszuruhen. Dann und wann kamen mir die Wehklagen eines kleinen Kindes, die dünne Stimme einer verschmachtenden Mutter oder die trotzigen Vorstellungen eines andern Kindes zu Ohren; aber die Erwachsenen blieben still und scheinbar leblos, ein jeder hatte sich von der ganzen Außenwelt zurückgezogen in sein individuelles Leid . . .

Plötzlich hörte man die gellende Stimme eines kleinen Knaben rufen: „Oh, ich sehe Uledi und Katschetsche den Berg herabkommen und es folgen ihnen eine Menge Männer!"

„Was? – Wie? – Wahrhaftig?" tönten gleich darauf mehrere Stimmen hastig zusammen, und dunkle Gestalten sah man aus dem vertrockneten Grase aufspringen und aus dem Schatten der Büsche hervorkommen, und viele Augen richteten sich auf den weißlich schimmernden Bergabhang.

„Ja, es ist wahr! Es ist wahr! La il Allah il Allah! Ja! El hamd ul Illah! Ja, es ist Nahrung und Speise! Endlich Nahrung! Ach, dieser Uledi! Er ist ein Löwe, wahrhaftig! Wir sind gerettet, Gott sei Dank . . ."

Inzwischen hatte sich der Zug von Trägern, welche aus der Faktorei der Herren Hatton und Cookson abgesandt waren, genähert und aller Augen richteten sich auf den prächtigen alten „Capitan" und die hilfebringende Karawane hinter ihm. Mehrere der Wangwana gingen derselben dienst-eifrig entgegen, um den ermüdeten und in Schweiß gebadeten Leuten die Lasten abzunehmen, und schleuderten die Vorräte – Reis, Fische und Tabakrollen – mit außerordentlicher Kraft auf den Boden, doch mit Aus-nahme der sehr sorgfältig behandelten, mit Binsen umflochtenen Flasche mit Rum, welche sie Pombe nannten. Der „Capitan" war wegen meiner Privatvorräte in Sorge, aber die sich jetzt bei dem Proviant entwickelnde Szene war von so fesselndem Interesse, daß ich für den Augenblick auf jene nicht achten mochte. Während die Vorsteher der einzelnen Tisch-gesellschaften die Säcke auftrennten und die Lebensmittel in gleichen Rationen verteilten, stimmte Murabo, der Bootsjunge, einen glorreichen, laut anschwellenden Triumphgesang an, in welchen er ganz gewandt und mit dichterischer Freiheit Verse zum Lobe der weißen Männer der zweiten See einschaltete. Der Barde sang in improvisierten Versen viel von den großen Katarakten, den Kannibalen und Heiden, vom Hunger, den weiten Wüsten, den großen Binnenseen und den geldgierigen, filzigen Stämmen, und schloß dann mit der Wendung, daß die Reise vorüber sei, daß wir eben schon die Winde des westlichen Ozeans witterten und daß die Brüder seines Herrn sie aus der „Hungerhölle" erlöst hätten. Am Ende jedes Verses erhoben sich die Stimmen hell und laut zu dem Chorgesang:

So singt denn, Freunde, singt! Die Reise ist beendet!
O Freunde, singet laut, singt dieser großen See!

„Nun genug, so fallt denn darüber her!" sagte Manwa Sera, worauf ihn die Leute bald erstickten, indem sie sich massenhaft um ihn drängten. Schürzen, Näpfe und allerhand Geräte wurden ihm entgegengehalten, doch keines blieb leer; überall hin warfen die verschiedenen Vorsteher hurtig Reis und süße Kartoffeln und Fisch in reichlichen Portionen. Die jüngeren Männer und Weiber humpelten nach Wasser, und andere hinkten fort nach Brennmaterial, und überall entfaltete sich im Lager ein munteres Leben, wo eine Stunde vorher noch Verdrossenheit und apathische Verzweiflung geherrscht hatte. Viele Leute konnten die Zeit nicht erwarten, bis die Speisen gekocht waren, sondern aßen den Reis und die Fische roh. Als aber die Lebensmittel alle verteilt waren und auch aus dem Kruge mit Rum in genau zugemessenen Portionen einem jeden etwas in seinen Becher gegossen worden war, als jetzt das ganze Lager sich in einem Zustand heiterster Erregtheit befand und Gruppen dunkler Figuren sich mit Lebhaftigkeit über die nun sicher in Aussicht stehenden Speisen unterhielten, deren Bereitung lustig flackernde Feuer mit gastfreundlichem Eifer zu beschleunigen schienen, wandte ich mich nun endlich meinem Zelte zu, begleitet von Uledi, Katschetsche, dem Anführer der Träger aus Boma und den Zeltknaben, welche, wie ich glaube, gern Zeugen der Freude und des Entzückens ihres Herrn sein wollten.

Sorgfältig und vorsichtig auspackend und jeden einzelnen Gegenstand fast zärtlich anfassend, überreichte mir jetzt Katschetsche zunächst einige mysteriöse Flaschen, wobei der verschmitzte Schelm mein Gesicht mit seinen scharfen Späheraugen beobachtete und daraus das Vergnügen ablas, mit dem ich auf die Etiketten blickte. Englisches Pale Ale! Sherry und Portwein! Champagner! Mehrere Brote, Weizen-, nicht Cassavebrot, für eine Woche ausreichend. Zwei Töpfe mit Butter. Ein Päckchen Tee! Kaffee! Zucker! Sardinen und Lachs! Plumpudding! Eingemachte Johannis-, Stachel- und Himbeeren!

Dem allgütigen Gott sei ewig Dank!

Am 10. August 1877, nach genau 1000 Tagen seit dem Abmarsch in Bagamoyo, sahen Stanley und seine glücklichen Begleiter den Atlantischen Ozean. Er hatte mehr als dreiviertel seiner Leute und alle vier weißen Begleiter verloren, durch Krankheiten, Hunger, Ertrinken und Wahnsinn, etliche wurden von Krokodilen gefressen, eine große Anzahl fiel im Kampf mit den Eingeborenen. Aber er hatte Afrika in seiner ganzen Breite durchquert, er hatte 11 520 Kilometer zurückgelegt und eines der größten Rätsel des Kontinents gelöst.

DAS KONGO-ABENTEUER

Stanley war schon fast wieder vergessen, und kaum jemand hatte ihn noch am Leben geglaubt. Jetzt schlug die Nachricht von seiner erfolgreichen Afrikadurchquerung wie eine Bombe ein. Als „größten Entdecker aller Zeiten" bejubelte der „New York Herald" den 36jährigen Mann, dessen Haar im Laufe der letzten drei Jahre schlohweiß geworden war, und die Blätter der ganzen Welt druckten durch Monate hindurch ab, was aus seiner Feder Artikel um Artikel an abenteuerlichen Erlebnissen floß. Seine Expedition fand, anders als seinerzeit seine Suche nach Livingstone, in allen Kreisen begeisterte Zustimmung. In Gelehrtenkreisen, die begierig die sensationellen geographischen Entdeckungen aufnahmen, ebenso wie beim allgemeinen Publikum, das Stanleys Tatkraft, sein Organisationstalent und seine unerhörte physische Leistungsfähigkeit bewunderte, selbst aber von solch heroischen Taten in für sie unerreichbaren Gegenden nur träumen durfte.

Auch ein sehr reicher Mann, einer der reichsten Europas, begann zu träumen, als er von Stanleys erfolgreicher Expedition von Sansibar bis zur Kongomündung im Atlantik las. Allerdings einen Traum von ganz anderer Art. Er sah in dem dreidimensionalen Bilderbuch Afrika weniger die Gelegenheit zum Abenteuer, er witterte das Geschäft. Und er war zu allem Überfluß ein König, Leopold II. von Belgien aus dem Hause Sachsen-Coburg, der, kaum war Stanley im Winter 1877 in Marseille an Land gegangen, den berühmten Forscher zu sich bitten ließ. Stanley wußte sofort, was hinter den Worten der königlichen Abgesandten von Forschungsarbeit, Missionsstationen und Handelsniederlassungen steckte, daß der Monarch an Afrika verdienen wollte, vielleicht sogar an Kolonien dachte. Stanley war kein Antikolonialist, ganz im Gegenteil, aber er war, allen düsteren Kindheitserinnerungen zum Trotz, immer noch Patriot. Wenn jemand das große Geschäft machen sollte, dann England.

Aber weder der englische Premierminister noch das Parlament zeigten sich interessiert, und das Volk, das sich an Stanleys Plänen begeisterte, wurde nicht gefragt. Nur Leopold warb noch immer, und eines Tages tauchte der Umworbene in Brüssel auf. Das belgische Parlament war freilich ebensowenig interessiert wie das britische, aber Leopold verfügte auch als Privatmann über die Mittel, die

Kolonisierung des Kongogebietes zu finanzieren. Das detailierte Projekt, das ihm Stanley vorlegte, eine 350 km lange Straße von der Kongomündung bis zum Stanley-Pool, der Bau weiterer Straßen, die die Stromschnellen zu umgehen hatten, 20 Stützpunkte am Strom, zerlegbare Dampfschiffe, und eine Unmenge anderen Materials, dazu eine Streitmacht von mindestens 2000 Mann zum Schutz der Arbeitskolonnen – all das war so gigantisch und auf eine derart lange Zeit angelegt, daß Leopold erst nach längerem Zögern das „Comité d'Etudes du Haute Congo" gründete, zu dessen Finanzierung noch eine Anzahl großer Banken und Handelshäuser beitrug. Die Hauptperson bei dem ganzen Unternehmen war natürlich Stanley.

Er selbst machte sich, wie man aus seinen Büchern liest, über sein Unternehmen noch gewisse Illusionen. Er hielt die arabischen Sklavenjäger für die ärgste Geißel des dunklen Kontinents. Zwar war die Sklaverei in den westlichen Staaten und Amerika längst abgeschafft, aber in Kuba und Brasilien gab es sie noch bis 1887/88, und vor allem der Vordere Orient war nach wie vor an diesen unglücklichen Menschen aus Afrika interessiert. Stanley hoffte nun, daß man im Zuge der Kolonisierung diesen Leuten das Handwerk legen

Die Äquator-Station

und daß die Missionierung und das Vordringen aller anderen Wertbegriffe der europäischen Zivilisation den Afrikanern nur zum Vorteil gereichen könnte. Ein Gedanke, mit dem er getreu in der Nachfolge Livingstones stand.

Die Realität allerdings sah um einiges anders aus. Im Mai 1879 langte er noch voller Hoffnungen in Sansibar an und begann mit der ihm eigenen Energie seine Pläne zu verwirklichen. Seine alten Gefährten stießen zu ihm, und er warb, an der Kongomündung angelangt, noch mehrere hundert Afrikaner und Europäer an. Er gründete die Station Vivi und begann die geplante Straße zu bauen. Aber selbst die waghalsigste Expedition war in diesem mörderischen Klima wesentlich leichter, als systematische harte Arbeit. Da versagten seine Mitarbeiter reihenweise, und immer wieder drohte alles im Chaos zu versinken. Da forderten blutige Kämpfe mit den Eingeborenen einen unerwartet hohen Blutzoll, und stets neue Arbeiter aus Afrika und Europa mußten angeworben werden. Selbst der robuste Stanley brach mehrmals zusammen und war nahe daran, sich nicht mehr aufzuraffen. Es kam auch zu erbitterten Kämpfen mit Sklavenhändlern, die trotz der Anwesenheit der Kolonisatoren weiter ihr blutiges Handwerk trieben. In seinem Buch „Der Kongo" beschreibt er eine eher friedliche, wenn auch erschütternde Begegnung mit ihnen.

BEGEGNUNG MIT SKLAVENRÄUBERN

Als wir dann langsam unsere Reise fortsetzten, erregte ein anderer seltsamer Anblick unsere Aufmerksamkeit. Wir bemerkten nämlich zwei oder drei lange Kanus, welche wie gespaltene hohle Säulen am Rande des Ufers aufrecht auf ihren Enden standen. Was für eine Grille war das und was hatte sie zu bedeuten? Hätte man eines von diesen Kanus gewogen, es würde sicherlich mindestens eine Tonne schwer gewesen sein, und um ein solches Gewicht auf die Seite zu heben und aufzurichten, bedurfte es einer großen Zahl und der Einigkeit. Dies wäre nie von einer Bande schwatzender Wilden ausgeführt worden. Schweigend wie die Fahrzeuge dastehen, sind sie ein stiller Beweis von den Resultaten der Energie und des Zusammenwirkens einer vereinten Menschenmenge – und Einigkeit macht stark! Es waren Araber, welche diese Krafttat ausgeführt hatten, und diese aufrecht stehenden Kanusäulen verrieten die Anwesenheit der Sklavenhändler in der Region unterhalb der Fälle! Später erfuhren wir, daß auf dieser jetzt öden Stelle einst die Stadt Jomburri gestanden hatte.

Einige Kilometer weiter aufwärts fanden wir auf demselben Ufer eine neue Szene der Zerstörung – eine ganze Stadt niedergebrannt, die Palmen umgehauen, die Bananen versengt, viele Acker weit alles dem Erdboden gleichgemacht und die Aufstellung der Kanus wiederholt; vor den schwarzen Ruinen kauerten aber am Rande des Flusses ein paar hundert Leute, welche traurig und trostlos, in Gedanken versunken, das Kinn auf die Hände gestützt, uns mit stupider Gleichgültigkeit betrachteten, als könne weiteres Leid ihnen nun nicht mehr geschehen, während ihre ganze Haltung zu sagen schien: „Der grausame Mensch hat sein Schlimmstes getan. Nachdem wir alles verloren, sind wir deinem Zorn entrückt; ein größeres Elend, als über uns gekommen, ist unmöglich. Was kann es dir nützen, uns ein Leid anzutun?"

Als wir unsern Führer Jumbila beauftragten, die Leute zu befragen, was die Ursache dieser traurigen Szene sei, stand ein alter Mann auf und erzählte uns mit außerordentlicher Zungengeläufigkeit die Geschichte des Jammers und der Trauer. Er beschrieb, wie sein Dorf plötzlich und unerwartet in der Dunkelheit von einer Bande heulender, springender Männer angegriffen und überfallen worden sei, welche ihre Ohren mit mörderischem Schießen betäubt und die Leute, welche aus den brennenden Hütten ins Licht der Flammen gestürzt seien, niedergemetzelt hätten. Nicht ein Drittel der Männer sei entkommen; der größte Teil der Frauen sei gefangen genommen und fortgeführt, wohin, wüßten sie nicht.

„Und wo sind jene Leute jetzt?" fragten wir.

„Sie sind vor etwa acht Tagen den Fluß hinaufgefahren."

„Haben sie denn alle Dörfer niedergebrannt?"

„Alle, überall, auf beiden Seiten des Flusses."

„Wie sehen die fremden Leute aus?"

„Sie sehen aus wie deine Leute auf den Schiffen und tragen weiße Kleider."

„Ah! Und wer sind alle die Menschen, welche wir gestern in vielen Hunderten von Kanus in der Nähe der Inseln sahen?"

„Das sind unsere Leute von diesem und jenem Ufer, die sich des Schutzes wegen zusammengetan haben. Bei Nacht gehen sie auf die Felder, um Lebensmittel zu holen, aber bei Tage leben sie auf den Inseln und halten ihre Kanus stets bereit für den Fall, daß die bösen wilden Männer wiederkommen. Aber geht, geht fort! Fremde sind alle schlecht. Geht zu ihnen, wenn ihr Elfenbein haben wollt, und kämpft mit ihnen. Wir haben nichts – nichts."

Die Gebärden des alten Mannes und seine offenen leeren Hände sprachen schmerzlich ausdrucksvoll.

Hinrichtung von Sklaven bei den Wakuti, in der Nähe der Äquator-Station

Wir setzten dann die Fahrt fort und dampften so rasch, wie unsere Schiffe den Strom nur zu durchteilen vermochten. Alle 5–6 km traten uns die schwarzen Spuren der Zerstörer entgegen. Die verkohlten Pfähle, die aufrecht stehenden Kanus, die Pfeiler der einst volkreichen Ansiedlungen, verbrannte Bananenhaine und gefällt am Boden liegende Palmen, alles kündete den unbarmherzigen Ruin an.

Um 4 Uhr nachmittags machten wir bei einem Lager auf einer Ebene, gleich oberhalb des verwüsteten Dorfes Javunga halt. Seit wir die Mündung des Bijerre verlassen hatten, waren wir bei zwölf vollständig durch Feuer vernichteten Dörfer vorbeigekommen, von denen acht selbständige Gemeinden gebildet hatten.

Javunga gegenüber liegt am linken Ufer der Distrikt Japoro. Mit dem Fernrohr konnten wir uns überzeugen, daß der alte Mann in seiner Schilderung nicht übertrieben hatte, denn es war nicht ein einziges Haus sichtbar, wenngleich die ausgedehnte Lichtung andeutete, daß dort ein volkreicher Ort gestanden hatte. Dies würde klar ersichtlich gewesen sein, selbst wenn ich mich nicht beim Anblick der für diese Gegend charakteristischen roten Lehmufer erinnerte, daß ich hier früher eine große, weithin ausgedehnte Stadt gesehen hatte. Gleich oberhalb derselben hatten wir einen hartnäckigen Kampf mit den Leuten gehabt, welche sich mit dem Rufe „Ja Mariwa" auf uns gestürzt hatten. Dort sah man auch die Tugarambusakette, deren Umrisse ganz unverkennbar waren.

Am Morgen des 27. November wurden wir, weil die Lichtung sehr ausgedehnt und deshalb Brennmaterial knapp war, etwas aufgehalten, so daß wir erst nach 7 Uhr die Fahrt fortsetzen konnten. Anderthalb Kilometer oberhalb des Lagers entdeckten wir einen mit der Strömung den Fluß hinabtreibenden Gegenstand von schiefergrauer Farbe; der „En Avant" dampfte nach demselben hin, und der mit dem Peilstock am Bug stehende Mann wendete, als wir ihn erreicht hatten, ihn mit einem Bootshaken um. Zu unserem Entsetzen fanden wir die Leichen zweier Frauen, die mit Strikken aneinandergefesselt waren! Nach dem Aussehen der Körper mußte die Tragödie vor etwa zwölf Stunden sich abgespielt haben.

Neugierig, was die Begehung eines solchen Verbrechens herbeigeführt haben könnte, folgten wir noch weiter der Küste, in deren Nähe die Strömung sehr unbedeutend ist, bis wir das Ende der halbmondförmigen Bucht gleich oberhalb Javunga erreichten; nach einer Stunde fuhren wir um eine Spitze herum, als wir plötzlich, den Fluß rasch hinaufblickend, eine weiße Masse gegenüber dem Landungsplatz eines Dorfes entdeckten. Ich ergriff das Fernrohr und untersuchte sie, und während wir die Schiffe nach der Mitte des Stromes hin ausscheren ließen, bemerkten wir noch eine andere Gruppe weißer Objekte. Es waren Zelte, wir hatten die Araber von Njangwe eingeholt!

Dieselben waren augenscheinlich sehr zahlreich und ihr Lager oder Dorf schien groß genug für eine bedeutende Macht und von einer rohen Palisade umgeben zu sein. Wir formierten uns in Linie und setzten die Fahrt aufwärts fort; als wir näher kamen, bemerkte ich mit dem Fernrohr, daß unser Erscheinen Bewegung am Ufer hervorgebracht hatte, das von einer Menge erregt sich gebärdender Menschen in weißer Kleidung umsäumt war. Ich bemerkte auch eine große Zahl am Landeplatz festgebundener Kanus, die mich sofort über das Geheimnis ihrer plötzlichen mitternächtlichen Überfälle aufklärten. Die Leute waren auf irgendeine Weise von Njangwe bei den Fällen vorbei den Fluß herabgekommen.

Ich mußte einen kurzen inneren Kampf gegen den fast überwältigenden Impuls, für diese Verwüstungen und Niedermetzelungen der schlafenden Eingeborenen Rache zu nehmen, durchmachen. Das Bild der Obdachlosen von Jomburri, die beredte und höchst jammervolle Erzählung jenes alten Mannes, die Leichen der beiden zusammengefesselten Frauen ließen auf kaltblütigen, vorbedachten Mord schließen, und alles forderte mich auf, sofortige und vollständige Rache zu üben. Und dennoch — wer bin ich, daß ich das Gesetz in die Hand nehmen und sie mit Wiedervergeltung strafen sollte? Die teuflischen Taten waren einmal begangen, die glühenden Überreste der niedergebrannten Häuser erkaltet, das vergossene Blut war längst getrocknet. Dann dachte ich aber wieder daran, daß die Gefangenen noch in ihrer Gewalt seien, an die noch immer fließenden Tränen und den noch neuen Kummer; und welchen Nutzen kann das nackte, auf diese grausame Weise geplünderte und verwüstete Land noch haben, wenn es vollständig entvölkert ist? Indes war es zwecklos, mir diese gewichtigen Gründe für eine Wiedervergeltung der großartigen Missetaten zu wiederholen. Ich besaß nicht den geringsten Schatten einer Befugnis, die Gebote der Gerechtigkeit zu verteidigen. Ich repräsentierte keine anerkannte Regierung und hatte ebensowenig das leiseste Recht, mich in das Gewand des Zensors, Richters oder Strafvollstreckers zu hüllen. Beide Parteien waren, wie ich wenigstens hoffte, meine Freunde; die eine, stärkere, hatte mit Gewalt und Betrug die andere fast vertilgt, aber ohne Auftrag konnte ich mich in die Sache nicht einmischen. Wäre ich, während eine der vielen Tragödien sich abspielte, auf dem Schauplatz erschienen, dann würde ich — denn eine so ansteckende Wirkung übt der Streit — der schwächeren Partei Hilfe geleistet haben.

Nachdem wir in üblicher Weise von den Dampfern einige blinde Schüsse abgegeben hatten, die mit ebenso vielen Salven am Ufer beantwortet wurden, stieß ein Boot vom Lande ab, dessen Insassen uns in Suaheli, der Sprache der Ostküste, anriefen, worauf wir eine friedliche Antwort gaben.

Wir schlugen dann unterhalb der Araber ein Lager auf und hatten kaum die Boote befestigt, als unsere Sansibarer schon den Manjema-Sklaven Abed bin Salims, welche in das Land eingebrochen und die Gegend verwüstet hatten, um für ihren Herrn Elfenbein und Sklaven zu holen, die Hände schüttelten.

Diese Banditenhorde — denn in Wirklichkeit und ohne Maske waren sie nichts anderes — stand, wie wir erfuhren, unter der Führung mehrerer Häuptlinge, besonders unter Karema und Kiburuga. Sie waren vor 16 Monaten von Wane-Kirundu, etwa 45 km unterhalb Vinja-Ndjara, aufgebrochen, hatten 11 Monate lang das Gebiet am linken Ufer zwischen dem Kongo und dem Lubiransi mit Erfolg ausgeplündert und dann dasselbe grausame Werk auf der rechten Seite zwischen dem Bijerre und Wane-Kirundu begonnen. Ein Blick auf die Karte zeigt, daß das fragliche Gebiet innerhalb der angegebenen Grenzen am linken Ufer etwa 42 000, an der rechten Seite etwa 27 000 qkm umfaßt, insgesamt also fast 70 000 qkm von den Räubern heimgesucht worden sind. Es ist das ein Territorium, welches noch mehrere tausend Quadratkilometer größer als Irland ist und von etwa einer Million Menschen bewohnt wird.

Als die Bande von Kirundu aufbrach, zählte sie 300 kampfbereite Männer, die mit Steinschloß-, doppelläufigen Perkussionsgewehren und einigen wenigen Hinterladern bewaffnet waren, deren Zahl aber durch das Gefolge, die Leibsklaven und Frauen, verdoppelt wurde.

Nachdem ich am Morgen der Erzählung ihrer Abenteuer, soweit sie kein Geheimnis aus denselben zu machen beliebten, zugehört hatte, wurde mir nachmittags gestattet, die von ihnen gesammelte menschliche Ernte zu betrachten, nachdem meine Leute mir übertriebene Angaben von den Gefangenen gemacht hatten, welche sie im Lager gesehen haben wollten.

Das Lager der Araber befand sich etwa 150 m oberhalb der Stelle, die wir zum Rastplatz ausgewählt hatten; es war von einem Zaun umgeben, welcher aus den Hüttenwänden der in der Nähe in Trümmern liegenden Eingeborenenstadt Jangambi hergestellt war. Nur die viereckigen erhöhten und festgestampften Stellen auf dem Erdboden und einige wenige Pfeiler bezeichneten den Platz, wo der Ort gestanden hatte; die Bananenhaine waren ebenfalls dem Boden gleichgemacht und ihre Stämme beim Aufbau der Palisaden um das Lager verwendet.

Innerhalb der Umzäumung befand sich eine Anzahl niedriger Schuppen, die sich in parallelen Reihen unmittelbar vom Rande des Flusses landeinwärts 100 m weit hinzogen. Die Länge des Lagers betrug etwa 300 m. Am Landungsplatz unterhalb desselben lagen 54 große Kanus, die je zwischen 10 und 100 Personen zu tragen vermochten.

Der erste allgemeine Eindruck, welchen ich von dem Lager erhielt, war, daß dasselbe bei weitem zu stark bevölkert sei, um behaglich zu sein. Da waren Reihen auf Reihen dunkler nackter Formen, unter denen hier und dort die weiße Kleidung ihrer Räuber sich hervorhob; lange Linien oder Gruppen stehender, liegender oder apathisch umhergehender nackter Gestalten; nackte Körper in den mannigfachsten Positionen unter den Schuppen, unzählige nackte Beine der umherliegenden Schläfer, zahllose nackte Kinder, darunter viele ganz kleine, Knaben und Mädchen jeden Alters, hier und dort eine Schar vollständig nackter alter Weiber, welche keuchend unter der Last schwerer Körbe mit Brennholz, Cassaveknollen oder Bananen von zwei oder drei mit Musketen bewaffneten Männern durch die Menge getrieben wurden. Die Einzelheiten mehr beachtend finde ich, daß die meisten gefesselt sind, die Jünglinge mit eisernen Ringen um den Hals, durch die eine Kette von der Stärke unserer Bootsankerketten hindurchgezogen ist, welche die Gefangenen in Trupps von je 20 beieinander hält. Die Kinder über 10 Jahren sind vermittels dreier Ringe gekettet, die um jedes Bein geschlossen sind und durch ein Mittelglied zusammenhängen; das erklärt mir die scheinbar apathische Bewegung, welche mir beim Betrachten der seltsamen Szene anfänglich aufgefallen war. Mit kürzeren Ketten sind die Mütter gefesselt, um die sich ihre Nachkommenschaft gruppiert, so daß die grausamen eisernen Ketten, welche in Schlingen oder Festons über die Brüste der Frauen herabhängen, verborgen sind. Nicht ein einziger erwachsener Mann befand sich unter den Gefangenen.

Neben dem beschatteten Terrain, welches dicht mit den umherliegenden oder stehenden Gefangenen übersät war, lagen überall die Überbleibsel der vielen Raubzüge in wilder Unordnung zerstreut umher, und es war kaum ein Quadratfuß Boden zu finden, der nicht mit irgendwelchen Gegenständen bedeckt war, wie Trommeln, Speere, Schwerter, Assegais, Bogen, Pfeile, Messer, allerlei Eisenwaren einheimischer Fabrikation, unzählige Ruder, Schalen und Ausschöpfer, hölzerne Mulden, Elfenbeinhörner, Pfeifen, Büffel- und Antilopenhörner, Elfenbeinstößel, hölzerne Götzenbilder, Holzperlen und Kügelchen, kleine Zaubermittel, Gewänder der Medizinmänner, Flaschen jeder Größe, Netze, vom langen Schlepp-

bis zum kleinen Handnetz, Pack- und Tragkörbe, Schilde so groß wie eine Tür aus Holz oder geflochtenem Rohr, Töpferwaren, große Gefässe von 30 Liter Inhalt bis zu kleinen Kinderbechern, hölzerne Schalen, Becken und Hämmer, in Fetzen, Streifen und Stücke zerrissenes Zeug aus Grasfaser, zerbrochene und halb ausgehöhlte Kanus, Äxte, Beile, Hämmer, Eisenstangen usw. Alle diese Gegenstände lagen auf der Erde umher, oder waren aufgehäuft oder aufgestapelt, dazwischen ganze Berge von Bananen- und Cassaveschalen, Cassavemehl und zum Trocknen ausgelegte in Scheiben geschnittene Knollen, überall höchst unappetitliche Bilder und Einzelheiten, die jedoch von dem in den Augen der Gefangenen zu lesenden schrecklichen, unbeschreiblichen Jammer übertroffen werden.

So wenig meine Züge das in mir herrschende Gefühl auch verraten mögen, drängen sich doch andere Bilder meinem geistigen Auge auf; nachdem ich mich von dem Umfang und der Größe des Elends vor mir überzeugt habe, wandle ich in einer Art Traum umher, in welchem ich in der Dunkelheit der Nacht die geschmeidigen Formen der Mörder sich nach der dem Untergang geweihten Stadt, wo alles im festen Schlafe liegt, schleichen sehe. Kein Ton, als das einschläfernde Gezirp der Zikaden und das Gequake der Frösche in der Ferne, unterbricht die Stille der Nacht — da plötzlich flammt das Licht der geschwungenen Fackeln auf, die schlafende Stadt ist von einem Flammenmeer eingehüllt, und anhaltende Gewehrsalven mähen die erstaunten und erschreckten Bewohner nieder, von denen viele nach einer kurzen Minute der Agonie in den stillen Schlaf versenkt werden, aus welchem es kein Erwachen gibt. Ich wünschte irgendwo allein zu sein, um ungestört über die Vernichtung nachzudenken, welcher Bandu, Jomburri, Jangambi, Japoro, Jakusu, Ukanga, Jakonde, Ituka, Jarjembi, Jarutsche, das volkreiche Isangi und wahrscheinlich noch 500–600 andere Dörfer und Städte anheimgefallen sind.

Die Sklavenhändler geben zu, daß sie innerhalb der Umzäunung nur 2300 Gefangene haben, obgleich sie ein Gebiet, das noch größer als Irland ist, der Länge und Breite nach ausgeraubt und überall mit Blei und Eisen Blutbäder angerichtet haben. Auf beiden Ufern des Flusses sind 118 Dörfer und 43 Distrikte verwüstet worden, in denen die spärliche Beute von insgesamt 2300 Frauen und Kindern und etwa 2000 Elefantenzähnen erobert worden ist! Die Speere, Schwerter, Bogen und Köcher mit Pfeilen beweisen, daß zahlreiche erwachsene Männer gefallen sind. Nimmt man an, daß jedes dieser 118 Dörfer von nur 1000 Personen bewohnt gewesen ist, so stellt sich die Beute auf nur 2 Prozent; haben aber diese Gefangenen die Ereignisse und Zufälle der Flußreise nach Kirundu und Njangwe, des

Lagerlebens mit seinem schrecklichen Jammer, die Verheerungen der Pocken und der durch das Elend herbeigeführten Pest sämtlich überstanden, dann wird von dem blutigen Unternehmen knapp ein einziges Prozent übriggeblieben sein.

Sie erzählen übrigens, daß bereits Sklaventransporte aus dem Innern in Njangwe eingetroffen sind, welche ebenso zahlreich waren wie der Trupp hier. Fünf Expeditionen sind ausgesandt und mit ihrer Beute an Sklaven und Elfenbein zurückgekehrt. Diese fünf Expeditionen haben also das vorhin erwähnte große Gebiet gesäubert, und wenn jede derselben den gleichen Erfolg gehabt hat wie die hier lagernde, dann dürften die Sklavenhändler insgesamt etwa 5000 Frauen und Kinder sicher nach Njangwe, Kirundu und Vibondo, oberhalb der Stanley-Fälle, gebracht haben; 5000 bei einer annähernd eine Million zählenden Bevölkerung kommt aber nur einem $1/2$ Prozent gleich, d. h. 5 Sklaven auf je 1000 Leute.

Das ist bei einer so außerordentlichen Vergeudung an Menschenleben – denn die Zahl der Gefangenen dürfte anfänglich sich auf 10 000 beziffert haben – ein sehr kärglicher Gewinn. Um aus den 118 Dörfern die 2300 Sklaven zu erhalten, müssen in runder Summe 2500 Personen erschossen sein, während weitere 1300 aus Mangel an Lebensmitteln und ihres hoffnungslosen, schrecklichen Elends halber am Wege sterben. Wie viele Verwundete im Wald umkommen oder im überwältigenden Gefühl ihres Unglücks zu Grunde gehen, wissen wir nicht, aber wenn wir die vorstehenden Ziffern als richtig annehmen, dann ist die aus 5000 Sklaven bestehende Beute aus einem Gebiet mit einer Million Einwohner auf Kosten des grausamen Todes von 33 000 Menschen gewonnen worden. Und was für Sklaven! Es sind Frauen und kleine Kinder, welche nicht fortlaufen können oder in jugendlicher Gleichgültigkeit bald die Schrecken ihrer Gefangennahme vergessen. Und dennoch hat jedes kleinste Kind einem Vater und drei kräftigen Brüdern und drei erwachsenen Schwestern das Leben gekostet, oder es ist eine ganze Familie von sechs Personen dem Tode geweiht worden, um jenes unbedeutende, schwache, nutzlose Kind zu bekommen!

Das sind meine Gedanken bei Betrachtung der fürchterlichen Szene. Während mein Blick auf derselben ruht, schlägt jeden Moment das Rasseln der Fesseln und Ketten an mein Ohr; meine Augen sehen, wie die Unglücklichen beständig die Hände heben, um dem vom Kragen geschwollenen Hals eine Erleichterung zu verschaffen, und wie die nicht passenden Handfesseln durch ihr Gewicht die entzündeten Gliedmaßen drücken. Meine Nerven werden von der ranzigen Ausdünstung der ungewaschenen Menge in diesem Menschenstalle beleidigt, und der fast unerträgliche Gestank verpestet die Atmosphäre. Denn was können die armen Leute, die je zu 20 aneinandergefesselt und genietet sind, anderes tun, als sich in ihrem eigenen Schmutz wälzen! Nur die alten Weiber werden hinausgetrieben, um Lebensmittel herbeizuholen, die Cassaveknollen auszugraben und Bananen zu suchen, während die Wachen mit geladener Muskete sorgfältig aufpassen, daß sich kein rachsüchtiger Eingeborener nähert. Auf diese Weise können nicht viel Nahrungsmittel herbeigeschafft werden; das Wenige, was die alten Weiber bringen, wird vor den einzelnen Gängen auf einen Haufen hingeworfen und gibt Veranlassung zu einem widerlichen Streit. Viele der armen Geschöpfe sind schon seit Monaten in dieser Weise gefesselt gewesen, und ihre Knochen stehen hart und hoch aus der dünnen Haut hervor, die in zahllosen Falten und Runzeln herabhängt. Und dennoch, wer vermag dem Gefühl des Mitleids zu widerstehen, welches die großen Augen und eingesunkenen Wangen so mächtig erflehen!

Und was war die Ursache dieses ungeheuren Opfers an Menschenleben und des unaussprechlichen Elends? Nichts anderes als die Befriedigung der „wölfischen, blutigen, heißhungrigen und mörderischen Instinkte" eines alten Arabers. Er wünschte Sklaven zu erhalten, um dieselben mit Nutzen an andere seiner Landsleute zu vertauschen, und da er genug Waffen, Gewehre und Pulver besaß, übergab er sie 300 Sklaven und schickte diese aus, um Mordtaten im Großen zu begehen, gerade wie ein englischer Edelmann seinen Gästen Waffen zu geben pflegt und ihnen gestattet, das Wild auf seinem Besitztum abzuschlachten. Rechnet man, daß jeder Mensch, der während dieser mörderischen Kampagne fiel, 3 Liter Blut besaß, so ergibt sich, daß dieser einzige Araber 11 400 Liter Menschenblut vergossen hat, genügend um einen Behälter von 13 Kubikmeter Inhalt zu füllen und ihn und seine ganze Sippschaft darin zu ertränken!

Jetzt verstand ich auch, weshalb die Basoko am Bijerre sich so gefreut hatten, als sie hörten, daß wir den Kongo hinaufzufahren beabsichtigten. Sie sprachen von den Bahunga wie Leute, die von der Plötzlichkeit des auf sie gemachten Angriffs verwirrt sind, und hatten den ersten Namen, der ihnen gesagt war, festgehalten. Sie hofften natürlich, daß wir uns gegenseitig vernichten, und daß sie auf diese Weise von ihrer Furcht befreit werden würden.

Wir tauschten mit Karema und seinen blutbefleckten Bundesgenossen Geschenke aus und erhielten von ihnen Führer, die für uns zu den Eingeborenen an den Fällen sprechen sollten, und da wir gern so rasch wie möglich das fürchterliche Schauspiel verlassen wollten, so setzten wir am nächsten Morgen, den 28. November, die Fahrt nach dem Katarakt fort.

EUROPÄER IN AFRIKA

Wenig Freude machten Stanley auch viele Ersatzleute aus Europa, denen er ein eigenes Kapitel widmete.

„In Europa hielten wir uns für Männer, welche jeder Heldentat und der größten Anstrengung fähig wären, wenn wir nur Gelegenheit hätten, Kräfte, Mutterwitz, angeborene Tapferkeit, Kenntnisse und Standhaftigkeit bei Entbehrungen auf die Probe zu stellen; aber als wir in Afrika landeten, entdeckten wir leider, daß die meisten von uns weder Kraft, Witz, noch Mut besaßen, daß die Stärke und angeborene Tapferkeit, mit welcher wir uns gebrüstet hatten, zum größten Teil verschwunden waren und unsere Kenntnisse keinen Wert hatten, weil wir nie fern von der Überwachung und Sympathie der Älteren das praktische Leben kennengelernt hatten; und als uns Entbehrungen gegenübertraten, da brachen wir vollständig zusammen." Ein solches Geständnis könnte in Wahrheit von manchem jungen Mann unterschrieben werden, der, nachdem er entdeckte, daß er nur von seiner Phantasie und überreichen Einbildungskraft zu dem Glauben verführt worden, seine während einiger vollständig glatt verlaufenden Jahre im Heimatlande gesammelte geringe Erfahrung habe ihn für das rauhe Pionierleben im äquatorialen Afrika vorbereitet, nach Europa zurückgekehrt ist.

Als sie einzeln, zu zweien, dreien oder in noch größeren Gruppen am Kongo eintrafen, von dem höchsten Eifer beseelt und außerordentlich stolz darauf, daß der Mut, mit welchem sie sich gebrüstet hatten, nun endlich im fernen Afrika auf die Probe gestellt werden sollte, da war es ein höchst interessantes Studium, zu beobachten, wie der Eifer plötzlich oder mehr oder weniger rasch oft von der allerhöchsten Stufe der Begeisterung unter den Nullpunkt herabsank, und wie die übertriebenen Erwartungen, mit welchen sie sich selbst getäuscht hatten, vor den Enthüllungen der Wirklichkeit entflohen.

Anstatt die gewohnten Bequemlichkeiten der Zivilisation vorzufinden, deren Vorhandensein sie schon als sicher angenommen zu haben schienen, trat ihnen die Aufgabe entgegen, dieselben erst für die später Kommenden vorzubereiten. Das widerstrebte ihnen der Beschwerden und Mühen wegen, welche damit verknüpft waren. Sie waren wohl bereit, die Früchte der Arbeit der ersten Pioniere zu genießen, hatten aber durchaus keine Lust, nun auch für ihre Nachfolger zu tun, was schon für sie selbst geschehen und von ihnen gedankenlos hingenommen war.

Bei dieser überraschenden Enthüllung vernahm ich oft Worte und Phrasen, welche mir, der ich so lange fern und so viele Jahre allein gewesen war, fremd klangen, weil ich sie fast vergessen hatte. Wie zarte Fühlhörner schossen Worte hervor wie *„amour-propre"* – Eigenliebe? „Empfindlichkeiten" – Eitelkeit? aber wenn die dringende Notwendigkeit zur Sprache gebracht wurde, daß einer oder der andere eine Arbeit übernehmen müsse, dann zogen sich alle, denen ein leiser Wink gegeben wurde, daß an ihnen die „Reihe" sei, beleidigt und erschrocken zurück. Ganz allmählich entdeckten wir, daß es diesen aufgeblasenen Menschen nicht nur an den erforderlichen Talenten mangelte, sondern daß es ihnen auch an Strebsamkeit so gut wie vollständig fehlte.

Von den Helden der Arbeit, welche sich auf den Arbeitsmärkten Europas durch emsigen Fleiß auszeichnen, habe ich nur wenige getroffen, und leider ist mir das Glück nicht zuteil geworden, viele der edlen Bewerber um Brot oder Ehre zu finden, von denen man in den Annalen der Industrie so viel liest. In den ersten drei Jahren betrug ihre Zahl nur etwa 4 Prozent, und die übrigen, nun, sie sorgten dafür, daß ich ihr Dasein nicht vergaß.

Wer dieses Buch bis hierher gelesen hat und den Charakter und die Natur unseres Schaffens in gehörige Erwägung zieht, wird jedenfalls gern einsehen und zugeben, wie außerordentlich notwendig ich eine feste, willensstarke Persönlichkeit gebrauchte, wie ich dieselbe geehrt und gesegnet und wie innig ich ihre Ergebenheit bewundert und ihre Gesellschaft des Wertes ihrer für mich hochwichtigen Gegenwart wegen gesucht haben würde.

Viele Europäer sind zweifelsohne physischer Schwäche unterlegen, andere haben einfach ihren Beruf verfehlt.

Der Einfluß von Wein und Bier, der bei der Abreise von Europa dieselbe Wirkung auf ihre Impulse ausübt wie Chinin auf geschwächte Nerven, verflüchtigt sich bald in einem Land, wo es keinen Wein gibt; und bei der allgemeinen Unfähigkeit, sich in fremde Verhältnisse zu fügen, und dem stetigen Mangel an der aufheiternden Wirkung der gewohnten Getränke wird der durch letztere geschaffene hochtrabende Mut bald durch eine unbesiegbare Niedergeschlagenheit verdrängt, die einige Heimweh, andere Hypochondrie nennen. Viele waren auch nach ihrem eigenen Zugeständnis nur gekommen, um den Fluß zu sehen; ihre Einbildungskraft hatte sie zwischen Herden von Elefanten, Löwen, Büffeln und Flußpferden geführt, während große schlankhalsige Giraffen und anmutige Zebras den Vordergrund dieses so wenig wie möglich der Wirklichkeit entsprechenden Phantasiebildes einnahmen. Ihre Sinne waren ferner wohl auch durch liebende und bewundernde Blicke ihrer Geliebten angeregt worden, als sie denselben den Entschluß mitgeteilt hatten, „nach dem Kongo hinauszugehen", und manche angenehme Stunde haben die Leutchen wohl mit der Prüfung der seltsamen Ausrüstung, der Elefanten-Büchsen, der scharfen „Expreßflinten", und der glühenden Schilderung des Lebens im fernen Palmenlande an den Ufern des gewundenen Ikelemba oder des mächtigen Kongo verbracht. Auf diese Weise haben sie sowohl sich selbst, als auch die Mitglieder des Komitees getäuscht, welche die begeisterten Helden freundlich aufmunterten, wenn sie mit verhaltenem Atem ihren unabänderlichen Entschluß ankündigten: „Arbeiten oder sterben."

Der Tod ergriff jedoch weniger schnell die tapfern, braven Leute, als die Scheinhelden, die zahlreich hinweggerafft wurden. Er war stets gegenwärtig in seiner erbitternden Deutlichkeit, seiner unbestreitbar gebieterischen Weise, welche ihre „Empfindlichkeiten" kränkte und ihre Titel und Rechte auf Auszeichnung ignorierte. Die ernste alltägliche Wirklichkeit, die magere Kost und die widerwärtigen Aussichten demütigen ihren Dünkel. Sobald sie hören, daß es in diesem Land weder Wein noch Bier oder tröstenden Kognak zur Stillung des nagenden, unglücklichen Verlangens nach den gewohnten Getränken gibt, schlägt ihr Herz matter, und die glänzenden afrikanischen Bilder und wunderbaren Träume von tropischer Landschaft und Aufregung werden von weiten pfadlosen Regionen ersetzt, in denen nur hohes Rispengras und wertloses Gestrüpp wuchert. Die glühende Sonne fordert sie zu dem Versuch heraus, sich mit Gewalt einen Weg durch das schier undurchdringliche Dickicht zu bahnen; aber die Entfernung und die Strapazen scheinen unendlich zu sein und sind stärker als ihr Entschluß, und leider gibt es hier keine hübschen Mädchen mit goldigem Haar, welche ihre edlen Bemühungen beim Arbeiten oder Sterben bewundern können.

Einigen wenigen, die noch nicht ganz verloren und aller Scham bar sind, mag das Gewissen zuflüstern, daß hier noch tüchtige Arbeit zu schaffen ist, und daß sie später ebenfalls die Freude der Kolonisten erleben werden, wenn sie sehen, wie Gemüse, Fruchtbäume und andere nützliche Pflanzen auf dem weiten Gebiet wachsen, das jetzt von Rohr, Gras und Dickicht bedeckt ist.

„Ah bah!", geben einige zur Antwort, „wir sind nicht hergekommen, um zu arbeiten, sondern um zu jagen, zu spielen, zu essen und ein hohes Gehalt von dem Komitee zu beziehen."

„Fühlen Sie sich ermattet? Nehmen Sie einen Schluck heißen Tee oder Kaffee."

„Was!", rufen jene. „Kongowasser trinken? Nein, danke. Mein Magen ist zu etwas Besserem gemacht, als jungen Krokodilen zum Nest zu dienen."

Ich möchte hier als Beispiel einen Fall anführen. Ein junger Mann, der sich laut als Held angekündigt hat, wird nach der Stelle hingeführt, wo die Station gebaut werden soll. Vierzig gelehrige, disziplinierte Schwarze werden seiner Aufsicht unterstellt und drei weiße Gefährten ihm zur Hilfe beigegeben. Außerdem erhält er zahlreiche Ballen mit Zeugen, Säcke mit Perlen und Messingdraht, genug, um ein großes Boot mit Ballast zu versehen, damit er Geld zum Tauschhandel hat und von den Eingeborenen die in der Umgegend erhältlichen Lebensmittel zu kaufen vermag. Der Fluß ist voll von Fischen, die er fangen kann, wenn er will; in den Dörfern rundherum gibt es Geflügel, worunter gewiß auch eierlegende Hennen sich befinden; Schafe und Ziegen sind auch erhältlich, und eine genügende Anzahl von Ziegen kann ihn und seine weißen Gefährten mit frischer Milch versorgen; die Eingeborenen aus der Umgegend werden ihm süße Kartoffeln verkaufen, die gekocht, gebraten, gebacken oder geröstet sehr nahrhaft sind; ausgedehnte Cassavefelder liefern in der eßbaren Wurzel die mannigfaltigsten, angenehmen Speisen. Auch Tomaten, Bohnen und Kürbisse sind nicht schwer zu halten, und da er außerdem einen Vorrat von Reis, präservierten Gemüsen, Weizenmehl, sowie Tee, Kaffee, Butter, eingemachtes Obst, kondensierte Milch, allerlei Fisch-, Fleisch- und Suppenkonserven aus Europa besitzt, so kann er sich sehr reichlicher Mahlzeiten erfreuen, vorausgesetzt, daß er bei der Zubereitung derselben die Mühe der persönlichen Oberaufsicht sich nicht verdrießen läßt.

Um die Anlage der Station in Gang zu bringen, werden noch vor unserer Abreise ein festes Blockhaus und die Wohnungen für die Eingeborenen gebaut, damit die Europäer und Farbigen nebst den Waren unter Dach kommen. Milchziegen werden ausgesucht und legende Hennen gekauft, auch die Eingeborenen zu einem feierlichen Palaver eingeladen, auf welchem gegenseitig die Bande geselliger Beziehungen angeknüpft werden.

Seine Instruktionen sind kurz und einfach: „Dies ist Ihre in legitimer Weise erworbene Domäne; sie ist durch die Ihnen als Chef übertragenen Befugnisse Ihr Staat geworden, über welchen Sie die absolute Kontrolle haben, da Sie nur unter mir stehen. Ich lasse Sie hier als Chef und einzigen Schiedsrichter in allen Fragen zurück. Lassen Sie sich bei Ihrem Verfahren stets von der Gerechtigkeit leiten und seien Sie freundlich mit Ihren Leuten, an denen Sie Vater- und Mutterstelle vertreten. Beweisen Sie mir bei der Rückkehr, daß ich einen guten Griff getan habe, als ich Sie wählte.

Durch Fleiß können Sie Ihre Station zu einer Musteranlage machen, als Beispiel für andere, die weniger erfahren sind als Sie; mit gehöriger Sorgfalt können Sie sie zum glücklichsten Ort in Afrika machen. Sie haben genügend landesübliche Münze und reichlich Proviant. Aus diesem Schreiben werden Sie den Plan ersehen, den ich von Ihnen befolgt zu sehen wünsche."

Ich bin zehn Monate von der Station abwesend und finde sie nach meiner Rückkehr in einem viel schlimmern Zustand, als vor meiner Abreise. Die warmen Versprechungen, welche er mir gemacht, hatten mich verleitet, von einem hier geschaffenen idealen Paradies zu träumen, allein anstatt des glänzenden, prächtigen Bildes bemerke ich leider, daß das wilde Gras unser Eingeborenendorf fast überwuchert hat, so daß es kaum noch zu sehen ist. Nicht ein einziges Haus ist zu den Bauten hinzugefügt worden, welche wir für ihn errichtet hatten. Die Station ist auch in einem Belagerungszustand, denn eine Palisadenumzäunung zeigt mir, daß der Chef einmal durch einen Alarm zu krampfhafter Tätigkeit angespornt worden ist. Die Besatzung ist von einer Hungersnot bedroht, denn das Land muß vier Tage weit und breit durchforscht werden, um für einige Stunden Lebensmittel zu erhalten; die Vorratsräume sind leer und enthalten nur noch Messingstäbe für drei Tage. Die Eingeborenen der Umgegend haben den Chef und seine Station so gänzlich im Stich gelassen, daß er sich tatsächlich dem Verhungern nahe befindet. Welch großer Kontrast zwischen der Niederlassung und meinem herrlichen Ideal! Ganz das Gegenteil von den glühenden Versprechungen, Briefen und Berichten!

„Nun, was ist das? Um Gottes willen, das ist ja nur noch die Ruine einer Station!" rufe ich. „Sehen Sie das Dorf, die Straße, die Station, alles ist im Grase begraben!"

Oh, das ist eine zu starke Erschütterung seines zartbesaiteten, empfänglichen Gemüts, die der unschuldige und starrköpfige Herr nicht ertragen kann und will. Er schreibt: „Ich habe die Ehre, Ihnen meinen Rücktritt zu melden", der selbstverständlich sofort angenommen wird, denn jener ist eine viel zu aufgeblasene Person, um eine Stellung einzunehmen, in der er harmlos sein würde, und die ich ihm gern geben würde, damit er kein Unheil anstiften kann.

Der Wechsel der Chefs hatte ein glückliches Resultat für die Station, die bald die ihrer würdige Bedeutung gewann. Jetzt weiden rundherum große Schaf- und Ziegenherden, auf dem Geflügelhofe tummeln sich Dutzende von Enten und Hühnern und das Menü der Mittagstafel ist ebenso gut, wie man es in Europa in einem Hotel zweiten Ranges erhält. Jeden Morgen wird auf dem freien Platze vor der Tür, wo die ebenholzfarbigen Kinder spielen, Markt abgehalten, und die eingeborenen Frauen bringen so viel Brot herbei, daß man täglich für 500 Personen genügend kaufen könnte. Die für die Beamten eingerichteten Gebäude haben insgesamt eine Länge von nahezu 200 m; die Gärten bedecken ein Areal von 200 Ackern und enthalten 3000 Bananen-, 500 Flaschenkürbis-, sowie Limonen-, Apfelsinen-, Guaven- und Mangobäume, die sämtliche vorzüglich gedeihen; ferner werden europäische und süße Kartoffeln, Yamwurzeln und die mannigfaltigsten Gemüse in genügenden Mengen produziert. Fast 850 Quadratmeter Boden sind für eine großartige Esplanade verwendet, und zur Station führt eine breite, offene Straße hinauf. Alle diese Erfolge neben zahlreichen anderen Verbesserungen beweisen den Charakter der Veränderungen, welche geduldiger Fleiß und aufmerksame Sorgfalt in einer Wildnis herzustellen vermögen.

In Vorstehendem ist der Typus dieser von außen so prächtigen Geschöpfe zu finden, die an einem unersättlichen Hunger nach einer Diät leiden, welche das einfache Afrika in seinem gegenwärtigen Zustand der Unentwicklung ihnen nicht zu bieten im Stande ist, und die trotz ihres hohen Salärs und ihrer Kontrakte nicht die geringste Lust zur Tätigkeit behufs Besserung ihrer Lage haben, vielmehr sich in unnatürlichen, bitteren Launen verzehren, bis sie schließlich für ihre Freunde ein lebender Dorn im Auge und für sich selbst eine Qual sind.

Ein anderer Typus unbrauchbarer Männer war ein Herr, welcher sich von der Arbeit stets zu drücken wußte, indem er Krankheit vorschützte. Derselbe verstand die Kunst der Verstellung mit einer solchen Vollkommenheit, daß er wochenlang uns alle täuschte und sein Verfahren – denn einigen Leuten ist unnötiger Unfriede höchst unangenehm – noch wer weiß wie lange fortgesetzt haben würde, wenn er seinem fortwährenden Faulenzen nicht freiwillig ein Ende dadurch gemacht hätte, daß er plötzlich und unerwartet seinen Abschied einreichte. Neun Wochen lang hatte der schlaue Schauspieler seine gauklerische Kunst in vollendetster Weise ausgeübt! Wie viele besänftigende Schmeicheleien hatte ich nicht an diesen hinterlistigen Ränkeschmied verschwendet, den ersten, der seine Kunst am Kongo auszuüben gekommen war! Die Schritte, welche ich auf meinen Besuchen bei ihm während seines angeblichen Unwohlseins gemacht hatte, zählen, wenn ich sie zusammenrechne, nach Meilen. Der Wert der Arzneien, kondensierten Milch, eingemachten Früchte, Marmelade, Butter, Suppen, Weine und Biskuits, welche wir in Reserve hielten für Leute, die durch die Kost von Ziegenfleisch und Cassavebrot krank geworden und stündlich abwechselnd von Hitze und Kälte gepeinigt werden und deshalb einige Delikatessen verdienen, und welche dieser offenbare Betrüger nun verzehrt hatte, betrug mehrere hundert Pfund Sterling. Welche Versprechungen bezüglich seiner Beförderung sind ihm, als er in der Besserung zu sein vorgab, nicht gemacht, welche Ermunterungen ihm nicht zuteil geworden, als er eine Sprache führte, als sei er von anhaltender Krankheit vollständig entmutigt; welche Mühe habe ich mir gegeben, um seine zur Schau getragene Traurigkeit zu zerstreuen und seine angebliche Untauglichkeit zu bestreiten! Und als unsere Arzneimittel fast erschöpft waren und unsere Geduld auf die Neige zu gehen schien, schloß er die Affäre einfach mit einem schriftlichen Entlassungsgesuch ab!

Mit wenigen, aber verständlichen Worten wird ihm mitgeteilt, er möge jede Hoffnung auf eine baldige Rückkehr nach der Küste aufgeben; gleichzeitig werden Anspielungen auf nicht erfüllten Kontrakt, noch zu leistende Dienste, ausgezeichnete Kunst der Täuschung, auf die Notwendigkeit einer Kautionsstellung usw. gemacht – und eine halbe Stunde später sieht man den geriebenen Burschen ohne Jacke und mit aufgerollten Hemdärmeln in voller Tätigkeit. Seine spätere Geschichte weiß noch von mancher geschickten Arbeit von ihm zu erzählen.

Ein anderer dieser Europäer, die mir nicht wenig Mühe verursacht haben, wird am besten in folgendem Auszug aus meinem Tagebuche, datiert 14. Oktober 1880, geschildert:

„Der arme Bursche – wir wollen ihn Frank nennen – betrachtet wie alle gedankenlosen Menschen sein wunderbar bequemes Leben am Kongo als fast unerträglich. Wäre er der einzige Berichterstatter seiner Erlebnisse seit vorigem November, die Leute würden der Tatsache kaum Glauben schenken, daß schon ein guter Teil von Afrika erforscht ist, so viele neue Entdeckungen – seelenquälerischer Art – könnten ihnen erzählt werden. Sein Gesicht wird täglich länger und den melancholischen Zügen Don Quichottes den ich irgendwo einmal abgebildet gesehen habe, immer ähnlicher. Und mit der zunehmenden Länge seines Gesichts wächst auch seine schlechte Laune. Aber kranke Menschen sind stets mürrisch, launenhaft und dafür bekannt, daß sie gegen ihren Arzt ungerecht sind."

Die Vorbedingungen für das gesunde Genießen des afrikanischen Lebens werden von „Frank" und seinesgleichen wenig oder gar nicht verstanden, und es hält sehr schwer, ihnen die elementarsten Lehren über dieses Thema beizubringen. Es ist dies eine höchst undankbare Aufgabe, und der Versuch wird so unangenehm aufgenommen, daß ich mich oft von den sichtbaren Zeichen ihrer Nichtwürdigung meiner Mühe zurückgestoßen gefühlt habe. Selten nur bin ich von denen, welchen ich meinen Rat erteilte, ermutigt worden, damit fortzufahren. Was ihre eigene Gesundheit betrifft, scheint kein Interesse für sie zu haben. Sie erkennen zwar an, daß sie es sich selbst schuldig sind, so vorsichtig, klug und umsichtig wie möglich zu sein, antworten höflich und lassen es an Versprechungen der Besserung nicht fehlen; aber nie halten sie das Versprochene, und nur selten sehe ich den lebhaften Eifer und die kluge Vorsicht, welche jeden beherrschen sollte, dem sein Leben lieb ist. Die Erfüllung dieser Pflicht scheint zu beschwerlich zu sein, und weder ihr Verstand noch ihr Gewissen unterstützt sie in derselben. Ich erinnere nur an Frank Pocock auf meiner zweiten Reise, der, als kaum mein Rat verhallt, schon über den Schritt nachgesonnen haben muß, welcher ihm das Leben gekostet und mir monatelang jedesmal, wenn ich an sein trauriges Ende dachte, Schmerzen und Qualen bereitet hat.

Es ist mir auch aufgefallen, daß diese Apathie nicht nur da sich zeigt, wo es sich um die Selbsterhaltung handelt, sondern auch bei den alltäglichen Arbeiten der Expedition vorhanden ist, welche die Leute zu leisten verpflichtet sind und für die sie bezahlt werden. Jeder einzelne Befehl wird zu meiner Zufriedenheit und gut ausgeführt, allein wenn ich daran die Hoffnung knüpfe, daß sie dies nun auch als ihre tägliche Aufgabe betrachten

Fortschaffung des zerlegbaren Dampfschiffes . . .

möchten, dann wird die Order sofort unwirksam, weil ihr nie mehr Folge geleistet wird.

Wenn ich einem Eingeborenen befehle, eine gewisse Kiste nach einem bestimmten Lager zu schaffen, und ihm beim Aufnehmen derselben helfe, bis die Last gehörig auf dem Kopfe ruht, dann marschiert er fröhlich ab und liefert die Kiste dem Auftrage gemäß richtig ab. Füge ich aber hinzu, nach seiner Rückkehr solle er eine andere Last in derselben Weise nach jenem Lager transportieren, dann weiß ich aus Erfahrung, daß ich seinem Gedächtnis oder seinem Talent mehr zugetraut habe, als dieselben leisten können, denn zweifelsohne werde ich nach seiner Rückkehr ihm wieder bei der Aufnahme des Packens behilflich sein müssen. In derselben Weise geht es auch mit Europäern; wenn ich Leuten, von denen man annehmen sollte, daß sie genügend Verstand besitzen, um einen vernünftigen Befehl zu begreifen, sage, daß sie alle Segel, Zelte, Wagen- oder Gepäckdecken nachsehen und ausbessern sollen, dann wird diese Order niemals beachtet; wird dagegen ein bestimmter Riß in einer Wagendecke, einem Zeltdach oder Gepäcklaken bezeichnet, so wird er auch sofort zu meiner Zufriedenheit repariert. Oder sage ich zu dem einen oder andern: „Sieh dich ein wenig im Lager um, was geschehen muß", so habe ich gefunden, daß ein solcher Befehl viel zu allgemein ist, um befolgt zu werden, während eine spezielle Order mechanisch ausgeführt wird. Das Versprechen der Beförderung oder höhern Gehalts, sanftes Antreiben machen keinen Eindruck, und überhaupt habe ich bis jetzt noch kein Mittel entdeckt, das mächtig genug wäre, den Europäer oder westafrikanischen Eingeborenen zu veranlassen, ein inneres reges Interesse an seiner Arbeit zu nehmen. Die einzigen, auf welche meine Worte von Wirkung sind und bei denen sie einen nachhaltigen Eindruck hinterlassen, sind unsere fremden farbigen Angestellten.

Welchen Ursachen ist nun dieser sowohl dem Europäer als auch dem Eingeborenen der Westküste charakteristische Mangel an verständigem Interesse für ihre Arbeit zuzuschreiben? Dem Klima? Weshalb hat dasselbe dann nicht bei Albert und mir dieselbe Wirkung? Denn ich muß sagen, ich erfreute mich in Afrika einer mir in Europa ungewohnten Lebenskraft, einer unbeschreiblich frischen Stimmung und des unwiderstehlichen Wunsches nach Bewegung, körperlicher Tätigkeit und persönlicher Anstrengung jeder Art. Und Albert war das Leben und das tatkräftige Handeln selbst.

Aber vielleicht fühlen Frank und andere sich noch fremd oder

Mag sein, daß sie nicht wohl sind.
Krankheit läßt jede Leistung schwächer werden,
Die dem Gesunden obliegt; wir sind nicht
Wir selber, wenn die leidende Natur
Den Geist dem Körper untertänig macht.
Drum will ich nicht den schwachen, siechen Mann
Für den gesunden nehmen.

Unter allen tollen Abgeschmacktheiten, denen ich in den Tropen begegnet bin, ist die erstaunlichste, daß man zuweilen einen jungen Toren, der von einem alten Narren gehört hat, es gehe nichts über den Whisky, das Lob der berauschenden Getränke preisen hört. So hat man Mr. Puffyface in halb berauschtem Zustande in Gegenwart unserer jungen Enthusiasten sagen hören: „Trotz allem, was man gegen das afrikanische Fieber vorbringen kann, gibt es nach vierzehnjähriger Erfahrung zur Heilung desselben kein besseres Mittel als Whisky." Das erinnert mich daran, was man sich in den fieberbehafteten Gegenden der südwestlichen Staaten der Union von dem Mantelsack mit der unvermeidlichen Whiskyflasche erzählt. Zum Besten der später nach Afrika Kommenden möchte ich aber jene Behauptung als dummes Geschwätz kennzeichnen. Man zeige mir einen dieser alten Narren an der Westküste Afrikas, und ich werde ihm die Täuschung und Irreführung nachweisen, ihm und allen Zuschauern beweisen, daß er nicht durch seine Liebe zum Whisky vom Fieber frei geblieben ist, sondern einfach durch seine Geschicklichkeit, sich von der Arbeit zu drücken. Ein paar Stunden schwere, angestrengte Tätigkeit oder ein Marsch nach dem Innern würden den faulen Löwen wie einen toten Esel hinstrecken. Genever- und Whiskyzecher gibt es auch an andern Orten als am Niger und Kongo; wenn man einen solchen Menschen aber an der afrikanischen Küste trifft, dann enthüllt ein Blick auf das zwölf Stunden von ihm getragene Hemd und seine Wäsche die Wahrheit oft deutlicher, als ein Geheimpolizist die Spuren der von ihm verfolgten Verbrecher zu sehen pflegt. Man ist ganz genau im Stande, die Größe der körperlichen Anstrengung festzustellen, der er sich unterwirft. Ist seine Wäsche frei von Schweißflecken, dann hat er sich einfach von der Arbeit zu drücken gewußt, und es würde schwierig sein zu bestimmen, wieviel Zeit noch vergehen wird, bis seine Leber eine tödliche Eitergeschwulst zeigt oder sich verhärtet. Will man aber der Menschheit einen Dienst erweisen, dann nehme man ihn mit sich auf einen mehrstündigen Marsch durch die afrikanische Wildnis und beobachte die Folgen.

Ein jüngst zwischen Händlern und den Eingeborenen an der afrikanischen Küste vorgekommener kleiner Krieg hat mir in dieser Beziehung
wertvolle Einzelheiten, die allerdings nur für mich selbst von größerem
Interesse sein dürften, zur Bestätigung meiner Behauptungen geliefert.

Bei uns am Kongo, wo die Leute arbeiten müssen und körperliche Bewegung an der Tagesordnung ist, schein schon die Luft der physischen Kraft
derjenigen schädlich und tödlich zu sein, die in Whisky, Genever und
Brandy ihren Gott sehen. Sie gehen unabänderlich zu Grunde und sind
uns eine beständige Quelle von Ausgaben; aber selbst wenn sie schließlich
nicht zu Grabe getragen werden und damit aus dem Gedächtnis schwin-
den, werden sie doch vollständig hilflos, indem die Krankheiten mit fürch-
terlicher Geschwindigkeit um sich greifen und häufig sich die Symptome
des Wahnsinns einstellen. Mit getrübtem Geiste und geschwächtem Körper werden sie schleunigst nach Hause geschickt.

Mit den Eingeborenen kam er noch am besten zurecht. Für sie war
Bula Matari ihr Schutzherr, dem sie ebenso übermenschliche Kräfte
zuschrieben, wie sie am Funktionieren der Dampfschiffe herumrät-
selten.

UNTERSCHIED ZWISCHEN STANLEY UND BULA-MATARI

Zu den Gegenständen, welche ich von den Gruppen gewöhnlichen Volkes am Landungsplatz zu Irebu erörtern hörte, gehörte auch der Unterschied zwischen Stanley und Bula-Matari. Die Majorität behauptete, wenn auch Stanley der erste „Mundele" gewesen, der auf dem Flusse erschienen sei und mit jedem gekämpft habe, der ihn aufzuhalten versuchen wollte, so sei es doch Bula-Matari, welcher jenen geschickt habe, um das Land erst zu erforschen, und der alle die Kanus und Leute besitze. „Denn seht, Stanley hatte nur Kanus, wie wir sie auch haben, während Bula-Matari nur ein einziges Kanu hat; die andern sind Boote, wie wir sie nirgends sonst gesehen haben. Nein, Stanley muß Bula-Mataris Vezier oder großer Kapitän sein, denn Bula-Matari hat viele Städte und tausend und aber tausend Ballen Zeuge. Stanley gab uns das richtige Maß von Messingstangen; wenn wir nach Kintamo gehen, werden wir Stanleys Messingstangen fordern, denn die sind um die Hälfte länger, als diejenigen der Bateke am Pool."

Die Edlen von Irebu verlangten dringend eine Medizin von mir, um ihren Reichtum rasch wachsen zu lassen. Ich versuchte ihnen eine Lektion bezüglich des Handelsgeschäfts zu geben, doch wiesen sie diesen Rat mit Zorn und Verachtung zurück; wie sie Handel treiben müßten, wüßten sie gut genug, aber ihr Vermögen nähme trotzdem nicht zu.

„Du mußt", sagten sie, „ein Zaubermittel besitzen, durch welches du deine Vorräte ohne Mühe vermehrst. Wir haben in Kintamo gesehen, daß deine Regale an einem Tage sämtlich leer waren, und als wir am nächsten Morgen kamen, waren sie alle von unten bis oben gefüllt. Wir möchten dieses Geheimnis auch kennen."

Die Sklaven Ibakas rühmten sich, dasselbe zu kennen; ihre Hütte war infolge dessen beständig von Wißbegierigen belagert, und sie verdienten durch diese außerordentliche Scharlatanerie fast 200 Messingstangen.

Ein anderes interessantes Thema der Unterhaltung bei den Irebu war: Was eigentlich die Schaufelräder des „En Avant" drehe? Das war jedoch ein höchst schwieriges Rätsel für sie. Einige meinten, es seien etwa 20 Mann irgendwo im Raume des Schiffes verborgen; andere bestritten das und behaupteten, das Geheimnis läge in dem „großen Topf" (Kessel), denn weshalb würde der Koch (Maschinist) sonst immer in der Nähe bleiben und das Feuer im Innern im Gange halten. Was kochte aber der Mann so ungeheuer eifrig? Das war ein weiteres Rätsel!

Ansicht der Station und des Hafens von Leopoldville, 1884
Auf dem Gipfel des Leopold-Berges die Baptisten-Mission

„Was es auch sein mag", meinten sie, „es dauert lange, bis es gar ist. Der Maschinist hat schon den ganzen Tag gekocht und ist noch nicht fertig. Es muß doch eine starke Medizin sein; der ganze Haufen Holz ist verbrannt worden. Die beiden andern Boote haben ähnliche Töpfe, in welche die Köche beständig Brennholz hineinschieben. Wenn wir vielleicht auch solch große Töpfe in unsern Kanus und etwas von der Medizin des weißen Mannes hätten, dann würden wir uns nicht mehr mit müden Armen bei unserm Rudern abzumühen brauchen und in den Schultern Schmerzen und Pein leiden."

Trotz aller Schwierigkeiten gedieh das gigantische Werk. Kilometer um Kilometer fraß sich die Straße über aufgeschüttete Dämme und Brücken in das Innere Afrikas hinein, und am Westufer des Stanley-Pools wurde Leopoldville gegründet. 40 Stationen wurden in sechs Jahren angelegt und ausgebaut, 12 Dampfer und 170 Stahlboote besorgten den Verkehr auf dem Strom, und König Leopold, dem Stanley melden konnte, daß der neugewonnene Staat ungeahnte Mengen an Kupfer, Kautschuk, Edelhölzern und anderen Schätzen liefern werde, stellte immer neue Mittel zur Verfügung.

1884 wurde unter dem Fürsten Bismarck die bekannte internationale Kongo-Konferenz einberufen, bei der das von Stanley erschlossene Gebiet zum Freistaat erklärt wurde. Es bekam eine eigene Flagge, eine eigene Armee und eine von Stanley geleitete Regierung aus Weißen. Präsident war Leopold II., der sein Privatreich im Jahre 1908 gegen eine entsprechende Abfindung dem belgischen Staat als Kolonie übergab.

AUF DER SUCHE NACH EMIN PASCHA

Im November des Jahres 1884 hatte Stanley genug und verließ den Kongo, um fortan in England zu leben. Das wohl grausamste und blutigste Kapitel seines Lebens war damit abgeschlossen, und was er selbst darüber schrieb, scheint uns heute weitgehend unverständlich. Unverständlich, wie vor knapp 100 Jahren im Zeichen des Kolonialismus mit Menschen eines anderen Kontinents, mit deren Land und Besitztum verfahren wurde. Unverständlich dieses frivole Spiel mit Menschenleben, die Verachtung Andersgearteter, die mit einer anderen Hautfarbe ausgestattet sind, unverständlich, daß Menschen, die sich dank ihrer kulturellen, zivilisatorischen oder technologischen Überlegenheit anmaßen, in skrupelloser Weise über diese anderen zu bestimmen, wie über ein Stück Vieh oder irgendein Ding. Aber Stanleys Biographie erklärt seine Härte. Er war es von Kind auf gewohnt, Grausamkeiten zu erleben und bedroht zu sein. In der Erziehungsanstalt, an Bord während seiner ersten Überfahrt nach Amerika, in der Zeit, bevor er seinen Ziehvater traf, und später, als dieser nicht mehr lebte, war der junge Engländer zu der Ansicht gekommen, daß es unmöglich sei, in dieser Welt der Gewalt, Rohheit und Gleichgültigkeit als gütiger, sanftmütiger Mensch zu leben. Livingstone hatte es versucht und nur draufgezahlt. Und alles was Stanley später, im Bürgerkrieg, während der Indianerkämpfe und der ersten Expeditionen in Afrika erlebt hatte, konnte ihn in dieser Haltung nur bestärken. In Afrika sah er die Sklavenjäger und die durch sie verursachten Qualen. Er kannte Hunger, Kälte, Hitze, Fieberphantasien, blutende Füße und den unvermeidlichen Tod in tausendfacher Gestalt. Wer wollte von einem Mann, der dies alles erlebt hatte, noch viele Skrupel erwarten? Keiner, der nicht selbst erlebt hat, was er erleben mußte und was er tun mußte, als ihn irgendein seelischer Hunger dazu trieb, wie ein Verrückter kreuz und quer durch Afrika zu ziehen, wird je begreifen, wie es soweit mit ihm kam.

Von der Aktion Kongo und was sie an Qualen, Blutvergießen und Unrecht in die Welt setzte, dürfte aber selbst dieser Mann tief getroffen gewesen sein. Er war nämlich trotz seiner Härte doch nicht aus dem Holz, aus dem die Konquistadoren gemacht sind. Daher vielleicht sein plötzlicher Abschied, dieser Fluchtversuch in ein kühles, bequemes, von der Wüstenwelt abgeschirmtes England. Aber er war mit Afrika noch längst nicht fertig. Er wurde noch einmal gerufen, und wie er beim ersten Mal ausgezogen war, um Livingstone zu suchen, so sollte er auch diesmal einen in der Weite Innerafrikas verlorengegangenen Weißen wiederfinden: Eduard Schnitzer, besser bekannt als Emin Pascha.

Dieser in Oppeln, Schlesien, geborene, studierte Arzt, war in ägyptische Dienste getreten und zuletzt zum Gouverneur der Äquatorialprovinz ernannt worden, wo er unermüdlich tätig war, dieses Gebiet zu organisieren und zu erforschen. Der Aufstand des Mahdi, der den Heiligen Krieg gegen Ägypten führte und Khartum eroberte, schnitt Emin von allen Verbindungen zur Außenwelt ab. Verschiedene Anstrengungen zu seiner Befreiung scheiterten, und da man keine Ahnung hatte, wo und unter welchen Umständen er sich befand, ja ob er überhaupt noch lebte, wurde ein Komitee gegründet, das Stanley beauftragte, Emin Pascha zu suchen und nach Möglichkeit mitsamt seinem Gefolge aus dieser Hölle herauszuholen.

Henry M. Stanley (1885)

Brief an Sir William Mackinnon
als Vorrede.
(zu dem 1890 in London erschienenen Buch „In darkest Africa")

Mein lieber Sir William!

Es gereicht mir zu großem Vergnügen, Ihnen dieses Werk zu widmen. Dasselbe soll für Sie selbst sowie für das Komitee zum Entsatze Emin's ein offizieller Bericht sein über das, was wir während unserer Entsatzmission, die durch die Verhältnisse in eine Rettungsmission umgewandelt wurde, erlebt und erduldet haben. Sie wollen den Bericht als eine wahrhafte Schilderung der Märsche der Expedition betrachten, deren Führung Sie und das Komitee mir anvertraut haben.

Ich bedauere, daß ich nicht im Stande gewesen bin, alles das zu erfüllen, was auszuführen ich vor Begier brannte, als ich im Januar 1887 von England abreiste. Allein der vollständige Zusammenbruch der Regierung von Äquatoria bürdete uns die Pflicht auf, so viele alte und kranke Leute in Hängematten zu befördern und so viele hilflose und entkräftete Menschen zu beschützen, daß wir aus einem kleinen kampfbereiten Korps erprobter Männer in eine reine Hospitalkolonne umgewandelt wurden, welcher tatkräftige Abenteuer versagt waren. Der Gouverneur selbst, halb erblindet, besaß viel Gepäck; Casati war schwächlich und mußte getragen werden, und 90 Prozent des Gefolges waren bald nach unserm Aufbruch wegen Alters, Krankheit, Schwäche oder großer Jugend kaum im Stande zu marschieren. Ohne unsere, den Zweck der Expedition bildende, unverletzliche Aufgabe, Hilfe zu leisten, zu opfern, konnten wir weder nach rechts noch links von der allerdirektesten Route nach der See abweichen.

Sie haben während Ihres langen und abwechslungsreichen Lebens standhaft an den Gott der Christen geglaubt und öffentlich Ihre inbrünstige Dankbarkeit für die Ihnen zuteil gewordenen vielen Gnadenbeweise ausgesprochen, und Sie werden daher besser als viele andere das Gefühl verstehen, welches mich beseelt, nun ich mich, ohne Schaden an Leben und Gesundheit genommen zu haben, wieder inmitten der Zivilisation befinde, nachdem ich so stürmische und kummervolle Zeiten durchgemacht habe. Als ich in der dunkelsten Stunde gezwungen war, demütig einzugestehen, daß ich ohne Gottes Hilfe verloren sei, da tat ich in der Waldeinsamkeit das Gelübde, daß ich seine Hilfe vor den Menschen bekennen wolle. Rund um mich herum herrschte Todesstille; es war Mitternacht; ich war durch Krankheit geschwächt, lag vor Erschöpfung darnieder und quälte mich mit Sorgen um meine weißen und schwarzen Gefährten, deren Schicksal für mich damals ein Geheimnis war. In dieser physischen und geistigen Not flehte ich zu Gott, daß er mir meine Leute zurückgeben möge. Neun Stunden später frohlockten wir in höchster Freude. Vor uns allen zeigte sich die rote Flagge mit dem Halbmond und unter ihren wehenden Falten die lange vermißte Nachhut.

Alsdann waren wir, nachdem wir Erfahrungen gemacht hatten, derengleichen es in den Annalen sämtlicher afrikanischer Reisen nicht gibt, aus dem Walde in das offene Land hinausgetreten. Wir näherten uns der Gegend, wo der Gouverneur, unser Ideal, belagert sein sollte. Alles, was wir von den durch unsere Patrouillen gefangengenommenen Eingeborenen hörten, bereitete uns auf verzweifelte Kämpfe mit großen Scharen vor, über deren Stärke und Eigenschaften uns niemand verläßliche Mitteilungen machen konnte. Als dann die Bevölkerung von Undussuma in Myriaden von den Hügeln herabschwärmte und die Täler von Kriegern lebendig geworden zu sein schienen, da glaubten wir in unserer vollständigen Unwissenheit bezüglich ihres Charakters und ihrer Stärke tatsächlich, daß wir diejenigen vor uns hätten, welche den Pascha im Westen umzingelt hatten. Wenn er mit seinen 4000 Soldaten um Hilfe bat, was konnten wir dann mit 173 Mann ausrichten? Am Abend vorher hatte ich die Ermahnung Mosis an Josua gelesen. War es nun die Nachwirkung dieser kraftvollen Worte, oder war es eine Stimme, ich weiß es nicht, doch glaubte ich zu hören: „Sei stark und guten Mutes; fürchte dich nicht und habe keine Furcht vor ihnen, denn der Herr dein Gott ist bei dir; er wird dich nicht verlassen." Als Masamboni am nächsten Tage den Befehl erteilte, uns anzugreifen und zu vernichten, gab es keinen einzigen Feigling im Lager, während wir am Abend vorher, als wir vier unserer Leute vor einem einzigen Eingeborenen fliehen sahen, voller Bitterkeit ausgerufen hatten: „Und das sind die Wichte, mit denen wir bis zum Pascha dringen müssen!"

Und ferner. In der Nähe des Zusammenflusses des Ihuru und des Dui hatten wir im Dezember 1888 150 unserer besten und stärksten Leute ausgesandt, um Lebensmittel aufzusuchen. Dieselben waren schon viele Tage länger fort, als sie hätten sein sollen, und inzwischen befanden sich 130 Männer, außer den Knaben und Frauen, dem Verhungern nahe. Um den Tod solange wie möglich fernzuhalten, bekamen sie täglich eine Tasse warmer, dünner Brühe, welche aus Butter, Milch und Wasser hergestellt war. Als die Lebensmittel derart zur Neige gegangen waren, daß nur noch so viel übrig war, um 13 Mann zehn Tage lang mit der dünnen Brühe und

vier kleinen Stücken Zwieback täglich zu versehen, wurde es für mich zur
Notwendigkeit, die vermißten Leute aufzusuchen. Möglicherweise waren
dieselben, weil sie keinen Führer hatten, sorglos gewesen und wurden von
einer überwältigenden Menge der bösartigen Zwerge belagert. Mein
Gefolge bestand aus 66 Mann, einigen Weibern und Kindern, welche, tat-
kräftiger als die übrigen, die dünne Flüssigkeit mit den Beeren des
Phrynium und des Amomum, sowie mit an feuchten Stellen entdeckten
Schwämmen verbessert hatten und deshalb noch ein wenig Kraft besaßen,
obwohl die armen Burschen fürchterlich abgemagert waren. 51 Mann
nebst Knaben und Weibern waren vor Erschöpfung und Krankheit der-
maßen entkräftet, daß keine Hoffnung war, sie am Leben zu erhalten,
wenn nicht innerhalb weniger Stunden Lebensmittel eintrafen. Mein weißer Gefährte und 13 Mann hatten die Gewißheit, genügend Nahrung zu
besitzen, um den Kampf gegen einen peinvollen Tod noch zehn Tage in die
Länge zu ziehen; wir, die wir zur Aufsuchung der Vermißten bestimmt
waren, besaßen nichts. Wir konnten uns von Beeren ernähren, bis wir
vielleicht eine Pflanzung zu erreichen vermochten. Auf dem Marsch
kamen wir im Laufe des Nachmittags an mehreren Leichen in verschiedenen Stadien der Verwesung vorüber, und der Anblick der dem Tode
Geweihten, der Sterbenden und Toten rief in meinen Nerven ein solches
Gefühl der Schwäche hervor, daß ich derselben fast erlag. Jeder im Lager
war durch Mutlosigkeit und Leiden gelähmt, die Verzweiflung hatte alle
stumm gemacht, und kein Laut unterbrach das Todesbrüten. Es war eine
Gnade für mich, daß ich kein vorwurfsvolles Murren hörte, kein Zeichen
des Tadels bemerkte. Ich fühlte aufs tiefste die Schrecknisse der Stille von
Wald und Nacht. Schlaf war unmöglich. Meine Gedanken verweilten bei
dem wiederholten Ungehorsam, welcher so viel Elend und Sorge verursacht hatte. Halsstarrige, aufrührerische, unverbesserliche menschliche
Natur, die stets ihr tierisches, brutales Wesen zeigt – mögen die Elenden
für ewige Zeiten verdammt sein! Ihre vollständige Gedankenlosigkeit, ihre
Vergeßlichkeit und das fortwährende Nichthalten von Versprechen töten
mehr Menschen und verursachen mehr Elend, als das Gift der Wurf-
spieße, die Widerhaken und Spitzen der Pfeile. Wenn ich sie treffe, werde
ich. . . . Aber ehe ich den Entschluß gefaßt hatte, tauchten in meiner Erinnerung die Leichen am Wege, die dem Tode Geweihten im Lager und die
Verhungernden in meiner Nähe auf, und ich dachte an die 150 Mann, die
in dem unbarmherzigen Walde rettungslos verirrt oder ohne Hoffnung auf
Rettung von Wilden umzingelt waren. Wundert es Sie, daß die natürliche
Verbitterung des Herzens sich milderte und daß ich wiederum meine

Sache Ihm empfahl, der uns allein helfen konnte? – Am nächsten Morgen, kaum eine halbe Stunde nach dem Aufbruch, trafen wir die Fourragierer wohlbehalten, gesund, kräftig und mit vier Tonnen Paradiesfeigen beladen. Sie können sich denken, welches Freudengeschrei diese wilden Kinder der Natur ausstießen, wie dieselben sich auf die Früchte stürzten, wie rasch sie die Feuer anzündeten, um zu rösten, zu kochen und zu backen, und wie schnell wir, nachdem sie sämtlich gesättigt waren, nach dem Lager zurückeilten, um auch die bei Herrn Bonny zurückgebliebenen Unglücklichen zu erfreuen!

Wenn ich die vielen schrecklichen Episoden im Geiste vorüberziehen lasse und über die wunderbare Rettung vor vollständiger Vernichtung nachdenke, welche uns während der verschiedenen Hin- und Hermärsche durch den dunklen, ungeheuren Urwald bedroht hat, so bin ich außer Stande, unsere Errettung einer andern Ursache zuzuschreiben, als der gnadenreichen Vorsehung, welche uns zu ihren eigenen Zwecken beschützt hat. Die gesamte Kriegsmacht Europas würde in der schrecklichen Not, in welcher wir in jenem Lager zwischen dem Dui und Ihuru uns befanden, uns keine Hilfe haben leisten können; eine Armee von Forschungsreisenden hätte, wenn wir bei dem letzten Kampfe umgekommen wären, unsere Spur bis zu dem Schauplatz desselben nicht verfolgen können, denn wir würden sicherlich tief, bis zur vollsten Vergessenheit tief unter dem Humus der weglosen Wildnis begraben gewesen sein.

In diesem demütigen und dankbaren Gefühl beginne ich die Schilderung des Verlaufs der Expedition von ihrem ersten Entwurf durch Sie bis zu dem Tage, als der Indische Ozean, so klar und blau wie der Himmel, sich zu unsern Füßen ausdehnte und wir mit Recht ausrufen konnten: „Es ist zu Ende!"

Ich habe niedergeschrieben, was das Publikum erfahren sollte, doch gibt es viele Dinge, welche murrende, zynische, ungläubige und gemeine Menschen nicht zu wissen brauchen. Ich schreibe für Sie und Ihre Freunde und für diejenigen, welche mehr Licht über das dunkelste Afrika wünschen, sowie für diejenigen, welche Interesse an allem nehmen, was die Menschheit berührt.

Mein Glaubensbekenntnis war, ist und wird, wie ich hoffe, auch bleiben: für das Beste zu wirken, den richtigen Gedanken zu fassen und das richtige Wort zu sprechen, soweit gute Beweggründe dies gestatten. Wenn mir eine Mission anvertraut wird, wenn mein Gewissen dieselbe als edel und recht billigt und ich das Versprechen gegeben habe, sie nach meinen besten Kräften dem Buchstaben und dem Sinne nach zur Ausführung zu bringen, dann trage ich ein Gesetz in mir, dem zu gehorchen ich gezwungen bin. Und wenn meine Gefährten mir durch ihr Benehmen und ihre Taten den Beweis liefern, daß dieses Gesetz für sie ebenso zwingend ist, dann erkenne ich sie als meine Brüder an.

REISEVORBEREITUNGEN

„Nun, Sir Evelyn", sagte ich, „glauben Sie nicht, daß es in England ebenso erfahrene Männer gibt wie die Herren Schweinfurth und Junker? In dem Entsatz-Komitee haben wir Oberst James Augustus Grant, den Gefährten Spekes, Oberst Sir Francis de Winton, den frühern General-administrator des Kongo, Oberst Sir Lewis Pelly, den frühern politischen Vertreter in Sansibar, Herrn Guy Dawnay, vom Kriegsministerium, Sir John Kirk, den früheren Generalkonsul in Sansibar, den Rev. Horace Waller und andere hervorragende, verständige Leute. Wir haben nichts beschlossen ohne Mitwirkung und Zustimmung des Auswärtigen Amts. Wir haben alles erwogen, und ich bin mit dem festen Entschluß hierher gekommen, das Projekt in der Weise zur Ausführung zu bringen, wie das Komitee und ich übereingekommen sind."

Und dann gab ich Sir Evelyn die für und gegen die Routen sprechenden Gründe an, die ihn befriedigten. Darauf fuhren wir zum Premierminister Nubar Pascha, bei welchem ich dieselben Erklärungen vorzutragen hatte. Nubar verwies mich mit freundlichem, wohlwollendem Lächeln an das bessere Urteil Sir Evelyns; er erkannte die Klugheit und die Vorsicht der Abänderung an und lud mich zur Belohnung zum Frühstück am nächsten Tag ein.

28. Januar, Kairo. Ich frühstückte bei Nubar Pascha, der mich mit Mason Bey, dem Umschiffer des Albert-Sees im Jahre 1877, Frau Nubar und seinen drei Töchtern, seinem Schwiegersohn Tigrane Pascha, sowie dem früheren Legationssekretär in Brüssel Herrn Fane bekannt machte. Während des Frühstücks unterhielt Nubar Pascha sich über verschiedene Dinge, namentlich aber über Ägypten, den Sudan, Afrika und Gordon. Er ist offenbar kein Bewunderer von Gordon, sondern schreibt ihm den Verlust des Sudan zu. Seine Ansicht von Baker ging dahin, daß derselbe ein Kämpfer, ein eifriger Pionier, ein Mann von großer Kraft sei.

Nach dem Frühstück zeigte ich Nubar die Karte. Er prüfte sorgfältig die verschiedenen Routen und kam zu der Überzeugung, daß die Kongo-Route die beste sei. Er beabsichtigt, an Emin die schriftliche Instruktion zu senden, daß er nach Ägypten zurückkehren solle, da dieses den Sudan unter den gegenwärtigen Verhältnissen nicht mehr zu behaupten vermöge. Er erlaubt uns, die ägyptische Flagge als Banner der Expedition zu führen, und sagt, er würde es gern sehen, wenn Emin mit so viel Elfenbein wie möglich zurückkehrte und seine Makrakas mitbrächte. Sollten wir

Elfenbein mitbringen, so wird er einen Teil des Geldes für die ägyptische Regierung beanspruchen zum Ersatz der 10 000 Pfd. St., welche dieselbe hergegeben hat. Für Emin Pascha und seine hervorragendsten Offiziere sind Uniformen bestellt worden, die der Entsatzfonds zu bezahlen haben wird. Der jedem Offizier zukommende Rang und Gehalt sind gesichert.

Ich sah Schweinfurth und Junker, welche hier als Fachmänner betrachtet werden, und ich hatte eine lange und interessante Unterhaltung mit ihnen, deren Hauptinhalt ich nachstehend wiedergebe.

Schweinfurth und Junker haben sich, wie es scheint, die Idee gebildet, daß die Expedition, weil sie mit mehreren hundert Remingtongewehren und einer Schnellfeuerkanone neuester Erfindung bewaffnet werden sollte, eine nach streng militärischen Regeln zu führende Offensivtruppe sein werde.

Schon der Name unserer Expedition wies darauf hin, daß dies ein Irrtum war; der Charakter der Leute, welche den größten Teil des Fonds gezeichnet haben, mußte überzeugen, daß diese Auffassung von der Expedition weit vom Ziele vorbeiging. Der Entsatz Emin Paschas bildet den Zweck der Expedition, und zwar besteht dieser Entsatz in der Zuführung einer genügenden Menge von Munition, um Emin in den Stand zu setzen, sich aus seiner gefährlichen Lage in Zentralafrika sicher zurückzuziehen, oder, wenn er das vorzieht, seinen Posten so lange zu behaupten, wie er es für tunlich hält. In Anbetracht der Qualität der in der Hauptsache aus Sansibariten oder befreiten Sklaven bestehenden Begleitmannschaft würde es voreilig sein, zu viel von ihr zu erwarten. Man weiß in Sansibar bereits, daß Uganda feindlich gesinnt ist, daß Muanga einige sechzig von den Anhängern des Bischofs Hannington niedergemetzelt hat, daß die Massai-Route Gefahren bietet, daß Karagwe dem Muanga tributpflichtig ist, daß die Wahha zahlreich und angriffslustig sind, daß noch niemand in Ruanda eingedrungen und daß sowohl auf der Massai- wie auf der Karagwe-Route über eine gewisse Linie hinaus Gefahr vorhanden ist; und mit welcher Freudigkeit sie auch in Sansibar ihre Bereitwilligkeit erklären, jedem Kriegführenden Trotz zu bieten, die Afrikareisenden wissen doch sehr gut, wie schwächlich sie sich im Anblick der wirklichen Gefahr erweisen. Aber auch angenommen, daß diese Truppe von 600 Sansibariten treu sei, so bedenke man doch ihre Unerfahrenheit mit diesen neuen Waffen, ihr wildes, zielloses, harmloses Feuern, ihrem Mangel an Disziplin und Elastizität, ihre Neigung, beim Anblick der Folgen des Kampfes zu schaudern; man bedenke, daß sie in Wirklichkeit nur Träger sind und gar keine Krieger sein wollen – und man wird begreifen, wie sehr wenig solche Leute ihren Pflichten bei der Verteidigung von Kriegsvorräten gegen einen Feind gewachsen sind. Nur durch eine Kriegslist sicherte ich mir ihre Dienste, als ich das verzweifelte Werk der Entdeckung der Mündung jenes großen Stromes, an dem wir mit Tippu-Tib entlang gezogen waren, unternahm, als der jetzt berühmte Araber mich mitten in Afrika verließ. Nur weil es kein anderes Mittel zum Entkommen gab, war ich imstande, mit ihrer Hilfe einen friedlichen Rückzug aus dem wilden Innern zu bewerkstelligen. In vielen anderen Fällen haben sie den Beweis geliefert, daß man sie durch Bedrohung mit sofortigem Tode brauchbar machen kann, um bei der Erhaltung ihres eigenen Lebens zu helfen; aber es wäre zu viel von ihnen erwartet, daß sie, mit der Verführung von Unjamwesi und Sansibar im Rücken, getreulich vorwärts marschieren sollen, um die Gefahren des Kampfes herauszufordern. Bei dieser Expedition können wir uns nicht wie bei früheren Gelegenheiten im Anblick offenkundiger Feindseligkeit zur Seite wenden und friedlichere Länder aufsuchen, sondern das Endziel muß erreicht, das Wagnis unternommen und die Munition zu den Füßen Emin Paschas niedergelegt werden. Es ist deshalb nicht genug, diese Leute mit Remingtongewehren oder Schnellfeuerkanonen auszurüsten, sondern man muß ihnen auch alle Mittel zum Rückzug abschneiden und ihnen kein Loch zum Entkommen lassen – dann werden sie wie Männer zusammenhalten und wir dürfen hoffen, den Zweck der Expedition zu erreichen, selbst wenn wir hin und wieder Bogen, Speeren und Schießgewehren entgegenzutreten haben.

Was Emin Pascha anlangt, so lauteten meine Informationen verschieden.

Von Dr. Junker erfahre ich, daß Emin Pascha groß, mager und außerordentlich kurzsichtig ist; er ist ein großer Sprachkenner, da er mit dem Türkischen, Arabischen, Deutschen, Französischen, Italienischen und Englischen vertraut ist, zu welchen Sprachen noch einige afrikanische Dialekte kommen. Er scheint Junker mit seinen kriegerischen Eigenschaften nicht imponiert zu haben, ist dagegen als Verwaltungsbeamter scharfsinnig, taktvoll und klug. Seine lange Isolierung scheint ihn entmutigt zu haben. Er sagt: Ägypten kümmert sich nicht um uns und hat uns vergessen; Europa nimmt kein Interesse an dem, was wir tun. Er ist Deutscher von Geburt und etwa 47 Jahre alt.

Seine Truppen sind über acht Stationen mit je 200–300 Mann verteilt, und zählen insgesamt etwa 1800 Mann. Die Garnisonen der vier nördlichsten Stationen waren nach den letzten Berichten unzufrieden und meuterisch. Sie beantworteten den Rat Emins, sich zu vereinigen, mit Vorwürfen und erwiderten seine Vorschläge, sich aus der Äquatorialprovinz über Sansibar zurückzuziehen, mit der Anklage, er beabsichtige nur, sie als Sklaven nach Sansibar zu verkaufen.

Junker vermag die genaue Stärke seiner Truppen oder der bei Emin befindlichen Ägypter, Beamten oder Dongolaner nicht anzugeben, teilte mir aber auf weiteres Befragen nach Einzelheiten mit, annähernd werde die Zahl derer, die vermutlich mit der Expedition zurückkehren würden, sich folgendermaßen stellen:

Weiße ägyptische Offiziere 10; schwarze Unteroffiziere 15; weiße Beamte (Kopten) 20; schwarze aus Dongola, Wadi Halfa usw. 300, zusammen 345 Männer; weiße Frauen 22; schwarze Frauen 137; zusammen 159; Kinder der Offiziere 40; Kinder der Soldaten 60, zusammen 100. Insgesamt 604 Personen.

Außerdem werden die eingeborenen Truppen, wenn sie den allgemeinen Rückzug sehen, vielleicht den Wunsch äußern, mit ihren Freunden und Gefährten nach Ägypten zurückzukehren. Welche Wirkung das Erscheinen der Entsatzexpedition auf sie haben wird, ist unmöglich zu sagen. Die Entscheidung Emin Paschas, ob zu bleiben oder abzumarschieren, wird vermutlich bei den meisten von Einfluß sein.

Ich erwarte das Eintreffen meiner Leute von Wadi Halfa heute Nachmittag. Sie sollen in der Zitadelle bewaffnet, ausgerüstet und mit Rationen versehen werden und am Donnerstag mich nach Suez begleiten. Am nächsten Tag wird vermutlich der „Navarino" in Suez eintreffen, worauf wir uns einschiffen und die Reise antreten werden.

Erhielt Telegramme aus London. Die Zeitungen veröffentlichen Nachrichten von einer in Kairo wohlbekannten Persönlichkeit, wonach Emin Pascha nach verzweifelten Kämpfen sich einen Weg durch Uganda gebahnt und die ägyptische Regierung der Expedition Schwierigkeiten in den Weg gelegt hätte. Erwiderte, daß davon in Kairo nichts bekannt sei.

1. Februar. Besuchte um 10³/₄ Uhr vormittags Sir Evelyn Baring und begleitete ihn zum Khedive Tewfik. Se. Hoheit ist sehr liebenswürdig und sah gut aus. Das Innere des Palastes ist schön und besitzt Überfluß an Raum, an Dienern usw. Wurde vom Khedive für morgen mittag zum Frühstück eingeladen.

Später wurde ich von Sir Evelyn zum Büro des Generals Grenfell gebracht, da Valentine Baker Pascha mich am Abend vorher bei General Stephenson darauf aufmerksam gemacht hatte, ich müsse mich davon überzeugen, daß die von der ägyptischen Regierung gelieferte Munition für die Remingtonwaffen auch brauchbar sei; er selbst habe die Erfah-

rung gemacht, daß 50 Prozent davon schlecht sei. „Stellen Sie sich vor",
sagte er, „in welchem Zustande die Munition infolge der Feuchtigkeit der
Tropen sein wird, wenn Sie nach etwa einem Jahr Emin erreichen, sofern
sie jetzt schon so schlecht ist."

General Grenfell erklärte, er habe die Munition bereits untersucht,
werde sie aber, da Valentine Baker Pascha eine so schlechte Meinung von
derselben habe, nochmals prüfen.

2. Februar. Frühstück bei dem Khedive Tewfik. Er versichert seinen
Patriotismus; er liebt sein Land. Er ist sehr offen und natürlich.

Bevor ich den Khedive verließ, erhielt ich den folgenden Ferman oder
Hohen Befehl mit der englischen Übersetzung:

„*Abschrift eines hohen arabischen Befehls an Emin Pascha,* datiert den 8.
Gamad Aual 1304 (1. Februar 1887. Nr. 3).

„Wir haben Ihnen und Ihren Offizieren bereits gedankt für die mutige und
erfolgreiche Verteidigung der Ihrer Verwaltung anvertrauten Äquatorialprovinzen und für die Festigkeit, welche Sie mit den unter Ihren Befehlen
stehenden Offizieren bewiesen haben.

Das Stahlboot „Advance"

Und wir haben Sie deshalb belohnt, indem wir Ihren Rang zu dem eines Lewa Pascha (Brigadegenerals) erhöht haben. Wir haben auch die Beförderungen genehmigt, welche Sie für die unter Ihren Befehlen stehenden Offiziere für notwendig gehalten haben, wie ich Ihnen bereits am 29. November 1886 geschrieben habe, welches Schreiben (Nr. 31) nebst andern Schriftstücken, die der Präsident des Ministerrats, Se. Exzellenz Nubar Pascha, Ihnen gesandt hat, Sie erreicht haben muß.

Und da es unser aufrichtigster Wunsch ist, Sie mit Ihren Offizieren und Soldaten aus der schwierigen Lage, in der Sie sich befinden, zu befreien, hat unsere Regierung sich über die Art und Weise schlüssig gemacht, wie Sie mit den Offizieren und Soldaten aus Ihren Schwierigkeiten errettet werden können.

Und da unter dem Befehle des Herrn Stanley, des berühmten und erfahrenen Afrikaforschers, dessen Ruf in der ganzen Welt bekannt ist, eine Entsatzexpedition gebildet worden ist, und er seine Mission mit allen Ihnen nötigen Vorräten anzutreten beabsichtigt, um Sie mit den Offizieren und Mannschaften auf dem ihm geeignet erscheinenden Wege nach Kairo zu bringen, so haben wir diesen Hohen Befehl an Sie erlassen. Derselbe wird Ihnen durch die Hand des Herrn Stanley übermittelt, damit Sie wissen, was geschehen soll, und ich beauftrage Sie, sobald dieser Befehl Sie erreicht, den Offizieren und Mannschaften meine besten Wünsche zu bestellen. Sie haben vollständige Freiheit, entweder nach Kairo abzumarschieren oder mit den Offizieren und Mannschaften dort zu bleiben.

Unsere Regierung hat beschlossen, Ihnen sowie den Offizieren und Mannschaften das Gehalt zu bezahlen.

Diejenigen von den Offizieren und Mannschaften, welche zu bleiben wünschen, können dies auf ihre eigene Verantwortung hin tun, dürfen aber in Zukunft keine Hilfe von der Regierung erwarten.

Versuchen Sie den Inhalt dieses Befehls genau zu verstehen und machen Sie ihn allen Offizieren und Mannschaften gut bekannt, damit sie wissen, was sie zu tun haben.

(Gez.) Mehemet Tewfik."

Am Abend brachte mir Tigrane Pascha das Schreiben des Premierministers Nubar Pascha, welches Emin zurückberuft. Nachdem mir dasselbe vorgelesen war, wurde es versiegelt.

Die Sache liegt folgendermaßen. Junker glaubt nicht, daß Emin die Provinz aufgeben wird. Die Zeichner des Entsatzfonds in England hoffen, daß er es nicht tun wird, sprechen aber keine Meinung aus und überlassen Emin die Entscheidung. Die englische Regierung würde es lieber sehen, wenn er sich zurückzöge, da seine Provinz unter den gegenwärtigen Verhältnissen fast unzugänglich ist und er in so großer Abgeschiedenheit jedenfalls Ursache zur Besorgnis gibt. Der Khedive schickt in vorstehendem Befehl Emin die Anweisung, unsere Begleitung anzunehmen, sagt aber: „Du kannst tun, was du willst. Wenn du die von uns gebotene Hilfe ausschlägst, hast du keine weitere Unterstützung von der Regierung zu erwarten." Das Schreiben Nubar Paschas enthält die Wünsche der ägyptischen Regierung, welche mit denen der englischen Regierung, wie Sir Evelyn Baring sie ausgesprochen hat, übereinstimmen.

3. Februar. Reiste von Kairo nach Suez ab. Auf dem Bahnhof hatten Sir Evelyn und Lady Baring, die Generale Stephenson, Grenfell, Valentine Baker, Abbate Pascha, Professor Schweinfurth und Dr. Junker sich eingefunden, um mir besten Erfolg zu wünschen. Dr. Junker und 61 sudanesische Soldaten aus Wadi Halfa begleiteten mich. In es-Sakasik stieß Dr. T. H. Parke, welcher jetzt ebenfalls engagiertes Mitglied der Expedition war, zu uns, und in Ismailia wurde unsere Gesellschaft noch durch Giegler Pascha vergrößert. In Suez trafen wir Herrn James S. Jameson, den Naturforscher der Expedition. Herr Bonny und Baruti werden morgen mit dem Dampfer „Garonne", von der Orient-Linie, eintreffen.

6. Februar. Frühstückte bei dem Agenten der Britisch-Indischen Dampfschiffahrts-Gesellschaft, Kapitän Beyts. Um 2 Uhr nachmittags schiffte sich derselbe mit uns auf dem „Rob Roy", einem neuen für ihn gebauten Dampfer, ein, und wir dampften nach dem Hafen von Suez, wo der von London gekommene Dampfer „Navarino" vor Anker lag. Um 5 Uhr nachmittags trat der „Navarino" die Reise nach Aden an, nachdem Kapitän Beyts und mein guter Freund Dr. Junker, den ich seines wirklichen Wertes wegen sehr liebgewonnen habe, uns nochmals ihre besten Wünsche mit auf den Weg gegeben hatten.

8. Februar. Das Wetter wird warm. Das Thermometer in der Kapitänskajüte zeigt um 8 Uhr früh 19° R. Mein europäischer Diener fragt mich, ob es das Rote Meer sei, durch welches wir fahren. „Ja", erwidere ich. „Nun, Herr, das sieht mehr wie das Schwarze als wie das Rote Meer aus", ist seine tiefsinnige Bemerkung.

12. Februar. Erreichten Aden um 2 Uhr nachmittags. Wir wechseln hier den Dampfer; der „Navarino" geht nach Bombay, der „Oriental" bringt uns nach Sansibar. An Bord des letzteren Dampfers trafen wir Major Barttelot. Ich schicke folgendes Telegramm nach Sansibar:

Mackenzie, Sansibar.

Ihr Telegramm sehr befriedigend. Engagieren Sie gefälligst 20 junge Burschen als Offiziersdiener zu geringerem Lohn, als die Männer erhalten. Wir fahren mit 8 Europäern, 61 Sudanesen, 2 Syriern, 13 Somali heute ab. Rüsten Sie den Transportdampfer dementsprechend mit Proviant aus.

Unter den Passagieren der ersten Kajüte befinden sich außer mir Barttelot, Stairs, Jephson, Nelson, Parke, Bonny und Graf Pfeil mit zwei deutschen Gefährten, welche nach dem Rufidjiflusse reisen.

19. Februar. Trafen um 3 Uhr nachmittags auf der Höhe von Lamu ein. Bald darauf kam der Dampfer „Bagdad" an, auf welchem sich der österreichische Reisende Dr. Lenz befand, welcher sich zu Emin Bey hatte begeben wollen und, als ihm dies nicht gelungen war, statt dessen quer herüber nach Sansibar gekommen war. Er ist auf der Heimreise begriffen.

20. Februar. Kamen in Mombas an, wo ich erfuhr, daß kürzlich zwischen den Galla und Somali eine große Schlacht geschlagen worden sei. Die erstern sind für die Deutschen, die letztern geschworene Feinde derselben. Wir hören auch, daß Portugal Sansibar den Krieg erklärt hat oder etwas Ähnliches.

Die beste Stelle für eine kaufmännische Niederlassung befindet sich zur rechten Seite der nördlichen Einfahrt an der ersten Spitze innerhalb des Hafens; letztere ist felsig und fällt steil ab in tiefes Wasser, wo Holz am Fuße des Felsens vorbeitrieb. Mit am Rande des Felsens aufgestellten langarmigen Kranen könnten Dampfer bequem die Waren laden und löschen. Kokospalmen sind im Überfluß vorhanden. Von der Spitze hat man einen hübschen Blick auf die See hinaus. Wenn Mombas ein englischer Hafen werden sollte, was hoffentlich bald geschehen wird, würde die beste Lage für eine neue Stadt längs eines der See zugekehrten Felsens auf einer Insel sein, gerade da, wo der alte portugiesische Hafen ist. Eine leichte Eisenbahn und einige Maultiere zum Ziehen würden die Güter auf Waggons vom Hafen weiter befördern.

22. Februar. Ankunft in Sansibar, wo Generalkonsul Holmwood uns in herzlicher Weise Gastfreundschaft anbot.

Beauftragte die Offiziere, sich an Bord unsers Transportdampfers „Madura", von der Britisch-Indischen Dampfschiffahrts-Gesellschaft, zu begeben und die Aufsicht über die Somali und Sudanesen zu übernehmen, und wies Mackenzie an, 40 Esel und Sättel von dem „Madura" wieder zu landen, da wir wegen der veränderten Route nicht mehr so viele Tiere gebrauchten.

Erhielt Grüße von dem Sultan von Sansibar und Besuche von dem berühmten Tippu-Tib, Djaffar, einem Sohne von Tarja Topan, seinem Agenten, und vom Kandji, dem Wekil (Vertreter) von Tarja.

Sansibar hat sich während meiner achtjährigen Abwesenheit etwas verändert. Man hat jetzt ein Telegraphenkabel, einen hohen Glockenturm, einen neuen Palast des Sultans, ein sehr hohes, weithin sichtbares Gebäude mit breiten Veranden. Das Zollgebäude ist vergrößert worden. General Lloyd Mathews hat eine neue Kaserne erhalten; die Promenade nach „Fiddler's Grave" ist zu einer breiten Fahrstraße erweitert worden, welche sich bis zum Palast des Sultans jenseits Mbueni ausdehnt. Man hat Pferde und Wagen, Dampfwalzen, Laternenpfähle, welche in passenden Entfernungen voneinander aufgestellt sind und Öllampen zur Erleuchtung des Weges tragen, wenn Se. Hoheit von einem ländlichen Ausflug nach der Stadt zurückkehrt. Im Hafen liegen sechs deutsche Kriegsschiffe unter dem Befehl von Admiral Knorr, sowie die englischen Kriegsschiffe „Turquoise" und „Reindeer", zehn Handelsdampfer und einige Dutzend arabischer Daus, Baggalas, Kandjehs und Boote.

23. Februar. Machte Sr. Hoheit eine sogenannte Staatsvisite. Als besondere Ehrenbezeigung waren die Truppen unter dem dicken General Lloyd Mathews in zwei Reihen von etwa 300 m Länge aufgestellt. Eine ziemlich gute Militärkapelle begrüßte uns mit kriegerischen Weisen, während mehrere hundert Einwohner sich hinter die Soldaten gedrängt hatten. Am häufigsten hörte ich, als ich mit Konsul Holmwood durch die Menge passierte, die Worte: „Ndio huju" – „Ja, das ist er", woraus ich schloß, daß sich unter der Menge eine große Zahl meiner frühern Begleiter befand, welche mich ihren Freunden zeigten.

Staatsvisiten sind sich fast immer gleich: das Kommando des Generals Mathews „Präsentiert das Gewehr!" die kriegerischen Weisen, die starken Gruppen hervorragender Araber unter dem Bogen der Vorhalle, der Aufstieg auf der hohen, breiten Treppe, an deren oberster Stufe der Sultan steht, die feierliche Verbeugung, der herzliche Händedruck, das Begrüßungswort, das höfliche Winken mit der Hand als Einladung zum Eintreten, der langsame Marsch nach dem Throne, die nochmalige Verbeugung nach allen Seiten, das Platznehmen des Fürsten, zum Zeichen, daß man diesem Beispiel folgen darf, die gereichten Erfrischungen, Scherbet nach dem Kaffee, einige Bemerkungen über Europa und das gegenseitige Wohlbefinden. Dann der zeremoniöse Abschied, nochmals die kriegerischen Weisen, das mit sonorer Stimme gegebene Kommando des Generals „Präsentiert das Gewehr!" und wir verlassen den Schauplatz, um unsern Londoner Gesellschaftsanzug abzulegen und ihn mit Kampfer zum Schutze gegen die Motten einzupacken, bis wir nach jahrelangen Märschen „durch den dunkeln Weltteil" und „aus dem dunkelsten Afrika" zurückkehren.

Nachmittags stattete ich dem Sultan einen geschäftlichen Besuch ab und übergab ihm zunächst das folgende Empfehlungsschreiben:

An Se. Hoheit Seyid Bargasch ben Said,
Sultan von Sansibar.

Burlington Hotel,
Old Burlington Street, London, W.
28. Januar 1887.

Eure Hoheit!

Ich darf keine weitere Post abgehen lassen, ohne Ihnen schriftlich meine innigste Dankbarkeit auszusprechen für Ihre freundliche Antwort auf mein Telegramm bezüglich der Unterstützung der Expedition, welche unter der Führung von Herrn H. M. Stanley zum Entsatze Emin Paschas abgeht. Das herzliche Entgegenkommen, mit dem Sie Ihre Offiziere angewiesen haben, bei der Auswahl der tüchtigsten Leute behilflich zu sein, ist in der Tat ein der Expedition geleisteter sehr wichtiger Dienst, und ich weiß sehr genau, daß derselbe in England große Befriedigung hervorgerufen hat. Herr Stanley wird in ungefähr vier Wochen in Sansibar eintreffen. Er ist als Führer der interessanten Expedition voll Enthusiasmus; seine Hauptgründe für die Wahl der Kongo-Route bestehen darin, daß er imstande sein dürfte, die Leute, bei deren Besorgung Eure Hoheit in so freundlicher Weise mitgewirkt haben, ohne Strapazen und Gefahr über See nach dem Kongo zu bringen, und daß dieselben frisch und kräftig, anstatt durch die Beschwerden eines langen Landmarsches erschöpft und abgemattet ungefähr 600 km von dem Endziele eintreffen werden. Er wird seine Dienste während des ganzen Verlaufes der Expedition nur dieser widmen und kann von seinem Wege nicht abweichen, um Dienste für den Kongostaat zu tun.

Vermutlich wird er auf dem Rückwege die Route nach der Ostküste einschlagen, und da ich weiß, daß ihm die Prosperität und die Wohlfahrt Eurer Hoheit aufs tiefste am Herzen liegt, so bin ich überzeugt, daß wenn er auf dem Rückmarsch nach der Küste Eurer Hoheit irgendwelche Dienste leisten kann, er dies mit Freuden tun wird. Ich habe sehr viele

Unterredungen mit ihm gehabt und stets gefunden, daß er den Interessen Eurer Hoheit sehr freundlich gesinnt war. Ich glaube auch, daß unser gegenseitiger guter Freund Vertrauen verdient, und bitte Sie unter diesen Umständen, Herrn Stanley über alle Punkte eingehend Mitteilungen zu machen, so eingehend, als wenn ich die Ehre hätte, selbst dort zu sein und die Mitteilungen entgegenzunehmen.

Mit der wiederholten Versicherung meiner herzlichsten Sympathie in allen die Interessen Eurer Hoheit betreffenden Angelegenheiten verbleibe ich

Ihr ganz gehorsamer Diener und Freund

W. Mackinnon.

Wir besprachen dann eifrig unsere Geschäfte; wie absolut notwendig es sei, daß er rasch ein Abkommen mit den Engländern innerhalb der von dem Englisch-Deutschen Vertrage festgesetzten Grenzen treffe. Es würde mich zu weit führen, die Einzelheiten der Unterredung zu schildern, ich erhielt aber von ihm die erwünschte Antwort:

So Gott will, werden wir zu einer Vereinbarung kommen. Sobald Sie die Papiere fertig haben, werden wir sie lesen und ohne weitern Verzug unterzeichnen; damit ist die Sache zu Ende.

Abends schrieb ich folgenden Brief an Emin Pascha, um ihn am nächsten Tage durch Eilboten, welche insgeheim den Marsch über Land durch Uganda nach Unjoro machen, befördern zu lassen:

An Se. Exzellenz Emin Pascha,
    Gouverneur der Äquatorialprovinzen.

Britisches Konsulat in Sansibar, 23. Februar 1887.

Geehrter Herr!

Ich habe die Ehre Ihnen mitzuteilen, daß die Regierung Sr. Hoheit des Khedive von Ägypten nach Empfang Ihrer Briefe, in welchen Sie dringend um Hilfe und Instruktionen bitten, es für angebracht gehalten hat, mich mit der Ausrüstung einer Expedition zu beauftragen, welche nach Wadelai gehen, Ihnen die Hilfe, welche Sie nach Ansicht der Regierung brauchen, bringen und Ihnen in anderer Weise entsprechend den geschriebenen Instruktionen, welche mir für Sie übergeben worden sind, behilflich sein soll.

Nachdem ich mich aus der Durchsicht Ihrer Briefe an die ägyptische Regierung ziemlich genau über die Beschaffenheit Ihrer Wünsche informiert hatte, ist die Expedition in der Weise ausgerüstet worden, daß dieselbe allen ihren Bedürfnissen genügen dürfte. Wie Sie aus den an Sie gerichteten Schreiben Sr. Hoheit und des ägyptischen Premierministers, die ich mitbringe, ersehen werden, ist alles, was zur Befriedigung Ihrer Bedürfnisse geschehen konnte, mit Freuden getan. Aus der Übersetzung der mir übergebenen Briefe bemerke ich, daß dieselben Ihnen außerordentliche Befriedigung gewähren werden. Es sind mehr als 60 Soldaten aus Wadi Halfa beordert worden, mich zu begleiten, um die unter Ihren Befehlen stehenden Soldaten zu ermutigen und den Inhalt der Schreiben zu bestätigen. Wir marschieren auch unter der ägyptischen Flagge.

Die Expedition umfaßt 600 Eingeborene aus Sansibar und wahrscheinlich ebenso viele arabische Begleiter aus Zentralafrika.

Morgen segeln wir von Sansibar nach dem Kongo, und am 18. Juni hoffen wir am obersten Ende der Schiffahrt auf dem Oberkongo zu sein. Die Entfernung von dem Punkte, wo wir uns ausschiffen, bis zum südlichen Ende des Albert-Sees beträgt in gerader Linie 620, auf dem Landwege etwa 900 km, so daß wir vermutlich zu dem Marsche nach dem südwestlichen oder südlichen Ende des Sees bis in die Nachbarschaft von Kavalli 50 Tage brauchen werden.

Wenn Ihre Dampfer in der Nähe jenes Ortes sein sollten, werden Sie mir vielleicht in Kavalli oder dessen Umgegend Nachricht von Ihrem Aufenthalte zukommen lassen können.

Die Gründe, welche mich gezwungen haben, für die Beförderung Ihrer Vorräte diese Route einzuschlagen, sind verschiedener, hauptsächlich aber politischer Art. Ich habe auch den Eindruck, daß diese Route mehr Sicherheit und größere Gewißheit auf den Erfolg unsers Unternehmens, sowie geringere Schwierigkeiten für die Expedition und weniger Belästigung für die Eingeborenen bietet. Muanga ist im Süden und Südosten ein starker Gegner. Die Wakedi und andere kriegerische Stämme im Osten von Fatiko bilden ein ernstliches Hindernis, die Eingeborenen von Kischakka und Ruanda haben Fremden noch niemals den Eintritt in ihr Gebiet gestattet. Unterwegs erwarte ich nicht viel Schwierigkeiten, da es im Kongobecken keine mächtigen Häuptlinge gibt, welche unsern Marsch aufzuhalten fähig sind.

Außer Überfluß an Munition für Ihren Bedarf, den offiziellen Schreiben der ägyptischen Regierung, einer starken Post von Ihren zahlreichen Freunden und Bewunderern bringe ich Ausrüstungsgegenstände für Sie persönlich, sowie für Ihre Offiziere, dem Range eines jeden entsprechend, mit.

In der Hoffnung, daß ich das Vergnügen haben werde, Sie wohl und sicher anzutreffen, und daß nichts Sie veranlaßt, Ihr Leben und Ihre Freiheit in der Nachbarschaft von Uganda voreilig aufs Spiel zu setzen, ohne die von mir eskortierten ausreichenden Mittel zu haben, um sich und Ihren Leuten Achtung zu verschaffen, bitte ich Sie mich zu betrachten als Ihren ganz ergebenen

Henry M. Stanley.

24. und 25. Februar. Bei der Ankunft in Sansibar fand ich, daß unser Agent, Herr Edmund Mackenzie, alles so wohl vorbereitet hatte, daß die Expedition beinahe zur Einschiffung fertig war. Der Dampfer „Madura" lag im Hafen und war für die Reise mit Proviant und Wasser ausgerüstet; die Tauschwaren und Lasttiere befanden sich an Bord. Indessen mußten noch einige Angelegenheiten erledigt werden, namentlich eine Vereinbarung mit dem berühmten Tippu-Tib über unsere gegenseitige Stellung zueinander. Tippu-Tib ist heute ein viel größerer Mann als im Jahre 1877, wo er meine Karawane vor der Talfahrt auf dem Kongo begleitete. Er hat sein schwer erworbenes Vermögen in Waffen und Pulver angelegt. Abenteuersüchtige Araber haben sich unter seine Fahne geschart, bis er jetzt der ungekrönte König der Region zwischen den Stanley-Fällen und dem Tanganyika-See geworden ist und viele Tausende an die Kämpfe und das wilde Leben am Äquator gewohnter Männer befehligt. Wenn ich feindselige Absichten bei ihm entdeckte, dann beabsichtigte ich mich weit entfernt von ihm zu halten, denn wenn die Munition, welche ich Emin Pascha zuführen sollte, von ihm erobert und benutzt wurde, geriet die Existenz des noch in seiner Kindheit befindlichen Kongostaates in Gefahr und waren alle unsere Hoffnungen bedroht. Zwischen Tippu-Tib und Muanga, dem König von Uganda, bestand nur eine Wahl wie zwischen der Bratpfanne und dem Feuer. Tippu-Tib war der „Sibehr" des Kongobeckens und als Feind ebenso gefährlich, wie letzterer an der Spitze seiner Sklaven gewesen wäre. Zwischen mir und Gordon mußte in bezug auf das Verhalten unsern eigenen Sibehrs gegenüber ein Unterschied gemacht werden; der meinige hatte gegen mich persönlich keine Abneigung, meine Hände waren frei, meine Bewegungen ungehindert. Ich sondierte deshalb Tippu-Tib am ersten Tage unter gehöriger Vorsicht und fand, daß er für jede Eventualität, entweder mit mir zu kämpfen oder von mir angestellt zu werden, vollständig vorbereitet war. Ich wählte das letztere und wir

gingen ans Geschäft. Ich brauchte seine Hilfe nicht, um Emin Pascha zu erreichen oder mir den Weg weisen zu lassen. Es gibt vier gute Straßen von Wadelai nach dem Kongo; eine derselben war in der Gewalt Tippu-Tibs, die drei andern waren noch frei von ihm und seinen Myrmidonen. Allein Dr. Junker hatte mir mitgeteilt, daß Emin Pascha im Besitze von etwa 75 Tonnen Elfenbein sei. Ein solches Quantum Elfenbein würde, das Pfund zu 8 Mark gerechnet, einen Wert von 1 200 000 Mark repräsentieren. Die Beteiligung Ägyptens am Fonds zum Entsatze Emin Paschas ist in Anbetracht der schlechten Finanzen des Landes eine bedeutende; in diesem Quantum Elfenbein hatten wir möglicherweise das Mittel, um den Staatsschatz wieder aufzufüllen, und behielten noch eine große Summe zur Deckung der Unkosten und vielleicht auch zu einem hübschen Geschenk für die überlebenden Sansibariten übrig.

Weshalb sollten wir nicht den Versuch machen, dieses Elfenbein nach dem Kongo zu befördern? Ich wünschte deshalb Tippu-Tib und seine Leute zu engagieren, damit sie mir bei dem Transport der Munition zu Emin Pascha und auf dem Rückwege beim Tragen des Elfenbeins behilflich seien. Nach langem Feilschen schloß ich mit ihm einen Vertrag ab, nach welchem er sich verpflichtete, 600 Träger zu 6 Pfd. St. für jeden belasteten Mann und jede Rundreise von den Stanley-Fällen nach dem Albert-See hin und zurück zu liefern. Auf diese Weise würde, da jeder Mann 70 Pfund Elfenbein trägt, jede Rundreise dem Fonds die Summe von 13 200 Pfd. St. netto an den Stanley-Fällen zuführen.

Nach Abschluß dieses Vertrages, der in Gegenwart des englischen Generalkonsuls vereinbart wurde, brachte ich im Namen Sr. Maj. des Königs Leopold bei Tippu-Tib einen andern Gegenstand zur Sprache. Ich hatte die Station Stanley-Fälle im Dezember 1883 angelegt; später ist dieselbe von verschiedenen Europäern befestigt worden, und es war Herrn Binnie und dem schwedischen Lieutenant Wester gelungen, sie zu einer geordneten und ansehnlichen Niederlassung zu machen. Sein Nachfolger Kapitän Deane geriet mit den Arabern in Streit und steckte bei seiner zwangsweisen Abreise von dem Schauplatze seiner Tätigkeit die Station in Brand. Der Zweck bei Anlegung der Station war gewesen, die Araber an der Fortsetzung ihrer verwüstenden Tätigkeit unterhalb der Fälle zu verhindern, weniger durch Gewalt, als durch Takt, oder eigentlich durch eine glückliche Vereinigung beider. Durch den Rückzug der Beamten des Kongostaates von den Stanley-Fällen wurden die Schleusen geöffnet, und die Araber drängten flußabwärts. Da Tippu-Tib selbstverständlich der leitende Geist der Araber westlich vom Tanganyika-See war, so war es ratsam, zu versuchen, wie weit man sich seiner Hilfe versichern könne, um diesen Strom der Araber an der Zerstörung des Landes zu hindern. Nach Austausch telegraphischer Depeschen mit Brüssel am zweiten Tage meines Aufenthalts in Sansibar unterzeichnete ich mit Tippu-Tib einen Vertrag, in welchem dieser zum Gouverneur der Stanley-Fälle gegen ein regelmäßiges Gehalt ernannt wurde, das monatlich zu Händen des englischen Generalkonsuls in Sansibar ausgezahlt werden sollte. Seine Pflicht wird hauptsächlich in der Verteidigung der Stanley-Fälle im Namen des Staates gegen alle Araber und Eingeborenen bestehen. Die Station wird die Flagge des Kongostaates führen. Unter allen Umständen soll er jeden, der auf dem Gebiete Raubzüge auf Sklaven unternimmt, angreifen und gefangen nehmen und alle größeren Trupps, welche im gerechtfertigten Verdacht gewalttätiger Zwecke stehen, vertreiben. Er muß sich selbst unterhalb der Fälle jeglichen Sklavenhandels enthalten und auch alle unter seinen Befehlen Stehenden an diesem Geschäft verhindern. Zur Sicherstellung der getreuen Ausführung dieses Vertrages wird ein europäischer Offizier zum Residenten an den Fällen ernannt. Sobald eine Verletzung irgendeines Artikels des Vertrages gemeldet wird, hört die Zahlung des Gehalts auf.

Landung in Jambuja

SCHWIERIGKEITEN MIT DEM PASCHA

Am 18. März 1887 traf Stanley mit 9 Europäern, 13 Somali, 61 Sudanesen und 620 Sansibariten in Boma an der Kongomündung ein. Tippu-Tib schloß sich noch mit 40 Mann der Expedition an, die in vier Dampfern und mehreren großen Booten stromaufwärts bis zur Mündung des Aruwimi fuhr. Am 18. Juni waren sie zu den Jambuja-Fällen gelangt, und hier ließ Stanley unter Major Barttelot eine Nachhut von 207 Mann zurück, bevor er den Aruwimi und später den Ituri entlang ostwärts zog. Es ging durch dichten Urwald, und nach unsäglichen Mühen und Leiden, an mehreren Katastrophen vorbei, erreichte Stanley mit seiner völlig erschöpften und stark dezimierten Mannschaft am 14. Dezember den Albert-See. Erst am 24. April des nächsten Jahres konnte er mit Emin Pascha und dessen Mitarbeiter Casati zusammentreffen, die sich aber nicht bewegen ließen, mit ihm nach Europa zurückzukehren. Von dieser Entscheidung, aber auch von Emins widersprüchlichem Wesen, das er später noch treffend charakterisieren sollte, enttäuscht, marschierte Stanley zum Aruwimi zurück, um seine Nachhut abzuholen. Schon unterwegs erhielt er die Nachricht, daß Barttelot ermordet worden sei und traf nur noch 71 Mann lebend an. Während seiner Abwesenheit brach jedoch, veranlaßt durch den elenden Zustand der Hilfsexpedition, eine Meuterei unter den ägyptischen Offizieren aus, Emin Pascha wurde abgesetzt und gefangen genommen, aber nach einem Überfall der Leute des Mahdi wieder freigelassen und in seine frühere Stellung eingesetzt. Seine frühere Autorität konnte er aber nicht mehr zurückgewinnen, und so entschloß er sich nach langen Verhandlungen doch noch, mit Stanley, der inzwischen an den Albert-See zurückgekommen war, zur Ostküste mitzumarschieren.

17. Februar. Die Karawane Emin Paschas, bestehend aus etwa 65 Personen, traf gegen Mittag im Lager ein. Die Offiziere, welche die Deputation der meuterischen Truppen in Wadelai bilden, werden von Selim Bey geführt, der vom Pascha zum Bey befördert worden ist. Er ist 1,80 m groß, von großem Umfange, etwa 50 Jahre alt und so schwarz wie Steinkohle; ich bin fast geneigt, ihn gern zu haben, denn der böswillige, auf Tod sinnende Verschwörer ist stets mager. Ich lese aus den Zügen dieses Mannes Indolenz und die Neigung, seine tierische Natur zu hätscheln. Er

ist ein Mann, der sich leiten läßt, aber kein Verschwörer. Füttere Selim Bey mit guten Speisen und gib ihm reichlich zu trinken, dann wird er treu sein. Siehe, das schläfrige Auge eines Mannes mit vollem Magen! Er ist ein Mann, der ißt, trinkt und schnarcht, den Träumer im Bett spielt, mit niedergetretenen Schuhen im Schlafzimmer tändelt, fünfzigmal täglich nach Kaffee und massenweise nach einheimischem Bier ruft, trinkt, lächelt, wieder schläft, und in derselben Weise weiter bis zum Grabe. Die übrigen sind mager, von der Figur eines Cassius. Drei von ihnen waren Ägypter und hatten etwas von den Gesichtsformen Arabis an sich, die andern sind schwarze Sudanesen.

Wir hielten außerhalb des Lagers große Parade ab, die Banner wehten, die Sansibar-Veteranen standen auf beiden Seiten des Pfades wie eine eiserne Mauer, die Manjema-Hilfstruppen sahen gleichsam wie die Irregulären aus, während die Eingeborenen von Kavalli und aus der Nachbarschaft sich zu Hunderten hinter den Linien aufgestellt hatten.

Der Pascha, eine kleine, sehnige Gestalt und trotz seines Fes und der weißen Kleidung wie ein Professor der Jurisprudenz aussehend, wurde durch diese beiden Linien nach dem großen freien Platz des Lagers und direkt nach der Barsah geführt.

Die Offiziere erregten in ihren nagelneuen, selten an die Luft gekommenen Uniformen große Sensation. Die Eingeborenen blickten sie verlangend an und schauten ihnen mit offenem Munde und weitgeöffneten Augen nach.

Vor dem Barsah-Hause stellte ich den Pascha den Offizieren in förmlicher Weise vor. Wir grüßten uns, erkundigten uns gegenseitig ängstlich nach dem Befinden und sprachen unsere Befriedigung darüber aus, daß wir keine Besorgnis vor Schwindsucht, Harnruhr oder Dysenterie zu haben brauchten und ohne Furcht vor diesen Krankheiten morgen bei einem großen Diwan uns wiedersehen könnten, wo jeder die Güte haben würde, die geheimsten Wünsche seines Herzens auszusprechen.

18. Februar. Heute wurde großer Diwan abgehalten. Jeder Anwesende war in seine beste Uniform gekleidet. Nach dem Austausch zierlicher Komplimente und nachdem Kaffee gereicht war, bat ich den Pascha, er möge die Güte haben und die Deputation fragen, ob sie ihre Botschaft gefälligst mitteilen wolle, oder ob sie vorzöge, daß ich zuerst auseinandersetzte, welchen Zweck diese Versammlung von Angehörigen von zwanzig Ländern an den Küsten ihres Sees habe.

Sie sagten durch den Pascha, der ein vorzüglicher Dolmetscher ist und die Kunst versteht, alle strengen Worte, die ein einfacher Angelsachse vielleicht gebraucht, zu mildern, sie würden mit großem Vergnügen mich zuerst hören.

„Nun", sagte ich, „dann öffnen Sie Ihre Ohren, damit die Worte der Wahrheit eindringen können. Die Leute in England haben, als sie von Ihrem frühern Gast Dr. Junker hörten, daß Sie sich in schwerer Not befänden und großen Mangel an Munition litten, um sich gegen die Ungläubigen und Anhänger des falschen Propheten zu verteidigen, Geld gesammelt und dasselbe mir anvertraut, um Munition zu kaufen und sie zu Ihnen zu bringen, damit Ihrem Mangel abgeholfen werde. Aber als ich durch Ägypten kam, bat der Khedive mich, Ihnen zu sagen, Sie sollten das Land verlassen, wenn Sie dies wünschten; wenn Sie aber vorzögen, hier zu bleiben, so stände es Ihnen frei, zu handeln, wie Sie es für am besten hielten. Wenn Sie das letztere wählten, so verzichte er auf jede Absicht, Sie in irgendeiner Weise zu zwingen. Sie werden daher gefälligst nur Ihre eigenen Wünsche zu Rate ziehen und sagen, was in Ihrem Herzen verborgen liegt."

Nachdem der Pascha ihnen alles übersetzt hatte, entstand ein allgemeines Gemurmel von „Chweis" (Gut).

Dann sagte Selim Bey, der höchste Offizier:

„Der Khedive ist sehr gnädig und freundlich. Wir sind die ergebensten und treuesten Untertanen Sr. Hoheit. Wir können nicht den Wunsch haben, hier zu bleiben. Wir sind in Kairo zu Hause und wünschen nichts sehnlicher, als das Land unserer Geburt wiederzusehen. Fern sei es von uns, hier bleiben zu wollen. Welchen Gewinn können wir hier haben? Wir sind Offiziere und Soldaten Sr. Hoheit. Er hat nur zu befehlen und wir gehorchen. Diejenigen, welche unter den Heiden hier leben wollen, mögen es tun; wenn sie zurückgelassen werden, ist es ihre eigene Schuld. Wir sind von unsern Brüdern und Freunden abgesandt worden, um Sie zu bitten, daß Sie uns nur Zeit lassen möchten, unsere Familien zu sammeln, so daß wir uns in Ihrem Lager sammeln und heimwärts aufbrechen können."

24. Februar. Ein Ägypter namens Achmet Effendi, welcher heraufkam, ist, obwohl erst 45 Jahre alt, gekrümmt, abgemagert, schwach und krank; er vermag nicht ohne Hilfe auf einem Esel zu reiten.

Wenn nur kranke und schwache Männer und Frauen den 2250 km weiten Marsch nach der Küste anzutreten beabsichtigen, sehe ich eine fürchterliche Sterblichkeit voraus. Bereits ist eine große Zahl von Kindern im Alter von 1–8 Jahren angekommen; dieselben müssen getragen werden, aber von wem?

Eine Sudanesenfrau gebar unterwegs ein Kind; ein anderes Kind ist so krank, daß es nicht lange mehr leben kann.

Ich sandte Lieutenant Stairs mit dem Häuptling Mwite aus, um dessen widerspenstige Leute etwas anzutreiben, da dieselben uns während der letzten vier Tage keine Lebensmittel gesandt haben.

Wir haben auf dem Plateau ein Bündnis geschlossen, welches die ganze Region vom Ituri bis zum Njansa umfaßt. Für den Schutz gegen die marodierenden Balegga von den Bergen und die Warasura Kabba-Regas haben die Häuptlinge sich bereit erklärt, uns regelmäßige Kontributionen an Getreide und Vieh zu liefern, die Regierung des Landes mir zu überlassen, Krieger aufzubieten, wenn sie Befehl dazu erhalten, und mich bei meinem Zuge nach Unjoro zu unterstützen, falls die Wiedervergeltung wegen eines Einfalls in unser Gebiet ihn notwendig machen sollte.

26. Februar. Heute morgen griffen wir einen Bundesgenossen von Kabba-Rega an, wobei wir 125 Stück Vieh eroberten. Dieser Mann hat schon viel Unheil angerichtet und bereits das Gebiet zwischen hier und der Provinz des Paschas besetzt; Kabba-Rega wartet auf seinen Beistand, wenn der große Kampf zwischen ihm und dem Pascha beginnen soll. Die Verbindung wird mit Kanus über den See unterhalten, und Kabba-Rega ist sehr gut von unsern Bewegungen unterrichtet. Wenn wir von hier fortgehen, werden wir mit Kabba-Rega zu rechnen haben. Er besitzt 1500 Gewehre, meist gezogene Büchsen und doppelläufige Vogelflinten, ferner Gewehre von Jocelyn u. Starr, Sharp, Henry-Martini und Snider, und Karabiner. Nachdem ich die beschwerliche Aufgabe, diesen Hunderten von Flüchtlingen Schutz bis ans Meer zu gewähren, unternommen habe, werde ich die Sache mit reinem Gewissen durchführen. Wir werden keinen Kampf suchen; wir sind den gegnerischen Truppen nicht gewachsen, aber es gibt nur einen Weg, und dieser führt durch einen Teil von Unjoro . . .

1. März. Der Pascha ist mit seiner Einwilligung und tatsächlich auf seinen eigenen Vorschlag von mir zum Naturforscher und Meteorologen der Expedition ernannt worden. Er hat infolge dessen ein Aneroidbarometer, ein Maximum- und Minimumthermometer, ein Psychrometer, ein Normalthermometer und zwei Siedethermometer erhalten, welche im Verein mit seinen eigenen Instrumenten ihn vollständig ausrüsten. Keine Expedition könnte so gut bedient werden wie die unserige es sein wird. Er ist der fleißigste und genaueste Beobachter, den ich kenne.

Der Pascha befindet sich als Naturforscher und Meteorologe in seinem eigensten Element. Er gehört der Schule Schweinfurths und Holubs an; seine Liebe zur Wissenschaft grenzt an Fanatismus. Während unserer täglichen Plaudereien habe ich herauszufinden versucht, ob er Christ, Moslem,

Jude oder Heide ist, und ich mutmaße fast, daß er nichts weiter ist als Materialist. Wer kann sagen, weshalb Jünger der Wissenschaft, obwohl außerordentlich liebenswürdig im geselligen Verkehr, doch so eckig an Charakter sind? Nach meiner Analyse ihrer Natur muß ich beim Vergleich mit dem Charakter von Leuten, die mehr Christen als Gelehrte sind, mit jener einer gewissen Härte oder eigentlich Mangel an Zartgefühl in Verbindung bringen. Ihre Natur scheint mir etwas unsympathisch, nur kühler Freundschaft fähig und gegen wärmere menschliche Gefühle erkältend gleichgültig zu sein. Am besten kann ich ausdrücken, wie ich es meine, wenn ich sage, daß sie meiner Ansicht nach mehr Liebe zu dem gebleichten Schädel oder dem häßlichen Knochengerippe eines Menschen hegen, als zu dem, was göttlich im menschlichen Wesen ist. Wenn jemand von der manchem als allein beachtenswert geltenden inneren Schönheit spricht, sind sie geneigt, zu gähnen und mit einem entschuldigenden, mitleidigen Lächeln zu antworten. Sie scheinen einem andeuten zu wollen, daß sie den ganzen Körper durch und durch studiert haben und es nur Zeitverschwendung wäre, über etwas zu diskutieren, das nur in der Einbildung besteht . . .

Ich nahm heute eine Inspektion des Lagers vor und finde, daß wir Vertreter haben aus Deutschland, Griechenland, Tunis, England, Irland, Italien, Amerika, Ägypten, Nubien, dem Madiland, Monbuttu, Langgo, Bari, Schuli, Sansibar, Usagara, Useguhha, Udoë, Unjamwesi, Uganda, Unjoro, Bavira, Wahuma, Marungu, Manjema, Basoko, Usongora, dem Kongogebiete, Arabien, den Comoren (Johanna, Comoro), Madagaskar, der Somaliküste, Circassien, der Türkei!! und außerdem Zwerge aus dem Großen Walde und Riesen vom Blauen Nil.

Das Lager breitet sich rasch zu einer Stadt aus. Die Ordnung läßt sich ohne Mühe aufrecht erhalten. Täglich werden über 300 Liter Milch an die Kranken ausgeteilt; außerdem erhält jeder 6 Pfund Fleisch wöchentlich, sowie ein reiches Maß an Mehl, süßen Kartoffeln, Erbsen, Bohnen und Bananen.

Es muß ein ungeheurer Verbrauch von Lebensmitteln im Lager der Sudanesen stattfinden, wenn man nach den Quantitäten Mehl urteilen kann, das dort gemahlen wird. Man hört das Geräusch der Mahlsteine und die zarten Stimmen der Mahlenden vom frühen Morgen bis spät am Nachmittage.

Mpiguas Stamm traf mit 70 Lasten vom Ufer des Sees ein; mit ihnen kam Kapitän Casati, dem dieselben gehören.

6. März. Wir haben in einem Haine, der ein tiefes Tal in den Balegga-

Bergen füllt, mehrere Schimpansen entdeckt. Der Doktor hat mir den sorgfältig präparierten Schädel eines dieser Tiere gezeigt, welchen er in Mswa erhielt. Derselbe sieht genau demjenigen ähnlich, welchen ich in Addiguhha, einem Dorfe zwischen den beiden Armen des Ihuru, fand. Der Schimpanse ist der „Soko" Livingstones, doch wächst er im Kongo- walde zu einer ungewöhnlichen Größe heran.

Während der wenigen Tage, die wir jetzt hier zusammen sind, war der Pascha unermüdlich in der Vermehrung seiner Sammlungen von Vögeln, Lerchen, Drosseln, Finken, Bienenfressern, Bananenfressern, Sonnen- vögeln usw.

Die Beschäftigung des „Sammelns" scheint ihn außerordentlich glück- lich zu machen. Ich habe den Sansibariten deshalb befohlen, jedes selt- same Insekt, jeden Vogel und jedes Reptil ihm zu bringen. Wir erhalten unsern Lohn dadurch, daß wir ihn glücklich sehen.

Jeden Morgen streift sein Schreiber Radjab umher, um jedes geflügelte Geschöpf der Luft zu erlegen; er bringt seine Opfer seinem Herrn, der das tote Objekt liebkosend streichelt und dann kaltblütig den Befehl gibt, es abzuhäuten. Abends sehen wir es mit Baumwolle ausgestopft hängen, und nach einem oder zwei Tagen wird es als Schatz für das Britische Museum eingepackt!

Die Zwerge im Vergleich zu Casatis Diener Okili

Es kommt mir so vor, als ob diese „Sammler" eine seltene Rasse seien. Schweinfurth kochte einmal in Monbuttu die Köpfe der Erschlagenen, um die Schädel für das Berliner Museum zu präparieren; Emin Pascha beabsichtigt dasselbe zu tun, falls wir Kampf mit den Wanjoro bekommen sollten. Ich bemerkte ihm, die Idee sei schauderhaft, möglicherweise würden die Sansibariten sich dem widersetzen, worauf er lächelnd sagte: „Alles der Wissenschaft wegen."

Dieser Zug in wissenschaftlich gebildeten Leuten wirft einiges Licht auf ein Geheimnis. Ich habe die Gründe zu entdecken versucht, weshalb wir beide, er und ich, in der Beurteilung seiner Leute so sehr voneinander abweichen. Wir haben einige Zwerge im Lager; der Pascha wollte ihre Schädel messen, ich widmete meine Beobachtungen ihrer innern Natur. Er machte sich dann daran, mit einer Schnur den Brustumfang zu messen, ich wollte die Gesichtszüge studieren. Er wunderte sich über das Anfühlen des Körpers, ich mich über das rasche Spiel der Gefühle, die sich in den blitzartigen Bewegungen der Gesichtsmuskeln enthüllten; der Pascha war über die Breite des Stirnbeins erstaunt, ich studierte den Tonfall der Stimme und beobachtete, wie schön ein leichtes Aufblitzen des Auges mit der geringsten Bewegung der Lippen zusammenfiel. Der Pascha wollte gern das Gewicht des Zwerges bis aufs Gramm genau wissen, und mir genügte es, wenn ich die innern Fähigkeiten desselben kannte.

Und das ist der Grund, weshalb der Pascha und ich über den Charakter seiner Leute verschiedener Ansicht sind. Er kennt ihre Namen, Familien, Stämme und Gewohnheiten, während ich, obwohl ich erst sehr wenig mit ihnen zusammen gewesen bin, ihre Naturen zu kennen glaube. Der Pascha sagt, sie sind treu, und ich behaupte, sie sind falsch; er meint, daß sie ihm bis zum letzten Mann folgen werden, wenn er Kavalli verläßt, und ich bin der Ansicht, daß er traurig getäuscht werden wird. Er sagt, er habe sie seit 13 Jahren gekannt und müsse das daher besser wissen als ich, der ich sie noch nicht so viel Wochen kenne. Gut, das mag sein, die Zeit wird es entscheiden. Nichtsdestoweniger lassen diese Erörterungen uns die Tage in Kavalli rasch verstreichen, da der Pascha eine vorzügliche Unterhaltungsgabe besitzt.

Aufstieg an den Abhängen des Plateaus

EMIN PASCHA, EINE STUDIE

Nachdem wir tatsächlich Äquatoria den Rücken gekehrt haben und in Gesellschaft von Emin Pascha, Casati und einigen hundert Flüchtlingen auf dem Heimwege sind, möchte ich einen Rückblick auf die letzten Ereignisse werfen und den Versuch machen, die Ursachen derselben zu entdecken und festzustellen, in welchem Lichte der frühere Gouverneur uns in Wirklichkeit erscheint.

Als ich in noch sehr jungen Jahren den Auftrag zur Befreiung des Missionars David Livingstone erhielt, hatte ich keine ganz bestimmte Idee, was für eine Art Mann er sei. Die Zeitungen schilderten ihn als der höchsten Achtung der Christenwelt würdig, insgeheim flüsterte man seltsame Gerüchte über ihn. Eins davon war, daß er eine afrikanische Prinzessin geheiratet habe und ganz behaglich in Afrika wohne; ein anderes, daß er etwas von einem Misanthropen habe und Sorge tragen werde, daß ein Europäer, der sich etwa veranlaßt fühlen sollte ihn zu besuchen, ihm nicht gar zu nahe komme. Da ich also nicht wußte, was ich glauben sollte, ging ich mit neutralen Gefühlen zu ihm, auf die Gefahr hin, bei ihm anzustoßen; ich schied aber in Tränen von ihm. In seinem Falle hatten die Zeitungen recht gehabt.

In dem Falle Emin Paschas beschrieben die Zeitungen auf Anregung von Reisenden, von denen man annahm, daß sie Emin kannten, diesen als einen Helden, einen zweiten Gordon, einen Mann von hoher, militärisch aussehender Statur und ernstem Wesen, der viele Wissenschaften aus Liebhaberei betriebe, der trotz des allgemeinen Unglücks, das über einem großen Teil des nördlichen Zentralafrika schwebte, den Gleichmut der Seele und die Ruhe des Gemüts sich bewahrt hatte und seine Leute und Angelegenheiten so gut regierte, daß er den Mahdi und seine wütenden Horden in Schach halten konnte; er habe dessen Generale mehrere Mal geschlagen, dabei aber einen so schweren und verzweifelten Widerstand geleistet, daß seine Mittel fast erschöpft seien. Wie meine persönlichen Freunde, die in so hochherziger Weise das Geld für diese Expedition gezeichnet haben, erfüllte auch mich das Mitleid, wenn ich alles dies hörte, ebenso wie die Herzen solcher Männer, wie Stairs, Jephson, Nelson, Parke, Barttelot, Jameson und vieler hundert anderer, die sich eifrig um die Mitgliedschaft beworben haben. Junker sagte, seine Gefahr sei eine dringende; der Pascha müßte den gegen ihn andringenden überwältigenden Horden unterliegen, wenn er nicht bald Hilfe erhielte. Wir glaubten, daß dies wahr sein müsse. An Bord des Dampfers während unserer Herfahrt, während unserer Reise den Kongo aufwärts, im Lager von Jambuja, während des Vordringens durch die düstern Schatten des endlosen Waldes, bis wir am Rande des Plateaus standen, nein bis wir uns am Ufer des Njansa befanden, war die einzige Besorgnis, welche uns beseelte, die, daß wir ungeachtet aller Anstrengungen zu spät kommen möchten. Erst dann, als die Eingeborenen des Seeufers auf unsere eifrigen, dringenden Fragen behaupteten, sie wüßten nichts von einem Weißen oder einem Dampfer auf dem See, fühlten wir uns versucht, unsern Argwohn zu äußern, doch war es noch zu früh, darüber unwillig zu werden, da die von Sansibar über Land ausgesandten Boten Aufenthalt gehabt haben, der Dampfer bald nach Junkers Abreise gesunken und Emin Pascha nicht imstande gewesen sein konnte, das Südwestende des Sees zu erreichen.

Nach einer Abwesenheit von fast vier Monaten waren wir wiederum am Ufer des Sees, und jetzt erwarteten uns dort Briefe von ihm. Er hatte zufällig durch ein Gerücht von unserer Ankunft erfahren und war, um die Wahrheit festzustellen, nach dem Südwestende des Sees hinabgedampft. Dies war nur neun Stunden von seiner südlichsten Station entfernt und es war sein erster Besuch. Die Wirkung desselben war ausgezeichnet, doch war es sehr schade, daß er dem mit so vielen Kosten ihm durch Boten von Sansibar übermittelten Ersuchen nicht nachgekommen war. Schon wegen der Zahl der gesparten Menschenleben wäre es besser gewesen; von den Strapazen und Leiden, welche wir während der vier Monate ertragen haben, wollen wir nicht reden, da wir uns zu denselben verpflichtet und gelobt hatten, das Äußerste zu tun, was er verlangen und was unsere Mission bedingen würde. Noch sagten wir nichts.

Nach unserer Begegnung waren wir 26 Tage zusammen und entdeckten während dieser Zeit, daß wir in etlichen Punkten falsch unterrichtet gewesen seien. Der Pascha war keine hohe, militärische Figur und ebenso wenig war er ein Gordon, sondern er war einfach Emin Pascha mit einer nur ihm eigentümlichen Größe. Er glich keinem, dem wir bisher begegnet waren, aber vielleicht einigen, von denen wir gelesen hatten.

Wir erfuhren nichts, was unsere hohe Auffassung von ihm positiv abschwächte; was wir sahen, war durchaus zu seinen Gunsten. Wir beobachteten einen anscheinend hohen Grad von Disziplin bei seinen Truppen, wir sahen die Dampfer und den bewunderungswürdigen Zustand derselben, glaubten Spuren eines starken zivilisierenden und regierenden Einflusses zu bemerken, erhielten Proben von Zeug, welches seine Leute aus von ihnen selbst kultivierter Baumwolle hergestellt hatten, und bekamen einen reichen Vorrat von Branntwein, der aus gegorener Hirse destilliert war. Der Pascha war außerordentlich sauber an seiner Person, steif, präzis, dabei in seinem Wesen höflich, äußerst freundlich und liebenswürdig, in der Literatur bewandert, ein unterhaltender Gesellschafter, ein aufopferungsvoller Arzt, kurz durch und durch ein Gentleman, den jeder, der ihn kannte, bewundern mußte. Hätten wir uns zu dieser Zeit von ihm getrennt, wir würden einfach entzückt von ihm weggegangen sein. Nein, er war entschieden kein Gordon; er war in manchen Dingen sehr verschieden von diesem, wie z. B. in seiner Liebe zur Wissenschaft, seiner sorgfältigen Aufmerksamkeit auf Einzelheiten, seinen liberalen und wohlwollenden Ansichten von Menschen und Dingen, seinem hohen Wunsche, die Leute zu heben und im Praktischen und Nützlichen zu unterweisen, und seiner edlen Hoffnung auf das Land, welches den Schauplatz seiner Arbeiten bildete.

Aber während wir ihn bewunderten, hatten wir doch das Gefühl, daß etwas Unerklärliches an ihm sei. Er schickte einen Beamten und einen ägyptischen Lieutenant zu mir, um mit mir zu reden, und zu meinem Erstaunen schmähten dieselben ihn geradezu. Jedes Wort, das sie sprachen, ließ ihren Haß und unbeschreibliche Geringschätzung durchklingen.

Dann erzählte mir ein sudanesischer Hauptmann die Geschichte von einer Revolte des ersten Bataillons, welche kurz nach Dr. Junkers Abreise stattgefunden hatte. Emin floh aus der Nachbarschaft und ist diesen Soldaten nie wieder nahe gekommen. Aber das 650 Mann zählende zweite Bataillon sollte ihm treu sein, und ebenso auch die Irregulären, 3000 an der Zahl. Dieselben bildeten eine sehr respektable Macht, und solange das zweite Bataillon und die Irregulären ihm treu blieben, war auch seine Stellung noch fest.

Dann stellte er mir den Major und mehrere Hauptleute des zweiten Bataillons vor. Nach einer Weile sagte er zu dem Major: „Versprechen Sie mir nun in Gegenwart von Herrn Stanley, daß Sie mir die 40 Mann für diese kleine Station geben, welche er uns zu bauen rät." Das ist seltsam, dachte ich, für einen Gouverneur, und soviel ich auch versuchte, den Vorfall wegen seiner Geringfügigkeit nicht zu beachten, er kehrte mir wegen seiner Seltsamkeit doch immer wieder ins Gedächtnis zurück. Er blieb mir aber, da es mir an einer offenen Mitteilung darüber fehlte, unerklärlich.

Ferner fiel es uns allen auf, daß das Benehmen des Paschas sich durch eine außerordentliche Unentschlossenheit kennzeichnete. Selbstverständlich hatte er, da wir nicht imstande waren uns alles zu erklären, unzweifelhaft unsere Sympathien. Wir dachten nicht an das erste Bataillon; wenn aber das zweite Bataillon und die Irregulären ihm sämtlich noch treu waren und bei ihrem Beschlusse, im Lande zu bleiben, beharrten, schien es uns doch, daß ein Herz von Stein dazu gehören müsse, um sie zu verlassen. Daß die wenigen Ägypter, welche rastlos Intrigen gegen ihn spannen, heimzukehren wünschten, war von keiner Bedeutung; der Pascha ließ uns sogar glauben, daß er sich über ihre Abreise freuen würde. Allein wenn die Mehrheit der Truppen treu war und Äquatoria Ägypten vorzog, und wenn er seine Tätigkeit liebte, wo war dann die Ursache seiner Unentschlossenheit?

Wenn Ägypten ihn los zu sein wünschte, was brauchte das ihn zu kümmern? Hier wurde ihm an Stelle von Ägypten das Anerbieten jährlicher Subsidien von 12 000 Pfd. St. und ein Gehalt von 1500 Pfd. St. geboten.

Oder wenn nur gegen Ägypten Einwand zu erheben und ein anderer Teil von Äquatoria unter dem Schutze Englands vorzuziehen war, dann hatte er den andern Vorschlag mit den noch größeren Vorteilen einer regelmäßigen Verbindung und sicheren Unterstützung.

Wenn Emin Pascha von den Truppen – dem zweiten Bataillon und den Irregulären – sprach, war er bezüglich ihrer Treue sehr zuversichtlich und behauptete stets bestimmt, sie würden ihm folgen, wenn er sich für den Dienst in Äquatoria unter englischer Oberhoheit entschiede. Er sagte auch, daß dies das am meisten verlockende Anerbieten sei. Nun, wenn man hört, daß die Truppen ihm treu sind und ihm überallhin folgen werden, und daß das Anerbieten ihm selbst angenehm ist – weshalb dann diese Unschlüssigkeit?

Wir waren gezwungen, die beschwerliche Reise nach Banalja zurück und auf dem Rückwege von Fort Bodo nach dem Ituri doppelte Märsche zu machen, und bei unserer drittmaligen Ankunft am Njansa nach einer Abwesenheit von 2½ Monaten fanden wir, daß der Gegenstand unserer Sorge Gefangener sei und alle die Truppen, welche er für treu gehalten und in die er ein so unbedingtes Vertrauen gesetzt hatte, Rebellen waren und ihn abgesetzt hatten. Diese Nachricht war ein schmerzlicher Schlag und eine traurige Überraschung für uns. War dieser Vorfall aber auch für ihn eine Überraschung gewesen?

Wenn wir seine Briefe durchblicken und sie in der Kenntnis dessen, was wir jetzt wissen, studieren, so leuchtet aus vielen derselben hervor, daß er Schwierigkeiten und Meinungsverschiedenheiten unter seinen Truppen andeutet, die wir aber, von seiner sanguinischen, optimistischen Natur verleitet, als gar zu leicht betrachteten. Die Leute in Europa waren der Ansicht, daß es sich nur um zeitweilige Ausbrüche der Unzufriedenheit handelte, und wir in Afrika wußten nur, daß das 1. Bataillon daran beteiligt sei. Dr. Junker war dies nicht einmal genügend wichtig erschienen, um es zu erwähnen; er hatte nur dem Zweifel Ausdruck verliehen, ob Emin sein Zivilisationswerk aufgeben und sich zu einem unnützen Leben in Ägypten als Pascha außer Dienst herablassen würde; daher stammt der in dem Schreiben des Khedive angedeutete Zweifel: „Sie können die Eskorte des Herrn Stanley benutzen, wenn es Ihnen beliebt; wenn Sie das ablehnen, bleiben Sie auf Ihre eigene Verantwortlichkeit in Afrika." Allein kaum befindet sich Herr Jephson, der während unserer Abwesenheit dem Pascha Gesellschaft leistet, innerhalb der militärischen Kreise der Provinz, als es ihm auffällt, daß der Pascha uns über den wahren Stand der Dinge in Unwissenheit gelassen hat. Die Unzufriedenheit des Herrn Jephson erreicht ihren Höhepunkt, als er selbst Gefangener ist und Muße findet, um über die unglückliche Aussicht nachzudenken, als Sklave des Khalifen durch die Straßen von Chartum geführt zu werden, und meine eigene Unzufriedenheit wird verzeihlich, wenn ich unwiderlegliche Beweise habe, daß dies alles durch etwas mehr Offenheit und weniger Zurückhaltung von seiten des Paschas hätte vermieden werden können.

Denn hätte der Pascha mir mitgeteilt, daß er weder seine Truppen nach Ägypten führen, noch die ihm gebotenen Subsidien und das Gehalt annehme oder die Stellung unter den Auspizien Englands akzeptieren könne, weil seine Truppen schon längst jeden Gehorsam aufgegeben hätten und chronisch untreu geworden seien, und daß er sich in Wirklichkeit nicht auf eine einzige Kompanie verlassen dürfte, dann würde man vielleicht etwas anderes haben vorschlagen können. Es wäre wohl keine sehr schwierige Aufgabe gewesen, jede einzelne Station anzugreifen und eine nach der andern in eine heilsame Furcht vor der Regierung zu versetzen. Es bedurfte dazu nur der Festigkeit und Entschlossenheit auf seiten des Paschas. Hätten wir bei Mswa angefangen, so würden wir dort 60 Soldaten unter Führung von Schukri Aga gefunden haben, der sich bis jetzt noch nicht an einer unloyalen Handlung beteiligt hat. Diese 60 Soldaten würden wir mit unsern 300 Mann auf dem Dampfer eingeschifft haben, worauf wir alsdann Tunguru hätten angreifen können. Die Station wäre in einer halben Stunde abgetan, die Ungehorsamen hätten erschossen sein können, wir wären mit dem Prestige der Autorität und des Sieges weiter marschiert, Wadelai wäre ohne den Verlust eines Mannes, mit Ausnahme der Rädelsführer gefallen, und die andern Stationen würden, wenn sie von diesen aufeinanderfolgenden Maßregeln hörten, so erschreckt gewesen sein, daß überall von nichts Weiterm als der Kapitulation die Rede gewesen sein würde. Da an dem einen Ende der Linie von Stationen die Truppen des Mahdi sich befanden und vom andern Ende her eine entschlossene Kolonne vorrückte, würde den Rebellen nichts weiter übriggeblieben sein, als sich der einen oder der andern zu ergeben.

Aber angenommen, wir hätten ein solches Verfahren eingeschlagen, welchen Vorteil – so darf man wohl fragen – würde das gehabt haben? Emin Pascha ist wieder in seine Macht eingesetzt und wir müssen notwendigerweise heimkehren. Was dann? In einigen Monaten ist er wieder in derselben schrecklichen Not wegen Mangels an Hilfsquellen, es werden neue 30 000 Pfd. St. gesammelt, es wird eine neue Expedition ausgesandt, und das wiederholt sich von Jahr zu Jahr mit ungeheuren Kosten an Menschenleben und enormen Opfern, denn das Land ist so weit von der See und von vielen kriegerischen Völkern und sonstigen Nachteilen umgeben, daß wenn der Boden selbst aus Silberstaub bestände, der Transport sich kaum bezahlt machen würde. Und dennoch wäre es, wenn Emin Pascha den Wunsch ausgesprochen hätte, ein solches Unternehmen auszuführen, und fest bei seinem Entschlusse geblieben wäre, uns nicht zugekommen, die Weisheit seines Beschlusses anzuzweifeln, sondern wir hatten ihm mit gutem Willen unsern Beistand und unsere Hilfe zu leihen.

War es ein Irrtum seitens des Paschas oder hatte er die Absicht, uns irrezuleiten? Ich glaube ein Irrtum, veranlaßt durch seinen außerordentlichen Optimismus und sein bereitwilliges Vertrauen auf den äußern Schein und affektierten Gehorsam. Selbst die verschlagenen Ägypter waren in höchstem Maße von dem Gefühl ihrer Macht durchdrungen infolge der Leichtigkeit, mit welcher sie durch scheinbare willfährige Reue Verzeihung für Vergehen erlangten. Ist das zu schroff ausgedrückt? Dann möchte ich in deutlichen Worten aussprechen, daß seine Gutmütigkeit meiner Ansicht nach nur zu bereit zum Vergeben war, wenn seine übertriebene Selbstachtung befriedigt wurde. Die schlauen Leute wußten, daß sie nur ihrem Kummer und ihrer Sorge Ausdruck zu geben brauchten, um ihn zu erweichen, und nur seine Hände zu küssen hatten, um ihn alles Unrecht vergessen zu machen. Es wurde daher zu wenig bestraft und zu viel vergeben. Seine Liebenswürdigkeit war äußerst empfindlich und zart, und die Ägypter beuteten sie soviel wie möglich aus. Der Wekil hatte alle Ursache, sie zu segnen; Auasch Effendi, Major im zweiten Bataillon, schlug in einem Briefe, den der Pascha, wie ich glaube, noch jetzt besitzt, den Rebellen vor, ihn an Stelle Emins zum Mudir zu machen, und doch hat der Pascha ihm niemals einen Vorwurf daraus gemacht. Asra Effendi erklärte das Schreiben des Khedive für eine Fälschung, und doch ist nie ein Verweis über die Lippen des Paschas gekommen, und Asra ist wohlbehalten an die See geleitet worden.

Die Tugenden und edlen Bestrebungen, wegen welcher wir den Mann in strengster Gerechtigkeit loben müssen, sind ebenso groß und rühmlich für ihn, wie diejenigen, welche wir ihm nicht zusprechen können. Jeder Mensch, der um des Guten willen danach strebt, das was in ihm liegt, zu tun, um die süße Anerkennung des Gewissens zu verdienen, wird mit einer glücklichen Gleichgültigkeit gegen alles übrige gewappnet; darin liegt das Verdienst des Paschas und sie war es, welche uns seine Gesellschaft so angenehm machte, als die Notwendigkeit gewaltsamen Handelns aufhörte ihn zu ärgern. Wir haben von seinem Charakter mehr durch sein Wesen als durch Worte erfahren. Das melancholische Kopfschütteln, das Heben der Hand, der ruhige, gemessene Ernst der Züge, das Aufschlagen der Augen und das unbedeutende Achselzucken schienen uns zu sagen: „Was nützt das? Ihr seht, ich bin resigniert. Ich bin ein Feind von Gewalttätigkeit, unterlaßt sie. Weshalb sie zwingen? Sie sollten sicherlich während dieser vielen Jahre gesehen haben, daß ich nur ihr Bestes will. Wenn sie mich nicht wollen, soll ich mich und meine Ideen ihnen dann gegen ihren Willen aufdrängen?" So viel gab er zwar niemals zu, doch stand es uns frei, uns die Symptome nach unserer Auffassung zu erklären.

Wahrscheinlich haben die Tatsache, daß er sich beständig und liebevoll gewissen die Erweiterung der Wissenschaft bezweckenden Beschäftigungen widmet, und sein geschwächtes Augenlicht ihn untauglich gemacht zur Ausübung der ernstern Pflichten, welche, wie es uns schien, die Verhältnisse seines Wirkungskreises erheischten. Allein man kann es ihm nicht zum Vorwurf machen, daß er wissenschaftliche Studien mehr liebte, als die Regierungspflichten, oder daß sein Geschmack ihm den Wert des Titels eines *Doctor Medicinae* höher schätzen ließen als den Rang eines Paschas, oder daß er sich in die Gefahr begab, in einem Katarakte das Augenlicht ganz zu verlieren. Wenn er ein Buch 5 cm vor seinen Augen halten mußte, um lesen zu können, war es ihm physisch unmöglich, einem Menschen die Stimmung aus dem Gesichte abzulesen und zu beurteilen, ob dessen Blick Zorn sprühte oder Treue widerspiegelte.

Welche Ansicht wir aber auch darüber gehabt haben mögen, was hätte geschehen müssen, jedenfalls haben wir stets hohe Achtung vor ihm gehabt. Man kann nicht umhin, ihn zu bewundern, wenn man sieht, wie er in einem Augenblicke, wo sein eigenes Schicksal auf schwankender Waage liegt, jede Gelegenheit benutzt, um seinen Vorrat von Seemuscheln und tropischen Pflanzen zu vermehren, wie er eifrig um den Besitz eines seltenen Vogels ohne Rücksicht auf dessen Farbe und Schönheit sich bemüht, und mit demselben Interesse eine neue Rattenart prüft, wie er die Messungen eines Menschenschädels vornimmt. Wenn ihm ein großer Abendfalter, ein seltener Käfer oder ein Typhlops (Blödaugenschlange) gebracht wird, vergißt er sofort das Kriegsgericht, welches das Urteil über ihn abgeben soll, und es scheint ihm vollständig gleichgültig zu sein, ob er von seinen Soldaten erschossen oder auf sein Feldbett geschnallt als Beute dem Khalifen von Chartum zugeführt werden soll. Wenn man alles dies hört und ihn zu verstehen beginnt, wird man, mag man sich auch über diese seltsamen Grillen der menschlichen Natur wundern, doch sich bewußt, daß der Mann jedes Opfers unsererseits würdig ist.

Wir können nicht mit Gewalt vorgehen, um ihn vor sich selbst zu retten, und ihn ohne seine Erlaubnis nicht rauh aus seinem Traum erwecken. Seine Stellung verbietet dies und unser Auftrag verlangt es nicht. Für uns ist er nur der erhoffte geehrte Gast, bei dem Roheit nicht angebracht ist. Ohne sein Verlangen nach Hilfe sind wir hilflos.

Von unserm Gesichtspunkt aus erscheint der Pascha ruhig und heiter, umgeben von streitenden Rebellen und dennoch anscheinend ohne Ahnung von der Atmosphäre von Treulosigkeit, in der er lebt, zum mindesten mehr zum Resignieren als zum Widerstande geneigt. Wir fühlen, daß wir an seiner Stelle rasch jedes Komplott gegen uns zu Schanden machen würden, und sind überzeugt, daß nur ein kurzer entschlossener Kampf nötig wäre, um Freiheit und Gewalt wiederzugewinnen. Betrachten wir ihn aber, wie er den kriechenden Gehorsam seiner treulosen Anhänger und Truppen für Ehrerbietung hält, und sehen wir ihn von Verräterei und Betrug umstrickt, und dabei doch so leichtgläubig, daß er alles für Ergebenheit hält, dann werden wir staunen vor Überraschung und können uns nur verwundert und fragend anblicken. Denn es war ein Unglück für uns, daß wir, gleichviel was wir sagten, ihm keine Spur von unserer Überzeugung beibringen konnten, daß seine Lage hoffnungslos sei und seine Leute ihn vollständig verlassen hätten. Wir konnten ihm nicht sagen, daß seine Truppen ihn verächtlich als „Vogelsammler" betrachteten, daß sie glaubten, er nähme mehr Interesse an Käfern als an Menschen, daß sie ihm nur äußerlich Ehrfurcht bezeigten, weil sie meinten, daß ihm das angenehm sei und ihn befriedige. Wir konnten ihm alles das nicht sagen, obwohl Nelson, der die Täuschung haßt, ihm gern in offenen derben Worten erklärt hätte, seine Ansichten seien falsch, Parke ihm das Vertrauen zu denselben zu nehmen gesucht, Jephson mit ihm argumentiert und Stairs ihm offene Beweise geliefert hätte. So oft diese energischen jungen Leute aber aus reiner Freundschaft und aus Mitleid ihn zu warnen versuchten, war der Pascha sofort bereit, die Vergehen seiner Offiziere zu mildern, ihre Böswilligkeit zu entschuldigen und dadurch die Bemühungen seiner Freunde zu entmutigen. Was jeder von ihnen nach der Rückkehr von einer dieser nutzlosen Unterhaltungen fühlte, bleibt besser ungeschrieben.

Er pflegte zu sagen: „Ich kenne meine Leute aber besser, als Sie dieselben zu kennen imstande sind. Ich bin seit 13 Jahren mit ihnen bekannt, Sie jedoch nur ebenso viele Wochen."

Wir unterdrückten, im geheimen kochend, die Erwiderung, die wir ihm gern gegeben hätten, denn er war noch der Pascha! Wir hätten ihm sagen können: „Ja, Pascha, aber Sie nehmen, wie Sie wissen, mehr Interesse an Insekten als an Menschen; Sie interessieren sich für die Anatomie des Menschen, wir für die Seele. Sie kennen seinen Schädel, wir aber fühlen den Pulsschlag und sind überzeugt, daß Ihr Vertrauen zu diesen Leuten übel angebracht ist und das Übermaß des Vertrauens zur Torheit wird."

Und doch lag in seinem inbrünstigen Vertrauen zu ihrer imaginären Treue, in der Wärme seines Wesens ein gewisser Adel, der uns vom Argumentieren zurückhielt. Sein unermüdliches Vertrauen war nicht überzeugend, aber es vergrößerte unsere Hochachtung vor ihm, und vielleicht flößte es uns auch die Hoffnung ein, daß doch noch, wenn auch für uns nicht sichtbar, etwas Gutes darin liege.

Man darf diese Charakterzüge einer vertrauensvollen, liebenden Natur, wie die Emin Paschas, nicht mit kecker Oberflächlichkeit behandeln. Er ist, wie schon gesagt, ein außerordentlich liebenswürdiger Mann, der, wäre es auch nur des Vergnügens wegen, das seine Gesellschaft uns manchmal gewährt hat, verdient, daß das, was man von ihm sagt, mindestens mit Wohlwollen gesagt wird. Für die hohen, wenn auch unmöglichen Hoffnungen, mit denen er sich trug, und den eifrigen Fleiß, mit dem er sie zu verwirklichen sich bemühte, verdient er die größte Ehre und Hochachtung.

Wenn man nur den Zufall, der ihn nach Chartum brachte, den Rang und die Stellung, die er dort einnahm, die Art und Weise, wie er vom Arzt und Lagerverwalter in Ladó zum Gouverneur der afrikanischen Äquatorialprovinz emporstieg, erwägt, braucht man sich nicht zu wundern, daß seine Natur und Neigungen unverändert geblieben sind. Die Geschichte von Gordons Schwierigkeiten im Sudan ist noch nie geschrieben worden und wird auch nicht geschrieben werden; Gordon ist ein Mann, den allzu genau zu untersuchen und zu definieren die Engländer nicht geneigt sind.

Sonst möchte ich wohl wissen, weshalb er so wenig englische Offiziere bei sich hatte, und entdecken, weshalb diejenigen, denen die Gelegenheit, mit ihm zu arbeiten, geboten war, ihren Aufenthalt im Sudan nicht verlängern wollten. Nach meinen eigenen Schwierigkeiten am Kongo bin ich geneigt zu glauben, daß die seinigen groß, vielleicht noch größer gewesen sind, und daß es nicht die geringste derselben war, gute, geeignete, brauchbare und willige Männer zu finden. In Emin Pascha trifft er einen Mann, der, ein Deutscher und ein Doktor der Medizin, fleißig, höflich, bereitwillig und zuvorkommend ist. Wäre Emin mir am Kongo begegnet, diese Eigenschaften würden ihn mir wert gemacht haben, ebenso wie sie von Gordon gewürdigt sein müssen. Solche Eigenschaften sind viel seltener, als Zeitungsredakteure wohl glauben. Von 300 Beamten am Kongo kann ich nur zehn aufzählen, welche sie besaßen und die auf ein einfaches Ersuchen mit gutem Willen sich ihrer Pflichten annahmen und sie zur Ausführung brachten. Wieviel hatte Gordon? Emin war einer der besten und treuesten.

Nun, Emin liebte die Botanik, Ornithologie und Entomologie, beschäftigte sich mit Geologie, machte sich Notizen über Ethnologie und Meteorologie, füllte ein Buch nach dem andern mit seinen Beobachtungen und vernachlässigte zugleich auch seine Korrespondenz nicht. Ich weiß, mit welcher Höflichkeit er an den Generalgouverneur zu schreiben pflegte, und kann mir denken, mit welchem Vergnügen letzterer diese präzisen, sorgfältigen, methodischen und höflichen Briefe empfing. Infolgedessen wird Emin in seiner afrikanischen Karriere rasch befördert, jetzt vom Lagerverwalter zum Stationschef, dann zum Gesandten nach Uganda, darauf, nachdem er einen Sekretärposten abgelehnt hat, zum Gesandten des Vizekönigs Gordon bei dem listigen, verschlagenen Kabba-Rega, und schließlich zum Gouverneur von Äquatoria.

Während dieser Beförderungen beweist Emin, daß er Ehrgeiz besitzt. Er braucht Samen für seine Felder, wendet sich deshalb an Gordon und erhält die Antwort: „Ich brauche Sie nicht als Gärtner, ich habe Sie zum Regieren hingeschickt. Wenn Sie keine Lust dazu haben, dann kommen Sie zurück." Ein stolzer junger Engländer würde ihn beim Worte genommen haben, den Nil hinabgefahren und sich im Ärger von Gordon getrennt haben. Emin sandte eine Entschuldigung und schrieb: „Sehr wohl, mein Herr." Später bat Emin um einen photographischen Apparat und bekam zur Antwort: „Ich habe Sie als Gouverneur, nicht als Photograph nach den Äquatorialprovinzen gesandt." Emin erwidert darauf: „Sehr wohl, mein Herr, ich danke Ihnen. Ich werde meine Pflicht tun." Auch belästigt er den Generalgouverneur nicht mit Beschwerden, daß er seine Posten und die ihm zugesandten Proviantvorräte nie rechtzeitig erhalte. Welch wertvoller Mann war dies! Er bewies Rücksicht und Geduld, und Gordon würdigte das.

Allmählich entstanden Schwierigkeiten. Nach dem Jahre 1883 ist er auf seine eigenen Hilfsquellen angewiesen. Die Leute gehorchen dem Gouverneur mechanisch, es werden Stationen erbaut und man sieht einen ruhigen Fortschritt. Die Leute wissen noch nicht, wie bald jener Cromwell in Chartum vielleicht den Nil nach Ladó hinauffahren und den Zustand der Dinge mit eigenen Augen erfassen wird. Emin Bey, ihr Gouverneur, ist ein sehr milder Herrscher, der andere in Chartum hat die Gewohnheit, Meuterer zu erschießen. Deshalb verhalten sie sich ruhig, obwohl viele Arabisten und Anhänger des neuen Propheten, des Mahdi, unter den Truppen Emins sind. Dann aber taucht die Nachricht auf, daß Chartum gefallen, Gordon erschlagen und alle Gewalt und die strenge Regierung zu Boden geworfen seien, und nun kommt die Umwälzung, die Revolte des ersten Bataillons, die Flucht Emins zu seinen treueren Irregulären und dem zweiten Bataillon und schließlich die allgemeine Auflösung der Regierung. Emins Neigungen und Natur bleiben aber unverändert.

Über einige Dinge habe ich mich jedoch bei Emin gewundert. Ich habe bereits bemerkt, daß er in ernstlichster, fleißigster Weise Untersuchungen an Pflanzen, Insekten und Vögeln, über Sitten und Gebräuche anstellte und daß er für geographische Forschungen gut ausgerüstet war, aber ich fand es doch etwas befremdlich, daß er den Albert-See noch nicht erforscht hatte. Er besaß zwei Dampfer und zwei Boote, eine Station am nordwestlichen Ende des Sees, Tunguru, und eine andere in der Mitte des Westufers, Mswa, und dennoch hatte er niemals das südliche Ende des Njansa besucht, den dortigen Zufluß erforscht, den See von Nord nach Süd und Ost nach West ausgepeilt und war auch nicht nach dem Ituri gekommen, obwohl dieser nur zwei gute Tagesmärsche von Mswa entfernt war. Hätte er dies getan, so würde er vermutlich die schneebedeckte Kette gesehen und für uns in diesem Distrikt wenig zu entdecken übriggelassen haben. Er war in den Geschäften seiner Provinz in dem Monbuttu-Lande gewesen, wo er ungeheuere Schätze von Elfenbein aufgehäuft hatte; er hatte seine Soldaten bis zur Grenze des Turkan-Gebietes gesandt; er war zweimal in Uganda und einmal in Unjoro gewesen, aber er hatte niemals den Bord seines Dampfers betreten, um das Südende des Sees zu besuchen, bis er im März 1888 dorthin kam, um wegen der Richtigkeit eines Gerüchtes von unserer Ankunft Erkundigungen einzuziehen, worauf er sofort wieder nach seinen Stationen zurückgedampft war.

Kaiser Hadrian schrieb von den Ägyptern, er habe sie „frivol, unzuverlässig, bei dem unbedeutendsten Gerüchte aufflatternd" gefunden, sie seien „die aufrührerischste, reizbarste und verbrecherischste Rasse der Welt".

Hätte er anders schreiben können, wenn er während unseres langwierigen Aufenthalts in Kavalli in unserm Lager gewesen wäre? Der aufrührerische Charakter, welchen sie uns zeigten, zwang uns, diese Schilderung als völlig der Wahrheit entsprechend zu unterschreiben. „Frivol!" Wir haben es zu unserm Schaden erfahren, daß sie es sind. „Unzuverlässig!" Gab es je so treulose Menschen wie diese? „Bei dem unbedeutendsten Gerücht aufflatternd!" Wie der Erdboden die Fliegen, so brütete unser Lager Gerüchte aus; es waren ihrer so viele, wie zirpende Vögel in einer Voliere, die geringste Kleinigkeit ließ sie wie die junge Brut unter dem Muttervogel aufflattern. Bei jeder Post aus Wadelai liefen sie von einem Kreise zum andern, von Hütte zu Hütte, vom Höchsten bis zum Niedrigsten und gackerten dabei wie ebenso viele Hennen. „Aufrührerisch!" „Hoch Arabi!" „Es lebe der Mahdi!" „Hurra für Fadl el Mulla Bey!" „Mehr Macht für den Ellenbogen des Selim Bey Mator!" und „Nieder mit allen

Ansprache an die Rebellenoffiziere in Kavalli

Regierungen!" Und so haben sie sich als eine reizbare, frivole, unzuverlässige und verbrecherische Rasse bewiesen, welche eines Regiments durch strenge Gewalt, nicht aber durch Gefühl und Liebe bedarf.

Als sie jedoch durch den Fall von Chartum und den Tod des Generalgouverneurs von der Furcht vor der ihnen gebührenden Strafe und dem zwingenden Arm des Gesetzes befreit waren und bemerkten, daß ihre Isolierung von Ägypten ihnen Spielraum gab, ihrer eitlen Einbildung zu folgen, dauerte es nicht mehr lange, bis sie ihren wahren Charakter enthüllten und gegen jeden Schein von Regierung revoltierten. Der Pascha konnte von Glück sagen, daß das gute Ansehen, welches er in der Erinnerung der Soldaten besaß, gegen die Exzesse sprach, zu denen ihre zügellosen Führer geneigt waren und die gewöhnlich dem Sturz der Regierung folgen.

Das waren die in der Verstellung geübten, in der Täuschung erfahrenen und im Laster groß gewordenen Leute, welche dieser sanftmütige Mann und wissenschaftliche Forscher mehrere Jahre allein regiert hat, ehe eine Empörung unter ihnen stattfand. Während dieses Teils seiner Laufbahn als Gouverneur der Äquatorialprovinz kann ihm nur uneingeschränktes Lob zuteil werden. Die Truppen waren noch nicht alle von der im Norden herrschenden Manie ergriffen, jede Spur von Autorität zu vernichten.

Im Norden, Westen und Osten sammelten sich die Mahdisten, die jedes Entkommen auf dem Nil verhinderten und alle Verbindungen mit Chartum abschnitten. Am 7. Mai 1883 trat das erste Unglück ein. Auf der Station El-del werden 70 Soldaten niedergemacht, welche zur Verstärkung der belagerten Garnison hingeschickt sind, die dann ebenfalls gänzlich vernichtet wird. Am 27. Februar 1884 teilt Lupton, der Gouverneur der Provinz Bahr-el-Ghasal, Emin mit, daß der Rest seiner Untertanen rebelliert hätte, und am 28. des folgenden Monats erhält er die Nachricht von der Vernichtung der Armee des Generals Hicks. Am 8. April wird ihm die Meldung überbracht, daß die Stämme der Waddiafen, Eljat, Eofen, Euknah, Kanel und Fakam sich in offener Empörung befinden, und am 30. Mai erfährt er durch den Gouverneur Lupton Bey, daß der Mahdi nur sechs Stunden Marsch von seinem Hauptquartier stehe und ihn aufgefordert habe, seine Regierung und Provinz zu übergeben; er rate ihm, sofort Schritte zu seiner Verteidigung zu ergreifen. Vier Tage später schreibt ihm Keremallah, der inzwischen von dem Mahdi an seiner Stelle zum Gouverneur von Äquatoria ernannt worden ist, er solle seine Provinz ihm ausliefern. Lupton Bey war inzwischen bereits besiegt. Eine aus sechs Offizieren bestehende Kommission kam nach eingehender Erörterung dieser ernsten Angelegenheit zu dem Schlusse, daß Emin keine andere Wahl blieb, als sich zu ergeben. Um Zeit zu gewinnen, erklärte er sich bereit, ihrem Beschlusse Folge zu leisten, und schickte den Richter der Provinz mit einigen andern Offizieren hin, um jenen seine Bereitwilligkeit, sich zu ergeben, mitzuteilen.

Allein nach der Abreise der Kommission machte er sich ans Werk, die seiner Obhut anvertrauten Stationen zu befestigen und sich für den Widerstand gegen den gerade von der Eroberung des Bahr-el-Ghasal kommenden Keremallah vorzubereiten. Er konzentrierte die Truppen von den untergeordneteren Orten in der Umgegend der Station Amadi, befestigte diesen Platz gegen den erwarteten Angriff des stolzen Feldherrn und sammelte auch in seinem Hauptquartier eine beträchtliche Truppenmacht. Zu dieser kritischen Zeit war er imstande, diejenigen, welche am stärksten auf die Unterwerfung unter den Mahdi drangen, auszurotten, die Treuen von den Ungetreuen zu trennen, und er erließ strenge Befehle, daß die Verräter keine Gnade bei ihm erhalten würden, wenn er sie in Verbindung mit dem Feinde fände. Die Stationen Arbik, Ajak und Wafi wurden geräumt und die Besatzungen in Amadi gesammelt. Im nächsten Monat fanden Kämpfe statt. Einige der Hauptstationen wurden so gut verteidigt, daß die Mahdisten wiederholt Verluste an Häuptlingen und Soldaten erlitten, obwohl viele der Regierungsoffiziere schmachvoll ihre Posten verlassen haben und in die Dienste Keremallahs getreten sind, allein am 27. Februar 1885, einen Monat nach dem Falle Chartums, hat der Feind Amadi von allen Seiten umzingelt und es beginnt eine lebhafte Belagerung. Am 1. April wird Emin der nach außerordentlichen Anstrengungen erfolgte Fall von Amadi mit großem Verlust an Menschenleben, Munition, Geschützen, Handwaffen und Raketen gemeldet. Als er von dem Unglück hört, trifft er Maßregeln, um die Truppen der Provinz längs des Nils zu konzentrieren und gründet, um sich eine Verbindung mit Ägypten über Sansibar zu sichern, die Stationen Kiri, Beddén und Redjaf; aus den Soldaten, welche aus den vielen Scharmützeln und Kämpfen in den Jahren 1883 und 1884 bis zum April 1885 mit dem Leben davongekommen sind, bildet er acht Kompanien von je 80 Mann, welche er das erste Bataillon nennt und unter den Befehl des Majors Rihan Aga Ibrahim stellt. Am 1. Juni ist, nachdem die vorliegenden kleinen Stationen geräumt sind, eine genügende Zahl von Offizieren gesammelt, um ein zweites Bataillon unter dem Befehl des Majors Auasch Effendi Montasir zu bilden, welcher das Kommando über die südlichen Stationen erhält. In dem Schreiben Emins vom 1. September 1885 an die ägyptische Regierung findet man gegen den

Schluß die erste Andeutung bezüglich einer Unzufriedenheit mit dem Major des ersten Bataillons. Emin schreibt:

„Das zweite, was dieser Major getan hat, ist, daß er 200 Soldaten abgeschickt hat, als es schon zu spät und alles zu Ende war. Er hat dies aus Mangel an Entschlossenheit getan, und ohne mich um Erlaubnis zu fragen, denn wenn die Rebellen anfänglich vor der Eroberung der Geschütze und Munition schon so stark waren, wieviel mehr waren sie es nachher. *Aber solcher Ungehorsam ist diesen Menschen zur Natur geworden usw.* Allein mit der Hilfe unsers gütigen, großen Gottes, unter dem Einfluß unserer Regierung und durch den Namen unsers erhabenen Herrschers Sr. Hoheit des Khedive sind wir bis zu diesem Tage imstande gewesen, die Ehre der Flagge unserer Regierung zu behaupten."

Ja, die Ehre der ägyptischen Flagge ist aufrecht erhalten worden nach Vergießen von „Strömen von Blut", Entfaltung edler Beherztheit, unerschütterlichen Mutes und kluger fabischer Leitung, welche den Feind entmutigten und die eigenen Truppen anregten; Emin ist imstande gewesen, seine Truppen in gut umzäunten und befestigten Stationen unterzubringen, so daß der Kampf in die Länge gezogen werden kann, bis er die Wünsche Sr. Hoheit des Khedive erfahren und seine Klagen via Sansibar dem Ohre Europas vortragen kann. Die Geschichte dieses wackern Kampfes ist es, welche meine und die Teilnahme meiner Gefährten gewonnen und uns veranlaßt hat, durch eine Hintertür in Afrika rasch einzudringen, um ihm die helfende Hand zu bieten, erforderlichenfalls um ihn zu befreien oder ihm die notwendigen Mittel zur Verteidigung zu überbringen.

Im April 1885 erfährt er von „dem armen Sklaven Gottes, Mohammed el Mahdi, dem Sohn des Abdallah", aus einem Briefe an dessen Freund und Gouverneur Keremallah, den Sohn des Scheichs Mohammed, dem Gott gewähre usw., von dem Tode „jenes Feindes Gottes – Gordon", von dem Angriff auf Chartum und der Eroberung der Stadt, sowie daß der ganze Sudan von Ladó bis zum Katarakt von Abu Hammed sich in den Händen der Mahdisten befindet und daß keine Hoffnung auf von Norden her zu erwartenden Entsatz vorhanden ist. Er prüft seine Aussichten und die Lage nach Süden, Osten und Westen. Im Osten sind Kabba-Rega, der König von Unjoro, und die ihm tributpflichtigen Häuptlinge. Zu ihm sendet er Kapitän Casati als seinen Vertreter oder Gesandten. Kabba-Rega befolgt die Politik, freundlich gegen den Gouverneur zu sein, den er in früheren Jahren als einen Offizier des tätigen Vizekönigs in Chartum gekannt hat, und ist gastfrei und liebenswürdig gegen ihn. Er kennt die wunderbaren Veränderungen, welche in dieser Region Afrikas eingetreten sind, noch nicht und weiß nichts von dem Ruin, welcher die stolze Regierung betroffen hat, die ihm die Gesetze diktiert hat. Sein afrikanischer Kopf ist zu dick, um die Bedeutung der neuen Bewegung gerade vor seinem Gebiet zu erfassen, und er nimmt daher in der Besorgnis, das Mißfallen des Gouverneurs zu erregen, Kapitän Casati großmütig und unter Entfaltung der weitestgehenden Gastfreundschaft auf. Aber allmählich treffen Deserteure, schlaue Ägypter und verräterische Sudanesen mit ihren Waffen und Munition bei ihm ein, und nach und nach entdeckt er die Bedeutung des wütenden Kampfes und beginnt zu begreifen, daß die von ihm gefürchtete Regierung ein Wrack ist.

Am 2. Januar 1886 fährt Dr. Junker über den Albert-See nach Kibiro, einem Hafen von Unjoro. Er befindet sich nach jahrelangen Reisen im Monbuttu-Lande und im Becken des Uëlle auf der Heimreise. Es gelingt ihm Uganda zu erreichen, wo es ihm wegen seiner Armut gestattet wird, sich mit einem Missionsboot nach Usambiro, am Südende des Victoria-Sees, zu begeben, von wo er mit Briefen Emins nach Sansibar reist. Durch diesen Reisenden erfahren wir zuerst die wirkliche Gefahr, in welcher der Pascha sich befindet, und die ihm drohende Not.

Kabba-Rega wartet inzwischen geduldig, wie ein hoffender Erbe; er weiß, daß er schließlich gewinnen muß, und wartet es von Tag zu Tag und von Woche zu Woche ab. Er affektiert Großmut gegen den Gouverneur, gestattet, daß seine Briefe zwischen Sansibar und Äquatoria durch sein Gebiet hin- und herpassieren, behandelt den Gesandten mit gehöriger Zuvorkommenheit und ist scheinbar ein so fester Freund, daß Emin „nichts als herzliche Lobsprüche für Kabba-Rega" hat. Allein gegen den 13. Februar 1888 erwacht Kabba-Rega. Er hört, daß eine Expedition sich in der Nähe des Njansa befindet, die Übertreibung der Eingeborenen vergrößert ihre Mittel und Stärke. Etwa an demselben Tage, als die Entsatzexpedition an den Gewässern des Njansa nach Spuren von der Anwesenheit eines Weißen in dieser Gegend auf- und absucht, wird Kapitän Casati ergriffen, sein Haus ausgeplündert, er selbst mit allen Zeichen der Schmach und fast nackt vertrieben, und von diesem Augenblick an ist Kabba-Rega ein erklärter Feind, der seine Feindschaft zunächst mit dem Blute Mohammed Biris, eines vertrauten Boten zwischen Emin und der Kirchenmissionsstation in Uganda, besiegelt.

Nach Westen hin liegt ein großer, breiter weißer Fleck, der sich von Emins Provinz bis zum Kongo ausdehnt, und von dem absolut nichts bekannt ist. Nach Süden hin befindet sich eine Gegend, welche auf der Karte mit derselben weißen Leere bezeichnet ist; mag er mit Leuten, welche der Aufgabe, sich einen Weg durchzuhauen, durchaus nicht gewachsen sind und das Unbekannte fürchten, sich wenden, wohin er will, es bleibt ihm keine andere Wahl, als die Wirkungen der Enthüllungen Junkers und seiner eigenen Mitteilungen abzuwarten.

Inzwischen ist er aber nicht müßig. Durch die Niederlage der Rebellen und Mahdisten in Makraka hat er einen Waffenstillstand erzwungen und wird infolge dessen von Keremallah in Ruhe gelassen. Er hat südlich von Wadelai Tunguru und Mswa angelegt, und obwohl das erste Bataillon längst seine Autorität abgeschüttelt hat, erkennen das zweite Bataillon und die eingeborenen Irregulären nach ihrer Weise seine Regierung noch an. Er beaufsichtigt den Ackerbau, das Pflanzen, Kultivieren und die Verarbeitung von Baumwolle, reist zwischen den Stationen hin und her, schließt Freundschaft mit den umwohnenden Stämmen und hält durch seinen Takt den Schein einer guten Regierung aufrecht.

Einiges vermag er aber nicht zu tun. Er kann das bereits geschehene Schlimme nicht ungeschehen machen, die schlechten Neigungen seiner Leute nicht ausrotten und ebensowenig nur durch Ausübung von Mäßigung und Gerechtigkeit die durch die Revolution im Sudan erregten bösen Leidenschaften besänftigen. Er vermag die Stunde der Empörung nur hinauszuschieben, denn seinem Einfluß allein stehen die vereinigten Bemühungen der Offiziere des ersten Bataillons und der über die ganze Länge der Provinz zerstreuten ägyptischen Beamten gegenüber, welche durch ihre hinterlistigen Ratschläge die Wirkung einer jeden Maßregel des Paschas in das gerade Gegenteil des Beabsichtigten verwandeln und alle seine Bemühungen lähmen. Er kann durch den Ausdruck seines Willens nicht ein neues System für den Verkehr mit den Eingeborenen einführen. Das im ganzen Sudan gebräuchliche System besteht darin, daß von den Eingeborenen allerhand Kontributionen an Rindern, Schafen, Getreide oder Dienstboten erhoben werden, oder daß man, wenn Mangel herrscht, mit Waffengewalt von den Eingeborenen nimmt, was man bedarf. Und dieser Bedarf ist leider unersättlich; er ist unbegrenzt. Die Offiziere können nicht auf eine gewisse Zahl beschränkt werden; jeder hat, außer seinen Konkubinen, drei oder vier Frauen, welche Dienstboten für ihren Haushalt gebrauchen. Der Haushalt von Fadl el Mulla Bey bedarf 100 Sklaven – Männer, Frauen, Knaben und Mädchen. Auch die Soldaten brauchen Frauen, und diese müssen ebenfalls Dienstboten haben, und mit dem Heranwachsen der Knaben zu Männern entstehen neue Bedürfnisse, welche die Eingeborenen mit ihren Frauen und Kindern beiderlei Geschlechts befriedigen müssen.

Das erste Bataillon zählt 650 Mannschaften und Offiziere, das zweite ebenso viel. Dann gibt es etwa 3000 Mann Irreguläre und eine kleine Armee von Schreibern, Lagerverwaltern, Handwerkern, Maschinisten, Kapitänen und Matrosen. Alle diese Leute müssen von den Eingeborenen mit Weibern und Konkubinen versehen und gefüttert werden, geben aber als Gegenleistung nichts. Wir hören, daß auf einem Beutezuge 8000 Rinder fortgenommen wurden; der Pascha gab zu, daß 1600 Stiere und Kühe die größte während seiner Regierung erreichte Zahl sei. Allein diese Beutezüge wiederholen sich oft, jede Station braucht ihre eigene Herde, und es gibt 14 Stationen. Schukri Aga, der Kommandant von Mswa, war unermüdlich auf solchen Beutezügen. Selbstverständlich fand der Pascha diesen Zustand der Dinge in der Provinz vor; es war eine althergebrachte Sitte, aber eine Sitte, welche mit dem ganzen Gewicht der fürchterlichen Unterdrückung auf den Eingeborenen lastete und die einzuschränken er nicht die Macht hatte, da er durch das Vordringen Keremallahs und die wie eine Epidemie in dem Herzen seiner eigenen Untertanen wütende Krankheit der Rebellion gehindert ward. Wir begreifen aber, weshalb die Eingeborenen, welche so lange unter ägyptischer Regierung gestanden hatten, das Erscheinen der Mahdisten mit Freuden begrüßten und sich mit ihnen vereinigten, um die von Panik erfüllten Flüchtlinge aus den eroberten Forts der Provinz zu vernichten. Sobald der Kongostaat seine Pflichten gegen seine Untertanen vergißt und Gewalttätigkeit und Freibeuterei gutheißt, dann können wir überzeugt sein, daß sein Fall ebenso plötzlich und bestimmt eintreten wird wie derjenige der ägyptischen Regierung im Sudan.

Es liegt mir nicht ob, die Geschichte dieser unglücklichen Gegend zu schreiben, die seit Jahren eine Beute der niedrigsten Leidenschaften, deren die menschliche Natur fähig ist, gewesen ist; ich bin jedoch durch die Schilderung dessen, was ich persönlich kennen gelernt habe, imstande, den Leser für die wirkliche Lage Emin Paschas zu interessieren.

Dieser einsame Mann war mit einer ebenso unmöglichen Aufgabe beschäftigt, wie Gordon unternahm, als er im Jahre 1884 nach Chartum aufbrach, um die Garnisonen des Sudan zu befreien. Er hat tapfere Taten vollbracht, das Tapferste in seiner Geschichte ist aber, daß dieser es so ernstlich meinende Mann unter diesen verworfenen Leuten lebt und zulassen muß, daß seine Untertanen beraubt und ausgeplündert werden, wenn irgendein Offizier Mangel fürchtet und deshalb einen Beutezug zu unternehmen beschließt. Er weiß genau, was geschehen wird, weiß, daß allgemeines Schießen und Plündern stattfinden, daß Dörfer zerstört und die

Bewohner dezimiert, daß mit den eroberten Herden auch lange Züge gefangener Frauen und Kinder mitgebracht und als Beute verteilt werden, und dennoch darf er diese grausamen, hartherzigen Vorgänge nicht durchkreuzen. Wie kann er es auch? Er besitzt keine Stoffe oder Gelder, um Lebensmittel zu kaufen. Welche Antwort kann er ihnen auf ihre Frage geben, was sie tun sollen, um zu leben? Obwohl der Erdboden dankbar ist und die Arbeit bezahlt macht, nützt es ihm nichts, sie darauf hinzuweisen. Sie pflanzen Baumwolle, um sich bekleiden zu können, und pflegen die Gärten der Küchengemüse wegen, weil die Eingeborenen das nicht verstehen; aber das Getreide zum Brot und die Rinder zum Fleisch müssen diese den über ihnen stehenden Leuten liefern. Emin ist der einzige Mensch, der diese Handlungsweise als ein Unrecht betrachtet, aber da er die Menschen nicht zwingen kann, anders zu denken, so muß er auch dieses Übel zulassen, wie er so viele andere erträgt. Eine gute Regierung war daher unmöglich. Sie wurde vom ersten Anfang an auf Blut und Raub gegründet, und wie bei allen Regierungen vor ihr, die mit ähnlichen Absichten geschaffen wurden, war es infolge dessen bestimmt, daß sie vollständig untergehen mußte.

UNTERWEGS NACH SANSIBAR

1500 Menschen, unter ihnen viele ägyptische Soldaten und Beamte mit Frauen und Kindern, zählte die Karawane, die am 8. Mai 1889 vom Albert-See aufbrach, dem Semliki nach Süden folgte, der dabei als Ausfluß des Albert-Edward-Sees erkannt wurde, und dann zum Victoria-See zog. Dem Südufer des Victoria-Sees entlang ging es weiter in südöstlicher Richtung nach Mpapua und dann nach Bagamoyo, dem Ausgangspunkt der beiden ersten großen Reisen Henry Morton Stanleys. Wieder war es ein unerhört entbehrungsreicher Marsch, und nur etwa die Hälfte der Teilnehmer kam ans ersehnte Ziel.

Unter dem 20. Juli finde ich folgende Bemerkungen in meinem Tagebuch:

Heute morgen verschwand das Fieber, das mich niedergeworfen hatte. Ich bin etwas zu voreilig gewesen, als ich sagte, wir erholten uns wieder von den bösen Wirkungen des Grubenwassers von Usongora. Wenn der eine von uns kaum wiederhergestellt ist, legt der andere sich wieder nieder. Der Pascha und ich sind jetzt dreimal zur selben Zeit von schweren Fieberanfällen niedergestreckt worden. Stairs ist seit gestern fieberfrei, bei Bonny ist die Temperatur seit zwei Tagen normal. Casati wurde am 17. krank, lag am 18. den ganzen Tag im Bett, war am 19. aber wieder auf. In dieser Weise leben wir jetzt. Beständig treten Rückfälle des Fiebers ein, das zwei oder drei Tage von unsicherer Gesundheit unterbrochen wird. Chamis Wadi Nassib ist ebenfalls an Lähmung gestorben und ein Nubier ist verschwunden.

Vier ägyptische Offiziere haben mich gebeten, wegen zunehmender Geschwüre in Ankori bleiben zu dürfen. Da wir mit kranken Weißen und Ägyptern, schwächlichen alten Frauen und Kindern überbürdet sind, muß ich ihren Bitten nachgeben; sie werden daher mit ihren Familien hier bleiben. Ich erwarte den Thronerben von Ankori jeden Tag, um Blutsbrüderschaft mit ihm zu schließen, so daß ich imstande sein werde, für ihre Behaglichkeit zu sorgen.

Das Klima von Ankori ist ein ganz eigentümliches. Die von Ost bis Südost und dann von Nordost her fegenden kalten Stoßwinde verursachen Brustaffektionen; man klagt allgemein über Husten, Katarrhe und Kopfschmerzen, und der starke Unterschied zwischen der höchsten und niedrigsten Temperatur macht uns alle außergewöhnlich fieberhaft. Den-

noch erinnere ich mich, daß meine Begleiter und ich gesund und kräftig
waren, als wir im Januar 1876 durch Nord-Ankori zogen, meine Privat-
tagebücher von damals enthalten keine solchen Bemerkungen, wie ich sie
jetzt täglich hinwerfe. Vielleicht ist diese außerordentliche Krankheit eine
Folge der Jahreszeit oder des tödlichen Grubenwassers; möglicherweise
benutzen unsere Köche auch das schwarze Wasser des Ruisi, welches aus
verwesendem Sumpf Zufluß erhält. Wir haben jetzt Winterzeit, während
es im Januar Frühling ist.

Um 2 Uhr nachmittags erreichte Prinz Utschunku mit seiner Eskorte
Biaruha und bat sofort um eine Zusammenkunft. Er war ein sanfter, mild
blickender Knabe von 13–14 Jahren, ein echter Mhuma mit abessini-
schen Zügen. Er wurde von seinem Gouverneur oder Vormund begleitet,
dem Offizier, der die Speerträger und mit Karabinern bewaffneten
Wachen des Prinzen befehligte. Er brachte uns zwei große Stiere mit, von
denen der eine so massige und lange Hörner hatte, daß er nur schlecht
marschieren konnte und des Fleisches wegen geschlachtet werden mußte.
Nachdem wir die üblichen Freundschaftsbeteuerungen ausgetauscht und

Ein Dorf in Ankori

er durch Besichtigung alles Sehenswerten und Merkwürdigen im Lager seine Neugier befriedigt hatte, kamen wir überein, die Zeremonie am nächsten Tage vorzunehmen.

Am 23. Juli fand die Feierlichkeit mit ungemeinem Glanze statt. Die Sansibariten, Sudanesen und Manjema waren sämtlich unter Waffen aufgestellt und salutierten den Prinzen mit einigen Salven nach den Abhängen einiger etwa 350 m entfernter Hügel; auch das Maximgeschütz war aufgefahren, um in selbsttätiger Weise an der Feierlichkeit teilzunehmen.

Der Ritus der Blutsbrüderschaft begann mit dem Hinlegen eines persischen Teppichs, auf welchem wir, der Prinz und ich, die linken Hände quer über die Knie ergreifend, mit gekreuzten Beinen niederkauerten. Alsdann traten unsere Professoren vor; sie machten auf jedem linken Arm einen Einschnitt, nahmen eine kleine Menge Butter und zwei als Teller dienende Blätter, mischten erstere mit dem Blute und tauschten dann letztere aus, worauf sie unsere Stirn mit der Mischung einrieben. Die Zeremonie war also frei von den Widerwärtigkeiten, mit denen sie bei den Stämmen am Kongo verknüpft ist. Alsdann faßte der Prinz, jetzt mein junger Bruder, mich bei der Hand und zog mich in meine Hütte, wo wir lächeln und froh ausschauen mußten. Ich erfreute sein junges Herz mit einigen sehr feinen Stoffen aus Kairo und einem Halsband aus schönen großen Perlen, das die ägyptischen Frauen und der Pascha beigesteuert hatten, und gewann mir damit im Sturm seine Zuneigung. Der Gouverneur erhielt eine Kuh, und seine Wachen bekamen einen Ochsen, um ein Festmahl abzuhalten, während der Prinz seinerseits unserm Professor eine Ziege schenkte, da dieses Amt, sogar im Kongogebiet, in hohen Ehren steht und mit hübschen Geschenken bedacht werden muß.

Darauf gaben die Gewehrträger fünf Salven ab zur großen Freude des Knaben, der aber, als das Maximgeschütz seinen Hagel von Geschossen entsendete und die Kugeln an dem gegenüberliegenden Abhang der Hügel eine Wolke von Staub aufwirbelten, geradezu in Ekstase geriet und, um nicht seiner freudigen Stimmung durch Schreien Ausdruck zu geben, die Hand fest auf den Mund legte. Die Meinungen über den Grund dieses Bedeckens des Mundes waren geteilt, und da es selbst beim Scherz nicht gut ist, von der Wahrheit abzuweichen, so bemerke ich, daß einige behaupteten, er fürchte, daß in seiner schrecklichen Angst seine Zähne durch das gewaltige Klappern in Stücke brechen würden, während ich der Ansicht bin, daß es nur von seiner kindlichen Überraschung und Freude herrührte.

Jedenfalls war ich öffentlich als Sohn Antaris anerkannt und hatte fortan die Erlaubnis, nach Belieben das Gebiet von Ankori zu durchstreifen, und das Recht, mich niederzulassen und jede Pflanzung im ganzen Königreiche frei zu betreten. Außerdem schwor der Prinz im Namen seines Vaters, der ihm dies aufgetragen hatte, daß in Zukunft alle Weißen, die nach Ankori kommen wollten, eine Empfehlung von mir haben müßten, dann aber auch dieselbe freundliche Aufnahme finden würden wie ich persönlich. Ausgenommen waren nur Rinder, Ziegen und Waffen, die Privateigentum waren, über welches selbst der König nicht verfügen konnte, außer wenn es Verbrechern gehörte.

Wie bereits erwähnt, befand sich bei dem Prinzen von Ankori auch eine zweite Deputation der Waganda-Christen. Das Resultat meines langen Kreuzverhörs mit ihnen habe ich in folgenden Eintragungen aus meinem Tagebuch niedergelegt:

Als ich zuerst von der Vertreibung der Missionare aus Uganda hörte, befürchtete ich, daß sie unüberlegt, nach der Eingebung des Augenblicks und ohne die Folgen zu bedenken gehandelt hätten und daß, wenn sie auch streng aufrichtig und nach ihren Vorschriften sich benommen hätten, doch ihre Engherzigkeit und Mangel an Sympathie die Ursache zu Irrtümern geworden seien; allein die christlichen Konvertiten stellten ihnen ein vorzügliches Zeugnis aus und wiederholten mir viele von den guten Lehren, welche Herr Mackay ihnen gegeben hatte, und die unzweifelhaft als Beweise gelten konnten, daß die Missionare, obwohl das Joch Muangas sehr schwer auf ihnen lastete, sich doch vollständig jeder Einmischung in die Politik des Landes enthalten hatten. Seit der Gründung dieser Mission muß eine Summe von ungefähr 50 000 Pfd. St. für dieselbe verausgabt worden sein; würde ihre Geschichte der Wahrheit gemäß geschrieben werden, so würde sie in sich selbst alles Nötige enthalten, um die an der Mission Beteiligten zu leiten: Der tragische Tod Smith', O'Neils, Penroses und des Bischofs Hannington, die tödlichen Krankheiten, welche Dr. Smith und, wie Zacharias mir erzählt, noch zwei weitere Männer, von denen der eine Bishop hieß, niedergeworfen haben, der fast fruchtlose Aufenthalt der Herren Wilson, Pearson und Felkin, die glänzenden Erfolge Mackays und der Fleiß und die Hingebung Ashes und Gordons. Die Geschichte der Mühen, Erfolge und Fehlschläge dieser Herren könnten nicht niedergeschrieben werden, ohne sofort die Ursachen verständlich zu machen, welche einige von ihnen zum Triumph geführt haben, wo sie Klugheit entwickelten, während Voreiligkeit unterlag.

Kein Mensch, der die Hand auf den Pflug gelegt hat und zurückblickt, eignet sich für das Himmelreich; kein Mensch, dem eine Aufgabe anvertraut ist, kann in Ehren anders als dies Vertrauen rechtfertigen, bis der Sieg gewonnen ist. Wie ich annehme, wird der Vorstand der Christlichen Missionsgesellschaft, da zum Rückzug geblasen ist, ehe ich Afrika verließ, Herrn Mackay anweisen, sich zurückzuziehen. Hoffentlich nicht. Die Vertreibung der Missionare und die Zerstreuung ihrer christlichen Herden würde, vom Standpunkt des Laien betrachtet, jedermann als der Anbruch des Tags des Sieges berühren. Das Triumphgeschrei der jetzt an der Macht befindlichen Mohammedaner sollte sie nicht entmutigen, sondern zu edlern und klügern Anstrengungen, zum geduldigen, unablässigen Ausharren anspornen. Keine große Sache, kein großes Werk oder Unternehmen ist je erfolgreich gewesen ohne die vollständige Überzeugung, daß es unermüdlicher Arbeit und eifrigen Strebens wert ist.

Nehmen wir an, daß von den 4000 oder 5000 Konvertiten, die nach Zacharias und Samuel jetzt in Ankori und Uddu sich befinden sollen, 2000 den Bemühungen des Herrn Mackay und seiner würdigen Begleiter zu verdanken sind, dann würde jeder Bekehrte, bei der Gesamtsumme von 50 000 Pfd. St., 25 Pfd. St. gekostet haben. Ich bin keiner von denen, die in einer Krisis wie diese beständig nach Staatshilfe rufen, sondern würde mich an diejenigen wenden, welche etwas von ihrem großen Reichtum entbehren können, und denen, welche mir sagen, daß sie zunächst für die Heimat sorgen müßten, mit den Worten der klugen vornehmen Frau antworten: „Ja, Herr, aber die Hunde suchen die Krumen auf, die vom Tische ihres Herrn fallen."

Der Erfolg der Mission an den Njansa hat sich durch die Opfer der Konvertiten, ihren entschlossenen Widerstand gegen den Tyrannen und ihre erfolgreiche Absetzung desselben erwiesen. Ich habe irgendwo gelesen, daß die Anerkennung von Kriegführenden nicht statthaft ist, wenn sie nicht beweisen können, daß sie sich zu behaupten vermögen. Wenn dies der Fall ist, dann haben die Waganda-Konvertiten bewiesen, daß die Mission ein Erfolg und ein ganz bemerkenswerter Erfolg ist. Die Missionare waren gezwungen, tief zu bohren, aber dann sprang das Element aus freiem Antriebe empor. Nach jahrelanger vergeblicher und wenig versprechender Arbeit scharten sich die Bekehrten freiwillig um die neue Kirche des äquatorialen Afrika; Fürsten und Bauern, Häuptlinge und Krieger kamen herbei, um sich in der christlichen Religion unterrichten, sich in der Kunst des Lesens und Schreibens belehren zu lassen und stolze Besitzer von in ihrer eigenen Sprache gedruckten Büchern zu werden, welche von dem Urheber des Heils und seinen Leiden für die Menschheit handeln.

Die Fortschritte dieser Religion wurden für die Mohammedaner und ihre eingeborenen Anhänger Besorgnis erregend, doch durften sie es erst nach dem Tode des politischen Mtesa wagen, die Vernichtung des Wachstums derselben zu planen. Die Besteigung des Throns durch einen Prinzen in knabenhaftem Alter und die Laster, Bangi-Rauchen, Völlerei und Zügellosigkeit, gaben ihnen die Mittel an die Hand, mit denen die Christen unterdrückt werden konnten, und die Moslemin, beseelt von niedriger, gemeiner Hinterlist und konzentrierter Böswilligkeit, zögerten nicht, die Gelegenheit zu benutzen. Der junge König betrachtete die Weißen jetzt ungeachtet des vorzüglichen Rufes, den dieselben sich bei allen Klassen der Bevölkerung erworben hatten, in einer Stimmung, die durch maßlose schmutzige Verleumdung umgewandelt worden war; seinem irregeleiteten Blick erschienen die Missionare als Männer, welche sich zur Untergrabung seiner Autorität, zur Entfremdung der Liebe und Treue seiner Untertanen und zur demnächstigen Besetzung von ganz Uganda verbunden hatten. Diese verschiedenen Expeditionen, welche, wie jeder wußte, im Lande umherstreiften, jetzt im Massai-Lande, dann in Usoga, darauf wieder in Usukuma und Unjamwesi, die Streitigkeiten an der Küste zwischen dem Sultan Bargasch und den Deutschen, die Anwesenheit von Kriegsschiffen in Sansibar, die in den Küstengebieten zerstreuten kleinen Kolonien der Deutschen – zu welchem andern Zwecke konnten alle diese Bewegungen dienen, als zur gewaltsamen Eroberung von Afrika? Daher wurde eine Aera der Verfolgung begonnen mit dem Befehle zu brennen und zu morden; daher kam das Autodafé in Uganda, die Ermordung des Bischofs Hannington, die Niedermetzelung der Karawane in Usoga, das Verhängnis, das stets über dem Haupte des treuen, geduldigen Mackay schwebte, und die drohende Einstellung der Missionstätigkeit. Als die Christen in ihre Verstecke zerstreut waren und die Eifersucht der Moslemin sich abgekühlt hatte, wurde der junge König zu einem unerträglichen Despoten und keinen Unterschied machenden Mörder. Viele hervorragende Persönlichkeiten des Landes fielen seinem Argwohn zum Opfer und wurden auf seinen Befehl entweder zu Tode geprügelt oder erdrosselt. Da war es, als die Mohammedaner, für ihr eigenes Leben fürchtend, die Christen um Beistand anflehten und der Tyrann gezwungen wurde, aus seinem Königreiche zu fliehen, um während seiner Reise an den Seen in Muße zu bereuen und sich schließlich der Taufe zu unterwerfen.

ENDLICH AM ZIEL

Als wir uns am Abend des 3. Dezember beim Mondschein unterhielten, hörten wir einen Kanonenschuß. Es war der Schuß, der allabendlich in Sansibar abgegeben wird; er veranlaßte unsere Sansibariten zu ohrenzerreißendem Freudengeschrei, da er ihnen verkündete, daß die lange Reise über den Kontinent ihrem Ende entgegengehe. Auch die Ägypter und ihre Begleiter stimmten in das Freudengeschrei mit ein, da die Überzeugung in ihnen aufdämmerte, daß sie innerhalb der nächsten 24 Stunden den Ozean sehen würden, auf dem sie in aller Bequemlichkeit und Muße nach dem Lande Ägypten und ihrer zukünftigen Heimat getragen werden sollten.

Bei der Ankunft an der Fähre über den Kingani-Fluß kam Major Wißmann herüber, um uns zu begrüßen, und ich hatte zum erstenmal die Ehre, einem Kollegen vorgestellt zu werden, der sich zuerst im Dienste der Internationalen Association im Hauptquartier am Kassai-Flusse ausgezeichnet hatte, während ich mit der Anlage von Stationen am Hauptflusse beschäftigt war. Beim Eintreffen auf dem rechten Ufer des Kingani fanden wir gesattelte Pferde vor, worauf ich den Befehl über die Kolonne an Lieu-

Bankett in Msua

303

tenant Stairs übergab, während Emin Pascha und ich von Major Wißmann und Lieutenant Schmidt nach Bagamoyo geleitet wurden. In dieser
Küstenstadt, deren Straßen wir hübsch mit Palmzweigen dekoriert fanden, wurden wir von den Glückwünschen der Banianen- und Hindu-
Bevölkerung, sowie vieler tapferen deutschen Offiziere empfangen, welche
die Strapazen und Gefahren des erbitterten Kampfes geteilt hatten, den
Major Wißmann mit so wohlverdientem Erfolge gegen die unzufriedenen
Araber von Deutsch-Ostafrika führte. Gleich darauf erreichten wir, um
eine Ecke biegend, den vor dem Hauptquartier des Majors liegenden
Batterieplatz, während sich zu unserer Linken, ganz in der Nähe, der von
sanften Wellen bewegte Indische Ozean ausbreitete, eine einzige große
klare, blaue Fläche. „Da, Pascha", sagte ich; „wir sind zu Hause!"

„Ja, Gott sei Dank!" erwiderte er. In demselben Augenblick donnerten
die ihm zu Ehren abgegebenen Schüsse der Batterie und kündigten den vor
Anker liegenden Kriegsschiffen an, daß Emin, der Gouverneur der Äquatorialprovinz, in Bagamoyo angekommen sei.

Um 4 Uhr nachmittags marschierte die Kolonne in die Stadt ein. Die
Leute wurden nach in der Nähe des Strandes bereits aufgeschlagenen
Hütten geführt, und als die Träger ihre Lasten auf den Boden warfen und
die lange Reihe von Hängematten ihres traurigen Inhalts an kranken
Männern und Frauen und schwächlichen Kindern zum letztenmal sich
entleerte, müssen wohl alle wie ich die größte Erleichterung gefühlt und
vollkommen verstanden haben, was diese Ankunft an der Meeresküste
bedeutete.

Um $7^1/_2$ Uhr abends fand das Bankett statt.

Nachdem die Gäste alle versammelt waren, führte Major Wißmann dieselben in den langen Speisesaal, in welchen das mittlere Zimmer des Ge-
bäudes für diese Gelegenheit umgewandelt worden war. Während wir im
Innern beim Bankett saßen, feierten die Sansibariten, die unermüdlichen
Geschöpfe, draußen auf der Straße gerade unter der Veranda den Abschluß der beschwerlichen Zeit mit tierischer Energie durch lebhaftes
Tanzen und lautes Singen. Das Festmahl wies die gewöhnliche Zahl von
Gerichten auf, doch bin ich vollständig außerstande, es zu beschreiben,
mir schien es aber für Bagamoyo wundervoll zu sein und ich habe nur aus
äußerstem Zartgefühl es unterlassen, Wißmann zu fragen, woher er seinen
Küchenchef und wie er alles zustande gebracht habe. Das Mahl war ohne
die leiseste Übertreibung ein Triumph; die Weine waren vorzüglich, gut
ausgewählt und schön gekühlt, aber wenn der Sauerbrunnen nicht in
unbeschränkten Mengen zur Hand gewesen wäre, um sie durch Verdün-

nung unschädlich zu machen, würde ich nicht imstande gewesen sein, ihre
Verdienste zu besprechen. Ich hatte die Zeremonie, welche solchen Fest-
mahlen zu folgen pflegt, fast vergessen; als aber die Uhr nahezu neun
zeigte, die Musik verstummte und Major Wißmann sich erhob, kam mir
die Vorahnung, daß er, unter wohlwollender Beurteilung irgendwelcher
mit unserer beendeten Mission verknüpfter Widrigkeiten, der Gesellschaft
vorzuschlagen beabsichtigte, mit ihm auf die gute Gesundheit der Gäste,
Emin Pascha, Kapitän Casati, des Herrn Stanley und der Offiziere der
Expedition zu trinken, welche an diesem Tage mit ihrer Ankunft im Hafen
von Deutsch-Ostafrika ihre Arbeit abgeschlossen haben. Der tapfere
Major sprach, wie ich erwartet hatte, in wohlgemessenen Sätzen, mit echter Liebenswürdigkeit und unvergleichlicher Herzlichkeit, und die Gesellschaft erhob sich, um die Wünsche mit lauten Hurras zu bekräftigen.

Die einzelnen Punkte meiner Antwort waren, erstens, daß es mir
unbekannt gewesen, daß Emin Pascha ein Deutscher sei, als ich meine
Dienste angeboten hatte, um ihm Entsatz zu bringen; unsere Gedanken
seien hauptsächlich nur auf einen in Schwierigkeiten befindlichen Gouverneur gerichtet gewesen, der seine Provinz mit Hartnäckigkeit, Mut und
Klugheit gegen die Angriffe wilder Fanatiker beschützte, welche bereits
jede Spur von Zivilisation im Sudan ausgetilgt hatten. Zweitens, daß, da

Unter Palmen in Bagamoyo

durch frühere Expeditionen der Beweis geliefert worden sei, daß der Erfolg nur durch ernstlichen guten Willen, unermüdliche Anstrengungen und äußerstes Streben sich erzielen lasse, meine Gefährten und ich, wie von einem Geiste beseelte Männer, ohne Murren jede Fiber und unsere ganze moralische und physische Kraft eingesetzt hätten, um den Zweck zu erreichen, zu dem wir ausgezogen seien. Daß drittens, da die Welt die Menschen so erziehe, daß sie gleichgültig gegen ihr Lob oder ihren Tadel würden, da weder Vollkommenheit noch Hingebung ihre Gunst zu gewinnen vermöge, wie Unglück ihre Verachtung und Erfolg ihren Neid und Haß, und da der Einzelne durch Opfer gewonnen werden könne, aber nicht Verdienste genug besitze und nicht über Glück genug verfüge, um die Bewunderung aller zu erringen — es am sichersten sei, die Billigung des eigenen Gewissens zu suchen. Und viertens, daß, was wir auch gedacht hätten, es doch Gott gewesen, der die Ereignisse, wie er sie für gut hielt, gelenkt habe. „Emin ist hier, Casati ist hier; ich und meine Freunde sind sämtlich hier, es ist uns daher, wie wir gestehen, eine vollkommene und heilsame Freude, zu wissen, daß vorläufig wenigstens die täglichen Märsche mit ihren Strapazen zu Ende sind."

Der Pascha hielt seine Rede mit vollendeter Beredsamkeit und tiefer sonorer Stimme; seine Worte, klar, deutlich und grammatisch, überraschten die Gesellschaft in angenehmer Weise und waren in der Hauptsache ein Ausdruck der Dankbarkeit gegen die hochherzigen Engländer, welche seiner gedacht hätten, seine deutschen Landsleute für den ihm zuteil gewordenen freundlichen Empfang und Se. Majestät Kaiser Wilhelm II. für dessen gnädige Bewillkommnungs- und Glückwunsch-Depesche.

Es herrschte allgemeine Fröhlichkeit unter der Gesellschaft. Wenn bei den einen vor unverhüllter Freude bei dem Gedanken, daß mit dem Lichte des nächsten Morgens die Zeit des Ausruhens beginne, das Herz überfloß, so waren andere froh aus reiner, hochherziger Teilnahme. Vor allen war aber der Pascha fröhlich und glücklich. Er wanderte von einem Ende der Tafel zum andern, hier sich zu Pater Etienne hinabbeugend, dort unschuldige Scherzworte mit Dr. Parke und vielen andern wechselnd, während ich von dem mündlichen Berichte Wißmanns über die Kriegsereignisse an der Ostküste vollständig in Anspruch genommen war. Plötzlich flüsterte mein Zeltdiener Sali mir ins Ohr, der Pascha sei niedergefallen, was ich so verstand, als sei er über einen Stuhl gestolpert, worauf Sali, als er sah, daß ich den Unfall nicht ernst nähme, hinzufügte: „Er ist über die Verandamauer auf die Straße gefallen und gefährlich verletzt."

Unglücksfall Emin Paschas

Es war unverkennbar ein Schädelbasisbruch, und in ganz Bagamoyo gab es keinen Europäer, der nicht tief bestürzt über das Unglück war, das den armen Emin Pascha schon am ersten Tag nach vierzehn Jahren Abwesenheit hatte treffen müssen. Ob es mit diesem Unfall zusammenhing oder schon immer in seinem widersprüchlichen Wesen gelegen war, aber von diesem Tag an war das Verhalten Emin Paschas noch eigenartiger als sonst.

Am Morgen hatte ich Emin Pascha einen Besuch gemacht und ihn in großer Unruhe und Schmerzen gefunden. „Nun, Pascha", sagte ich, „Sie wollen hoffentlich nicht die Möglichkeit zugeben, daß Sie hier sterben könnten, nicht wahr?" „O nein! So schlecht steht es nicht mit mir", erwiderte er und schüttelte den Kopf.

„Nach dem, was ich gesehen habe, Pascha, bin ich ganz derselben Ansicht. Ein Mensch mit einem gebrochenen Schädel würde in dieser Weise den Kopf nicht bewegen können.* Leben Sie wohl! Dr. Parke wird bei Ihnen bleiben, bis Sie ihn entlassen; ich hoffe jeden Tag gute Nachrichten von ihm zu erhalten." Dann schüttelten wir uns die Hände, und ich entfernte mich.

Es mag seltsam sein, ist aber wahr. Emin Pascha, der solange er im Innern war, von kosmopolitischem Geiste beseelt war und freie Ansichten zu haben schien, wurde in einigen wenigen Tagen ganz anders. Noch am Morgen vor unserer Ankunft in Bagamoyo hatte ich zu ihm gesagt: „Binnen kurzer Zeit, Pascha, werden Sie unter Ihren Landsleuten sein; aber vergessen Sie nie, wenn Sie voll Stolz und Freude sind, wieder unter ihnen zu sein, daß es Engländer waren, die in der Zeit der Not zuerst Ihre Rufe gehört haben, und englisches Geld diese jungen Engländer in den Stand gesetzt hat, Sie vor Chartum zu bewahren."

„Niemals, fürchten Sie das nicht", erwiderte der Pascha.

Während ich mit dem Schreiben des Schlußkapitels beschäftigt war, wurde es bekannt, daß Emin Pascha in den Dienst der deutschen Regierung in Ostafrika getreten sei. Die Überzeugung, daß er das tun würde, war es gewesen, welche mich am 4. Dezember veranlaßt hatte, ihn daran zu erinnern, daß es englisches Geld gewesen sei, welches unserer Expedition es ermöglicht habe, zu seinem Entsatz und seiner Befreiung zu eilen. Daß er schließlich vorgezogen hat, lieber Deutschland als England zu die-

---

* *Der Pascha traf, vollständig wiederhergestellt, gegen Anfang März in Sansibar ein*

Rückkehr der Expedition nach Sansibar
mit den englischen Kriegsschiffen „Turquoise" und „Somali", den deutschen Kriegsschiffen
„Sperber" und „Schwalbe" und der Dampferflottille des Major Wißmann.

nen, erscheint vollkommen natürlich, und doch hat die Mitteilung sehr viele seiner wärmsten und uninteressiertesten Freunde, zu denen auch wir uns zählen können, überrascht.

Nachdem ich bei der Ankunft in Kairo am 16. Januar 1890 den ägyptischen Behörden die 260 Flüchtlinge übergeben hatte, suchte ich mir ein stilles Haus, um diesen Bericht über die dreijährigen Erfahrungen „Im dunkelsten Afrika" und die Schilderung unserer „Aufsuchung, Befreiung und Rettung Emin Paschas, des Gouverneurs der Äquatorialprovinz" zu schreiben. Ich entdeckte ein solches in der Villa Victoria und ergriff am 25. Januar die Feder, um mein Tagewerk zu vollenden. Allein ich wußte nicht, wie ich beginnen sollte. Wie Elihu hatte ich mein Gedächtnis voll von Stoff, ich wollte gern schreiben, um mich zu erleichtern, konnte mir aber keine Luft machen. Meine rechte Hand hatte die Geschicklichkeit verloren, und die Kunst des Satzbaues war mir durch die lange Nichtübung abhanden gekommen. Ich ließ daher, mich wehrend gegen die Mengen von Erinnerungen, die Auslaß begehrten, nach peinlicher Überlegung eine nach der andern ans Tageslicht gleiten. Aber während meine Feder an einem Tage mit der Geschwindigkeit von neun Folioseiten in der Stunde über das Papier glitt, vermochte ich zu andern Zeiten kaum 100 Worte in

Die Getreuen in Sansibar

der Stunde zu bilden. Endlich, nach 50tägiger eifriger Arbeit, bin ich jedoch, einem unwiderstehlichen Antriebe folgend, bei der letzten Seite angelangt und muß, da ich außerdem auch 400 Briefe und etwa 100 Telegramme geschrieben habe, aus Übermüdung den Leser um Erlaubnis bitten, zu schließen.

Einige Szenen aus den wundervollen Gegenden im Innern Afrikas, welche wir zusammen durchwandert haben, müssen für alle Zeiten sich unserer Erinnerung einprägen; der Gedanke an manche der vielen Szenen in jenem großen Walde wird, wohin wir gehen, sich vor die Seele drängen. Der ewige Wald wird für immer in seiner fernen Einsamkeit stehen bleiben; wie in der Vergangenheit, so werden die Bäume auch in der Zukunft unzählige Menschenalter hindurch wachsen und fallen, in stummen, stillen Mengen, schattenhaft wie Geister in der Dämmerung, aber leise sich aufwärts und höher in die Luft und in den Sonnenschein hineinstehlend. In der Phantasie werden wir oft den Donner krachen und mit rollendem Echo durch das Schweigen und die Dunkelheit hallen hören, die bleifarbenen Nebel am Morgen und das Glitzern des betauten Grüns, den Glanz des feuchten Blattwerks sehen und den Duft der Blüten einatmen.

Und dann und wann – werden vor dem Gedächtnis Erscheinungen von Männern vorübergleiten, die in dem regnerischen Dunkel kauern, vor Kälte zittern, hohläugig und abgemagert vor Hunger sind und inmitten des Unbekannten verzweifeln; wir werden das Ächzen der Sterbenden hören, die starren Körper der Toten sehen und wieder vor der Hoffnungslosigkeit unserer Lage zurückschaudern. Dann aber wird wie der Abglanz eines schönen Morgens das Grasland vor unserm geistigen Auge aufsteigen, der Anblick der grünen kuppenartigen Hügel, des schwankenden, wogenden, im Sturmwind lustig tanzenden jungen Grases, der sanften Linien des die Täler verdunkelnden Gebüsches, der bis in weite Ferne sich hebenden und senkenden Wellen des Landes bis dahin, wo die Berge in unbestimmten Umrissen durch das unendliche Blau auftauchen. Und oft wird der Gedanke, leichter beflügelt als die Schwalbe, über den weiten Ebenen, über dem blauen Wasser, über dem lebhaft grünen Lande und dem silberfarbigen See in luftige Höhen emporschweben, entlang der langen Linie der sich zum Semliki hinabwendenden kolossalen Bergmauern. Er wird um die in ihrer Glorie hoch über der afrikanischen Welt thronenden weißköpfigen Bergspitzen schweben, auf das Geräusch der gleich silbernen Pfeilen in den gewundenen Einschnitten des Ruwenzori herabstürzenden Wasser lauschen und die drohenden Regenwolken und die über unerforschten Abgründen schwebenden weißen Nebelschichten, den ewigen Dunst von Usongora durchdringen und mit freudigem Sprunge in die kühle Atmosphäre von Ankori und Karagwe und weiter über tausend Kilometer sich ausdehnende Weideebenen und dünnen Dornenwald wieder zurückeilen nach dem wunderbaren, prachtvollen Blau des Indischen Ozeans.

Gute Nacht, Pascha, und auch Ihnen, Kapitän Casati! Wenn Sie diese Blätter gelesen haben, werden Sie verstehen, wieviel Menschenleben und Leiden Ihre Rettung gekostet hat. Ich habe nichts zu bedauern. Was ich gegeben habe, gab ich gern und mit herzlichstem guten Willen. So sprechen wir alle.

Gute Nacht Ihnen, meine Herren vom Komitee! Drei Jahre sind verflossen, seitdem Ihre Güte uns beauftragte, die Notleidenden zu unterstützen und den Schwachen zu helfen. Insgesamt sind 260 Personen in ihre Heimat zurückgekehrt; etwa 150 weitere befinden sich in Sicherheit.

Gute Nacht, meine Kameraden! Mögen Euch die Ehren zuteil werden, die Ihr verdient. Ich empfehle Euch den warmen Herzen Eurer Landsleute. Sollte auf diesen Blättern irgendein Zweifel auf Eure Mannhaftigkeit, Loyalität oder Ehre geworfen sein, so wird die Schilderung Eurer Treue während einer Zeit, die an Traurigkeit und Hoffnungslosigkeit kaum je übertroffen werden wird, den Beweis liefern, mit welch edler Tapferkeit Ihr alles ertragen habt. Gute Nacht, Stairs, Jephson, Nelson, Parke, und auch Euch, Bonny, eine lange Gute Nacht!

Gott sei Dank für immer und ewig. Amen!

Dorothy Tennant

AUS DEM AFRIKANISCHEN BUSCH INS UNTERHAUS

Wer die Wege Henry Morton Stanleys bis zu diesem Punkt verfolgt hat, ohne die Jahre zu zählen, mag versucht sein, an den Helden dieser Geschichte zu diesem Zeitpunkt als älteren Herrn zu denken. Dem bestenfalls noch ein paar Pensionsjahre bleiben, um als Denkmal seiner selbst dahinzudämmern, ja schlimmer noch als einer, der sich selber überlebt hat. In Wahrheit war Stanley nach der erfolgreichen Expedition zur Entsetzung Emin Paschas noch keine 50. Auch wenn das Porträt des 36ers nach der ersten Afrikadurchquerung einen gealterten Mann zeigt, so fühlte er sich jetzt mit 49 dennoch jung genug, um einiges nachzuholen, was er bisher versäumt hatte und was ihm wohl auch kaum jemand sobald zugetraut hatte: Er heiratete am 12. Juni 1890 Dorothy Tennant, und wenn die Hochzeitsbilder nicht allzusehr schmeicheln, scheint sie wesentlich jünger gewesen zu sein als ihr berühmter Gatte. Diese Heirat war aber keineswegs ein völliger Bruch mit seiner Vergangenheit, keine Absage an die Jahre der Abenteuer, auch wenn er den Boden Afrikas nicht mehr betrat. Schon der Ort seiner Trauung scheint wie ein Tribut an den Mann, dem er seinen ersten großen Erfolg zu danken und der ihm neben seinem „Adoptivvater" wohl am meisten bedeutet hatte: Er heiratete in der Westminster Abbey, nahe der Grabstätte David Livingstones. Ein anderer Schritt mag in der Erinnerung an den Mann, dem er seine zweite, wahre Existenz verdankte, getan worden sein: Stanley, der nicht selbst Vater wurde, adoptierte einen kleinen Jungen, von dem wir nicht mehr wissen, als daß er Denizell hieß. Seßhaft wurde diese kleine Familie dennoch nicht, gleich nach der Hochzeit ging es auf Reisen, Vortragsreisen zumeist durch Frankreich, Belgien, Italien, Amerika, Australien und Neuseeland. Manches war aber auch wie eine Pilgerreise in die Vergangenheit, so zeigte er seiner Frau New Orleans, den Ort wo der junge John Rowlands vor 30 Jahren zum ersten Mal hatte spüren dürfen, was es heißt, einen Vater zu haben.

Aber auch die Großen seiner Zeit vergaßen ihn nicht. Er war oft bei König Leopold zu Gast, und die Königin Victoria erhob ihn in den Adelstand – ihn, den weltberühmten Sohn Englands, das einst verachtete und ausgestoßene uneheliche Kind einer armen Dienstmagd. Und es scheint, als hätte Stanley nur auf diesen königlichen Schritt gewartet, um sein Leben völlig zu ändern. Der nicht nur berühmte und erfolgreiche, sondern auch durch seine Bücher, Vortragsreisen und andere Unternehmungen reich gewordene Mann, dessen Frau ebenfalls mehr als wohlhabend war, wurde seßhaft und erwarb einen standesgemäßen Landsitz, eines jener schloßartigen, von Wäldern, Feldern und Wiesen umgebenen Gebäude.

Und auch hier erwies sich Stanley als Pionier. Er ließ als erster englischer Gutsherr sein Haus mit Zentralheizung und elektrischem Strom ausstatten. Es war, als wollte er sich nun für alle Anstrengungen seines Lebens entschädigen, und er gönnte sich, was man sich mit Geld nur erkaufen kann. Nur Ruhe gönnte er sich nicht. Seine Aktivität blieb ungebrochen, auch wenn sie jetzt auf einem völlig neuen Gebiet sichtbar wurde, der Landwirtschaft. Auch hier wurde ihm gleich dem legendären Midas alles, was er anfaßte, zu Gold — was freilich daher rührte, daß er allen neuen Methoden gegenüber aufgeschlossen war, bei seinen Fischteichen, seiner Obstzucht, in seinen Gewächshäusern. Und als wäre dies immer noch nicht genug, ein Leben auszufüllen, wandte er sich auch noch der Politik zu. Niemanden kann es wundern, daß auch hier alles zu einer Blitzkarriere geriet und Stanley 1895 als liberaler Abgeordneter ins Parlament einzog.

Stanley, das Glückskind. Er wußte selbst nur allzugut, daß auch ihn einmal das Unglück einholen werde, Krankheit und Tod. Und ihn überfiel es förmlich mit aller Macht. Im August 1903 ein Schlaganfall, seine linke Seite gelähmt. Aber Stanley war zu kämpfen gewohnt, und er erkämpfte sich die von niemandem mehr erhoffte Erholung, erkämpfte sich noch einige Monate Leben, in erträglichem körperlichen Zustand und geistiger Klarheit. Bis er am 10. Mai 1904 nach schwerem Todeskampf starb.

Nun aber folgte, kennzeichnend für dieses abenteuerliche Leben, ein wahrliches Satyrspiel. Die Begräbnisfeierlichkeiten schienen anfangs dem Helden der Nation durchaus gerecht zu werden. Er durfte nahe dem Grabe des verehrten Livingstone, nahe dem Ort, an dem er geheiratet hatte, aufgebahrt werden. Feierlich durfte die Welt von ihm Abschied nehmen. Wer aber glaubte, daß der Verblichene auch an Livingstones Seite seine letzte Ruhe haben durfte, der kannte den Dechant von Westminster, Reverend Joseph H. Robinson nicht. Dem schien es unerträglich, daß dieser Abenteurer, der mit Mördern und Sklavenhändlern verkehrt hatte, der schuld daran war, daß bei der Kolonisierung des Kongos so viel Blut floß, den Ehrenplatz neben diesem großen Sohn Englands einnehmen sollte. Da nützten auch die Verdienste Stanleys bei der Missionierung Ugandas nichts, kaum schlossen sich die Kirchentore hinter dem letzten Trauergast, mußte auch Stanleys Sarg wieder in die Dunkelheit hinaus.

Da war sie wieder, die Ablehnung durch die Menschen, die er von Kindheit an und auch später immer wieder hatte erfahren müssen. Jetzt aber konnte ihm keiner mehr etwas antun, und noch über den Tod hinaus sorgte die Liebe seiner Witwe. Sie fand auf dem Dorffriedhof vor Pirbright in der Nähe ihres Landsitzes einen friedlichen Platz, und im instinktiven Verlangen, ihm ein Denkmal zu setzen, das seinem Wesen und seiner Größe entsprach, wählte sie einen sechs Tonnen schweren Granitblock.

Sie ließ darauf nur seine beiden Namen einmeißeln. Nicht den, den er bei seiner Geburt getragen hatte, sondern jenen, dem er seinem Versprechen gemäß Ehre gemacht hatte; und jenen, den ihm die Menschen des dunklen Kontinents gegeben hatten. Dazu den Namen dieses Kontinents, der sein Schicksal geworden war:

Henry M. Stanley
Bula Matari
Africa

Dieser Frau verdanken wir aber vor allem den einzig authentischen Schlüssel zum Wesen ihres Mannes, das sie nach seinem Tod mit folgenden Worten beschrieb: „Im Grund seines Herzens war Henry gar nicht der glühend ehrgeizige Mann, für den er immer gehalten wurde. Was er suchte, war nicht Ruhm, Beifall oder Anerkennung seiner Leistungen, was er suchte, war Freundschaft und Vertrauen. Er wollte um seiner selbst willen geliebt werden. Alle die menschlichen Enttäuschungen jedoch, die er während seiner Jugend erleben mußte, haben ihn so abweisend gemacht, daß es niemand wagte, den Versuch zu unternehmen, ihm nahezukommen. Man spürte sein Mißtrauen, und auch er war nicht fähig, die Distanz zu überbrücken, die er sich als Selbstschutz geschaffen hatte. Niemand hat Stanley gekannt, wie er wirklich war, und auch er konnte niemandem ins Herz schauen."

LEBENSDATEN HENRY M. STANLEYS

1841	Am 28. Januar als unehelicher Sohn des Londoner Dienstmädchens Elisabeth Parr bei Denbigh in Wales geboren. Erhält den Namen des Vaters, John Rowlands
1844	Einweisung in das Armenhaus St. Asaph
1856	Flucht aus der Anstalt. Gelegenheitsarbeiten
1857	Als Schiffsjunge auf dem Segler „Windermere" von Liverpool nach New Orleans. Arbeitssuche und Gelegenheitsarbeiten
1858	Arbeit im Laden Mr. Spekes
1859	John Rowlands wird von Henry Morton Stanley adoptiert und nimmt dessen Namen an
1861	Tod Mr. Stanleys, neuerliche Armut von Stanley jun. Ausbruch des amerikanischen Bürgerkriegs. Stanley jun. rückt in die Armee der Südstaaten ein
1862	Gefangenschaft, Wechsel in die Armee der Nordstaaten, baldige Entlassung aus Gesundheitsgründen. Fahrt nach Europa und baldige Rückkehr. Matrose auf Seglern und Dampfern
1864	Schreiber auf Schiffen der nordamerikanischen Kriegsmarine. 1. Artikel über die Beschießung und Eroberung des Forts Fisher, erschienen im „New York Herald"
1865	Ende des Krieges. Stanley als Berichterstatter mehrerer Zeitungen in den Indianerkriegen
1866	Berichterstatter in der Türkei und in Palästina, dann für den „Missouri Democrat" und andere Blätter im Feldzug des Generals Hancock gegen die Indianer
1867/68	Korrespondent des „New York Herald" auf der englischen Strafexpedition in Abessinien
1869	Stanley berichtet über die Einweihung des Suezkanals, anschließend Reisen nach Persien und Indien.
1871/72	Reise von Sansibar zum Tanganyika-See auf der erfolgreichen Suche des Dr. David Livingstone
1873/74	Journalistischer Begleiter des englischen Feldzuges gegen die Aschanti
1874–77	Erste Durchquerung Afrikas von Sansibar über den Victoria-See zum Lualaba und weiter bis zur Mündung des Kongo im Atlantischen Ozean
1879–84	Kolonisierung des Kongo im Auftrag des Königs Leopold II. von Belgien

1884	Technischer Kommissar der USA an der Kongo-konferenz in Berlin
1887–89	Expedition von der Kongomündung zum Albert-See zum Entsatz des gefährdeten Emin Pascha
1889	Rückkehr nach England
1890	Heirat mit Dorothy Tennant. Vortragsreisen bis Amerika und Australien. Stanley wird geadelt
1895–1901	Mitglied des Unterhauses
1903	Schlaganfall, halbseitige Lähmung
1904	Am 10. Mai stirbt Henry M. Stanley, er wird auf dem Dorffriedhof von Pirbright begraben

STANLEYS WERKE

How I found Livingstone, London 1872
  (deutsch: Wie ich Livingstone fand)
Coomassie and Magdala, London 1874
  (über den Abessinienkrieg)
Through the dark continent, Hamburg 1878
  (deutsch: Durch den dunklen Weltteil)
The Congo and the founding of its free state, London 1885
  (deutsch: Der Kongo)
In darkest Africa, London 1890
  (deutsch: Im dunkelsten Afrika)
Emin Pascha and the rebellion at the Equator, London 1890
  (zus. mit seinem Begleiter Jephson)
My dark companions and their strange stories, 1893
My early travels and adventures in America and Asia, 1895
Trough South Africa, 1898
Dorothy Stanley: The autobiography of Sir Henry M. Stanley, London 1909

TEXTNACHWEIS

Kapitel 2– 9 aus „Wie ich Livingstone fand“
Kapitel 11–20 aus „Durch den dunklen Weltteil“
Kapitel 22–24 aus „Der Kongo“
Kapitel 25–30 aus „Im dunkelsten Afrika“